杨振宁传

最/新/增/订/版

杨建邺 著

图书在版编目(CIP)数据

杨振宁传:最新增订版/杨建邺著.—北京:商务印书馆,2021(2023.5重印)
ISBN 978-7-100-19035-0

Ⅰ.①杨… Ⅱ.①杨… Ⅲ.①杨振宁—传记 Ⅳ.①K826.11

中国版本图书馆CIP数据核字(2020)第171894号

杨振宁传
(最新增订版)
杨建邺 著

商务印书馆出版
(北京王府井大街36号 邮政编码100710)
商务印书馆发行
北京新华印刷有限公司印刷
ISBN 978-7-100-19035-0

2021年2月第1版 开本880×1240 1/32
2023年5月北京第4次印刷 印张19 插页14

定价:98.00元

1923年，杨振宁十个月大时与父亲杨武之、母亲罗孟华摄于合肥四古巷故居窗外。杨武之当时正在安庆（旧名怀宁）教书，故为儿子取名“振宁”。

杨武之，1925年摄于芝加哥大学。他于1923年留学美国，最终获得芝加哥大学数学博士学位。

1929年摄于厦门。杨武之回国后曾在厦门大学任教，一家人团聚的欢欣可想而知。罗孟华此前甚至做好了独自抚养杨振宁成人的准备。

1935年摄于清华园西院11号杨家院中。远在柏林念子心切的杨武之正是在这张照片背后写下了“振宁似有异禀，吾欲字以伯瓌”。

1944年摄于昆明。在西南联大经过世界级的教育之后，杨振宁最终成为清华大学当年22名公费留美生之一。

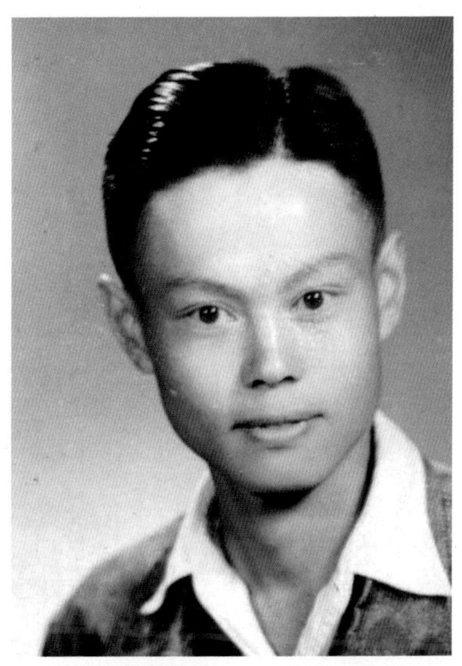

张景昭，1944年前后摄于云南路南石林。杨振宁在昆明的美好回忆，想必包括他的这位初恋女孩。

杨振宁融入了美国的生活之中，这是他买的第一辆汽车。摄于1950年。

1948年的杨振宁风华正茂。与父亲一样，他也在芝加哥大学获得了博士学位。

美国的“氢弹之父”、匈牙利裔犹太人爱德华·特勒，他是杨振宁的博士论文导师。摄于1958年。

意大利裔科学家费米是现代物理学的最后一位通才，在实验与理论上均建树颇丰。在芝加哥大学期间，杨振宁与费米过从甚密，两人还合写过文章。摄于1958年。

左起：派斯、李政道、杨振宁、戴森，1961年前后摄于普林斯顿。美国“原子弹之父”、普林斯顿高等研究所所长奥本海默当时邀请了很多青年才俊来这里工作。杨振宁于1949年来此。

奥本海默说，杨振宁与李政道亲密合作的景象曾被视为普林斯顿一道美丽的风景线。1957年摄于普林斯顿。

1950年8月，28岁的杨振宁与22岁的杜致礼喜结连理。杜致礼曾是杨振宁在西南联大附中教书时的学生，他们是在1949年的圣诞长假期间邂逅于普林斯顿街头的。

杨振宁的岳父杜聿明将军、岳母曹秀清女士，1978年摄于北京。

结婚前的杜致礼端庄秀丽，当时在纽约的圣文森学院学习。1949年摄于纽约。

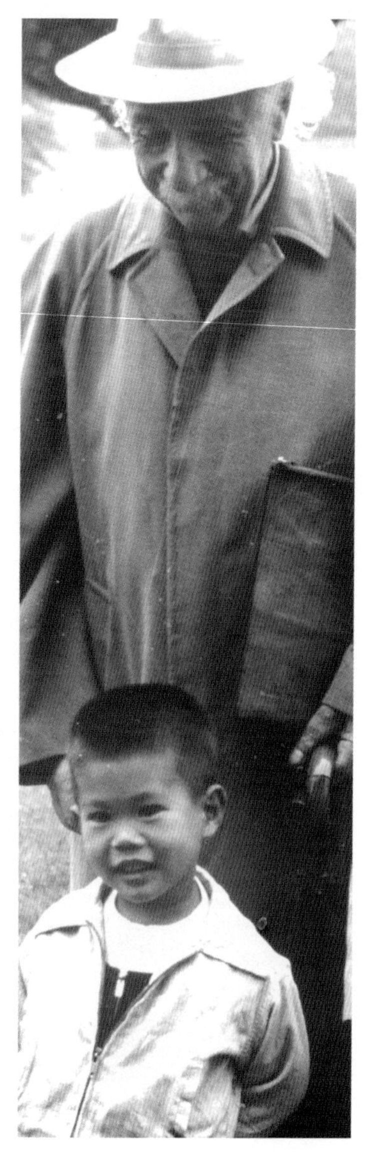

杨振宁的长子杨光诺与爱因斯坦，1954年摄于普林斯顿。杨振宁曾十分惋惜自己没有与爱因斯坦合影。

1957年诺贝尔奖的颁奖现场。左起第一人为杨振宁，第二人为李政道，第五人为文学奖得主加缪。

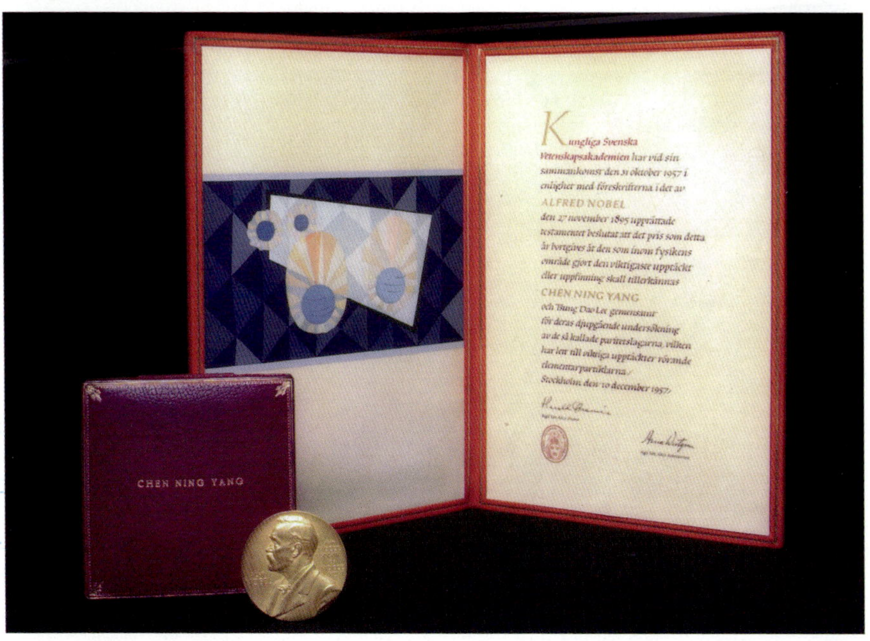

杨振宁获得的诺贝尔奖章与证书。

杨振宁与米尔斯，1999年5月摄于石溪。杨—米尔斯规范场是杨振宁一重大成就，他因此获得了北美地区奖额最大的鲍尔奖。颁奖词认为，这项工作足以和牛顿、麦克斯韦以及爱因斯坦的工作相提并论。

杨振宁与巴克斯特，1999年5月摄于石溪。杨—巴克斯特方程是杨振宁在统计物理学中的重大成就，他因此获得了昂萨格奖，这是一个地位仅次于诺贝尔奖的物理学奖项。

1992年摄于澳大利亚大堡礁。杨振宁夫妇二人在半个多世纪里相濡以沫。

杨振宁全家，1976年感恩节摄于石溪家中。左起：次子杨光宇、杜致礼、长子杨光诺、女儿杨又礼、杨振宁。

1966年，杨振宁受邀前往纽约州立大学石溪分校筹建理论物理研究所，这是杨振宁在石溪的办公室全景。

1999年5月，石溪分校为杨振宁举行了盛大的退休仪式，校长肯妮在仪式上宣布，该校理论物理研究所自此更名为“杨振宁理论物理研究所”。

杨振宁一生建树颇多，这是除诺贝尔奖之外，他所获得的其他主要奖项。摄于香港中文大学杨振宁资料馆。

著名物理学家戴森认为，杨振宁是继爱因斯坦、狄拉克之后为现代物理学树立风格的一代大师。晚年寓居普林斯顿的爱因斯坦一直致力于对自然界的完美诠释——统一场论。爱因斯坦也是一位出色的小提琴演奏者。摄于1931年。

量子力学创始人之一狄拉克，摄于1969年。他坚持认为，物理学理论应该具有数学美。著名的狄拉克方程奇妙地预言了反物质（正电子）的存在。

1957年，杨振宁到日内瓦工作，他电邀父母来欧洲团聚。这是同年杨武之与长子杨振宁、长孙杨光诺三代人在日内瓦的合影。

1982年1月，杨振宁与母亲团聚于香港。杨振宁认为自己在治学方面受父亲影响较深，而在精神气质上受母亲影响较深。杨振宁一生最重要的两篇论文都发表于阳历10月1日，这一天正巧是母亲生他的日子。

周恩来与杨振宁，1971年8月4日摄于人民大会堂。这是杨振宁出国26年后首次返华，也是华裔科学家第一次访问新中国。受其影响，林家翘、任之恭、何炳棣等一大批学者于此后访华，从而促进了中美学术交流。

毛泽东与杨振宁，1973年7月17日摄于中南海。这是杨振宁第四次访问新中国。他对于毛泽东的人格特质印象深刻，并认为其诗词将会传世。

1979年元旦，中美正式建交，邓小平随即访美，当时担任全美华人协会会长的杨振宁在欢迎仪式上发表了致辞。左起：杨振宁、何炳棣、邓小平，1979年1月30日摄于华盛顿。

To Chen Ning Yang
With best wishes,
Ronald Reagan

1986年，里根总统授予杨振宁“美国国家科学奖”。照片下方为里根的签名。

杨振宁1986年即担任香港中文大学“博文讲座教授”，但直到香港回归后才接受该校的名誉博士学位，为的就是不向英国学监鞠躬。图为1998年5月的学位授予仪式，左为李国章校长。

1992年，香港中文大学为杨振宁举办了七十寿辰生日晚宴。对联上写的是“对称见宇宙恒律，涵盖如湖海泰山”，横批为“与天地兮比寿”。

1998年起，杨振宁担任清华大学教授，从事教学和科研，他为清华大学高等研究中心的筹建和发展出力甚多。图为2002年6月，参加清华大学“前沿科学研讨会”的部分学者合影，其中有九位诺贝尔奖得主。

2005年10月，清华大学陈赛蒙斯楼揭幕，左起为顾秉林校长、杨振宁、赛蒙斯夫妇、聂华桐。捐助者赛蒙斯教授提出，要在楼名上冠以“陈”字以纪念曾与他合作完成一项重要研究的陈省身教授。聂华桐时任清华大学高等研究中心主任，他也曾在石溪分校工作过。

1982年，杨振宁与恩师吴大猷合影。吴大猷指导了杨振宁的本科论文，正是他把杨振宁引入了对称性领域。吴大猷还曾破格把李政道推荐到美国留学。1957年，杨、李两人在获得诺贝尔奖后分别致信吴大猷深表谢意。

左起：黄昆、张守廉、杨振宁，1992年6月1日摄于北京。三人当年同年入西南联大，共住一室，被称为“西南联大三剑客”。黄昆曾与玻恩合著《晶格动力学》，被誉为“声子物理学第一人”。张守廉是国际著名电机工程学家，曾担任石溪分校电机系主任。

邓稼先与杨振宁，1986年6月摄于北京。7月29日邓稼先逝世，他是清华大学教授、美学家邓以蛰之子，是杨振宁的“发小”，曾赴美留学，后来成为中国的“两弹元勋”。

杨振宁与熊秉明及夫人陆丙安，2002年7月摄于巴黎郊外凡·高墓地。雕塑家、书画家熊秉明是数学家熊庆来之子，也是杨振宁的“发小”。熊秉明曾为杨振宁七十、八十寿辰书写立轴，杨振宁九十寿辰时，他已然辞世了。

1995年摄于汕头。当时还是汕头大学一年级学生的翁帆被安排接待参加学术会议的杨振宁夫妇。

窈窕淑女，翁帆，摄于2007年。翁帆是上帝给杨振宁的“一份礼物”，是他“甜蜜的天使”，两人于2004年底走到了一起。

杨振宁与翁帆，2006年5月摄于美国黄石湖畔。西南联大校友、翻译家许渊冲赠诗道：“振宁不老松，扬帆为小翁（指婚后扬帆远航去度蜜月）。岁寒情更热，花好驻春风。”

2008年1月，杨振宁著、翁帆编译的《曙光集》由生活·读书·新知三联书店出版。图为新书发布会现场，左起：顾秉林、杨振宁、翁帆、周光召。

杨振宁与本书序言作者陈方正，2002年6月25日摄于香港。陈方正曾任香港中文大学中国文化研究所所长，两人有近30年的交往。

本书作者杨建邺与杨振宁，2009年7月8日摄于清华大学科学馆办公室。

2012年，杨振宁在中国农业大学的演讲中回答一位学生的提问。

2018年，杨振宁、翁帆编著的《晨曦集》在商务印书馆出版。图为新书发布会现场，会上杨振宁笑称，希望到100岁的时候再出一本《天大亮集》。

目 录

第七章　“有生应感国恩宏”

回首天外，脚踏实地（代序）

陈方正

为伟人作传，似易而实难。易在其事迹、功业尽人皆知，相关文献、资料、风评俱在，只要辛勤搜集，谨慎下笔，自然能够成书；难在千头万绪，要披沙拣金，挫锐解纷，洞烛传主的人格、气质、精神，非识力超卓者不办。太史公文章传颂千古，就在于他独具慧眼、画龙点睛的功夫，至于文笔高妙，犹锦上添花而已。但要为当代科学伟人作传，则困难更添一重，因为所牵涉的学问非内行人无从窥其堂奥，更遑论指点曲折原委了。派斯（Abraham Pais）的《上主之奥妙》（*Subtle is the Lord...*）被公认为爱因斯坦传记的经典，正是因为作者不但亲炙爱氏文献掌故多年，更且以现代理论物理学为专业，谈到20世纪初的各种大发现并无隔雾看花之苦。

从这一角度看来，对中国科学史家、作家而言，为杨振宁这么一位不世出的科学大师作传，既是义不容辞，也是天赐良机，但更是绝大的挑战与考验。迄今为止，接受此挑战者，已经不下六七位之多。他们之中，杨建邺教授当是最努力勤奋的一位。他早年参军，复员后进兰州大学攻读物理学，不旋踵便为了不难想象的原因，被迫返回农村老家，虚度光阴二十载，直到1981年方才得到机会，进入华中科技大学物理系任教，自此全力投入科学史和科普工作。迄今为止，出版专著、译著、编著50种之多，包括多位大科学家的传记、《杨振宁文录》，以及派斯粒子物理学史名著

Inward Bound 的翻译[1]，此外主编辞典、史话、文录亦将近 10 种，真可谓夙兴夜寐、持志不懈了。在这众多著述之中，毫无疑问，这部《杨振宁传》是扛鼎之作，也是他面对平生挑战的认真响应。此书从 1996 年开始构思，2003 年初版，翌年出修订版，近年再经过大量补充和修订，包括与杨振宁教授本人两度晤谈，然后才有这部全新扩充版面世。因此，我们对它寄予厚望是很自然的。

这本传记有好几方面是值得注意的。首先，它着重每个题材的前因后果，对相关人物、现象、理论进展都广事搜罗资料，详为介绍。例如谈到规范场理论，便是从诺特（Noether）定理讲起，跟着追溯外尔（Weyl）理论的发展，以及福克、伦敦、泡利诸人的贡献，然后才转入杨振宁在这方面的工作，包括他前此所受的启发，到布鲁克海文国家实验室访问的经过，以至杨—米场理论提出后产生的反应等；此后更缕述希格斯（Higgs）机制、电磁和弱作用统一、W 和 Z 规范粒子的发现，最后以“渐近自由”与色动力学的讨论做结束。这样，在短短 27 页篇幅里面，作者提供了一篇规范场发展小史，令读者对杨—米场的来龙去脉得到相当完整的了解。书中其他部分也同样包含大量生动、相互关联的细节，为所涉及的主题构筑宽广有深度的背景，在其中像费米、特勒、奥本海默、泡利、海森伯、狄拉克、吴健雄这些人物都有了清晰面貌。本书能够如此全面、深入，无疑因为作者得力于以前的众多著作、编译，但也还是认真下了大功夫所致，

---

〔1〕 此书详征博引，是极认真的科学史作品，可惜其论述基本上以 1960 年为下限，此后只略为提及而已。着力介绍此后新发展的，有华裔物理学家徐一鸿（A. Zee）的科普作品 *Fearful Symmetry: The Search for Beauty in Modern Physics*，它着重介绍对称观念在当代物理学中的关键作用，特别是电弱作用之统一以及色动力学的内涵。据了解，作者曾反复阅读和应用此书，但因为未能见及原文，故不予征引。此书有湖南教育出版社的中译本，但很不幸，译者竟然不加深究，将作者的名字翻译为“A·热”。——本书作者注。“代序”页下注未特别说明者，均为本书作者注。

这是值得称道的。

其次，此书在布局上颇讲究。例如上述杨—米场这个大题目时间跨度长达六七十年，作者却把它全部归为一节，依其“重心”（1954年）的时序放在讲“普林斯顿时期（1949—1966）”的第四章，整个论述因而得以统一。下一个主题是大家熟知的“θ-τ之谜”和宇称守恒问题，其跨度同样漫长，重心则在紧接着的1956年，所以也别无选择，只有全部放在同章随后一节。然而，杨先生还有第三方面重要工作，即统计力学，这从50年代初延续到六七十年代，乃至今日，倘若再一股脑儿塞进第四章，就势必令读者肠胃堵塞，消化不良了。所以作者将之分为两节，伊辛模型和杨—巴克斯特方程按后者的主要时序（1967年）移到下一章即“石溪时期（1966—1999）”，从此衍生的冷原子系统问题则归于再下一章即“清华大学高等研究中心时期（1999—　）”，这样叙事便从容不迫，内容分布也比较均衡。本书读来明白流畅，那既是笔下功夫，也是布局煞费苦心所致。

除此之外，作者还专门辟出一节，详细讨论杨先生对物理学与美之间关系的看法，也就是对称观念、理论结构和物理现象三者之间的互动。的确，杨先生从大学时代开始就在这方面有非常强烈的感觉，后来二维伊辛模型、规范场理论、基态一维原子模型等的巨大成功更增强了他的自信。但这是个很抽象、滑溜的题材，本书征引了杨先生多段原话作为核心，又远从哥白尼、玻尔兹曼的相关说法开始，跟着提到狄拉克的相对性量子力学，这才转入杨本人的工作，其后再回到麦克斯韦如何通过对称观念发现他的方程组，最后以爱因斯坦的广义相对论之发现作结。这个回环往复的大叙述以烘云托月的方法凸显了杨先生思想上的要点，也显示了作者对杨先生多篇著述的熟悉，以及所做的统合功夫，那都是值得赞赏的。

说到美感、对称与大自然探究，诚如杨先生所曾一再指出，那并非到近代方才出现，而是渊源于古希腊以圆为天体运行轨道的形状，因为它最对称，所以最美；与此相关的各种观念一直延续到17世纪，甚至在开普勒和牛顿的工作中表现出来[1]。我们曾经为杨先生的说法提供了一些佐证和补充，而称之为对称观念的“史前史”[2]——其实，说到底，对称观念与严格几何论证正是西方传统科学亦即古希腊科学的核心。然而，倘若如此，就生出一个大问题来了：为何现代科学没有在古代希腊出现？

我们知道，古希腊科学从发现几何三大难题开始（约公元前450年），随着最后一位几何学家帕波斯（Pappus of Alexandria，300—350）去世而结束，其间延续了足足800年之久，在数学、天文学、静力学、光学等各方面有非常辉煌的成就。然而，在天文学家托勒密（约90—168）之后，它就开始停滞，不能继续发展了。为什么呢？是什么因素使得现代科学要在17世纪英国而不是公元前3世纪的亚历山大城出现？这个问题曾经在科学史家之间引起热烈争论，触发各式各样的答案，甚至有专家坚决认为，其实并没有什么根本道理使伽利略的革命不可以在古希腊发生[3]！我们不必重温这些争论，因为在今天，答案已经有共识了，那就是：古希腊科学过分倚赖纯粹推理精神，也过分沉醉于几何论证之美妙，因而疏远了大自然的整体——特别是，它面对纷乱的“地上现象”一筹莫展，畏缩不前，认为它变动不居，故此不可理解——亚里士多德是例外，却又鲁莽地忽视

---

〔1〕 杨振宁提到古希腊人以圆为天体轨道形状的话原载新加坡《联合早报》1988年1月17日，转引自潘国驹、韩川元编著《宁拙毋巧：杨振宁访谈录》（新加坡：世界科技出版社，1988年），第86—87页；他讨论开普勒的天体轨道大小之几何模型见1982年1月21日在香港中文大学的演讲，收入《杨振宁演讲集》（南开大学出版社，1989年），第411—429页；他强调牛顿以几何学方式建构其巨著，则见1993年4月27日在香港大学的演讲，收入《曙光集》（生活·读书·新知三联书店，2008年），第205页。

〔2〕 见作者《徜徉于天人之间——〈曙光集〉读后感》，载《读书》（北京）2008年6月号，第51—58页。

〔3〕 此专家就是研究伽利略而成大名的柯瓦雷（Alexandre Koyré），他的论据见其*Galilean Studies*（J. Mepham，transl. Sussex Harvester Press，1978），pp.201-209。该书的中译本为《伽利略研究》（江西教育出版社，2002年）。

数学工具[1]。这样，古代科学就失去了继续发展的动力。

这个状况一直到16世纪才发生根本改变，原因是当时西方科学受伊斯兰文化影响，涌现了两个崭新因素：计算型数学与实验精神。前者起源于伊斯兰科学中的代数与三角学，这在中古传入欧洲，到16世纪蓬勃发展，由是导致"数"观念之扩充、符号算式之发展、高次方程之严格解、解析学和解析几何学之兴起乃至微积分学之出现等一连串发展。因此，17世纪的数学已经与古代完全不一样，成为几何推理与符号计算相辅并重的了。至于实验精神，也同样可以追溯到伊斯兰文化，特别是它的光学、炼金术（即雏形化学）以及精密天文观测。这些传入欧洲之后，刺激了实验性的光学、磁学、运动学等"地上科学"之发展——但它们却是与数学结合的，和古代并不一样。这个传统在15—16世纪促成了实证科学的兴起，包括哥白尼、第谷、开普勒的天文观测和理论探究，北意大利的弹道学和抛射体研究，以及帕拉萨尔苏斯（Paracelsus）的炼金术。因此，与古代相比，17世纪的科学文化已经脱胎换骨了：它是论证与计算并重，实验与推理并重的。这表现为培根强调实验与笛卡尔强调思考这两种截然相反精神的碰撞、互动，由是才酝酿出牛顿的历史性综合，即所谓"实验哲学"。所以，西欧是通过伊斯兰文化而间接承受古希腊传统的，这是个关键性转折：它在传统的科学文化中注入了新血液、新精神，也就是在优美的、以严谨推理为尚的、专注天上永恒事物的几何型科学以外，又发展了杂乱的，倚靠尝试、猜测多于推理的，包罗万象的计算型科学。现代科学是这表面上矛盾、不兼容的两种精神、两种方法相互碰撞、相互结合的产物，而并非其中任何一者单独发展的结果。

以上这段历史许多人耳熟能详，我旧事重提，是要强调：在现代科学

[1] 当时以天体现象（主要是其运行）为恒久不变，认为是可以用数学来探讨解究的，至于"月球以下"的地面现象则被视为变化莫测，没有一定规律，而不可以用数学来探究。这主要是亚里士多德的见解，影响非常广泛而深远。

出现之后，这两种精神仍然是紧密配合、互相促进的；而且，即使在同一科学家身上，也是同时并存，重要性无分轩轾。譬如牛顿开天辟地，是建立现代科学理论体系的天才，但他之前的伽利略、开普勒、惠更斯等，都是与现象纠缠、搏斗[1]，从中寻觅表象规律者，他们也就成为把肩膀供他站立的巨人。在他的《自然哲学的数学原理》这部巨著之内，也同样可以见到这两种不同精神的体现。它开篇第一条定理是：受向心力支配的运动符合开普勒第一定律，亦即角动量守恒，这只需要不足一页的几何证明，简洁优美之至。此书随后估算地球的扁平度则牵涉大量近似计算，显得迂回繁复，异常凌乱艰辛。但《原理》的严谨数学震撼欧陆，万有引力观念却迟迟不被接受，最后形势得以扭转，正是因为这扁平度的估计得到证实。同样，麦克斯韦的方程组美妙绝伦，其实是累积了整一个世纪许多不同工作之综合与融会——麦氏在其上所添加的关键一项诚然是神来之笔，却很难说是超越时代与经验。同样，爱因斯坦也有他的巨人肩膀——迈克尔逊、洛伦兹、费兹杰罗、庞加莱等的众多前期实验和理论工作，狭义相对论应该说是这一连串发展所带来的刹那间洞见；更何况，他在“奇迹年”对布朗运动和光电效应等“尘世”现象的探究，至终对量子力学也有巨大贡献。因此，现代科学数百年来都是由理性思维与具体现象探索这两种相关而不相同的精神交相推动，才得以稳步前进、蓬勃发展的。“两条腿走路”是它与古希腊科学的最基本的分别。

当然，必须承认，这有特殊例外。广义相对论就是不折不扣的超越时代和经验（虽然不是数学发展）之创造：它从洛伦兹不变性到（局部的）普遍不变性这一凌空飞跃，的确工夺造化，不啻令人重睹希腊几何之优美，体会柏拉图宣言“倘若人对于知识与智能的热爱是认真的，并且运用心智

---

〔1〕 开普勒在《新天文学》中宣称，他是在与火星做艰辛“战斗”，而且降伏了它，也就是发现并且证明它的轨道的确是椭圆的。

过于身体其余部分，那么自然就会有神圣和永恒的思想”（《蒂迈欧篇》90C）之崇高洁净。不过，这样从一个信念、一点颖悟出发凌空飞跃而获得大自然首肯者，在整部物理学史上可谓凤毛麟角。狄拉克的相对性量子力学方程虽然惊人，却是凭借相对论、量子力学与（非相对性）自旋观念这几块强力弹板起跳的。要找第二个例子，只有杨—米场庶几近之。它所根据的规范不变性和同位旋守恒原则虽然久已为人熟知，但极其抽象、缥缈，以此居然能够建构起一个粒子相互作用的基本理论，在数十年后更证明是与现实世界在最深层次若合符契，那真使人生出凭空御虚、飞渡天堑之感！杨先生如此看重对称观念，以及品味、美感在物理学中所起的作用，当是由此切身经验与惊喜而来吧。但无论如何，杨先生和以前诸位大师一样，在此理论飞跃以外也同样有大量实证性的现象规律探索，宇称守恒问题只是其中最著名的例子而已。倘若杨—米场显得回首天外、思入风云，那么如他自己所经常强调，他的双脚始终是牢牢踏在实地上的。因此，他期期无法认同优美奇妙、风行一时的超弦理论为物理学正道，因为在现实世界中它始终缺乏支撑点，甚至连接触点也阙如，就不足为怪了。

其实，就人生而言，杨先生也同样有回首天外与脚踏实地这截然不同的两个取向：前者是物理学，是他所承受于西方文化的；后者是故国情怀，是孔老夫子、清华园和西南联大所灌注于他血液之中的。他经常以“帮助改变了中国人自己觉得不如人的心理”为骄傲，为毕生最大贡献〔1〕；从70年代初开始，就致力于推动中美关系，促进中国科学发展；晚年更返回清华园定居，以“归根居”命名寓所，处处都流露出这种感情。因此，物理学上的巨大成就仅仅是杨先生的一半，另外一半是他的中国情怀，两者互为表里，关系密不可分。本书以将近一半篇幅讨论杨先生的成长与回

---

〔1〕 例如，杨振宁著、翁帆编译《曙光集》（生活·读书·新知三联书店，2008年），第232页。

归，也就是他和中国的关系，是极其自然的。

对中国人来说，这两个取向是理所当然、毋庸置疑的。从五四时代开始，科学报国就已经是知识分子的大传统，创办“中国科学社”的胡明复、任鸿隽如此，此后数十年间留学欧美的众多科学家也大抵如此。他们回国效力时间有迟早，成就有高低，所作牺牲有多寡，历程有曲折顺利之不同，但振兴中华的愿望与承担则人同此心，并无二致。杨先生只不过是其中成就最高、最为突出的一位而已。这是传统文化的强大实用倾向和凝聚力使然，知识分子深受熏陶而有此以天下为己任的自觉，再自然不过了。然而，在西方观念之中，探究自然与报效国家或者服务社会却本来是全然不相干，甚至彼此矛盾的两回事情，这在今日虽然已经改变，但与中国人心目中的“学以致用”仍然大有距离。其中的异同，也还是很需要分辨明白的。

我们所要指出来的，简单地说，是以下两点。首先，科学的原动力本来不在实用，而在求知，到了现代，它虽然显示出巨大的实用价值，但求知作为它的基本理念这一点仍然是根本，不能够抛弃。其次，古代哲人探究自然奥秘纯粹出于信仰与个人追求；到近代科学家方才发展出社会意识，但这既有积极的承担，亦有消极的批判。也就是说，他虽然处身社会之中，却不一定认同世俗价值，仍然可以超脱其外。统而言之，现代科学虽然已经成为社会密不可分的一部分，但功能不仅在于控制物质世界：它自有其独立价值和思维方式，应该视为一种独特的文化。

让我们先从科学的原动力谈起。在西方，作为科学前身的自然哲学传统是在非常特殊的背景下形成的：它是纯粹思辨性、理论性，完全不注重实用的；它的发展也不固定于任何地区或者文化传统，而是不断在多个地区之间转移。最特别的是，它以严格论证的数学作为突破点，而背景则是毕达哥拉斯所创立的神秘教派，特别是它“万物皆数”与“致力宇宙奥秘探索可带来永生”这两个理念。这些特点决定了西方科学传统的基本形态，即它是以个人的超越性追求（包括思想性与宗教性两个向度）为原动力的。

基督教成为西方文化主流之后，这一特征仍然留存，只不过其宗教向度被重新定位于基督教的上帝而已。但从18世纪开始，这个传统出现了巨大变化。正如培根所预见和主张的那样，科学不再限于探究自然，而日益展示它还具有主宰自然、改变自然的不可思议的力量，因此也就变成了人类活动的一个主要部分。中国人对科学的普遍认识，是20世纪初方才开始的，因此被视为富强之道，这和今日的“科教兴国”观念正好一脉相承。其实，西方也同样有此倾向：美国在50年代面对苏联挑战，以及在今日面对中国挑战的时候，又何尝不是号召大力发展教育与科技来做响应呢？

然而，单纯从追求富强的角度来推动科学发展虽然容易鼓动人心，却是短视的。为什么？根本原因是科学的真正秘密和精神在于：以宗教的谦虚、虔诚，与全部的生命热忱、承担，来探索自然奥秘，来追求“神圣与永恒思想”。而此奥秘、思想则是“无用之用”，是“无为而无不为”的大道〔1〕。由之而生出的无穷财富、力量，只是意想不到的连带结果而已。倘若从头便以富强为目的，则不免落于下乘，沦为“必欲得之，固将失之”了。世界上所有古老文明，从埃及、巴比伦、印度以至中国，都曾经发展出相当高水平的实用性科技，但它们至终却全部受制于原先的浅近、有限度的目标，而只能够停留在“蟪蛄不知春秋”、“夏虫不可以语于冰”的阶段。

在今天，科学对现实世界的重要性无疑是家喻户晓了，但它原来的求知、求真理念却仍然是最根本的。因为科学不是固定的：新的自然规律还会被发现——事实上，正在不断涌现，而我们不可能判断它哪些部分有实用价值，哪些没有。爱因斯坦不可能预见狭义相对论会在数十年内彻底改变世界；卢瑟福宣称“谁要从原子的蜕变来寻找能源无异痴人说梦”〔2〕，不旋踵就被证明为大错而特错了；混沌（chaos）和分形（fractal）观念在

〔1〕 此处借用老庄名言，其本意和本文要引申的新义并不相同，读者鉴之。

〔2〕 “Anyone who looked for a source of power in the transformation of the atoms was talking moonshine”，*London Times*，September 12，1933.

其初只不过是应用数学家的玩物，但现在已经成为从激光和手机天线设计以至了解地貌不可或缺的原理了。因此，无论高科技产品如何令人目迷五色、眼花缭乱，我们仍然不可忘记，在实用与经济意义以外，科学还有更高远的追求和理想，那才是它真正的生命与价值所在。放弃这理想，它就会丧失往前发展的动力，它的生机也不免枯竭了。

倘若科学的理念是超越实用的，那么科学家本身又如何呢？这把我们带入第二个问题，即科学家与社会的关系。在古代，科学家是昂首天外、疏离社会、对俗务不屑一顾的哲人。这定位与形象的改变是从启蒙运动开始的：他们梦想扫除愚昧，造福人民，慨然以改造社会为己任，正是由百科全书学派吹响号角。自此以后，响应者如拉瓦锡、巴斯德、赫胥黎等就风起云涌、不可胜数了，“科学主义”的观念于焉形成。五四以来，中国好几代的科学家也都深受其鼓舞与影响。另一方面，绝不能够忽视的是：科学家亦并非盲目认同于所有科技应用。例如，深受国家器重、尊崇的法拉第，就曾经以道德信念为理由，拒绝为克里米亚战争中的英政府出任化学武器研究顾问。另一个为人熟知的例子，则是爱因斯坦在第一次世界大战期间公开反对德国的军国主义；以及他在 1955 年临终之前响应罗素的号召，签署反核子武器宣言，那至终得到泡利、玻恩等其他九位著名科学家联署，从而导致了声势浩大、影响深远的一场全球反核武运动。在当时，自然还没有人能够预见，虽然以科技改造世界的梦想转眼就会成真，但它并不完美，至终会带来祸害，甚至灾难！自 50 年代以来，随着科学的应用与影响日增，科学家在社会上也日益重要，不但进入主流阶层，甚至有跻身商界大亨、政界要人、社会名流之列的。然而，与此同时，他们的批判意识也并没有沉睡：半个世纪前，生物学家卡森（Rachel Carson）以《寂静的春天》一书揭开了整个环保运动的序幕；在今日，数百名国际气象学家组成的独立委员会 IPCC（Intergovernmental Panel on Climate Change）在全球变暖这一高度敏感的问题上发挥了巨大作用与道义力量。那也就是说，在天真的科学主义以外，科学家还会唱反调，会显示出社会批判意识，凭借其专业知识对公众事务做出独立判断，从而发挥超越政治利害的道义力量。在这个意义上，科学并非工具，而代表一种独立文化，一套价值观念。

当然，对于处身于冷战时期美国的青年杨振宁来说，要发挥社会批判意识是很困难的，实际上是完全不可能的。更何况，就他而言，这也没有任何文化上的意义。因此，如他一再在不同场合所披露，鼓动他的，基本上是埋藏心底的强烈民族意识。另一方面，他所投身的物理前沿研究本来就是高度抽象与理论性的；而且，为了竭力保持与上海家人的联系，以及将来回归中国的可能性，他有意识地避开与军事有任何关联的所有研究题材与机构。这样，很奇妙（但并不独特）地，他虽然有那么强烈的入世意识，然而在物理学上的主要贡献——杨—米场、宇称不守恒、二维伊辛模型解、杨—巴克斯特方程等，却只是对物理学和数学产生巨大冲击，迄今未有任何实际应用——而且，这和广义相对论、宇宙论、基本粒子“标准模型”等基本理论也是完全一样的。也许，这适足以说明，科学（特别是物理学）在现代世界的最重要功能在于其思想性和文化性，其实际应用反而是第二义的吧。

时光荏苒，犹记当年先生八秩荣庆，曾经有幸以“杨振宁的两个世界”为题讲论先生生平；如今这本传记出版在即，承嘱在卷首写几句话，想不到信笔所之，连篇累牍不能自休，不过，虽然芜杂，却也还是平日思考过的一些想法，也许正可用以庆贺先生年登期颐吧。当然，古人所谓耄耋，所谓期颐，所指都不外供奉、休息、静养之意。如今先生康健如恒，仍然潜心于第一线物理研究而常有创获，真所谓“天行健，君子以自强不息”了。谨以是为祝为祷，为先生寿。是为序。

2011 年新春于用庐

第一章　幸福的少年时代（1922—1938）

1922年10月1日（农历壬戌年八月十一日），在安徽省合肥县城西大街四古巷杨家大院，杨克纯（字武之）喜得长子，这个圆头大脑的男孩就是杨振宁——20世纪伟大的物理学家之一。

杨振宁的曾祖父杨家驹，字越千，原系安徽省凤阳府人，当过清朝太湖县分领营兵的都司。卸任后于1877年把家安在合肥县，这是因为他觉得这里物产丰富，民风敦厚，加之有好友相劝。杨家驹官职低下，俸银微薄，因此家境十分困难，他的五个儿子中只有两个读了一点书，其他都当学徒从了商。杨振宁的祖父杨邦盛，字慕唐，生于1862年，是两个有幸读书者中的一个。他自幼读书，1880年考中秀才。后来，他很长一段时间靠设蒙馆开课维持生计。直到1904年，杨邦盛找到了一桩差事，家里的生活才有了好转，并在合肥西大街四古巷买下房舍（现为合肥市安庆路315号）。这桩差事与李鸿章有些关系。李鸿章得势以后带了不少合肥人到北京和天津做官。当时津南巡警道道台为段芝贵，杨邦盛就是在段芝贵手下做幕僚，负责文书一类的事务。

杨邦盛的长子杨武之1896年出生。母亲王氏1905年去世时，杨武之才9岁。1908年，也就是杨武之12岁那年，段芝贵由天津调任黑龙江总督，杨邦盛便随同他前往寒冷的北地。不料在沈阳旅馆里染上了鼠疫，客死他乡。父母去世以后，杨武之由叔叔杨邦瑞和婶婶范氏抚育成人。

杨武之读书时，家里十分困难，他的母亲因为肺病常年卧床不起，父亲一直在北方工作，漂泊不定，因此他不仅要照料生病的母亲，还要照看比他小两岁的弟弟。母亲把买药的钱省下来给两个儿子上学时买早点吃，杨武之常常把自己的那一份给弟弟。为了让弟弟能够多吃上两个小烧饼，他自己宁愿挨饿。有时弟弟受同学欺侮，杨武之总是尽量保护弟弟。弟弟冬天穿的棉袍子是别人施舍的，因此很不合身，里面的二棉袍本来应该短一些，但罩在外面的大棉袍小了罩不住二棉袍，结果二棉袍总是露出大棉袍下面一大截。一些家境富裕的同学见了，不免嘲笑或欺辱他。杨武之在愤怒之下和这些同学打过几次架，并教训他们不能仗势欺辱同学。

杨武之自幼酷爱围棋，还喜欢养鸽子。但还不大懂事的弟弟也许是因为好奇，有一天把哥哥刚养的鸽子放飞了。杨武之知道后，一时生气未能控制自己，把弟弟抱住想把他摔倒。这时，他忽然想起了死去不久的父母，弟弟年幼就失去父母的呵护，实在可怜，自己怎么能够一时性起就欺负弟弟呢？他立即松手放开弟弟，还笑着安慰了弟弟几句。自此，兄弟二人再没有翻过脸，吵过架。[1，871—879]〔1〕

杨武之从小勤奋好学，中学时就读于安徽省立第二中学（当时为四年制，校址为现合肥市第九中学）。但大约在16岁期间，杨武之曾两次到隔壁住家赌博，被叔叔杨邦瑞知道了。第二次赌博到晚上很晚才返家，叔叔一直坐在客厅里等候杨武之归来。杨武之见叔叔夜深还在客厅等候他，心中极为不安，看来一顿严责在所难免了。但叔叔却只问了一句：“天已不早，汝身上冷否？”这句多少带有责备的关怀，让杨武之惭愧、难过极了。他从此不再赌博，更加发奋读书。

---

〔1〕　方括号里有两组数字，逗号前的数字表示引文来源在本书所附参考书目中的序号，逗号后的数字表示引文内容在该书的页码。例如“［1，871—879］”，其中“1”指参考书目中的第一本书《杨振宁文集》，“871—879”表示该书的第871到879页。——本书作者注。后文页下注未特别说明者，均为本书作者注。

1914 年，杨武之以优秀的成绩在安徽省立第二中学毕业，之后有一年时间没有确定未来的生活道路。他先是想在京戏班子里唱戏，后来又到汉口军官学校习武，但这些终究不是他内心所喜欢干的事情。1915 年，他终于决定报考北平高等师范学堂（即北京师范大学前身）预科班，并随后考中。据杨武之的女儿杨振玉说："［父亲］在校时读书认真，成绩斐然。国文、英文、数学都名列前茅，他的古文和中国历史的修养，英文和数学的底子就是这时打下来的。每天课后他都要踢足球直到汗流浃背，晚饭之后则十分专心地上晚自修。青年时期的杨武之，学业上进，体魄健全，兴趣广泛，除踢足球之外，他还打篮球、唱京戏、下围棋（围棋是父亲一生的爱好，50 年代父亲还曾得过上海市高等院校围棋比赛优胜奖）。"[1, 905—906]

1918 年，杨武之从北平高等师范学堂毕业，正好有老同学蔡荫桥先生聘请他，于是他应聘回到母校安徽省立第二中学任教，并担任舍监（即训导主任）。杨武之忠于教育事业，也很有决心在教育事业上贡献自己的力量，但没有想到他因为忠于职守，竟引发了一桩惊险的故事，并使他愤然离开了省立第二中学。据杨武之的姑老表刘秉均先生回忆，这个惊险的故事是这样的："当时社会风气败坏，学校纪律松弛，住读生中有少数纨绔子弟经常不守校规，在外赌博深夜不归。杨武之忠于教育事业，决心加以整顿。事先公开宣布自某日起，晚间 9 时半熄灯，校门上锁，任何人叫门均不得开锁，并亲自保管钥匙。这个制度执行不久，即有少数人蓄谋闹事。某晚有些人借口在外看戏半夜始回，高声叫门，武之坚拒不允。这些人遂越墙而入，手执铁叉、木棒到处搜寻他，意欲行凶伤害。幸校中职工把他藏于床后，用蚊帐遮住，后又伺机将他送出校门，仓皇避于姑父刘芷生家。这些闹事学生，觅杨不得，竟把他的卧室捣毁，蚊帐烧掉。次日闹事者仍叫嚣搜索，并扬言：在何处发现，就在何处将杨打死。出事之后，校方欲开除闹事学生，请武之回校，但当时政治腐败，阻力甚多，迁延未决，

武之遂愤而离肥，去安庆某中学教书，时在1921年前后。”[1, 874—875]

在去安庆某中学教书前的1919年，杨武之与同乡罗竹泉的女儿罗孟华结婚。他们的婚姻是指腹为婚决定下来的，这是因为罗竹泉是杨武之姑父刘芷生的好友。1922年，他们喜得长子振宁。杨振宁这一代为“振”字辈，而当时杨武之正在安徽长江边上的小城安庆（旧名怀宁）教书，为纪念这一段教书经历，他就给长子取名为振宁。

罗孟华没有受过新式教育，旧式教育也受得很少，因此文化水平不高。杨振宁在《母亲和我》一文中写道：

> 母亲出生于1896年的旧中国，没有受过学校教育，只念过一两年私塾。小时候她只有小名，和父亲结婚以后才取了一个正式的名字：罗孟华。[101, 44]

虽然杨振宁父母文化水平相差很远，但他们之间的感情很好，相敬如宾。杨武之曾经说过：“夫妇应始终如一，胡适之从来不嫌弃他的小脚太太。我很赞成他。”[1, 875]

杨振宁出生后仅十个月，父亲杨武之就考取了安徽省官费留学美国名额。此后五年，杨振宁便和母亲生活在一起，两人相依为命。

一、出生的年代

杨振宁出生于1922年，这一年，瑞典的诺贝尔奖委员会把1921年的诺贝尔物理学奖授予了阿尔伯特·爱因斯坦（Albert Einstein，1879—1955），而把当年的诺贝尔物理学奖授予了丹麦物理学家尼尔斯·玻尔（Niels Bohr，1885—1962）。[1]爱因斯坦是“因为在数学物理方面的成

〔1〕 1921年的诺贝尔物理学奖空缺，其他奖项照常颁发，1922年补发了1921年空缺的奖项。

20世纪伟大的物理学家爱因斯坦。

就，尤其是发现了光电效应的规律”而获奖，具体说来，爱因斯坦是因为相对论和量子论两方面的贡献。“数学物理方面的成就”指的是相对论方面的成就，因为当时反对相对论的呼声还此起彼伏，再加上评审委员会的保守主义和实验主义倾向，就没有明确提到相对论这个词；而“光电效应的规律”是指爱因斯坦在 1905 年继马克斯·普朗克（Max Planck，1858—1947）提出量子论后，首次将量子论推广到光本质的解释之中，果断地提出光子假说。玻尔是“因为原子结构和原子辐射的研究”而获奖。玻尔在1913年根据普朗克的量子论思想和恩斯特·卢瑟福（Ernst Rutherford，1871—1937）的有核原子模型建立了划时代的氢原子理论，从而开创了原子理论的新纪元，为了解元素的物理和化学性质奠定了坚实的基础。

这一年，商务印书馆出版了费祥先生翻译的爱因斯坦通俗著作《狭义与广义相对论浅说》；北平中国天文学会出版了中国气象台台长高曙青编写的《相对论原理》（上下卷）；《理化杂志》1922年第2期上，张贻惠先生翻译了爱因斯坦于1920年在荷兰的演讲《以太与相对论》；1922年12月25日出版的《东方杂志》为“爱因斯坦专号”，上面刊有六篇介绍爱因斯坦相对论的文章。

1922年10月初，爱因斯坦从法国马赛港起程到亚洲做为期半年的学术旅行。这时杨振宁刚刚出生只有几天。此后11月12日到14日和12月30日到1923年元月2日，爱因斯坦两次落脚上海，可惜由于种种阴差阳错的误会，他原来打算在中国讲学的计划未能实现。

由以上简单的介绍我们可以看出，杨振宁出生之时，20世纪之初的科学革命已经接近高潮，相对论已经建成，量子力学的建成也已经指日可待。物理学已经跨过了现代物理学的门槛，正处于纵深大发展的前夜。这种态势，对于杨振宁今后的科学历程十分重要。我们常说“时势造英雄”，这是很有道理的。物理学新的形势，需要新的英雄来造就新的辉煌。杨振宁可以说恰逢其时，于是有了“50年代的天下是杨振宁的”[1, 916]之美誉，他成为继爱因斯坦之后伟大的物理学家之一。

要想全面了解和认识杨振宁，还应该了解在他出生和读书的年代发生在中国的事情。1911年清朝垮台以后，军阀混战就一直没有中断过。1922年，第一次直奉战争爆发，此前两年是直皖战争，此后两年是江浙战争，北洋直系军阀孙传芳把皖系军阀卢永祥驱逐出了上海；1925年，孙传芳又起兵驱逐了江苏、安徽各地的奉系军阀势力；1926年，掌控长江中下游地区的直系军阀吴佩孚、孙传芳被孙中山的北伐军打败以后到处流窜，骚扰百姓。安徽正处于战争旋涡的中心，所以安徽的老百姓更饱受战争带来的灾难。这种深重的灾难，甚至连远在英伦三岛的丘吉尔都注意到了。

杨振宁亲身经历了这些灾难。在《读书教学四十年》一文中，他写道：

我头六年在合肥的生活，现在只依稀记得很少的一些情景。印象最深的是那时军阀混战，常常打到合肥来。我们经常要“跑反”，跑到乡下或医院里去躲避。因为医院是外国教会办的，在那里比较保险。我印象中最深的第一个记忆，是三岁那年在一次“跑反”后回到四古巷家里，在房子角落看到一个子弹洞。[1，439—440]

这是事态坏的一面，但也有为科学带来希望的一面。除了前面提到的国内科学界开始比较深入地介绍相对论以外，中国还开始向国外派遣优秀学生学习现代科学。仅以物理学为例，1921 年，吴有训到美国芝加哥大学学习物理学，1926 年获得博士学位后，回国讲授现代物理学，1937 年以后到西南联大物理系任教。在吴有训之前，还有 1913 年留学、获普林斯顿大学博士学位的饶毓泰，1918 年留学、1923 年获得哈佛大学博士学位的叶企孙。他们两人后来也在西南联大教过书。1922 年之后，有 1924 年到美国芝加哥大学留学的周培源，1927 年到美国加州理工学院留学的赵忠尧，1930 年到德国柏林大学留学的王淦昌，1931 年到美国密歇根大学留学的吴大猷，1935 年到英国剑桥大学留学的王竹溪……这些学成归来的学者，在国外留学期间就已经做出了重要的研究，后来不少都会聚于西南联大，对日后杨振宁在科学道路上的成长，起了至关重要的作用。他们为中国年轻学人带来的不仅仅是知识，还有科学研究的思想和方法。

杨武之也在这批留学者行列之中，他于 1923 年到芝加哥大学攻读和研究数学。

没有这些先行者，就不可能有日后的杨振宁。杨振宁对此说过：

20 世纪以来，中国现代科学从无到有，在大约三四十年的时间里跨了三大步，1919 年五四运动时，中国还没有自己的自然科学研究事业。一部分留学生从国外回来，在全国各地办起一批大学。20 年代的中国大学生已可达到世界上一般的学士水平。30 年代的清华、北大、浙大等名校，已聚集一批国外回来的博士，他们的教学研究开始接近国际标准，培养的学生已能达到硕士水平。到了40年代，像西南联大这样的学校，其课程设置和科研水准，已经和国外的一般大学相当接近，培养的硕士生实际上已和博士水平相齐。正是在这样的基础上，李政道和我才有可能在50年代获得诺贝尔物理学奖。[3，107]

二、在父亲留美的日子里

1923年秋天，杨武之离开合肥，告别妻子和不满十个月的长子，经上海乘海轮前往美国旧金山。临行前，他和妻子、儿子在四古巷故居窗前拍了一张照片。这是一张极为珍贵的照片，因为它是杨振宁最早的一张照片。照片上杨振宁的母亲似乎有一丝忧郁和苦涩，丈夫留学海外，肯定会使年轻的母亲依依不舍。杨振宁看起来十分高兴，他还不懂人间生离死别给人带来的感情波澜，他面前的照相机大约会使他感到惊讶和兴奋。从照片上看，杨振宁除了头显得有些大以外，大概不会有人由此预言他今后会成就大的事业。关于杨武之，杨振宁在54年之后说："父亲穿着长袍马褂，站得笔挺。我想那以前他恐怕还从来没有穿过西服。"[3，5]

父亲走了以后，杨振宁开始和母亲相依为命，在希望和期盼中度过了五年漫长的岁月。

在那军阀混战、兵荒马乱的年代里，动不动还得"跑反"，到郊外外国人设立的医院去，躲避军匪流氓的滋事，这对于一个弱女子和一个幼儿是何等的艰辛啊！

罗孟华虽然没有很高的文化，却是一个明事理、识大局、有远见并且性格坚强的妇女。中国妇女的传统美德在她身上得到了最完美的体现。杨振宁的三弟杨振汉曾在回忆中谈到他父亲给他讲到的一件事情，从中足以看出罗孟华品格中坚强之处："在厦门的一天，我到学校球场打网球，振

1923年，杨武之去美国留学前与妻子和不满十个月的杨振宁在合肥四古巷故居留影。

宁上学去了，学校校工来通知开会，只是口头通知，没有文字的，［你］妈妈接待了这位校工。我回来后，［你］妈妈告诉我开会的事，但她只记得开会的地点，忘记开会的时间了，我当时很不高兴，抱怨［你］妈妈文化低。事过几天，我发现你妈妈曾用牙齿咬手臂直到出血，我很吃惊，询问之下，［你］妈妈说她恨她父母亲家穷，没有钱给她读书，恨她父亲经商失败使她得不到受教育的机会，很早就辍学了。我当时震动很大。我想你们妈妈非常坚强而且极有毅力，又极能吃苦耐劳，这些都是我及不

上的。”[117，171]

杨武之的这些体验，作为一直在母亲身边的长子的杨振宁，有更深切的感受。1982 年杨振宁动情地说：

> 我母亲是一位意志坚强而又克勤克俭的妇女，为了一家七口人的温饱，她年复一年地从早到晚辛苦操劳。她的坚韧卓绝的精神支持全家度过抗战时期。[3，25]

在丈夫留学期间，罗孟华肩负起教育长子的重任。除了让儿子懂得做人必须“三立”（立德、立功和立言）以外，她还从振宁很小时开始教他识字。杨振宁后来回忆：

> 我四岁的时候，母亲开始教我认方块字，花了一年多的时间，一

四岁时的杨振宁，1926年摄于合肥。

杨振宁与母亲，1927年摄于合肥。

共教了我三千多字。现在，我所认得的字加起来，估计不超过那个数目的两倍。[3，30]

罗孟华从自己很早就辍学的痛苦经历中感受到严格要求儿子的重要性。有一次，杨振宁在习字时大约心不在焉，把字写得歪歪扭扭，更糟糕的是还写错了几个字。他母亲十分生气，罚他重写，直到写得令她满意了为止。

即便在生活习惯上，一般被认为不值得重视的小事，罗孟华也要求得十分严格，绝不纵容姑息。杨振宁的二弟杨振平在回忆文章《父亲与大哥》中讲到下面一件事情："振宁生来是个'左撇子'。在中国传统里，'左'是不吉利的。孩子生来左倾，至少用箸、执笔得换成右手。母亲费了一番精力把大哥吃饭、写字改成右手，可是他打乒乓、弹弹子、扔瓦片，仍旧自然地用左手，因为人的左脑控制右手，而右脑控制左手。我常常在想他后来异乎寻常的成就也许和两边脑子同时运用有关系。"[1, 881]

英国思想家卡莱尔（T. Carlyle）说得好："谁能在质朴的日常生活中给我们以指导和帮助，谁就是老师。"杨振宁此生有幸，不仅有一个与他感情极笃的母亲，而且母亲言传身教，在质朴的日常生活中，靠其表率作用深深地影响了杨振宁。杨振宁日后能在科学事业上做出重大贡献并具有高尚品格，与他母亲是息息相关的。1987 年，杨振宁对记者说：

> 我本人的个性和作风，受到父母亲的影响都很大，也许可以说，明显的影响（如学术知识）是来自父亲，而不明显的影响（如精神气质）是来自母亲。[1, 619—620]

1983 年，杨振宁出版了一本论文自选集《杨振宁论文选集》[*Selected Papers（1945—1980）with Commentary*]（以下简称《论文选集》）。在论文集的扉页上，杨振宁用中文写了"献给母亲"四个大字。〔1〕

杨家大院里有不少小孩子，到杨振宁五岁时，杨家请来了一位私塾老先生，来教与他差不多大的一群孩子。杨振宁回忆：

> 在合肥，我是在旧式的大家庭里长大的，我没进小学。我的叔叔请了一位老先生，把杨家十多个小孩集中在一起教，就叫私塾。《三字经》是有名的启蒙读物，老先生没选用它，而选了一本明清有名的启蒙读物《龙文鞭影》……我想从正统的眼光看，它作为一本启蒙

---

〔1〕 2009 年 7 月采访杨振宁教授时，他特地对我说："不少人问我为什么只写'献给母亲'，那是因为我的父亲在 1973 年已经去世。"

> 的书不太合适，其实却是很有意思的一本书。它是四个字一句，共有一千多句。每一句讲一个中国古代故事，比如有一句“武穆精忠”，武穆是岳飞的号，一句“重华大孝”，重华就是舜，是历史上有名的孝子。当时我从头到尾背下来，可是老先生并没有教我们每句的意思。那时的教育普遍还是传统私塾教育。[128，192]

《龙文鞭影》是我国古代的一本儿童启蒙读物，最初由明朝学人萧良有编写，后来由杨臣铮进行增补修订。全书分上下两卷，主要介绍中国历史上的人物典故和逸事传说，四字一句，两句押韵，读起来抑扬顿挫，朗朗上口。这本书自问世以后影响颇大，成为最受欢迎的儿童启蒙读物之一。它为什么取了一个怪兮兮的名字“龙文鞭影”呢？原来“龙文”是古代一种千里马的名字。传说这种“龙文”马只要看见鞭子的影子就会飞快奔驰。作者的意思是这本书可以使青少年尽快掌握各种知识，成为一匹千里马，成就辉煌的事业。

这位私塾先生教了一年之后，杨武之获得芝加哥大学的数学博士学位，回到祖国。杨振宁的生活，也随之发生了极大的变化。

三、父亲归来

杨武之在1923年去美国后，先在旧金山附近的斯坦福大学攻读学士学位。读了三个学期的大学课程后，获得了数学学士学位。1924年秋天，转入芝加哥大学读研究生。关于杨武之在斯坦福大学留学期间的情形，现在知道得不多。幸好杨振宁为我们提供了一点可贵的信息，他在1997年写的文章《父亲和我》中写道：

> 父亲1923年秋入斯坦福大学，1924年得学士学位后转入芝加哥大学读研究院。四十多年以后我在访问斯坦福大学时，参加了该校的中国同学会在一所小洋楼中举行的晚餐会。小洋楼是20世纪初年因

为中国同学受到歧视，旧金山的华侨社团捐钱盖的，楼下供中国学生使用，楼上供少数中国同学居住。60年代这座小楼仍在，后来被拆掉了。那天晚餐前有一位同学给我看了楼下的一个大木箱，其中有1924年斯坦福大学年刊，上面的Chinese Club团体照极为珍贵。[3, 5]

到了芝加哥大学以后，杨武之寄了一张照片给妻子。把这张照片和1923年临别前与妻儿的合影对比起来，杨武之的衣着和神情都大不相同。西服、领带和手上拿的帽子，已经是一位进入20世纪的现代学人了，正如杨振宁所说："父亲相貌十分英俊，年轻时意气风发的神态，在这张相片中清楚地显示出来。"[3, 5]

杨武之在芝加哥大学读研究生时，曾与吴有训（1897—1977）先生同住一间宿舍，成为室友。吴有训先生后来成为很有名气的物理学家，曾经帮助他的导师康普顿（Arthur Holly Compton，1892—1962，1927年获得诺贝尔物理学奖）教授纠正哈佛大学反对"康普顿效应"实验的错误。后来杨振宁读西南联大时，吴有训也在这所大学执教，曾任该校物理系教授、系主任和理学院院长。新中国成立后，他还担任过中国科学院物理学研究所所长和中国科学院副院长，于1977年去世。

杨武之为人正直，诚实，忠厚无私。吴有训曾说过，杨武之具有磁铁一样吸引人的性格。在芝加哥大学留学期间，曾留下过一张很珍贵的照片，是杨武之和几位中国同学的合影。左起第一个是吴有训，我们在前面做过简单介绍；接下来的是夏少平，后来不知去向，连杨振宁"也不大清楚他是谁"；再右边的是蔡翘，曾经担任过北京军事医学科学院副院长；蔡翘右边的是潘菽，曾任中国科学院心理研究所所长；最右边的是杨武之。蔡翘和潘菽都是中国科学院的院士。照片上的五位学者，都已先后故去。

在芝加哥大学，杨武之师从美国著名数学家列奥纳德·狄克逊（Leonard E. Dickson，1874—1954）研究代数学和数论。1926年杨武之以《双线性型的不变量》一文获得硕士学位；1928年，又以《华林问题的各种推广》

1923年秋，斯坦福大学“中国同学会”同学合影。第二排右三为杨武之。

1925年前后，杨武之和中国同学合影。左起：吴有训、夏少平、蔡翘、潘菽、杨武之。

成为中国因数论研究而获博士学位的第一人，也是我国研究现代数论并发表创造性论文的第一人。在得到博士学位的那年夏天，杨武之乘海轮回国，在上海登岸。杨振宁和母亲从合肥到上海专程迎接父亲的归来。对于六岁的小振宁来说，爸爸完全是一个陌生人，他后来回忆："我这次看见他，事实上等于看见了一个完全陌生的人。"但对于罗孟华来说，那真是让她激动不已的时刻。这儿有一个小小的插曲，可以从她的女儿杨振玉的回忆中看到："父亲和母亲是自幼定亲的旧式婚姻。父亲虽然留过洋且有博士学位，但他和文化程度只有初小且缠过足的母亲之间终生都是相亲相敬的。父亲留学美国时，母亲带一岁的振宁在家乡合肥，亲友中有人对母亲说现在的留学生回国之后会抛弃旧式的妻子另娶新式的女学生，母亲惶惑之余下决心，万一父亲真是这样，她将自己一个人抚养振宁成人。父亲自美返回上海之前，即电报母亲要她带振宁去上海相聚。母亲告诉我们说那时她真是喜出望外，眼泪盈眶。"[1, 906]

罗孟华晚年还告诉她的孩子们，她当时甚至做好了最坏的打算：如果杨武之回国后果真抛弃了她，她就会带上振宁去天主教堂。那时在离四古巷杨家大院不远处，有一个开办不久的天主教堂，去那儿可以带上儿子"吃教"。

现在噩梦已经过去，光明、幸福的生活在向她招手，她怎么会不喜极而泣呢！从 1929 年她与丈夫、儿子在厦门拍的照片上可以清楚看出，罗孟华是多么欣慰、多么欢悦，与 1923 年离别合影时忧郁、苦涩的表情相比简直判若两人。

杨武之离开祖国去留学时，杨振宁仍在襁褓之中，五年过去，儿子已经成了一个漂亮的小孩，他心中的喜悦可想而知。

他问这个已经有点陌生的儿子："你念过书没有？"

杨振宁回答："念过。"

"念过什么书呢？"

“念过《龙文鞭影》。”

杨武之高兴地说：“那你就背给我听一听，可以吗？”

杨振宁从小聪慧，背书实在不在话下。他流利地背了一大段，杨武之又问：“书上讲的是什么意思呀？”

这下杨振宁傻了眼，老师只让他们死记硬背，何尝讲给他们是什么意思啊！他小心地回答：“不知道。”

杨武之并没有责备儿子，反倒送了一支钢笔给儿子。杨振宁从来没有见过这种“自来水笔”，因此既惊讶又高兴。

杨武之回国后，厦门大学聘他为数学教授，于是杨振宁随着父母到了厦门，并在那儿度过了幸福的一年。厦门是海滨城市，比起落后的合肥要现代化多了。更大的变化也许是杨振宁进了比较现代化的小学，而不像原来要在私塾先生面前整天背书了。1995 年 8 月 30 日，杨振宁在厦门大学演讲时回忆：

> 在三分之二世纪以前，1928—1929 年，我曾在厦大校园内居住了一年，度过我的童年时代的一年光阴。对那一年的经历我有极好的回忆。那时我家住在听说现在叫作白城的区域，紧靠海边。美丽的海、美丽的天是我人生旅程的一部分。我觉得那一年，是我一生中关键性的一年。为什么这么说呢？因为我出生在安徽合肥，我头六年是在合肥生活的。厦门那时比起今天虽然是一个很旧、不那么先进的城市，可是比起那时的合肥还是非常先进的。我在合肥时，全城没有电，我第一次用上电是在厦大；我在合肥从未见过抽水马桶，我第一次用抽水马桶也是在厦大。
>
> 那个时代的厦门大学校园很小，基本上有五座楼，其中有一座楼的一楼进门右边一个相当大的教室借用来给厦大教职员子弟念书。那时教职员子弟一共只有十几个，就请一位教师来教。这位教师是浙江人，叫汪泮庆。我们无所谓分班，汪老师按每个人的进度来教。所以

杨武之与妻子和杨振宁，1929年摄于厦门。

讲不出那时我是在一年级、二年级，还是三年级。我的成绩还算相当不坏。我的国文和算术比较好，可是手工非常不行。

在厦大那一年，之所以是我一生中关键性的一年，原因可以说是从19世纪跳到20世纪。[128，192—193]

杨振宁演讲时说他的“手工非常不行”，起因于有一次老师让同学们用泥捏一只鸡出来。他捏好以后大约还十分骄傲地带回家让父母看，以显示他的能耐，但父母却说：“做得很好，是一支藕吧？”

这种“手工非常不行”的经历，恐怕与他日后成为一名理论物理学家有关：他后来留学美国时曾经想用一篇物理实验的论文作为博士论文，无奈实验做得实在不理想，只好半途易辙，做了一篇理论论文获取博士学位。

厦门大学位于海滨，与风景美丽的旅游胜地鼓浪屿相距不远。每到闲暇之时，杨武之就会带着妻子和儿子到海滨散步。小振宁最高兴的事情就是在海边拾贝壳。大弟杨振平曾写道："大哥挑的贝壳常常很精致，但多半是极小的。父亲说他觉得那是振宁的观察力不同于常人的一个表现。"[1, 881]

杨振宁在厦门还留下一张珍贵的照片，那是他在厦门鼓浪屿日光岩拍的。从照片上看，他长得胖胖的，十分可爱，但他的着装似乎是他妈妈手工制作的，不仅式样不新潮（尤其是那条裤子，看来绝对不是"西装裤"），

儿时的杨振宁，摄于厦门鼓浪屿日光岩。

而且也不太合体，有点小。他的左手拿的似乎是一顶遮阳帽。从他面部表情上看，他眉头紧锁，嘴唇抿得很紧，似乎因为不满意自己的衣着，显得很不高兴。后来到了 1960 年，杨武之才道出杨振宁不高兴的真情。杨振宁曾经提到这件逸事：

> 30 多年以后，在 1960 年父亲与母亲自上海飞到日内瓦跟我团聚以前，三弟翻出这张照片要他们带去给我看。父亲说："不要带，不带，那天我骂了振宁一顿，他很不高兴。"这是没有做过父母的人不易完全了解的故事。[1，859]

杨武之在厦门大学只任教一年，就由他在芝加哥大学的同学请到北平的清华大学数学系任教。在厦门生活的时间虽然短暂，却给七岁的杨振宁留下了极为美好的印象。他后来回忆：

> 厦门那一年的生活我记得是很幸福的，也是我自父亲那里学到很多东西的一年。那一年以前，在合肥，母亲曾教我认识了大约三千个汉字，我又曾在私塾里学过《龙文鞭影》，可是没有机会接触新式教育。在厦门，父亲用大球、小球讲解太阳、地球与月球的运行情形；教了我英文字母"abcde……"；当然也教了我一些算术和"鸡兔同笼"一类的问题。不过他并没有忽略中国文化知识，也教我读了不少唐诗，恐怕有三四十首；教我中国历史朝代的顺序"唐虞夏商周……"；干支顺序"甲乙丙丁……"，"子丑寅卯……"；八卦"乾三连，坤六断，震仰盂，艮覆碗，离中虚，坎中满，兑上缺，巽下断"等等。
>
> 父亲少年时候喜欢唱京戏。那一年在厦门，他还有时唱"我好比笼中鸟，有翅难展……"。不过他没有教我唱京戏，只教我唱一些民国初年的歌曲如"上下数千年，一脉延……"，"中国男儿，中国男儿……"等。
>
> 父亲的围棋下得很好。那一年他教我下围棋，记得开始时他让我十六子，多年以后渐渐退为九子，可是我始终没有从父亲那里得到

“真传”。一直到1962年在日内瓦我们重聚时下围棋，他还是要让我七子。[3，6]

杨振宁的这一段回忆让我们知道许多许多信息，尤其是他由此接触到了“新式教育”，不再死记硬背《龙文鞭影》一类书中的“彦升非少，仲举不凡。古人万亿，不尽兹函”，而是太阳、地球与月球的运行情形，是“abcde……”和“鸡兔同笼”一类的问题，而且还唱《中国男儿》等颇有豪气的歌曲。在厦门时，杨武之还只有杨振宁一个儿子，他们之间的接触和杨武之对儿子的教育一定会更加周到细致，杨振宁受到的影响也许会比弟弟妹妹们更大。杨振平在《父亲和大哥》一文中写道：“1928 年，父亲刚从美国留学归国，任教于靠海的厦门大学数学系。他、母亲和六岁的大哥常去海滨散步。”[1，881]

如果我们还想从杨振宁今后的生活中找出厦门一年的生活留在他身上的印迹，有两件事也许值得一提。

其一，厦门大学是爱国华侨陈嘉庚先生于 1921 年创办的，杨振宁虽然只在厦门大学生活了一年，总算是和陈嘉庚先生有些缘分。20 世纪 90 年代初，杨振宁先生牵头与丁肇中、田长霖、李远哲等世界一流学者在香港成立了“陈嘉庚国际学会”。在成立大会上，杨振宁高度赞扬了陈嘉庚先生光辉的一生。他认为，陈嘉庚先生倾资办学，发展民族教育，培养建设人才的光辉业绩将永载史册，是中国近代史上一位伟大的人物。杨振宁在 20 世纪 70 年代以后，积极为国家教育大计出谋划策，费尽心血帮助年轻英才，也正是发扬了陈嘉庚先生的精神，以不同的方式回报社会。

其二，他从厦门到清华以后，曾经将在厦门海滩上精心拾得的蚌壳与螺蛳壳送给新交的同龄朋友熊秉明（数学家熊庆来的儿子）。熊秉明后来成为有名的书法家，在杨振宁 70 岁生日的时候，送了一幅他写的立轴给童时朋友杨振宁，立轴上两个大字“七十”浑然天成，厚实有力；下面写了一段很有趣的文字：

1992年熊秉明先生送给杨振宁的立轴，作为杨振宁70岁生日礼物。

> 我们七岁时，你从厦门来到清华园，给我看海边拾来的蚌和螺；今年我们七十岁，你在另外的海滩拾得更奇异的蚌和螺。童话与预言，真实与象征，物理学和美。

熊秉明的这个立轴有点典故。据说有人问牛顿：“您一生做过一些什么事？”牛顿谦虚地回答：“我不过拾了一些蚌和螺。”

有趣的是，2002年杨振宁80岁的时候，熊秉明又为杨振宁八十寿诞写了一个“八十”的立幅，上面写着：

> 一九五七年诺贝尔物理奖公布后我写了一幅大字寄给你，写的是君子任重道远。我以为你的贡献远超越物理与数学而延及中国文化的人文理想。在生命的暮晚，我要写你是任重道远的科学家。

杨振宁教授说，本来熊秉明答应到2012年杨振宁九十寿诞的时候还要为杨振宁写一个“九十”的立轴，不幸熊秉明先生在2002年12月去世，他的愿望也就不可能实现了。

四、世外桃源和“似有异禀”

杨武之结束了厦门大学一年的教学后，就准备全家迁往北平，到全国著名的清华大学任教。他们途经上海时，杨振宁的母亲因为分娩，而且生下的女婴立即就死了，因此身心都需要休息，一时不能成行。杨武之只好一个人先到北平，杨振宁和母亲就在上海停留了一个多月。1929年10月，杨振宁母子在周培源（1902—1993）先生的陪同下，乘津浦路火车来到北平。周培源也在芝加哥大学留过学，1928年杨武之获得博士学位归国时，周培源于加州理工学院读完博士学位后去欧洲学习。1929年周培源也应聘到清华大学任教。杨武之托他路上照顾罗孟华母子二人。这是杨振宁一生第一次与物理学家有了近距离的接触。

到了北平以后，杨武之一家住进清华园西端的西院19号。到30年代

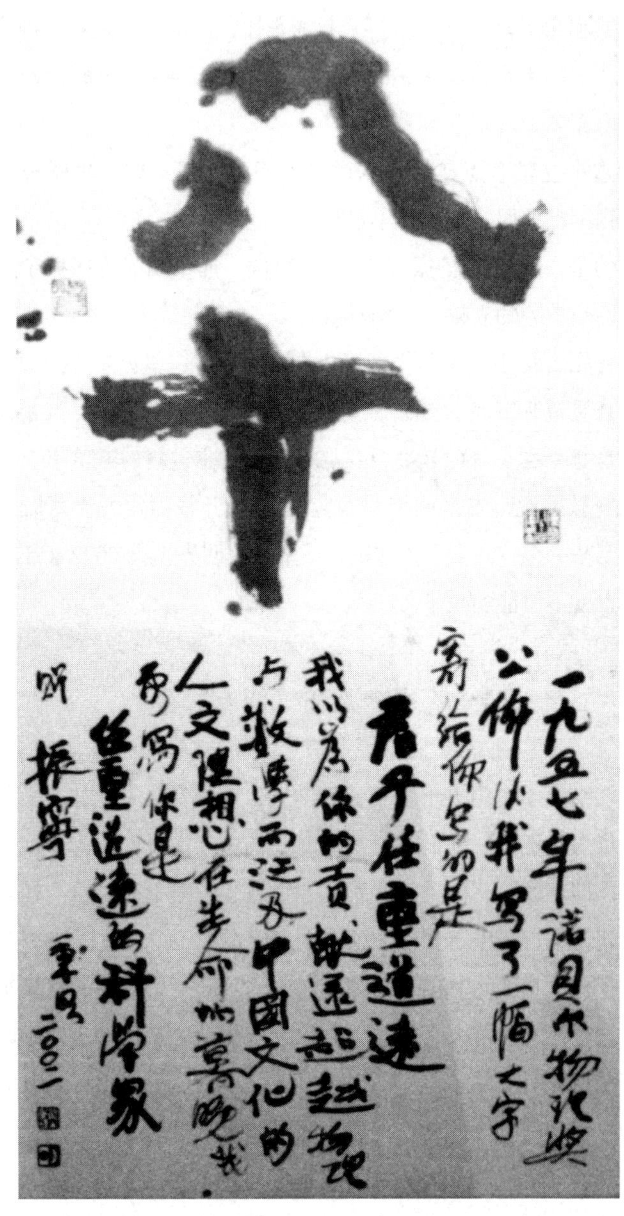

2002年熊秉明先生送给杨振宁的立轴，作为杨振宁80岁生日礼物。

清华园西院，杨振宁在这儿度过了八年幸福的时光。

西院扩建以后，此处的门牌改为 11 号。这是西院东北角上的一个四合院。在这所全国知名的学府里，杨振宁度过了他一生最幸福的八年时光。这八年对杨振宁一生的道路应该说影响深远。杨振宁曾回忆：

> 我们在清华园里一共住了八年，从 1929 年到全面抗战开始那一年。清华园的八年在我的回忆中是非常美丽的、非常幸福的。那时中国社会十分动荡，内忧外患，困难很多。但是我们生活在清华园的围墙里头，不大与外界接触。我在这样一个被保护起来的环境里度过了童年。在我的记忆里头，清华园是很漂亮的。我跟我的小学同学们在园里到处游玩。几乎每一棵树我们都曾经爬过，每一棵草我们都曾经研究过。[3, 31]

清华大学校园里有一所职工子弟学校，在清华园当时的校门（现在称为“二校门”）西边，叫成志学校。杨振宁在这儿读了四年小学。杨振宁在回忆中说：

> 成志学校，现在是工会。自 1929 年起我在这儿读了四年书。我

每天自西院东北角家门口“A”出发，沿着相片……上依稀可辨的小路向南行，再向东南走，爬过一个小土山便到达当时的清华园围墙（“B”），然后沿着围墙北边的小路东行到成志学校。这样走一趟要差不多20分钟，假如路上没有看见蝴蝶或者蚂蚁搬家等重要事件的话。

另外一条我常常骑自行车走的路是……自家门口东北行的大路。此路的一端是当时的校医院（即今天的蒙民伟楼）旁的桥（“D”）。每逢开运动会，我就骑自行车沿此路此桥去体育馆，和成志学校的同学们组织拉拉队呐喊助威。

父亲常常和我自家门口东行，沿着……第三条小路去古月堂或去科学馆。这条小路特别幽静，穿过树丛以后，有一大段路（在“C”附近）左边是农田与荷塘，右边是小土山。路上很少遇见行人，春夏秋冬的景色虽不同，幽静的气氛却一样。童年的我当时未能体会到，在小径上父亲和我一起走路的时刻是我们单独相处最亲近的时刻。[3, 7]

杨振宁的回忆，也许会使我们想起也曾在清华大学任教的朱自清所写的《荷塘月色》一文，因为二者竟有许多相似之处。朱自清写道：“像今晚上，一个人在这苍茫的月下，什么都可以想，什么都可以不想，便觉是个自由的人。白天里一定要做的事，一定要说的话，现在都可不理。这是独处的妙处，我且受用这无边的荷香月色好了。”[78, 155—156]

杨武之可能会像朱自清一样独自享受这“无边的荷香月色”，但年龄尚小的杨振宁恐怕暂时还无法享用，对他最具吸引力的恐怕是与儿时的朋友一起捕蝴蝶、看蚂蚁搬家、滑冰和骑自行车冲木板桥，等等。他的朋友多是当时清华大学教授的儿子，如数学家熊庆来的儿子熊秉明，数学家郑桐荪的儿子郑师拙、郑志清等。杨振宁除了学习成绩优秀以外，在玩上也自有一套主张，充满了冒险精神，很有刺激性，让一群孩子十分佩服。他当时的外号叫“杨大头”，也是这帮孩子的头。

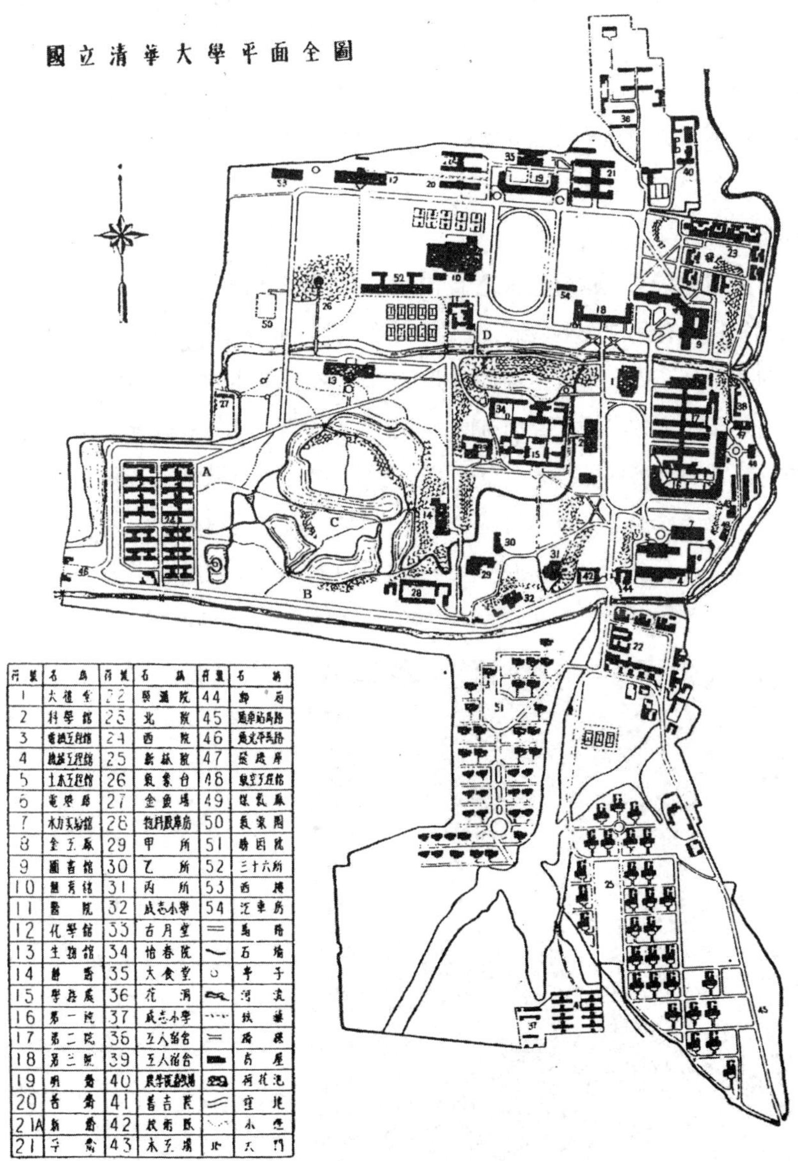

符號	名稱	符號	名稱	符號	名稱
1	大禮堂	22	照瀾院	44	鍋爐
2	科學館	23	北院	45	通車站馬路
3	電機工程館	24	西院	46	通北平馬路
4	機械工程館	25	新林院	47	發電房
5	土木工程館	26	氣象台	48	航空工程館
6	電燈房	27	金魚場	49	煤氣廠
7	水力實驗館	28	物料儲庫房	50	氣象園
8	金工廠	29	甲所	51	勝因院
9	圖書館	30	乙所	52	三十六所
10	體育館	31	丙所	53	西樓
11	醫院	32	成志小學	54	汽車房
12	化學館	33	古月堂		馬路
13	生物館	34	怡春院		石牆
14	靜齋	35	大食堂		亭子
15	學務處	36	花洞		河流
16	第一院	37	成志小學		鐵絲
17	第二院	38	工人宿舍		橋樑
18	第三院	39	工人宿舍		房屋
19	明齋	40	農學院試驗場		荷花池
20	善齋	41	普吉院		窪地
21A	新齋	42	技術廠		小徑
21	平齋	43	木工場	北	大門

1948年清华大学校园平面全图。

骑自行车是杨振宁的拿手好戏，平地上骑不算功夫，要在危险的狭窄木板桥上冲过去，那才叫真本事，那才叫过瘾。他和一帮朋友最过瘾的是从气象台所在的坡顶上，骑车从一座没有栏杆只有两块木板搭成的小桥上呼啸而过。那种刺激，那种冒险，那种准确的判断，那种机敏的技术，让杨振宁得到一种巨大的精神享受！只是后来回想起来，才感到后怕，觉得那是一桩极其危险的事情。

冲坡冲多了也觉得乏味，于是杨振宁又常常要出新花样。那时，清华大学生物系有几排大金鱼缸，每隔一定的时候，这些鱼缸会搬走进行清理，这时一帮孩子就会乘这个难得的机会苦练自行车的本领。在每两排鱼缸之间有一条砖砌的小沟，大约有两寸深，六七寸宽。他们就沿着沟骑车。这种骑法需要有极好的技术，车子不能弯行，弯了就会跌倒。杨振宁的车技超群，每一次他都可以轻而易举地驶过小沟。他还觉得不过瘾，又玩出一个花样：让只有四岁的杨振平坐在把手和座位之间，然后沿小沟行驶。有

杨振宁与玩伴，1931年前后摄于清华园。左起：郑士京（后改名郑师拙）、杨振宁、吴人美（后改名吴人勉）、熊秉明。

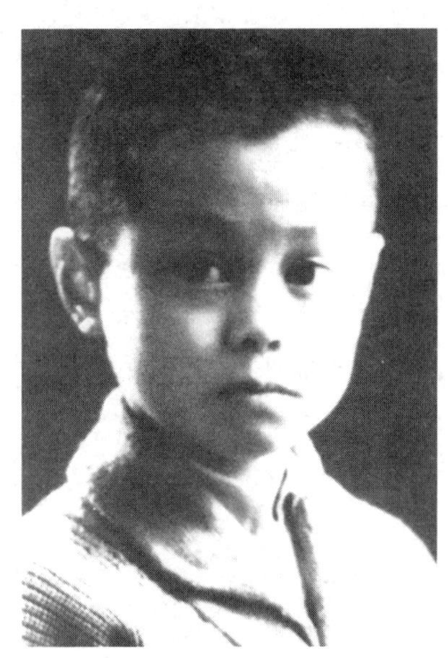

1934年的杨振宁，两颗大眼睛闪烁着智慧，稍稍向下的嘴角显示出性格的坚强。

一次不知道是怎么回事，杨振宁带着弟弟行驶在小沟中时，车子忽然倾斜倒下，两人都从车上摔下来，杨振平摔得不轻，左额头撞到沟的边缘上，撞开了一个口子。杨振宁这下可吓坏了，连忙把弟弟带到医院，找到医生止血清理伤口，然后把弟弟带回家，还专门给弟弟金钱酥吃，哄弟弟不要告诉爸爸和妈妈。但这种事如何能瞒得过大人呢？杨振平说："那次大哥好像挨了一顿骂。"

除了会玩，杨振宁的学习成绩绝对地好，而且在清华园里已经小有名气。学习对他来说是一件很轻松的事。

1933 年秋，杨振宁考上了崇德学校。崇德学校在城里西单绒线胡同，是一所教学质量享有盛誉的教会中学，从初一到高三，共有 6 个班，每个班只招 50 名学生，全校共有学生 300 多名，其中约有四分之一的学生是住读。杨振宁的家离学校比较远，因此是住读，每周周末才能回家一次。新中国成立以后，这所学校改名为北京市第三十一中学。

在崇德学校，杨振宁受到了良好的中学教育，他不仅数、理、化等自然科学课程打下了很好的基础，而且在国语和英语方面也得到良好的训练。杨武之是一位颇有人文精神的教授，对于教育儿子很有心得。杨振宁对此曾深有感触地说：

> 我九、十岁的时候，父亲已经知道我学数学的能力很强。到了十一岁入初中的时候，我在这方面的能力更充分显示出来。回想起来，他当时如果教我解析几何和微积分，我一定学得很快，会使他十分高兴。可是他没有这样做：我初中一与初中二年级之间的暑假，父亲请雷海宗教授介绍一位历史系的学生教我《孟子》。雷先生介绍他的得意学生丁则良来。丁先生学识丰富，不只教我《孟子》，还给我讲了许多上古历史知识，是我在教科书上从来没有学到的。下一年暑假，他又教我另一半《孟子》，所以在中学的年代我可以背诵《孟子》全文。
>
> 父亲书架上有许多英文和德文的数学书籍，我常常翻看。印象最深的是 G. H. Hardy 和 E. M. Wright 的《数论》中的一些定理，和 A. Speiser 的《有限群论》中的许多 space groups〔1〕的图。因为当时我的外文基础不够，所以不能看懂细节。我曾多次去问父亲，他总是说“慢慢来，不要着急”，只偶然给我解释一两个基本概念。[3, 7—8]

对于杨振宁能够背诵《孟子》全文，后来与杨振宁同时考进西南联大外语系的许渊冲赞叹地说：“成功的第二个因素是努力。每个人应该做的事如果做得尽善尽美，那就是成功。杨振宁在初中的两个暑假里，跟清华大学历史系的高才生丁则良学上古的历史知识和《孟子》，结果他全部《孟子》都背得出来。这不是尽善尽美吗？而我的历史知识却是听乡下大伯讲《三国》、自己看《说唐》等书得来的；至于《孟子》，我只会背开头一句：‘孟子见梁惠王’和‘王何必曰利，亦有仁义而已矣’。我是学文的，

---

〔1〕 space groups 即“空间群”。

杨振宁和弟妹，1935年摄于清华园西院11号。左起：振玉、振平、振汉、振宁。

他是学理的，这样一比，更看得出差距多么大了。”[47，43]〔1〕

除了上课和完成作业以外，杨振宁最喜欢做的事是到中学图书馆看书和借书。图书馆对杨振宁的成长起了不可忽视的作用。对此，杨振宁在1995年对上海交通大学的学生们做“关于治学之道”的演讲时曾特意讲道：

崇德中学对我比较有影响的是图书馆里的书籍。譬如，当时有一本杂志，叫《中学生》，每个月厚厚一本，我每期都看。从文学、历

〔1〕 许渊冲教授这里是借用冯友兰先生关于成功三种因素的说法来说明杨振宁成功的必然性。冯友兰先生曾说过：“在人生成功的过程中，须具有三种因素：（1）天才：学问方面，天才成分占得多。有无发明与创作是不只以得多少分数、几年毕业所能达成的。（2）努力：道德方面，努力成分占得多。每个人都有他所应做的事，做到尽善尽美就是成功。（3）命：事业方面，命或机会成分占得多。命指人在一生之中所遭遇到的宇宙之事变，而且又非一人之力所可奈何的。”[47，42]

史、社会到自然科学，都有些文章。我记得特别清楚的是有一篇文章，讲排列与组合。我第一次接触到排列与组合这个概念，就是在这本杂志上。另外，1925—1927年是20世纪物理学发生革命性变革时期，产生了量子力学，这是人类历史上最高的智慧革命之一。……当时，有一些物理学家写了一些科普书，国内有人翻译成中文，我从图书馆里借来，这些书给了我很大的营养，尽管有些内容，我不能完全理解，但对我很有帮助。我对其中所描述的科学上新的发展，许多奇妙的几乎是不可信的知识，产生了向往的感觉，这对于我以后学物理，不是没有帮助的。[1，838]〔1〕

杨振宁在学习上优秀的表现，尤其是数学上表现的异禀，杨武之早有察觉。当时数学系的助教陈省身（1911—2004）经常到杨武之家里做客，他在回忆中写道："杨武之教授经常提及作为小学生振宁的聪慧，这给我留下了深刻的印象。"[34，80]

杨武之对朋友谈起杨振宁时常常高兴和赞赏地说："1928年我回国时，振宁六岁，在厦门和在清华园，我已感到他很聪明，领悟能力很强，能举一反三，能推理，还善于观察，他的表达能力也不错，在北平崇德中学念书时，参加演讲比赛，得过两个银盾，他的演讲稿是他自己准备的。"[47，44]

1935年在柏林访问时，杨武之在杨振宁的一张照片上亲笔写下了一句话："振宁似有异禀，吾欲字以伯瓌"。据杨振宁说，这张照片是因为远在柏林的父亲挂念儿女，特别让家里寄到柏林的。这句话中的"伯瓌"是他父亲给他取的字。杨武之还给振平、振汉和振玉分别取字为：仲琪、叔勇和稚温。

对于"伯瓌"两字，在香港中文大学翻译系任教的童元方教授解释说：

---

〔1〕 这一段引文，在2004年2月6日采访时，杨振宁教授做了一点修改。

民國廿四年四月廿日攝於清華園之家中時年十二歲有半
振寧似有異稟，吾欲字以伯瓌
卅四，五，十四于梅村．武之

照片后面的题字，杨武之手书。

“‘瓌’这个字通‘瑰奇’的‘瑰’，多出现在赋里面。比如曹子建的《洛神赋》有‘瓌姿艳逸，仪静体闲’的句子。从外在看是美丰仪，从内在看自然是异禀了。《晋书》上记阮籍，就说他是‘容貌瓌杰，志气宏放’。‘伯’是长子，杨武之在端详十二岁时的长子的相片，越看越心有所动，而‘欲字以伯瓌’，其期许多深啊！”[76，127]

但杨武之并没有拔苗助长，而是全面加强振宁的素质教育。

杨武之这种“慢慢来，不要着急”的教育思想，以及重视人文科学教育的理念，正是杨振宁身心得到全面健康发展的基础；他日后辉煌的科学成就和高尚的人格与其父的正确教育有着密切的关系。

1990年，杨振宁还以自己这一亲身的经历，给一位马来西亚华人学者罗先生写了一封很长的信。事情起因于这年秋天杨振宁收到罗先生的信，说他的儿子罗章雄非常聪明，12岁已经高中毕业，是一位天才少年。他希望把12岁的孩子送到大学去深造。

杨振宁接到这封信以后想了很多，聪明的孩子到底应该接受什么样的教育？他想到自己幸福的少年，也想到了世界著名数学家诺伯特·维纳（Norbert Wiener，1894—1964）不幸的生活。于是他给罗章雄的父亲回了一封信。全文如下：[128，141—142]

亲爱的罗先生：

我收到您 9 月 20 日的信函。

我期望章雄能成功地进入 NU〔1〕。然而，我强烈地感到，如果他不能进入的话，您不应该认为那是件坏事。

既然这是个相当重要的问题，我想展开我的看法。章雄现在非常年轻，没有理由去着急。我在新加坡和您谈论过关于 Norbert Wiener 的经历。请阅读他的自传《曾经是神童》〔2〕。Wiener 曾经是个聪明的儿童，在他年轻的时候，他父亲曾经给他施加压力，结果如何呢？即使他 60 岁时还是一位著名的数学家，Wiener 的思想仍处于不稳定的状态，他虽然是一位才智超人、出类拔萃的数学家，但是在有些思想行为方面却很不成熟，就如同一个孩子。他在自传里深深地显示出对他父亲强烈的愤恨。

在自传里，Wiener 还讲述了一些与他一起在哈佛大学的聪明孩子并描写了他们以后发生的故事。他们以后几乎每个人都有非常不幸

---

〔1〕 指新加坡国立大学（National University of Singapore）。

〔2〕 维纳的回忆录《曾经是神童》（*Ex-Prodigy: My Childhood and Youth*，1953），有雪福的中译本《昔日神童——我的童年和青年时期》，上海科技出版社，1982 年；上海科技出版社还在 1987 年出版维纳回忆录的续集《我是一个数学家》（*I Am a Mathematician*，1956），周昌忠译。

在《我是一个数学家》的第 3 页里，维纳痛苦地写道：“父亲的训练必然造成我孤独，于是我成了一个腼腆的傻大个，而且心情多变。当我意识到自己的能力时，就变得自负；当我不管其含义而照直接受我父亲对我缺点的责备时，或者当我想到我所受的那种极为古怪的教养逼使我走的那条通往成功之路是漫长而又捉摸不定时，我就心灰意懒。”

福的生活，有的甚至走上自杀的道路。

也许我可以告诉您我自己的亲身经历。我在新加坡见到章雄以后，回想起我的童年。我念数学的时候还是在小学。我父亲是一位数学教授。他意识到我在这个学科里是有天赋的。在我 12 岁的时候，如果他教我演算的话，我确信我会学得很好并且喜爱它。但是，我父亲没有对我向这方面施加压力。在我 11 岁和 12 岁时的暑假，他从大学里请了一位历史系的大学生来给我补习中国古文——《孟子》。他晓得人的一生是多方面的，他知道他儿子的数学不需要过早地去催促。我深切地感激他的明智。

我要给您的忠告是：让章雄像正常的孩子那样发育成长。每周花一两个小时，经常让他得到一些大学教授的指教。但不要过于急迫在数学和科学方面给他施加压力。在他的面前有一个漫长的人生旅途，尤其重要的是，像他这样的年纪，在心理上和学习上要保持全面、均衡的发展。

我还认为，在报纸上过多地宣传他的事迹，可能对他的将来会产生不好的影响，它会引起压力，对他的发展是非常危险的。

罗先生，概括地说，我看不出对章雄急求成才有什么好处，而我看得出拔苗助长是有严重危险的。

您真诚的杨振宁

1990 年 10 月 30 日

有一天，杨振宁在学校图书馆看到一本名为《神秘的宇宙》的书，他被书中所讲的奇妙的宇宙和最新的研究成果所吸引，回家竟对父母亲说："将来有一天我要拿诺贝尔奖！"那时，杨振宁 12 岁，上初中才一年左右。杨武之听了这话也没放在心上，只当作少不更事的儿子一时聊发少年狂的妄语罢了。哪知 23 年之后，一句妄语竟成了事实！每思及此，杨武之不免感到浩渺宇宙中世事之微妙。

杨振宁的“异禀”，在清华园里流传很广，人们常常用“杨武之之子”来教育、鼓励自己的儿女；后来，连相邻的燕京大学的家长们都知道了杨振宁的聪慧和懂事。与杨武之在芝加哥大学同过学的物理学家谢玉铭（1893—1986）教授当时任燕京大学物理系主任，他常常跟自己的儿女提到杨振宁。谢玉铭的女儿谢希德（1921—2000，曾任复旦大学校长）在回忆中曾说道：“我和振宁虽然岁数相近，但不上同一个小学和中学，因此我和他在北平并没有见过面。但听父亲说振宁曾随其父到过我家，振宁的聪明好学给父母留下了深刻的印象。当我的弟弟们小时由于贪玩，学习不够认真时，父亲常以‘杨武之之子’的好学精神为典范来教导他们。这是我最早从父亲那里得到的有关振宁的印象。遗憾的是，1957年振宁和李政道荣获诺贝尔奖时，父亲已经在菲律宾，因而我无法和他讨论这个重要的消息，但我深深为父亲看出振宁幼年时非凡天才而感到骄傲。”[27，序1—2]

杨振宁不是一味嗜书的书呆子，他的精神和智力有全面均衡的发展。他积极地参加各种社会活动，多次在演讲比赛中获得奖励。1931 年 9 月 18 日，日本发动了震惊世界的炮轰沈阳的事件，公然武装侵略中国的领土。到 1932 年 1 月，东北三省全部沦陷；接着，日本又开始向华北发动进攻。1935 年下半年，日本帝国主义进一步控制察哈尔，并在冀东成立傀儡政权。而国民政府依然坚持不抵抗政策，从而激发了全国人民的愤慨。12 月 9 日，北平六千多名学生高呼“停止内战，一致抗日”、“打倒日本帝国主义”的口号，举行罢课、示威和游行活动。北平的抗日救亡运动风起云涌，一浪高过一浪。12 月 10 日，杨振宁所在的崇德学校学生也集体加入全市学生总罢课的救亡运动中。

“我的家在东北松花江上，那里有森林煤矿，还有那满山遍野的大豆高粱……”这悲壮的歌声以及国破家亡的悲剧，给少年杨振宁的心灵上以极大的震撼，他同全国人民一样，悲愤难平。12 月 16 日，在中山公园举行了声势浩大的中学生演讲竞赛，杨振宁代表崇德学校参加了比赛，他的演讲题目是“中学生的责任”。

这年寒假后开学的第一个星期天，读初三下学期的杨振宁和玩得好的几个伙伴颇为庄重地开了一个会，讨论出版一个小小的刊物《赤子之心》，每周出一期。他们自己组稿，自己也写稿，还亲手抄写、插图，自做封面，自己装订，总之，一切都由这几个13岁左右的少年亲手去完成。忙活了几个月，到4月底终于“出版”了第一期。以后还接着出了大约三期。

在崇德学校值得一提的事情还有他与邓稼先（1924—1986）的友谊。邓稼先的父亲邓以蛰（1892—1973）是安徽怀宁人，邓、杨两家是世交。邓以蛰的父亲邓艺荪（1857—1913）在民国元年曾任安徽省教育司司长，在安徽学界颇有声誉。邓以蛰自幼接受父辈的严格教育，苦读诗书。1907年，刚满15岁的邓以蛰便东渡日本留学，在东京早稻田大学攻读文学；一年以后又到美国哥伦比亚大学哲学系学习，从大学读到研究生院共读了五年。1913年学成归国后，被聘为北京大学哲学系教授。1924年6月25日，邓稼先在安徽怀宁县白麟坂镇出生。邓稼先前面有两个姐姐，他是长子，当然让邓以蛰十分高兴。在给宝贝儿子取名时，邓以蛰说：“我们的儿子就取名‘稼先’吧！古人说，‘禾之秀实，而在野曰稼’。‘稼’，就是在田野已经秀穗结实之禾。叫稼先如何？”没等夫人回答，他又补充说：“‘稼先’这个名字内蕴很深，他预示我们的儿子根植于中华大地，并且早早地秀实和成熟于中华大地，成为造福民众的沧海一粟。”[10，3]

40多年以后，邓稼先果然如父亲期盼的那样，成了一株植根于中华大地的秀禾，成为共和国的“两弹元勋”之一。

邓稼先比杨振宁小两岁，也比杨振宁晚两年进崇德学校。邓稼先从小就跟父亲学英语，八九岁时便可讲得一口流利的英语，所以在进入崇德学校后，邓稼先的英语成绩在班里总是最棒的。但是使人料想不到的是，这个哲学家的儿子数理化成绩也很好，而且酷爱数学。后来他在1941年继杨振宁之后考入西南联大物理系。邓稼先除了先天聪明以外，他选择理科道路，恐怕与杨振宁的影响有关。

邓稼先进崇德学校以前，家住城里，所以杨振宁并不认得邓稼先；自从邓稼先进了中学以后，两人开始成了好朋友。杨振宁是老师同学都喜欢的“机灵鬼”，天资聪颖，才思敏捷；而邓稼先也聪明过人，但性格较为沉稳，忠实厚道，诚挚可靠，外号“老憨”。两人如果单独在一起闲聊，杨振宁是哥哥，见识比邓稼先广，所以他总是口若悬河，上天文下地理地说起来，邓稼先则敬慕地洗耳恭听。

有一次，杨振宁在他父亲的书架上找到一本介绍牛顿专著《自然哲学的数学原理》的通俗读物，它是根据牛顿宏伟的原著，用通俗的语言写成的。《原理》一书初版于1687年，在1713年和1725年牛顿又先后两次对它进行了修订和补充。在《原理》一书中，牛顿提出了力学的三大定律和万有引力定律，对宏观物体的运动给出了精确的描述，总结了他自己的物理学发现和哲学观点。这本巨著把地面上物体的运动和太阳系内行星的运动统一在相同的物理定律之中，从而完成了人类文明史上第一次自然科学的大综合、大统一，是自然科学的奠基性巨著，是自然科学史上最伟大的著作之一。杨振宁很快就被这本书宏大精致的结构和惊人的综合结论所迷住，便拿出来与邓稼先一起欣赏和阅读。邓稼先毕竟比杨振宁低两年级，因此书中许多地方看起来似懂非懂。但这本书也强烈地吸引了邓稼先，他仍然坚持阅读，并潜心做笔记，后来还把这本书带回家阅读到深夜。

杨振宁的爱好很多，不但功课好，而且还会玩。邓稼先在学校里可以算得上是花样滑冰能手，可是在杨振宁这个“机灵鬼”面前也还是自愧弗如，甘拜下风。但邓稼先也有他的强项：放风筝和抖空竹，抖起空竹来那是出神入化，龙蛇飞动，让人目不暇接，惊叹不止。

杨振宁还酷爱艺术，尤其酷爱音乐。每逢休息时间，他和邓稼先两人就会一起用手摇式留声机听音乐唱片。每逢这时，杨振宁就会对邓稼先讲起音乐的美妙和意义。他说：

邓稼先姊妹兄弟合影。左起：大姐邓仲先、二姐邓茂先、小弟邓槜先、邓稼先。

音乐是人类最纯洁、最迷人的语言。它可以使你闭着眼睛看到世界。凭借着音符的表现力，高大的山就在身边无言地耸立，湍急的河在你面前生动地流淌，小鸟在鸣啭，草虫在哼叫……总之，你想到的和没想到的，音乐都可以给予你。音乐给予我们的实在是太多太多了。它使得我们的生命变得丰富多彩。[10, 19]

在他们共同听完贝多芬的《英雄交响曲》的时候，杨振宁更是激动不已地对邓稼先说："《英雄交响曲》，是悲壮崇高的声音，是使世人心灵为之震颤的'心声'，是如雷如电的英雄绝唱。它激励人们萌生自我意识，

教你重树做人的尊严。”[10，19]

杨振宁还动情地向邓稼先介绍说，这首直接受法国大革命的激励而写的交响曲，开始是为讴歌法国革命的英雄拿破仑·波拿巴而作。那时贝多芬对拿破仑的评价特别高，把他比作罗马最伟大的行政长官。当贝多芬后来知道拿破仑宣布自己为皇帝的消息后，他勃然大怒，抓起桌上写着拿破仑的标题的第一页曲谱，撕成碎片，扔在地上，并将第一页重新写过。于是这部交响曲被献给了代表某种理想及革命精神的英雄，而不是献给某一个人。

接着，两人谈起了崇高的理想和高层次的精神生活。杨振宁在交谈中还引用了贝多芬的一句箴言：“幸福不是来自外界，你必须动手去创造一切；只有在理想世界中，你才能找到欢乐。”

两个少年，静静地思考着伟人的名言，也思考着自己未来该如何生活和工作。

杨振宁广泛的爱好和对事物的敏感，由他弟弟杨振平回忆中提起的一件事可以体会到。杨振平在回忆中写道：“初中的时候，无聊起来有时翻大哥高中时的国文课本，记得在李白的《将进酒》长诗后面有他写的几个字：‘劝君更尽一杯酒，与尔同销万古愁！绝对！’多年后我问他为何把王维的《渭城曲》的一句和李白的《将进酒》的一句凑在一起，他说那是父亲当年在安徽某小城的一个酒家看到的一副对联。”[1，883]

李白在《将进酒》中悲愤狂放、豪纵沉着地写道：“君不见黄河之水天上来，奔流到海不复回。君不见高堂明镜悲白发，朝如青丝暮成雪。人生得意须尽欢，莫使金樽空对月。……五花马，千金裘，呼儿将出换美酒，与尔同销万古愁。”通观全诗，诗人奔涌跌宕的感情激流，真是大起大落，笔酣墨饱，气象不凡，非如椽大笔不可为也！

唐朝诗人王维《渭城曲》（又称《送元二使安西》）是一首送朋友去西北边疆的诗，诗中写道：“渭城朝雨浥轻尘，客舍青青柳色新。劝君更尽一杯酒，西出阳关无故人。”这首诗所描写的是一种最有普遍性的离别，没有特殊的背景，只有依依惜别的情谊，前路珍重的殷勤祝愿，于平淡之中给人丰富复杂的情感冲击。

现在把其中似有关联的两句连在一起，“劝君更尽一杯酒，与尔同销万古愁”，让人觉得颇有新意。杨武之也许是觉得有趣、有意思，才把它记下来。杨振宁与父亲的感受和欣赏能力一定有相似之处，故而记在了课本上。由此我们依稀可以看到，杨振宁的爱好和兴趣多有父亲留下的痕迹。

当时，清华大学教师有休假制，教师在休假期间可以到国外研究、访问。1934 年秋到 1935 年秋，杨武之利用这难得的机会，去德国柏林大学研究数学一年。杨振宁那时正 12 岁，虽然还是一个少年，但他下面已经有三个弟弟妹妹，是大哥了。他不负父亲的重望，在家里颇有大哥的风范。杨振玉后来在回忆中写道：“父亲于 1934 年秋休假去德国柏林研究数学一年。大哥每周替母亲写信寄往柏林，报告母亲和弟妹们的一切情形。信上还时常和父亲讨论代数或几何题，可以有多种解法的心得。父亲感到欣慰的是从振宁的信中他能及时得知妻子和孩子们的近况。他更感到振宁聪慧，纯正，数学方面能举一反三、触类旁通，‘似有异禀’。”[1，906]

五、战乱中的奔波

1931 年 9 月 18 日日本帝国主义一手制造了“九一八事变”后，立即侵占了长春、营口、海城等城市。到 1932 年 1 月 3 日锦州失陷为止，日军先后侵占了我国东北近 100 万平方公里的土地，3000 万同胞沦入日本帝国主义的铁蹄蹂躏之下。一曲《松花江上》唱尽了东北同胞流落关内思归故乡的悲愤之情。

侵占东北三省以后，日本帝国主义贪婪的目光又盯上了热河、察哈尔等华北地区。1933 年 1 月 3 日，日本军队攻占山海关，接着又占领了热河。

1936年9月18日，正好是“九一八事变”五周年，日本一个中队的步兵在北平西南郊的丰台演习，当他们试图越过中国的防线时，中国驻军严词拒绝。日本军队根本不予理睬，于是冲突不可避免地发生了。虽然经过调解得以暂时和平解决，但是日本人的狼子野心根本不可能得到遏止，他们调来重兵，对卢沟桥做包围态势，并从1937年6月开始在北平西南宛平城附近连续举行挑衅性军事演习。7月7日夜，日军借口一名士兵失踪，要求进入宛平搜查，并蛮横无理地要求中国驻军撤出宛平等地。这些毫无道理的蛮横要求，理所当然地被中国驻军拒绝，日军即开始炮轰宛平城和卢沟桥。当地中国驻军29军37师官兵在师长冯治安将军指挥下奋起反抗。这就是震惊中外的“七七事变”。7月22日，29军军长宋哲元与天津日本驻屯军司令香月清司谈判，22日达成协议。日方要求37师冯治安的部队调驻冀南，其原来防务由132师赵登禹的部队接管。宋哲元在蒋介石不抵抗主义的挟制下，只好委曲求全，答应了这个要求。哪知正在调防的时候，日军利用中国疏于防守之际猛烈地炮轰宛平城和长辛店等地。25日晚上，日军突袭北平广安门。29日，北平沦陷；30日，日军攻占了天津和卢沟桥。

“七七事变”标志着日本全面侵华，也由此开启了中华民族艰苦卓绝的全面抗日战争。这场战争影响了杨振宁幸福宁静的清华园生活，他不可能不对此做出反应。1982年他在《超晶格》一文的后记中写道：

> 那是一场漫长的浩劫，与中国悠久历史上所发生过的任何一次战争相比，都有过之而无不及。降临到千百万老百姓头上的是难以名状的灾难。有1937年12月的南京大屠杀。有日本人的“三光政策”（杀光、烧光、抢光），由于这一政策，单在华北地区，从1941年到1942年的一年之内，人口就从4400万锐减到2500万。有1944年河南省的大饥荒（我实在不知道应该怎样来形容这场惨剧！）。有1944年底日军的最后一次攻击，当他们攻到桂林和柳州时，在昆明人人都担心贵阳会随时陷落。还有数不清的轰炸。1940年9月30日，我家在昆

明租赁的房屋正中一弹。我们少得可怜的一点家当几乎全部化为灰烬。万幸的是，全家人都已躲在防空洞里，免于遭难。几天之后，我带着一把铁锹回去，挖出了几本压歪了的但仍可用的书本，欣喜如狂。今天已很难了解，在那种困苦的岁月里几本书的价值。[3, 25]

1937年“七七事变”时，杨振宁已经在崇德学校读完高中一年级，放假回到清华园。这时杨振宁的母亲正怀着小儿子振复。考虑到大战在即，杨武之决定将妻子和儿女送到老家合肥，离开危若累卵的北平。他带着妻儿，沿途经过天津、南京和芜湖，回到了合肥的故居。杨武之也许是因为家中大小人员太多，也许是因为形势看得比较清楚，所以比一般教授更早地将家人向南方疏散。浦薛凤在回忆录中写道：“佩玉……闻各家有纷纷南下者，不免惊惶，时［杨］武之、［沈］仲端、［浦］志清及［郑］桐荪先生等，都已携眷南下。”[68, 7]后来许多教职员工因为决心下得太晚而慌忙出逃，方佩服早有计划的人。

9月，杨振宁进了合肥庐州中学继续读高中二年级。庐州中学位于大书院，原来是省立第六中学，1934年改名为庐州中学，但一般人仍然习惯地称为六中。后来为逃避日本侵略军飞机的轰炸，庐州中学由合肥迁到合肥南边70多里处的三河镇，继续在那儿上课。杨振宁在庐州中学读了刚好一学期的书，但日后他并没有忘记这所中学。1992年6月18日，杨振宁曾回到母校（现合肥一中）访问，看望了当年的外语老师王道平先生，还为母校题词。在这短短的半年时间里，杨振宁也给他人留下了很深的印象。他的堂兄杨振声回忆：“振宁对运动也很有兴趣，曾教我打墙球、玩玻璃球、斗蟋蟀等。‘七七事变’后，他们全家逃难合肥，我和振宁在庐州中学读了一个学期，又逃到三河镇。那里到处是河港、水田。记得振宁说，他要发明一种水上可以行走的脚踏车。因为他有广泛的兴趣，对什么事情都想了解，随时随地都在思索答案，所以对他来说，读书、做学问是一种乐趣。”

他的堂弟杨振怀回忆："振宁大哥随父母避战火从北平回到合肥。他从北平带来两个木箱，其中有许多化学试杯，经常拿出来表演给我们看，白水倒来倒去，一会儿变成红色，一会儿变成蓝色。还用放大镜来点燃纸张，自己制作氢气灌在球中飞上天等，我们看得都迷住了，像玩魔术似的。"[128, 8]

1937 年 12 月，日本侵略军侵占南京，在华中派遣军司令松井石根和第六师团长谷寿夫的指挥下，对中国人民进行了长达六个星期的血腥大屠杀。不久，日本飞机开始频繁地轰炸合肥，大批灾民经过三河镇向西奔去。

杨振宁的母亲罗孟华带上振宁、振平、振汉、振玉和刚在合肥出生不久的振复，来到巢湖西边的三河镇。杨武之那时人在湖南长沙，原委如下。

北平沦陷，已经容不下一张小小的书桌。国立清华大学、北京大学和天津私立南开大学的师生，一路风尘南下。几经波折，历尽千辛万苦，总算零零散散地到达南下目的地湖南长沙。

9 月 10 日，国民政府教育部发出第 16696 号令，宣布这三所大学加上中央研究院成立国立长沙临时大学，由北京大学校长蒋梦麟（1886—1964）、清华大学校长梅贻琦（1889—1962）、南开大学校长张伯苓（1876—1951）及湖南大学校长皮宗石（1887—1967）等人组成临时筹备委员会。到 9 月底，临时大学在岳麓山左家龙尚在修建中的清华大学长沙分校，以及借用长沙韭菜园原圣经学院、南岳市山上的圣经学校等处，积极设法安排师生居住和准备复课。

临时大学学生很多，清华大学的有 900 多人，北京大学的不到 300 人，南开的有 100 人左右，还有借读的学生 100 多人，共计 1500 人左右，出乎原来的意料。

11 月 1 日，临时大学正式上课。就在开课的那一天上午 9 时，空袭警报长鸣，所幸日本人并没有投弹。但 11 月 24 日，日本空军开始轰炸长沙，因为轰炸前没有拉警报，引起大混乱和部分伤亡。轰炸时数学系郑桐荪教授的夫人在校门口，闻炸弹声后急忙躲避跌倒受伤；有一处名为"可可园”的地方一座楼房轰垮，物理系饶毓泰（1891—1968）教授恰好因为生病休息没有在这个楼房里午睡，实乃大幸！[68, 47—48]

接连四天轰炸没有中断。12月，南京沦陷，日本侵略军沿长江推进，直逼武汉，长沙又处在危急之中，学校在这儿也难以办下去。

在这种情形下，三校不得不再次考虑搬迁。1937年底，三校决定西迁云南昆明。

杨武之这时在长沙，既忧心国难当头，又担心家眷在合肥遭遇不测，尤其是妻子刚刚生下幼子。一心挂两头，真是让人日夜不安啊！后来，杨武之的学生朱德祥曾回忆：“老师在长沙，多次同我们讨论日本和德国法西斯政权侵略成性，中国摆脱帝制不久，国势不强，人民受教育水平低，

杨武之全家和侄儿、侄女，1938年2月摄于汉口。后排左起为侄儿振声、振宁；坐者左起为杨武之、罗孟华、侄女振华；前排左起为振平、振复、振玉、振汉。

在日本侵略者面前要吃大亏。老师还担心师母带着五个幼小弟妹留在合肥，师母又是缠足，若有闪失，老师必将抱恨终生。老师日夜思念，几星期后，前额头发就一片斑白了。……我们都劝老师请假赶快回合肥，将家眷接来长沙。老师考虑临时大学刚成立，教学研究工作紧张，一直不肯请假，拖到寒假时才走。”[1，889—890]

杨武之在1937年底经汉口赶回安徽，在三河镇附近不远的桃溪镇终于与分别近半年的妻儿会了面。

长沙临时大学于1月上旬得到最高当局的批准，迁往云南省省会昆明。杨武之也决定将全家迁到那儿去。他们共有十人（杨武之家七人，以及弟弟杨力瑳的长女杨振华、长子杨振声和用人牛妈），浩浩荡荡从桃溪镇出发，经过六安、宿松和湖北的黄梅，过武穴到武汉，然后从武汉乘火车到广州，与临时大学的同事们会聚，再经香港、越南河内到云南河口，最后乘滇越线火车于1938年3月初到达昆明。

到了昆明以后，杨振宁进入昆华中学，继续读高中二年级下学期的课程。

第二章　西南联合大学（1938—1945）

西南联合大学存在的时间只有九年（包括长沙临时大学在内），在这九年中，学校不只是在形式上弦歌不辍，而且在极端艰苦的条件下，为国家培养出一代国内外知名学者和众多建国需要的优秀人才。虽然西南联大的实体今日已不复存在，但它在中国 20 世纪文化史和教育史上却具有

国立西南联合大学校门，1946年春。

非常突出的重要地位。西南联大将永远载入史册！1983 年，西南联大北京校友会成立时，著名语言学家、中国现代语言学的奠基人之一王力先生（1900—1986）写了一首诗《缅怀西南联合大学》：

卢沟变后始南迁，三校联肩共八年。
饮水曲肱成学业，盖茅筑室作经筵。
熊熊火炬穷阴夜，耿耿银河欲曙天。
此是光辉史一页，应叫青天有专篇。[8, 1]

王力先生用诗的语言概括了西南联大艰苦的物质生活和飞扬的精神面貌，更指出西南联大的历史是我国近代史中光辉的一页。

西南联大学生张起钧则从更深层的意义上说：“西南联大便具备了双重意义。一个是表面的意义，那当然就如其名称所揭，是一个‘学校’，是一座研究学问、传授知识的最高学府；但在另外却还有一重不为人们所见的隐潜意义，那就是一个酝酿舆论、领导思想的政治中心。这一面虽然潜隐不露，非能一望而知，但却是西南联大一个非常重要的‘存在意义’。若弃此不顾，只谈上课讲学，那实在不能算是了解西南联大。”[80, 13]

我国学者谢泳十分赞同张起钧的这种见解，他在《西南联大与现代中国知识分子》一书中说：“西南联大不仅培养了杨振宁、李政道等大批自然科学家，而且也培养了何炳棣、王浩、邹谠等社会及人文科学家，还养育了像殷海光这样具有思想家气质的学者。西南联大的存在，对分析中国现代知识分子的活动有重要意义。”[81, 22]

张起钧和谢泳的见解非常值得我们重视，即使在认识作为物理学家的杨振宁的时候，也应该用他们的见解来认识、分析杨振宁的人生历程，尤其是杨振宁在非科学领域的活动，更是必须如此，否则我们便不能充分理解杨振宁的思想和活动轨迹。

杨振宁在昆华中学读了半年书，在 16 岁的时候即以同等学力从高二直接报考刚迁来不久的西南联合大学。在全国总数两万名的考生中，他名列第二，被西南联大化学系录取（入学后转到物理系）。

在西南联大，杨振宁度过了艰苦而又欢乐的六年时光，这是他人生道路上极不平凡的六年。后来，他在 1982 年写的《忆我在中国的大学生活》一文中曾经深情地写道：

> 西南联大是中国最好的大学之一。我在那里受到了良好的本科教育，也是在那里受到了同样良好的研究生教育，直到 1944 年取得硕士学位。战时，中国大学的物质条件极差。然而，西南联大的师生员工却精神振奋，以极严谨的态度治学，弥补了物质条件的不足：学校图书馆存书不多，杂志往往过了一两年才收到；但就在那座图书馆里，我学到了许多知识。冬天，我们的教室又冷又透风，实验课时，我们只有少得可怜的一点设备；但是，总的说来，课程都非常有系统，而且都有充分的准备，内容都极深入。[3, 24]

对于这样一所深刻影响了杨振宁一生的大学，我们理应对它做一番简单的介绍。

一、战火中的西南联大

1937 年 12 月 13 日南京陷落后不久，武汉又告急。长沙临时大学的搬迁问题又成了师生们焦急议论的话题。有一部分人认为不宜再迁，当时湖南省政府主席张治中表示长沙绝对安全，绝对不必再兴师动众地往内地搬迁；广西的李宗仁则希望长沙临时大学迁到桂林，认为广西地处偏远山区，比较安全，是迁徙的理想之地。但学校校务委员会高瞻远瞩，为了让学校能长期安定地办下去，坚持认为必须事先选择一个更加安全合适的地方，并预先有组织地迁移。如果坐等武汉失守、长沙告急，再谈迁校，其后果将不堪设想。最后常委会经多次研究，决定将学校迁到云南省省会昆明，一则昆明地处西南边陲，距前线较远，比较安全；另则昆明有滇越铁路可直通海外，有利于采购图书和仪器设备等。1937 年底，学校当局将决定申报到教育部，1938 年 1 月上旬得到批准。

当时战局紧张万分，长沙也经常遭到日本空军的轰炸，搬迁之事当立即进行，容不得半点迟疑。常委会决定，1 月 20 日开始放寒假，下学期在昆明复课，并决定西迁昆明的师生分成两路，大部分教师和学生经粤汉路到广州，转香港、海防，再由滇越路进入云南到昆明；另一部分体质强健的男学生和少数教师组成“湘黔滇旅行团”，步行到昆明，具体路线是经常德、芷江、晃县（今新晃）进入贵州省，再经贵阳、永宁进入云南，到了云南省经平彝（今富源）到昆明，总计步行 1300 公里。这一壮举堪称中国现代文化教育史上一次意义重大的事件，就是世界文化教育史上恐怕也很难找到第二个这样的例子。

两路人马定于 3 月 15 日前到昆明会合，并报到、复课。旅行团这一支队伍在 1938 年 2 月 19 日下午，在圣经学校门前集合宣誓，20 日上船沿湘江下洞庭，22 日到益阳附近甘溪港下船开始步行。旅行团中有闻一多、曾昭抡等 11 名教师。闻一多先生是国内知名教授，这一年 39 岁，身体也不怎么好，他本可以乘车走海路，但是他却坚持要与旅行团一起翻山越岭。旅行团的教师们栉风沐雨，翻山越岭，不仅经受了体力的考验和意志的磨练，沿途还采集了不少罕见的植物标本，收集到上千首民歌民谣。闻一多教授在美国学过绘画，因此沿途作了数百幅风景速写，还幽默地说：这就是写日记啊！

4 月 27 日，旅行团迟于规定时间到达昆明东郊大板桥宿营，第二天上午在东郊贤园集合，然后整队入城，经拓东路、金碧路、正义路，绕过五华山，进入圆通公园。先行到达的校领导和师生们在唐继尧墓前举行隆重的欢迎仪式。

杨武之和他的全家则从海道到昆明。这一路从 2 月中旬起分批离开长沙，经粤汉路到广州后，在岭南大学寄住。岭南大学只有 300 多名学生，

“湘黔滇旅行团”全体教师合影。前面中间蹲着的人就是闻一多先生。

而临时大学倒有四五百人，比主人还多。本来计划是到了广州尽快在一两天之内到香港，但因昆明校舍一时难以解决，校常委会叮嘱他们暂时住在广州不要急于动身，于是这一路的学生在广州住了半个多月。3月初，第一批学生才到达香港。到了香港，由于到海防的轮船太少，又装不了多少人，因此临时大学的学生又在香港滞留了一段时间。

4月2日，临时大学已奉行政院命令将校名正式改为“国立西南联合大学”。学生总数为993人，除了大部分是长沙临时大学转来的以外，还有少数是在昆明接收的借读生。

由于路途的延误，西南联大到1938年5月2日才开学，到8月1日开始考试，这是1937—1938年的第二学期。

西南联大共有5个学院：文学院、法商学院、工学院、理学院和师

西南联合大学的校徽和校训。

范学院，共28个系（其中有一个是师范专修科）。学院的院长和各系的主任都由国内外知名教授担任。全校师生在民族存亡的紧急关头，都深感自身责任之重大，而且从上到下都明白，精神重建，树立起抗日战争必胜之信心，最为重要。为了达到这一目的，联大还成立了一个专门委员会，向全体师生征集校训、校歌，以振奋师生的精神，树立民族的自信心。征集通知发出以后，在全校师生中激起了巨大的反响，成为全校师生思考民族命运和自身历史责任的一次严肃思考。经过半年多的讨论和筛选，最后选定的校训是四个字：刚毅坚卓；校歌是中文系罗庸（1900—1950）教授用《满江红》词牌填写的歌词，由联大教师、语言学家张清常（1915—1998）谱曲。校歌歌词是：

万里长征，辞却了五朝宫阙。暂驻足，衡山湘水，又成离别。绝徼移栽桢干质，九州遍洒黎元血。尽笳吹，弦诵在山城，情弥切！

千秋耻，终当雪，中兴业，须人杰。便一成三户，壮怀难折。多难殷忧兴国运，动心忍性希前哲。待驱除仇寇，复神京，还燕碣。[8, 40]

在赵新林和张国龙编写的《西南联大：战火的洗礼》一书中，他们高度评价了这首校歌：

这是一曲20世纪中国大学校歌的绝唱。它凝聚了中国文人学者、莘莘学子在民族危难时刻最悲壮的呼喊，浓缩了联大文人在国家危亡之际的所有情感和意志。在中国历史上，岳飞的一曲《满江红》已成为历代中华儿女救国存亡的慷慨悲歌。罗庸先生感人肺腑的《满江红》则是20世纪文人学者的一曲新的救亡悲歌。

联大校歌充满悲愤、激昂之情，历数三校迁移、联合的经历，痛陈国家急难，民族仇恨。表明联大学人坚持抗战的坚强意志，阐明为国发愤学习的意义和必胜的信念。……对联大师生的精神，激励莘莘学子为国发愤学习起到了十分重要的作用。[8, 40]

正如《西南联大纪念碑碑记》上所雕刻的那样："联合大学之终始，岂非一代之盛事，旷百世而难遇者哉！"

1988年9月9日，杨振宁在南开大学1988级新生开学典礼上充满激情地回忆：

回想在西南联大的情形，我有非常亲切的感觉，而且非常感谢我有那样接受良好教育的机会。……那时全校只有1000多人。我们的校舍是非常简陋的，现在还有相片呢，可以看见，宿舍是茅草房子，没有楼房；教室的屋顶是铁皮的，下雨时，丁丁当当的声音不停。教室和宿舍的地面是坑坑洼洼的土地，一个宿舍有40个人，就是20张上下铺。饭厅里面，没有椅子、没有板凳。那个时候没有什么菜吃，而米饭里面至少有十分之一是沙子。除了这许多困难以外，还有不断的空袭，日本的飞机常常来轰炸，所以有一段时间，我们上课是从早晨7点到10点，因为差不多10点的时候，空袭警报就要来了，然后下午再从3点上到7点。在这样一个困难情形之下，西南联大造就了非常之多的人才。今天国际上，非常出色的第一流学者中，有科学方面的，有工程方面的，有文史方面的，很多是联大当时造就出来的。联大前后只有八年的时间，所以毕业的学生人数不过3000人，这3000毕业生为世界做出的贡献，是一个惊人的成就。……我一生非常幸运的是在西南联大念过书，因为西南联大的教育传统是非常好的，这个传统在我身上发挥了最好的作用。[2，199—200]

西南联大常委之一梅贻琦先生在清华大学任校长时曾对全体师生说过："所谓大学者，非有大楼之谓也，有大师之谓也。"寥寥数语，深刻醒人。他还认为，办大学应以"教授是学校的主体"，一再强调"师资为大学第一要素，吾人知之甚切，故图之也至极"。正因为如此，西南联大那时真是人才济济，风云际会，呈现出中国大学从未有过的盛况。

在文史哲方面，有闻一多、朱自清、冯友兰、汤用彤、金岳霖、陈寅恪、傅斯年、钱穆、吴宓、钱锺书、朱光潜、王力等著名学者。在政治学、经济学、法学方面有陈岱孙、张奚若、罗隆基、潘光旦、费孝通等闻名遐

当年西南联大校园的景象。

迩的学者。

在数理化方面，更是云集了一群国内一流的学者。数学方面有华罗庚、许宝騄、陈省身、姜立夫、杨武之等知名数学家；物理学的阵容最强大，有吴有训、叶企孙、周培源、任之恭、赵忠尧、吴大猷、王竹溪、张文裕、马仕俊等知名物理学家。

由于师资力量强大，再加上联大为学生的全面发展、独立思考等方面提供了良好的条件，营造了人才培养的良好环境，这就使得联大的3000多名毕业生，除800多名投笔从戎以外，许多人都成为世界一流的学者，如杨振宁、李政道、邓稼先、黄昆、林家翘、朱光亚、王宪钟等科学家，也培养了何炳棣、王浩、邹谠等社会及人文科学家。

1945年，华罗庚全家在昆明茅屋家门口合影。

师资力量的强大，还表现在一些著名教授甘心与全国劳苦大众同甘共苦，其强烈的爱国心和责任感，对学生无疑是最生动的教育和鞭策。就以世界著名数学家华罗庚（1910—1985）为例。当日本侵略者进犯中国时，华罗庚正在英国剑桥大学从事数学研究，并取得了很大的成就。但一听说祖国和人民正在遭受灾难，他立即放弃了在海外舒适而又有光明前景的研究，于1938年从英国回到祖国。回国后西南联大立即聘请他当数学系教授。就是在这样不可思议的困苦条件下，华罗庚在回国后的四年中先后写出了20多篇论文，并在1941年完成了他的第一部数学名著《堆垒素数论》。

被称为现代微分几何学奠基人之一的陈省身，也是1938年1月从国外回到昆明，到联大执教。他在《联大六年（1937—1943）》一文中写到了在联大时期的生活：

> 数学系有很多好的学生，不一一列举了。教授中最突出的为华罗庚与许宝騄。前一段三校图书都装在箱内，后来则中外交通隔绝，设备可说是很差的。但是若干人就可以抓到材料，工作不辍。我每年写论文，在国内外杂志发表。我把法国大数学家E.嘉当的工作搞得很熟。后来这些成为近代数学主流之一。
>
> 有一个时期（大约有一年多）我同华罗庚、王信忠两位同住一房间。每人一床，一小书桌，一书架，摆满一个房间。早晨醒来便开玩笑，但是工作的情绪很高。[12, 8]

西南联大师生们的艰难困苦、英勇卓绝，由上面几段回忆，即可以生动地想见。我们再引用英国科学家、中国科学史研究者李约瑟（Joseph Needham，1900—1995）博士对战时西南联大做的描述。李约瑟写道："他们所处的环境如何困难，实在不易描写，学生的宿舍甚为拥挤，极易感染疾病，如肺病等。由于无适当的洗濯设备，如沙眼之类的传染病也很普遍。守正规的科学家，将其以前与今日的生活相比，悬殊甚大。很多很有科学成就的男女们都住在东倒西歪的不易弄得很清洁的老式房屋中，他们的待

英国科学家、中国科学史研究者李约瑟。

遇只增加 7 倍，而云南的生活费已增加了 103 倍，我只能把这种生活与住在阿盖尔（Argyll）[1] 海岸居民所过之生活相比。他们以前一年工作之收入为 1000 镑和一层楼房；而现时一年之收入，尚不及 70 镑。常常有人闻名于欧美而不得一温饱。我们之中有多少人愿意过这种生活，而不愿意在侵略者统治下过一种较为舒适的生活？”[27, 17—18]

李约瑟说的“不得一温饱”是一点也不过分的，因为战时经济的恶化严重威胁着联大教师和学生的生存。1941 年底，历史学家蔡维藩等 54 名教授在一份联合呼吁书中令人悲痛地描述了当时教师们的困境：“年来物价日增，维持生活日感艰难，始以积蓄补贴，继以典质接济。今典质已尽

---

〔1〕 英国原苏格兰西部的一个郡，当地居民生活曾非常穷困。

而物价仍有加无已。”

知识分子家中本来就没什么值钱的东西，几件好一点的衣物变卖完了，就只能卖他们最珍爱的书，可是书又能值几个钱？著名的历史学家吴晗（1909—1969）在家中挂着朋友送的一副对联：“书归天禄阁，人在首阳山。”书卖光了，还是得挨饿！

杨振宁在回忆中还提到发生在吴大猷（1907—2000）教授身上的一个故事：

> 有一次吴大猷教授的学生黄昆……到乡下去请教吴教授，当两人正在讨论物理之际，吴教授看了一下表说：“不成，我现在有事情！”黄昆问他有什么事情，他说：“我要去喂猪！”原来那时教授没有钱，吴教授就养了几条猪，可以赚到一点钱支持生活。[11，119]

关于养猪，还有一段逸事。那时吴大猷夫妇住在一个名叫岗头村的小村子里。岗头村距离学校约 5 公里，吴先生步行或乘简易马车往返于联大和岗头村。1943 年春天的一个下午，吴先生搭马车去联大上课。路上由于马受惊，吴大猷从马车上跌下来，以致后脑受震，卧床长达四个星期。可是“屋漏偏逢连阴雨”，吴大猷先生刚好出院，他的夫人阮冠世又病倒了。无奈之下吴大猷请学生黄昆（1919—2005）代为看家和喂猪。但是黄昆实在无法管住一头烈性猪，吴大猷只好让黄昆把猪卖掉，还说：“也无心计算为喂猪买了多少糠，花了多少钱，到底是赚，还是蚀？”[28，20—21]

但联大的教授们并没有在几乎是绝境中坐以待毙。朱自清由于长期的恶劣饮食使健康状况恶化，但他却掷地有声地说：“穷有穷干，苦有苦干，世界那么大，凭自己的身手就打不开一条路？”于是挂牌雕刻印章者有之，夫人摆摊做糕点者有之，养猪以贴补家用者有之，兼课卖文稿卖书者有之，凭着顽强的意志与贫困苦难做抗争，很少有人低眉折腰、卑谄足恭，表现出联大教授们高风亮节、皎若星辰的可贵品格。这些默默无言的行动，使联大的学生受到深深的感染。更难能可贵的是，几十位担任各院系负责人的教授们，虽然比一般教授多了许多事务，多费了许多精神，却不取一分一毫的报酬，甚至当教育部主动给予补助时都谢绝不要。

正是因为这种光风霁月的精神，联大的教学和科研取得了突出的成就。从1941年到1945年，教育部举办的5届学术评议活动，内容涵盖文学、哲学、社会科学、自然科学、应用科学、工艺制造、古代经籍研究、美术8大类。参评成果数千件，获奖300余件，其中各科一等奖仅15件，而西南联大就占7件：冯友兰的《新理学》、华罗庚的《堆垒素数论》、周培源的《湍流论》、吴大猷的《多原子分子的振动光谱和结构》、汤用彤的《汉魏两晋南北朝佛教史》、陈寅恪的《唐代政治史述论稿》和杨钟健的《许氏禄丰龙》。获二等奖的有王竹溪的《热学问题之研究》、张青莲的《重水之研究》、赵九章的《大气天气之涡旋运动》、马大猷的《建筑中声音之涨落现象》和蔡方荫的《用求面积法计算变梁之弯曲恒数》等。

二、大学生活

1938年初，杨武之全家到了昆明，开始住在翠湖北路玉龙堆3号，几个月以后搬到靠近云南大学的文化巷11号，邻居有顾宪良、周珏良、李赋宁、钱锺书以及云南大学文史系施蛰存和吕叔湘等人。据施蛰存回忆，他与吕叔湘同住一室，与钱锺书同住一楼，与罗廷光、杨武之同住一院。后来物理系的赵忠尧、霍秉权教授陆续迁入，住进19号、43号。文化巷早先是昆明北城脚一处荒凉偏僻、荨麻丛生之地，原来叫“荨麻巷”。随着联大教职工的陆续迁入，这条原先默默无闻的小巷顿时繁荣起来，成为中国文化史上颇有纪念意义的处所。1940年9月30日日本飞机轰炸昆明时，杨武之的家已经搬到小东城金凤花园3号，正是在这儿他家的房屋中了一颗炸弹，炸得“徒有四壁”。后来为了躲避日本的“疲劳轰炸”，他家在1940年10月搬到龙院村，在这儿一住近三年。到1943年5月轰炸少了，

再次搬到文化巷 27 号；1945 年底，杨家搬到西仓坡联大教授宿舍。[45，131—133]

杨振宁在昆华中学读完了高中二年级下学期以后，正好遇着那年夏天教育部公布了一项临时措施。那年夏天，由于战争形势所迫，各地国立大学纷纷开始向大后方搬迁，中央大学迁到了四川重庆，西南联合大学迁到了云南昆明，西北联合大学迁到了陕西城固、南郑和勉县等地，武汉大学迁到了四川乐山，中山大学迁到了云南澄江，同济大学迁到了四川宜宾和南溪，浙江大学迁到了贵州湄潭，东北大学迁到了四川三台。由于辗转流落到大后方的中学生特别多，为了不让更多的中学生失学，也为了不让假文凭泛滥而败坏社会风气，国民政府教育部颁布了《二十七年度国立各院校统一招生简章》，《简章》规定：所有学生不需要高中毕业文凭，都可以按照“同等学力”报考大学。但同时也规定：“同等学力者录取人数不得超过录取总额百分之十。”还对“同等学力”报考者做出若干限制。报考大学的报名日期为：8 月 10 日到 25 日。

在昆华中学读书的杨振宁在得知这一消息后，在父亲的鼓励和支持下，决定以高中二年级的学历报考。在报名的第一天就到“国立各院校昆明招生处”报了名，招生处设于昆明崇仁街国立西南联合大学办公处。杨振宁的《准考证》是 0008 号，说明他报名的时间很早，发证日期是 1938 年 8 月 10 日。准考证左边手写的注是“廿七年二月初摄于汉口”，这是指贴在准考证上的照片是杨振宁在 1938 年 2 月拍摄的。

1938 年的全国统一招生考试地点分别设在武昌、长沙、吉安、广州、桂林、贵阳、昆明、重庆、成都、南郑、延平、永康等 12 地；考试日期定在 9 月 1 日到 4 日，全国各地同时举行。考试科目按报考院系分 3 个组别，杨振宁报考的是第二组“工学院各学系及理学院各学系”，考试科目有公民、国文、英文、本国史地、数学甲（高等代数、平面几何、解析几何、三角）、物理和化学。

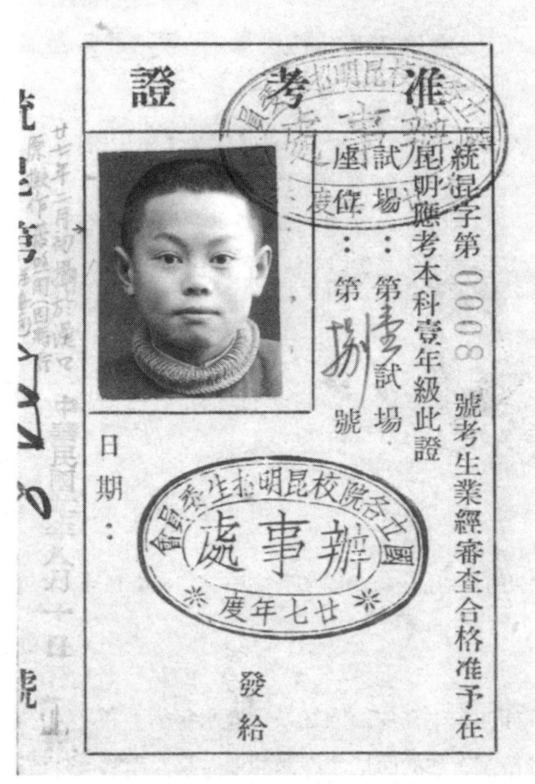

准考證

統昆字第0008號考生業經審查合格准予在
昆明應考本科壹年級此證
試場：第　試場
座位：第　號

日期：

國立各院校昆明招生委員會
辦事處
廿七年度

發給

杨振宁报考大学时的准考证，1938年。

1938 年 9 月 1 日考试那天，天还不亮，杨振宁早早就起床吃了早饭，很有信心地走进了设在昆华中学的考场。

在总数有两万名的考生中，以同等学力资格参加考试的杨振宁，居然以第二名的成绩被西南联大化学系录取，说明他的确是一个出众的学生。在报名时他还没有学习过高中物理，只觉得高二学过的化学很有意思，因此报考的是化学系。但在准备入学考试时，他自修了高中物理，发现物理学更有趣，更合他的口味，于是在 12 月进大学以后，就转到了物理系。

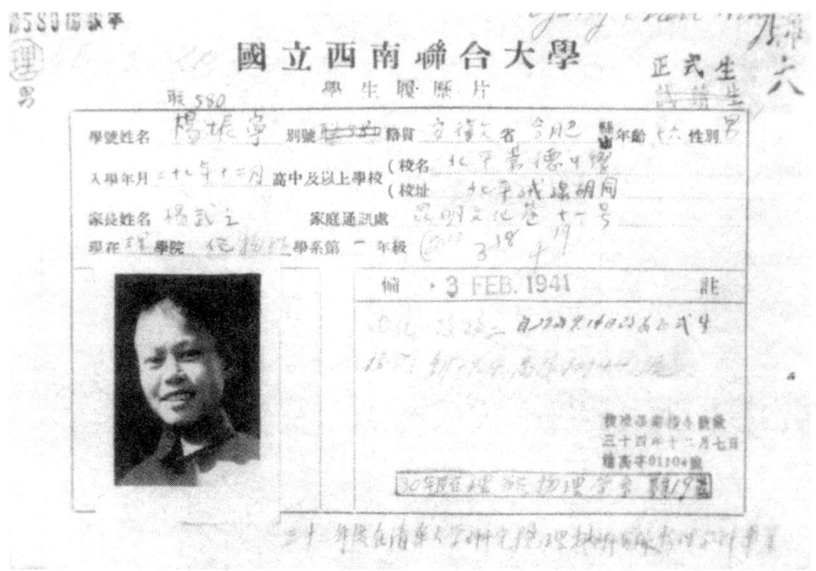

國立西南聯合大學

學生履歷片

正式生

學號姓名 楊振寧 別號 籍貫 安徽省 合肥縣 年齡 十六 性別 男

入學年月 二十七年十二月 高中及以上學校 （校名 北平崇德中學 （校址 北平絨線胡同

家長姓名 楊武之 家庭通訊處 昆明文化巷十一号

現在 理 學院 物理 學系第 二 年級

備 3 FEB. 1941 註

教育部專字第號 三十四年十二月七日

杨振宁在西南联大的学生履历卡。可以看到杨振宁是1938年12月入学，而且是由化学系转到物理系的。

翻译家许渊冲先生在他的回忆录《逝水年华》和《续忆逝水年华》两本书里有对杨振宁有趣的回忆。许渊冲那时是西南联大外语系的学生，他回忆：“1939 年 1 月 4 日上午 8 时，我们在昆华农校西楼二层的小教室里，等南开大学教授柳无忌来上‘大一英文’。我坐在第一排靠窗的扶手椅上，右边坐的一个同学眉清目秀，脸颊白里透红，眉宇之间流露出一股英气，眼睛里时时闪烁出锋芒。他穿的黑色学生装显得太紧，因为他的身体正在发育，他的智力又太发达，仿佛要冲破衣服的束缚，他穿的大头皮鞋显得太松，似乎预示着他的前程远大，脚下要走的路还很长。一问姓名，才知道他叫杨振宁，刚十六岁，比我还小一岁呢。”[46，41—42]

后来来上课的不是柳无忌教授，而是联大外文系系主任叶公超教授。叶教授对学生很严，而且常常对学生冷嘲热讽。在叶教授讲课时，曾经发

读大学时的杨振宁。

生一件小事，许渊冲回忆："他讲《荒凉的春天》时，杨振宁问他：'有的过去分词前用 be，为什么不表示被动？'这个问题说明杨振宁能注意异常现象……但叶先生却不屑回答，反问杨振宁 gone are the days 为什么用 are？杨以后有问题都不直接问他，而要我转达了。……［叶教授］对别人要求很严，考试要求很高，分数给得很紧：一小时考五十个词汇，造五个句子，答五个问题，还要写一篇英文短文。杨振宁考第一，才得八十分，我考第二，只得七十九分。而杨振宁物理考一百分，微积分九十九，是全校成绩最好的学生。"［46，43—44］

当时西南联大实施的是通才教育，为学生的全面发展提供了优越的条件和良好的环境。梅贻琦校长在任清华大学校长时就说过："通识为本，兼识为末"，"大学重心所寄应在通而不在专"。学校当局为保证这一方针得以贯彻，做出了三条规定：一是允许学生跨学科、跨专业自由选择课程，以丰富和扩大学生的知识面，开拓学生的视野；二是允许学生在校内组织社团活动，促进各学科、各方面的思想交流；三是鼓励学生积极参加多种社会实践，以加深学生对社会的体认。

可以看出，西南联大实施的通才教育中，民主自由和独立思考的学术精神是其核心和灵魂。正是由于有这样一种积极和宽松的氛围，联大才能真正发扬百家争鸣的精神，人才辈出，成果骄人。校长梅贻琦曾经用北宋学者胡瑗（993—1059）的一句话来说明学术自由对于学校教育的重要性："若夫学者，则无所不思，无所不言，以其无责，可以行其志也，若云思不出其位，是自弃于浅陋之学也。"国学大师陈寅恪先生在讲课时就向学生宣布："前人讲过的我不讲，我自己过去讲过的，也不讲，现在只讲未曾有人讲过的。"这种学识和气魄，能有几人与之比肩！[8，49]

中科院院士邹承鲁1941年由重庆南开中学考进西南联大，他在西南联大成立45周年纪念会上发言说："西南联合大学在极端困难的条件之下坚持教学，坚持科研，这件事被人谈得很多。可还有一个重要的东西一直没被谈过，那就是西南联大的民主风气。它和重庆不一样，在政治上不是压抑，而是有一定的自由度。它不但在学术上有自由度，在其他方面也有一定的自由度。西南联大具有民主的传统，这一点不应被忽略掉。"[102，122]

联大非常注重专业基础的训练，对基础课的要求非常严格，因为只有扎扎实实地打好基础，才能培养出真正有用的人才。不仅有资深的教授给一二年级学生上基础课，而且学生如果有一两门基础课达不到标准就不准升级；凡基础课不及格的人，不准补考，只能再修。由于这种严格的规定，联大学生能够顺利完成大一、大二的全部课程升入高年级，是一件很不容易的事情。

对联大的这种教学方针，杨振宁感到对自己今后的成功起了至关重要的作用，他在回忆中说：

> 我记得很清楚联大的大一国文是必修课，当时采用轮流教学法。每一位教授只讲一个到两个礼拜。一般说来，轮流教学法的效果通常是很差的，会产生混乱的情况。不过那时的教授阵容实在很强，轮流

教学法给了我们多方面的文史知识。记得教过我大一国文的老师有朱自清先生、闻一多先生、罗常培先生、王力先生等很多人。[3, 32]

因为每位教授都只讲授他本人研究最透彻、心得最深和最拿手的部分，所以不仅非常吸引学生，而且让学生受益匪浅。在这些一代宗师的熏陶下，杨振宁有了较深的人文知识功底。

杨振宁所在的物理系，阵容也是空前的强大。当时在西南联大任教的吴大猷在《抗战中的西南联合大学物理系》一文中写道：

西南联大乃由北大、清华及南开三校于1938年春在昆明组成。物理系的教授，亦系由三校来的。清华有叶企孙、吴有训、周培源、赵忠尧、王竹溪、霍秉权；北大有饶毓泰、朱物华、吴大猷、郑华炽、马仕俊；南开有张文裕……其中王、霍、张似是1941年由英回国的，马则是1938年初由英国返国的，各人的专长略如下：叶、饶是最年长的；叶是哈佛的，饶是普林斯顿20年代初期的实验物理学家；叶早年从事普朗克常数由X射线的测定；饶早年从事气体导电研究，后从事光谱的斯塔克效应的研究。吴有训研究康普顿效应是有贡献的，周培源早年研究相对论（广义的），在昆明时则从事激（湍）流的研究。赵忠尧在30年代初，在加州理工学院从事硬γ射线的吸收研究，此项工作极为重要，为后来安德森发现正电子的先河，惜失之交臂。朱物华乃哈佛电工博士，研究电网络及瞬流等问题。王乃剑桥理论物理学者，专长统计力学；霍和张二人皆剑桥的实验核子物理学者。郑华炽则在法国及奥地利从事拉曼效应的研究。马乃剑桥理论物理学者，专长为量子电动力学。……笔者从事原子及分子理论及实验（光谱）工作。[14, 53]

可以看出，物理系的教授都是从欧美留学回国，在物理学前沿研究中有一定成就的学者；而且在西南联大极其艰难的情况下，仍然克服一切困难坚持研究。诚如吴大猷所描述的那样：

……从事实验研究者无法工作，只有从事理论工作的还可以做些研究。在实验研究方面，赵忠尧用由北平带出来的 50 毫克的镭做了些人工（中子）放射性元素实验；笔者试着用由北平带出来的光谱仪的棱镜等部分，放在木架制的临时性粗形光谱仪，做 Ni（NO_3）$_2$·6NH_3 晶体的 Raman 光谱（为的是稍早在英国余瑞璜从 X 射线研究的结果，引起我想出一个相关的问题）。西南联大物理系八年来的“实验研究”工作，成就是这一点了；它们显然都不是重要的工作，但它们却是代表一种努力的精神——“知其不可为而为之”的精神。

中国著名物理学家赵忠尧教授。

在理论研究方面，则情形好得多了。除周培源的激（湍）流研究本身成就外，还引导了研究生林家翘；林（1939 年）考取中英庚款出国后，解答了激（湍）流理论上一个基本性的重要问题。王竹溪领导了杨振宁、李荫远从事一个统计力学问题的研究。马仕俊继续从事量子场论方面的工作。笔者到昆明的首年写了一册《多原子分子的振动光谱和结构》专著，做一些原子能态、自游离化理论等的研究。这些工作，都没有什么重要性，大概是因为在极端困难情形下做的，为笔者获得些意外的声誉。〔14, 55〕

一年级时，给杨振宁讲普通物理学的是赵忠尧（1902—1998）教授。赵忠尧在国际物理学界享有一定的声誉。诺贝尔物理学奖评选委员会前主任埃克斯朋（Gösta Ekspong）教授 1999 年在北京做关于诺贝尔奖历史的报告时特别提到了赵忠尧，并高度评价了赵忠尧在 1930 年所做的实验的贡献。埃克斯朋说：

1981 年，我到安德森（C. D. Anderson）〔1〕在帕萨迪纳的家中拜访他。他告诉我，他当研究生时，对隔壁办公室赵忠尧博士的实验很感兴趣。赵离开美国后，安德森得到了一个 ThC″源。他建议用磁场中的云室研究从铅板上出射的粒子（电子）。但他的导师密立根（Robert A. Millikan）博士不同意，他让安德森研究宇宙射线。安德森告诉我，他相信，如果他不被［密立根］阻止继续赵的实验，正电子可能提前两年就被发现了。

1932 年安德森在宇宙射线中看到了正电子的径迹后，与密立根教授发生了激烈的争论。

正电子的发现完全是偶然的，它与任何其他工作，包括狄拉克的理论都没有关系。

---

〔1〕 安德森“因为发现了正电子”与赫斯（V. F. Hess）共同获得 1936 年诺贝尔物理学奖。

> 所以，赵忠尧博士在安德森发现正电子两年之前，即 1930 年，就发现了正负电子的湮灭。[103, 6]

作为赵忠尧的学生杨振宁，在 1989 年撰文专门介绍了赵忠尧的重要贡献。

到了大学二年级，教杨振宁电磁学的是吴有训教授。吴有训是中国近代物理学的先驱者，是中国物理学会的创始人之一。1921 年吴有训到美国留学，在芝加哥大学随康普顿教授从事物理学研究，1926 年获得博士学位后回国。在芝加哥留学期间，与杨武之同过学，还一度成为室友。在做康普顿的研究生时，他用精湛的实验无可置疑地证实了康普顿效应。康普顿在他的《X 射线理论及实验》一书中，对吴有训的实验研究给予了很高的评价，全书有 19 处引用了吴有训的工作，特别是吴有训的一张由实验得到的 X 射线光谱图，康普顿把它作为证实他的理论的主要依据。我

杨振宁与吴有训，摄于1977年。

们知道，康普顿效应的发现及理论解释，是量子力学发展历程中的一个“转折点”，具有里程碑的价值；1927 年，康普顿因发现这一效应而获得诺贝尔物理学奖。

吴有训不但在研究上成就斐然，还是一位优秀的教育家。他特别强调学物理就必须动手做实验，他对中国传统教育的弊病——只重书本、重分数和一考定终身，持严厉的批评态度，常说“念书把人都念傻了”。吴有训总是身穿工作服，教学生们用简单的器材做各种必备但又缺乏的实验仪器。杨振宁能够听吴有训讲电磁学是十分幸运的，他也从没有忘记恩师的教导。30 多年以后，杨振宁在普林斯顿见到康普顿时，康普顿还特意告诉杨振宁，他一生最得意的两个学生就是吴有训和阿尔瓦雷茨（Luis Walter Alvarez，1911—1988，1968 年获得诺贝尔物理学奖），而且他始终不能确定这两个学生哪一个天分更高。1962 年 1 月，杨振宁把自己写的《基本粒子发现简史》一书送给老师吴有训时，在书的扉页上写道：

年前晤 A. H. 康普顿教授，他问我师近况如何，并谓我师是他一生中最得意的学生。

教杨振宁力学和另外两门课的周培源教授，1924 年到 1926 年在芝加哥大学物理系深造时，也和杨武之同过学；1928 年在加州理工学院获博士学位和最高荣誉奖。在广义相对论和湍流理论的研究中，周培源有重要的贡献。1982 年，他的湍流理论获国家自然科学二等奖。1980 年和 1985 年两次获得加州理工学院“具有卓越贡献的校友”荣誉。

1992 年周培源九十寿辰时，杨振宁在纪念文章中写道：

周先生是我父亲杨武之 1925 年前后在芝加哥大学的同学。1929 年 10 月初我七岁的时候，母亲带我自上海乘火车去北平。周先生那年自欧洲回国，也坐那班车去北平。父亲委托了他照顾我母子二人。那是我第一次认识周先生，已经是六十多年前的事了。抗战期间我在西南联大读了四年大学、两年研究生。前后念过周先生教的三门课。

周培源与杨振宁，1977年摄于黄山。

记得联大物理系教授中研究生最多的两位是周先生和吴大猷先生。和我同时的物理系研究生当中就有两位跟周先生做论文：张守廉和黄授书。[104]

到了大学三年级，教物性论的是从剑桥大学卡文迪什实验室获博士学位的张文裕（1910—1992）教授。我们知道，卡文迪什实验室的汤姆逊（J. J. Thomson，1856—1940，1906 年获得诺贝尔物理学奖）和他的学生卢瑟福，一个是“电子之父”，一个是“现代核物理学之父”；汤姆逊发现了电子，

中国物理学家张文裕教授。

卢瑟福发现了原子的核结构。当张文裕1935年到卡文迪什师从卢瑟福时，卢瑟福的学生查德威克（James Chadwick，1891—1974，1935年获得诺贝尔物理学奖）两年前刚刚发现中子，原子核和原子结构终于大白于天下。在原子物理学发展的高潮中，张文裕来到剑桥大学，真可谓适逢其时。1937年抗日战争全面爆发，张文裕要求回国，但由于规定必须获得博士学位才能回国，于是他申请提前论文答辩，答辩一结束，就立即起程回国，回国之后就到西南联大任教。1943年他又到美国进行研究，于1948年发现μ子原子，并证明μ子是非强相互作用粒子。他于1956年从美国归来，对中国核物理和宇宙射线的研究事业做出重要的贡献。这样优秀的学者为大三学生上课，使杨振宁很快了解了原子核研究的最前沿。

在大学三四年级时，杨振宁还听过吴大猷的古典力学和量子力学，马仕俊（1913—1962）的场论，王竹溪（1911—1983）的热力学、统计力学、量子力学、电动力学等多门课程。由授课者的水平和开设的课程可以看出，西南联大物理系的水平完全可以和当时世界上的名牌大学相媲美，有些基础课程甚至超过了欧美的名牌大学。

由于有名师执教，加上杨振宁的天赋和刻苦努力的学习，在大学三年级的时候，杨振宁和经济系的同学周大昌为西南联大争了光，双双获得全国只有三个名额的穆藕初先生奖学金。另一个获奖者是中山大学农科学生刘有成。

穆藕初（1876—1943），上海浦东人，是上海工商界名流，昆剧票友，昆剧传习所的创办者之一，民国时期著名的棉花专家。早年曾当过棉花行学徒、小职员。甲午海战后发愤苦读英文，考入上海海关当办事员。1909年赴美留学，专攻植棉、纺织和企业管理。1914年获硕士学位回国，五年里成功建起德大、厚生、豫丰三大纺织厂，创办中华劝工银行、上海纱布交易所，并经营大规模的棉种试验场。在从事企业创建和管理的同时，他还出版过不少著作和翻译作品。

穆先生不仅事业有成，还在1917年与蔡元培等人共同发起成立“中华职业教育社”；1920年，无偿向北京大学捐赠白银5万两，资助优秀学生出国留学，受益者包括罗家伦、段锡朋、周炳琳、汪敬熙、康白情、方显廷、江绍原等著名人士。1937年6月，受他资助而学有所成的方显廷、罗家伦等10人，效法穆先生的义举，集资1万元设立穆藕初先生奖学金。1940年，穆藕初先生奖学金在全国高校学生中第一次开展评选活动。教育部规定，第一届穆藕初先生奖学金获奖名额为3名。

1940年6月26日，西南联大物理系按照穆藕初先生奖学金管理的有关规定，专门致函教务处，“推荐物理系二年级学生杨振宁为廿九年度穆藕初先生奖学金应选人”。此后再由学校层层评选，层层上报。

经过几个月的评选，杨振宁被评上，成为三名获奖者之一。1940年11月3日，重庆《新华日报》第二版刊登了一则消息：“穆藕初先生奖学

國立西南聯合大學用箋

逕啟者 茲推薦物理系二年級学生楊振寧為廿九年度穆藕初先生奬学金應選人，此致

教務處

六月廿六日

西南联大物理系专门致函教务处，“推荐物理系二年级学生杨振宁为廿九年度穆藕初先生奖学金应选人”。

金首次得奖者已决定农科一名中大刘有成、理科一名联大杨振宁、经济一名联大周大昌。”〔129, 99〕

首届穆藕初先生奖学金的三位获奖者，就有两位是西南联大的，由此可见西南联大在当时的大学中的地位是很高的。

我曾经问过杨先生有关这个奖学金的一些事情，杨先生回信说：“穆藕初先生奖学金对［我们家］当时困难的日子有很大的帮助。是的，那是我第一次获得奖学金。”〔1〕

杨振宁能够在全国统一高考中获得第二名，大学三年级又能够获得竞争性很强的穆藕初先生奖学金，除了他的天赋以外，与他的学习目标明确、

---

〔1〕　2011 年 3 月 12 日杨振宁给笔者的电子邮件，原为英文。

意志坚定、心无旁骛有关。杨振宁在联大时期短暂的初恋，很能够说明杨振宁的这一特点。

1938 年与杨振宁一起考入西南联大物理系的，有一位美丽的女生张景昭，她是浙江嵊县人，入学时 19 岁，比杨振宁大两岁。张景昭在物理系读了一段时间转到数学系去了。

转系后的张景昭，经常到他家向他父亲请教，因此他们见面的机会比较多。随着交往的增多，杨振宁喜欢上了常常穿着一件红外套而特别显眼的张景昭。这一喜欢不打紧，却使情窦初开的杨振宁一时不能自持，为了能与张景昭见面，他总是打听好她在什么地方上课，然后就请假到她上课的教室旁走来走去，以便她出来时能够借故跟她讲上几句话。杨振宁看出来，张景昭对他似乎也有好感。这样持续了一两个月，有一天杨振宁突然惊醒：自从恋上张景昭以后，自己就不再像以前那样专心致志、心无旁骛地念书了。长此以往，堪可忧虑。于是他决心一如既往把精力全部投入紧张的学习中去，不必过早地交女朋友。

此后杨振宁尽力克制自己，不再主动去见张景昭；即使偶尔遇到的时候，他也像对待一般同学那样，只与张景昭打打招呼。过了一段时间，杨振宁的情绪终于慢慢地平静了下来，又能够像以前那样沉稳而紧张地学习了。

初恋毕竟是甜蜜的，更是难忘的，杨振宁一直把这段恋情深深地埋藏在心底。2006 年 7 月 9 日下午，杨振宁在新加坡南洋理工大学以“我的生平”为主题演讲时，提到了自己的初恋，还说：“我遇见她前，情感状况就像是一片平静的水，之后则变成了暴风雨。……我那时告诉我自己，和她交往是一件不好的事情，因为这会给自己带来烦扰。”

自 1938 年 3 月杨武之全家到了昆明以后，他们在昆明度过了抗日战争时期。他们的家庭如同其他所有教职员工的家庭一样，都处于非常艰难的状况。杨振汉曾回忆：“那时昆明的物质条件极差，父亲的工资因为通货急遽膨胀，实际收入大概只及战前的几十分之一，生活十分艰苦。在这些艰苦的岁月里，父亲母亲十分注意我们兄妹五人的身体成长和家庭教育，很有限的收入，都用在我们子女身上，希望我们能获得起码的营养，能健康成长，还为我们买些书本和文具。”[1, 890]

那时，昆明由于人口剧增，中小学无法把突然增加的少儿都收到学校里读书，所以杨振宁在昆华中学读完高二就直接考上了西南联大，而振平、振汉和振玉三个孩子实际上就失学了，振复还不满一岁，学习问题还谈不上，但这三个怎么办？杨武之担心三个孩子荒废学业太久，就自己担任家庭教师，教振平和振汉念中国古文和白话文。振汉后来回忆，父亲在那时教他的唐诗宋词，他后来一直都记得，可以背诵。杨武之认为：“近代的数学物理化学等课目，到念中学时再读都不迟，可是中国语文、中国古文一定要从小就学，从小就背诵几篇精彩的白话文、精彩的古文，背诵几首诗、词、歌、赋等，将来一生都有好处。”[1, 891]

除了教中国语文，杨武之还专门在家里挂了一块小黑板，先后教过几个孩子语文、算术和英语、三角、代数、几何、微积分，等等。杨振宁的妹妹杨振玉在回忆中写道：“［父亲］还教我们念《古文观止》，讲历史名人故事如岳飞、文天祥等。父亲让大哥从西南联大图书馆借来英文的《数学名人传》（*Men of Mathematics*）〔1〕，由他和大哥分章分节讲给我们听。因此从小我们都知道笛卡尔、费马等数学名人。我们后来都不从事数学研究，可是对学术研究都产生了敬慕之心。”[1, 907]

《数学名人传》的作者是加州理工学院一位神气活现的数学教授埃里克·坦普尔·贝尔（Eric Temple Bell，1883—1960）。这本书与学校里的教科书不同，它是一本引人入胜的数学家故事，是由数学符号和诱人秘密

---

〔1〕 这本书国内有两种中译本。商务印书馆的译本名为《数学精英》，上海科技教育出版社的译本名为《数学大师》（徐源译，2004 年）。

组成的神秘王国，它对数学问题生动的描述很容易激发年轻人的研究热情。贝尔甚至保证说，有一些艰深而美妙的问题可以由年轻的（比如 14 岁）业余爱好者来解决。这种非常具有诱惑力、穿透力的描述，曾经使得许多年轻人从此爱上了数学。例如，1994 年获得诺贝尔经济学奖的普林斯顿大学的数学天才纳什（John Nash，1928—2015）早年在看了这本书以后终生难忘，最终成为一名伟大的数学家。所以，杨振玉有这样难忘的回忆是不奇怪的。这本书想必一定也大大激励过年轻的杨振宁，使他对数学有了特殊的感情。

杨振宁作为大哥，在昆明那段艰难的时期，已经开始为父母分忧，帮助父母照料和教育弟妹们。那时他的四个弟妹都还是 12 岁以下的孩子，正是长身体长知识的时候，但他们家在 1940 年秋天由于日本飞机几乎每天轰炸昆明，城里的家被炸得什么也没有了，只剩下一片废墟。没有办法，杨家只好迁到昆明西北郊十余公里的农村——龙院村。龙院村是清华大学教授和职员家属疏散居住地之一，坐落在玉案山脚下，坐西朝东，村后大山横亘。全村南北展延约三四里，一条主街在村中蜿蜒，街道两旁散落着农家住户，树丛、池塘和打谷场点缀其间。据说过去村里梨树很多，有“梨园”之称。在云南话里“园”和“烟”相谐，因此通常在文字上把这个村子写成“梨烟村”，后来正式定名为“龙院村”。杨家和许多教授家都住在龙院村，而且一住就是两年多。

龙院村除了物质环境很贫乏以外，也没有好的学校。杨振宁为了帮助弟妹们好好读书，不给母亲带来更多的捣乱和麻烦，就想出了一个颇受弟弟妹妹们喜欢的办法：如果谁能一天里好好念书，听母亲的话，帮助做家务，就记上一个红点，反之就要记下一个黑点。一周下来，如果哪一个有了三个红点，就可以由他骑着自行车带到城里看一场电影以资奖励。

从这个办法定出来以后，几个弟妹听话多了，读书也自觉多了，而且每周都急切地盼望周末的到来。周末大哥从联大回来，不仅要总结一周的

杨振宁与弟妹们，摄于龙院村一个大院。前排左起：杨振汉、杨振玉、杨振平；后排左起：杨振复、杨振宁。同院中还住有西南联大十几位教授。

成绩，看谁的红点能达到三个，以便幸运地跟大哥进城看电影，而且，大哥还会接着讲上周没有讲完的故事。杨振宁的故事不少，这主要是因为他自从进了大学以后就开始阅读英文原版小说，并尽量少利用英汉词典，以此来提高自己的英文水平。他念的第一本英文小说是英国小说家斯蒂文森的极为流行的小说《金银岛》，虽然这本书里有许多与海洋有关的俚语，但他居然一周之内就把它读完了，这说明他的英语水平已经不低。接着他又读完英国女作家奥斯汀的《傲慢与偏见》。读完了这两本书以后，杨振宁阅读原版小说就更流畅了一些。接着他又读了法国大文豪雨果的《悲惨世界》英译本和美国作家库珀的《最后一个莫希干人》。杨振宁常常是自己一面看一面讲给弟妹们听，邻居联大教授的孩子们知道这件事以后也都跑来听，杨振宁则是来者不拒。邻居的孩子有吴有训家的吴惕生、吴希如、吴再生和吴湘如，赵忠尧的女儿赵维志，余瑞璜的女儿余智华、余慧华等。杨振宁像讲书人一样，每次只讲一段，以后的故事嘛，“且听下回分解”。因此杨振宁周末一回来，这一大帮小家伙就围着杨振宁急切地等待“下回分解”。杨振平曾生动地回忆：“我们听得不但津津有味，而且上了瘾，吃完晚饭就吵着要他说书，可惜他有一个大毛病，在一本书还没讲完之前，他就已经开始讲第二本书了。这样把四五本书的后半段都悬在半空，把我们吊得好难过。”[1，883]

杨振宁还有一招也让弟弟妹妹和邻居一帮小家伙非常倾心，那就是他自己动手制作的“土电影放映机”。他把用过了的饼干筒做机身，在筒的底部开一个洞，洞口装上一个放大镜，筒内再装上一个电灯泡，就制成了一个“放映机”。画片就由熊秉明绘制。这样，在墙上就可以看到放大了的画面。孩子们看到画面投影到涂了石灰的墙上，都欢呼雀跃起来。其中让他们印象最深的是名为《身在家中坐，祸从天上来》的组画，讲的是日本飞机的狂轰滥炸，让中国老百姓家破人亡的悲惨遭遇。

谈到日本飞机的轰炸，那恐怕是当时所有孩子，包括杨振宁在内，都有切肤之痛的感受。

1938年9月初，西南联大正式复课后不久，就遭受到日本空军的轰炸。9月28日，日本飞机袭击昆明，西南联大被作为袭击目标之一，房屋被炸毁不少，师生亦有伤亡。朱自清目睹空袭后的惨状，曾写道：“见死者静卧，一厨子血肉模糊，状至惨。”

1941年前后，日本空军对昆明的空袭达到了高潮，其中有几次是明显针对西南联大的。日本侵略者的罪恶目的是对这座大后方民主和文化的重镇进行打击，想让师生们生活在恐惧中，以达到压垮中国民众精神的罪恶目的。1940年10月和1941年8月的两次轰炸中，西南联大遭受到重大的损失。梅贻琦校长曾在公告中揭露日本侵略者的暴行："［1940年10月13日］乱机袭击昆明，竟以联大与云大为目标，俯冲投弹……师范学院里男生宿舍全毁，该院办公处与教员宿舍亦多震坏……环校四周，落弹甚多，故损毁特巨。"[8, 57]

1941年8月，西南联大第二次成为日本空军有针对性的轰炸目标，被投下大量炸弹。当时报纸上报道的损失情形是："该校舍各部门几无不遭炸弹波及……新舍男生宿舍第一、二、二八、三二等被毁，其余受震。师院女生宿舍第二号被毁，男生宿舍第一二号亦被毁，损失甚重，南院女生宿舍、饭厅整个被炸，其余卧室受震而有倒塌之势。图书仪器，第七、八教室被毁，南区生物实验室一栋全被毁，内有仪器多件。图书库被毁，内有清华各类图书甚多，悉成灰烬。其余，常委办公室、出纳组、事务组、训导组、总务处均被夷为平地。"[8, 57]

在这种生命和财产受到威胁的情形下，梅贻琦校长代表广大师生表示了他们不屈的心声："物质之损失有限，精神之淬励无穷，仇深事亟，吾人更宜努力。"

杨振宁的家迁到了龙院村以后，开始了更加艰难困苦的生活。杨振玉回忆："父亲风尘仆仆，骑自行车每周往返于昆明和龙院村之间。有一次天黑时，自行车从乡下崎岖又泥泞的堤埂上滑到埂下的水沟里，父亲浑身是泥，几处受伤。当时那个家，白天可见蛇行于屋梁上，夜半时后山上狼嚎声不断，令我们毛骨悚然。"[1, 907]

在这种极端困难的条件下，杨振宁和他的同学们一样，按照校训所说，"刚毅坚卓"，发奋读书，努力使自己知识丰满，使自己尽可能成为国家

2000年，杨振宁兄弟三人回到龙院村住过的老家门口。左起：杨振宁、杨振平和杨振汉。

有用之才。杨振宁喜欢唱歌，在校园走路时哼，在家里做功课也哼。他唱得最多的就是他父亲教给他的《中国男儿》：

> 中国男儿，中国男儿，要将只手撑天空。
>
> 睡狮千年，睡狮千年，一夫振臂万夫雄。
>
> ……
>
> 古今多少奇丈夫，碎首黄尘，燕然勒功，至今热血犹殷红。

杨振宁对这首歌一定很有情感，他说过："我父亲诞生于1896年，那是中华民族仍陷于任人宰割的时代。他一生都喜欢这首歌曲。"[3, 64]

这首歌也一定使杨振宁热血沸腾，深感天下兴亡，匹夫有责，因为他说过："假如有一天哪位导演要摄制邓稼先传，我要向他建议背景音乐采用五四时代的一首歌，我儿时从父亲口中学到。"[3, 64]他说的这"一首歌"，就是《中国男儿》。

三、获得学士学位

杨振宁在大学时书念得很好，像在以前读中学和后来读研究生时期一样，在学校里都小有名气。不少人觉得他将来一定是大有成就的，他自己也对自己的未来充满信心和心怀大志，杨武之曾对人说："振宁是 90 分以上的学生，振平是 80 分以上的学生。"后来杨振平风趣地说："现在看来，他对大哥估价压低，而对我估价太高。"[1, 884]

进了大学以后，杨武之开始对杨振宁介绍比较高层次的数学知识和思想方法。在 1938 年到 1939 年这一年时间里，杨武之让杨振宁接触了近代数学的精神，他借来哈代（G. H. Hardy）的《纯数学》（*Pure Mathematics*）和贝尔的《数学名人传》给杨振宁看，还同杨振宁一起讨论集合论（set theory）、连续统假说（continuum hypothesis）等概念。这些介绍和讨论给杨振宁留下了"不可磨灭的印象"，深刻地影响了杨振宁在科学研究上的风格。

杨振平在回忆中说，当时他们家有一块黑板，父亲和大哥常常在黑板上讨论数学，"黑板上画了许多几何图形和好些奇奇怪怪的符号。他们还常提起'香蕉'（相交，几何术语），和有音乐声调的'钢笛浪滴'（*Comptes Rendus*，一份法国学术杂志）"。[1, 882—883]

杨振宁在 1992 年曾经说：

> 许多理论物理工作者在某些方面对数学有抗拒，或者有贬低数学的价值的倾向。我不同意这种态度，我曾这样写道："也许因为受我父亲的影响，我较为欣赏数学。我欣赏数学家的价值观，我赞美数学

的优美和力量：它有战术上的机巧与灵活，又有战略上的雄才远虑。而且，奇迹的奇迹，它的一些美妙概念竟是支配物理世界的基本结构。”[1, 739]

当华东师范大学数学系教授张奠宙问杨振宁先生“你父亲对你有哪些影响”时，杨振宁举例回答：

当我还是中学生的时候，就从父亲那里接触到群论的基础原理，也常常被父亲书架上一本斯派塞（A. Speiser）的关于有限群的书中的美丽的插图所迷住。当我写大学毕业论文时，父亲建议我读一读狄克逊的一本名叫《现代代数理论》（*Modern Algebraic Theories*，1926）的小书，其中短短20页的一章介绍了特征标理论的要点，这一章的优美和威力使我认识到群论的无与伦比的美妙和力量。[1, 739]

他还说过：“群论……在物理学中的应用的深入，对我后来的工作有决定性的影响。这个领域叫作对称性原理。”

1941年秋天，杨振宁升到大学四年级。十分幸运的是，由吴大猷给他们讲授古典动力学和量子力学两门课，这对杨振宁日后的道路起了决定性的作用。因此我们应该对吴大猷教授做一简要介绍。

吴大猷在1907年9月29日生于广东番禺的一个书香门第。五岁时，他的父亲在吉林当官时因遇到大疫而去世，此后由母亲和伯父抚育成人。1925年夏，吴大猷以同等学力跳级考入了南开大学，一年级读矿科，到二年级才转到物理系就读。在读大学二年级的时候，他就利用课余时间翻译了洛奇（O. Lodge，1851—1940）的一本科普读物《原子》，这样既学习了科学知识又练习了英语。后来他还将普朗克的《热辐射理论》由德语译成英语。1929年，吴大猷毕业于南开大学物理系。

南开大学物理系的饶毓泰教授很看重聪明好学的吴大猷，建议他去当时的科学中心德国研究晶体物理学。1931年9月，出于语言和经费上的考虑，吴大猷到了美国密歇根大学物理系，先后师从研究红外光谱的兰道

1929年夏，吴大猷毕业于南开大学物理系以后，与母亲合影于广东肇庆。

尔（H. M. Randall）教授和理论物理学家高斯米特（S. A. Goudsmit，1902—1978）。1933 年 6 月，他获得了密歇根大学博士学位。接着，他又做了一年博士后研究，从事原子及分子光谱学研究。

1934 年，吴大猷的恩师饶毓泰已在北京大学任理学院院长兼物理系系主任，吴大猷刚一做完博士后研究，他就立即聘请吴大猷为北京大学物理系教授。1938 年夏，吴大猷作为北京大学物理系教授到西南联大物理系任教。同年冬天，北京大学为筹备 40 周年校庆征集论文著作，吴大猷开始用英文撰写《多原子分子振动光谱和结构》一书，1939 年写完后交上海中国科学社出版。这本书后来获得 1942 年教育部一等奖。

1939年夏，西南联大三所大学分别恢复其原有研究所；秋天，教育部下令继续招收研究生，于是吴大猷开始招收理论物理学研究生。在抗日战争那样艰难困苦的情形下，吴大猷既讲课又招研究生，还坚持做研究，发表了18篇论文，还将维格纳（E. P. Wigner，1902—1995，1963年获得诺贝尔物理学奖）的《群论及其在原子光谱量子力学中的应用》（1931）一书从德语译成英语。这是一本珍贵的手写本。这个手写本后来还发生了一个有趣的故事，它在吴大猷的《抗战中的西南联合大学物理系》一文中首次披露："1946年我路过芝加哥大学时，参加穆立肯（Robert S. Mulliken）教授的'分子光谱与群论'的讨论会，杨振宁告诉他我曾译有维格纳的名著。他向我借我的手稿，并允将其打字后寄我印本。数年后他竟将我的手稿丢失（他以为已交杨还我云），又数年后，该书另为他人英译出版。1957年笔者告维格纳此故事，伊谓穆立肯应效日人'剖腹'云。"[14, 56]

正是在吴大猷和父亲杨武之的引导下，杨振宁进入了物理学的对称性领域。事情的起源还得从学士论文讲起。

到1941年深秋，吴大猷讲授的课程即将结束，按照西南联大的规定，大学毕业生要取得学士学位，必须写一篇毕业论文。吴大猷拟定了十几个题目，任学生选择一个题目做学士论文，杨振宁选了"群论和多原子分子的振动"这个题目，并到吴大猷那儿请他作为论文导师。吴大猷同意了，并找出1936年《现代物理评论》（*Modern Physics Review*）上罗森塔尔（A. Rosenthal）和墨菲（G. M. Murphy）合写的一篇文章，让杨振宁自己先看一看。这篇文章写的是关于群论和分子光谱学的关系，是一篇有相当深度的评论性文章，即便是今日的大学四年级学生，也未必能读懂。

群论是19世纪发展起来的一个新型的数学分支，是系统研究群（group）的性质和应用的一门学科。19世纪初，伽罗华（E. Galois，1811—1832）利用群的性质解决了高次代数方程用根式求解不可能性的问题以后，群论获得了巨大进展。由于群论从数学角度研究对称性问题，而物理学的任何

GROUP THEORY AND THE VIBRATION OF POLYATOMIC MOLECULES

Cheng-Ning Yang（楊振寧）

INTRODUCTION. Informations about the structure of molecules can always be drawn from the analysis of their vibrational spectra, but owing to the mathematical difficulties involved in the theoretical calculation, only very simple types of molecules can be studied. The method developed by Bethe[1] in 1929, and then more completely by Wigner[2], however, removed considerably this difficulty. It is our purpose here to present the method together with some of the developments after them. A new method of finding the symmetrical coordinates is given (§4), in which the symmetry is preserved from step to step in spite of the existence of redundant coordinates. The theorem in §5 which renders the calculation of the degree of degeneracy very simple is also believed to be new.

The Symmetry of a Molecule

§1 MATHEMATICAL EXPRESSION OF SYMMETRY There are reasons to suppose that the nuclei in a molecule arrange themselves in symmetrical positions when in equilibrium; i.e. some operations (Consisting of reflections and rotations) bring the molecule into itself. (For molecules containing isotopes this statement must be slightly modified. cf. §18) If we choose a set of rectangular coordinate axes with the origin at the centre of mass of the molecule in equilibrium, each covering operation C can be represented by an orthogonal matrix Γ_c (order: 3X3) so that the point $\begin{pmatrix}x\\y\\z\end{pmatrix}$ is brought to $\Gamma_c\begin{pmatrix}x\\y\\z\end{pmatrix}$ by the operation. Let $R_1, R_2, \cdots R_n$ be a set of coordinates specifying the relative positions of the nuclei (e.g. the distances between the nuclei and the angles between the bonds) in the molecule. When the nuclei vibrate about their positions of equilibrium, these R's vary (cf. §3). Let $R_1, R_2, \cdots R_n$ be their increments. Further, let $x_1, y_1, z_1, x_2, \cdots x_N, y_N, z_N$ be the increments of the rectangular coordinates of the N nuclei. For small vibrations the R's are linear in the x's, y's and z's:

$$R=\begin{pmatrix}R_1\\R_2\\ \vdots\\R_n\end{pmatrix}=B\mathscr{C}, \quad \text{where} \quad \mathscr{C}=\begin{pmatrix}x_1\\y_1\\ \vdots\\z_N\end{pmatrix}, \qquad (1)$$

B being a constant matrix of n rows and 3N columns. Now extar

杨振宁学士论文的第一页。论文的英文名为“Group Theory and the Vibration of Polyatomic Molecules”（《群论和多原子分子的振动》）。

一种守恒（如能量、动量、角动量、电荷守恒等）都对应一种对称性，所以群论对现代物理学有极为重要的应用价值。杨武之恰好是长于群论的数学家，30 年代初他在清华研究生院给数学专业的研究生开过群论课，当时有不少研究生如华罗庚、柯召和陈省身都听过杨武之的课。杨振宁选群论来研究原子和分子光谱学，应该是受父亲影响的结果，否则对一个 40 年代初的物理系大学生来说，还不可能对群论有很深的了解。

现在每一个物理学家都知道群论对物理学的重要价值，但是群论在最初引进物理学的时候还经历过一番波折。当维格纳于1929年写出著作《群论及其在原子光谱量子力学中的应用》时，许多物理学家，特别是那些年长的物理学家们，对物理学的这种趋势怀着某种敌意。他们当中的许多人讨厌群论，因为群论把物理学当成某种稳定的东西来处理，而他们则习惯于把物理学看成运动。在量子力学的群论方法中，电子的轨道不是表示成一些轨道，而是表示成一些对应关系。被玻尔称为“物理学的良知”的泡利（W. E. Pauli，1900—1958，1945年获得诺贝尔物理学奖）具有尖刻嘲弄人的天才，他把群论称为“群祸”（Grouppenpest），一时间“群祸”成了一个流行的标签。维格纳在《乱世学人——维格纳自传》一书中写道：“冯·劳厄不喜欢‘群祸’，虽然他很仁慈地支持我的工作。爱因斯坦把整个群论仅仅看作一些细枝末节。……薛定谔无疑把群论看作是‘祸害的群论’。他想要物理学按一种特别的方式发展，而当这一点办不到的时候，他就会不高兴。……针对我的群论方法，薛定谔对我说：‘这或许是推导出光谱根源的第一个方法。但在五年之后，肯定没有谁仍然用这个方法来进行研究。’……玻恩是另一位因为‘祸害的群论’的日益增长而感到沮丧的物理学家。”[19，116—117]

维格纳这段话中提到的劳厄（Max von Laue，1879—1960）、薛定谔（Erwin Schrödinger，1887—1961）和玻恩（Max Born，1882—1970）是分别于1914年、1933年、1954年获得过诺贝尔奖的一流物理学大师。他们的反对（还加上爱因斯坦），对刚出道的维格纳来说是一个不小的打击。到1941年杨振宁做学士论文的时候，物理学家们仍然不充分信任和理解群论的重要性，这时候杨振宁能在父亲和吴大猷的引导下率先进入群论，的确是十分幸运的。

当杨振宁把吴大猷推荐给他的文章拿回家给父亲看时，杨武之就把他在美国芝加哥大学求学时的老师狄克逊写的《现代代数理论》一书给杨振宁看。这本书不仅介绍了群论的一些知识，而且可以让读者领略群论中的美妙和对物理学应用的重要意义，很合杨振宁的品味。由此，杨振宁被引入了物理学中对称性问题的前沿研究。在那时，无论是杨武之还是吴大猷都没有想到，十多年之后杨振宁就在这个领域做出了不凡的贡献。他与李政道一起获得1957年的诺贝尔物理学奖以后，杨振宁立即给当时在加拿大的吴大猷写了一封信，感谢吴大猷在1942年引导他进入了对称性领域。

在1982年的一次采访中，杨振宁特地指出：

> 吴先生指导的论文引导我对于对称性原理的兴趣，以及从群论到对称性原理上所得到的物理学跟数学的结论，这对我的影响非常之大。[37，136]

1997年为了庆祝吴大猷九十寿辰，杨振宁与邹祖德合写了一篇文章，用群论的方法计算碳60的振动频率。碳60是现在所有已经发现了的分子中最具对称美的分子，用群论讨论显然最为合适。在碳60被发现以前，无论是吴大猷还是杨振宁，都没有预料到会有如此高度对称的分子。〔1〕

2000年3月，吴大猷在台北市去世，杨振宁亲自到台北为恩师扶柩，而这时杨振宁也是78岁的老翁了。师生之间的情谊，由此可以想见。杨振宁对吴大猷的情感和谢意，还可以由下一件事看出。1986年，吴大猷写了一本书《量子力学》，杨振宁为这本书写了一个“前言”。在“前言”中，杨振宁把吴大猷将量子力学引入中国与奥本海默在30年代将量子力学从欧洲引入美国相提并论：

> 如果说将新的量子理论介绍到美国是一件重要的事情，那么将新的量子理论介绍到中国则是一件激动人心的事。[5，82]

---

〔1〕 1990年化学家克罗托（Harold W. Kroto，1939—2016）、斯莫利（Richard Errett Smalley，1943—2005）和柯尔（Robert F. Curl Jr.，1933—　）发现一个由60个碳原子组成的完美对称的足球状分子，取名为富勒烯（fullerene）。这个新的分子是“碳家族”除金刚石和石墨外的新成员。它的发现刷新了我们对碳这一最为熟悉元素的认识；它宣告诞生了一种新的化学、一系列新的高温超导体和一些全新的“大碳结构”建筑设计概念。1996年，这三位化学家共享诺贝尔化学奖。

1992年，吴大猷在北京天坛回音壁前，贴耳倾听回声。

杨振宁还写道：

> 这本书是吴教授在量子力学50年来教学中经验的总结。……在其他教科书中人们能够找到拉曼效应、自发电离和在海森伯表象早期思想下对组态相互作用的讨论吗？我相信，见识这些课题，能在认识什么是物理方面形成学生的一种品味，而这种品味比技术更重要。但通常在研究生课程中人们注重的是技巧与技术。[5, 83]

被誉为“声子物理学”第一人的黄昆也曾写道：“我到达西南联大后听的第一门课就是吴大猷先生讲的古典动力学，听课下来后，我感到十分激动，觉得对物理学理论之精湛之处有了新的理解，对进一步学习物理进入了一个新的思想境界。”[28, 15]

在杨振宁看来，培养学生的品味，比纯粹的知识、技巧与技术更重要。

而十分幸运的是，他从吴大猷那儿不仅仅学到了物理学的知识、技巧和技术，还领略到了物理学深层次的一种内在美与和谐，从而培育了自己的品味。1995 年，杨振宁在与上海大学生谈治学之道时还一再强调这一点。他说：

> 一个做学问的人，除了学习知识外，还要有 taste，这个词不太好翻译，有的翻译成品味、喜爱。一个人要有大的成就，就要有相当清楚的 taste。就像做文学一样，每个诗人都有自己的风格，各个科学家，也有自己的风格。我在西南联大七年，对我一生最重要的影响，是我对整个物理学的判断，已有我的 taste。[1, 840]

杨振宁还告诉我们：

> 一个人在刚接触物理学的时候，他所接触的方向及其思考方法，与他自己过去的训练和他的个性结合在一起，会造成一个英文叫作 taste，这对他将来的工作会有十分重要的影响，也许可以说是有决定性的影响。当然，还有许多别的重要的因素在里头，比如说机会也是一个非常重要的因素。……而这个 taste 的成长基本上是在早年。……
>
> ……taste 确实是非常重要的，我可以从下面这个例子讲一下我对于这方面的意见。在最近几年之内，我们学校里有过好几个非常年轻、聪明的学生，其中有一位到我们这儿来请求进研究院，那时他才十五岁的样子，后来他到 Princeton 去了。我跟他谈话以后，对于他前途的发展觉得不是那么最乐观。我的看法对不对，现在我不知道，因为他到 Princeton 去以后的情况我现在不清楚。我为什么对他的发展不太乐观呢？他虽然很聪明，比如说我问他几个量子力学的问题，他都会回答，但我问他：这些量子力学问题，哪一个你觉得是妙的？然而他却讲不出来。对他讲起来，整个量子力学就像是茫茫一片。我对于他的看法是：尽管他吸收了很多东西，可是他没有发展成一个 taste。

西南联大物理系1942年毕业生，摄于校门前。左起：郭耀松、刘导丰、黄永泰、姓名不详者、戴传曾、向仁生、娄京良、杨振宁。另有五位同学没有到场。

> 这就是我所以觉得他的前途发展不能采取最乐观态度的基本道理。因为学一个东西不只是要学到一些知识，学到一些技术上面的特别的方法，而是更要对它的意义有一些了解，有一些欣赏。假如一个人在学了量子力学以后，他不觉得其中有的东西是重要的，有的东西是美妙的，有的东西是值得跟人辩论得面红耳赤而不放手的，那我觉得他对这个东西并没有学进去。他只是学了很多可以参加考试得很好分数的知识，这不是真正做学问的精神。[37，136—138]

杨振宁的这些亲身体验，对于年轻的学子实在具有非常宝贵的价值。

1942年，杨振宁大学毕业后，和黄昆、张守廉一起，被录取为西南联大物理系的研究生。

四、研究生院

1942年秋，杨振宁成为王竹溪教授的硕士研究生；同时，黄昆成为吴大猷的研究生，张守廉则成为周培源的研究生。我们先介绍研究生的生活状况。

由于当时生活十分艰难，教授的收入无法维持家庭的开销，而研究生的补助金也不够研究生起码的用度，因此一般情况下研究生都要找一个临时性工作赚点钱，维持生活。正好昆明昆华中学的校长徐继祖是杨武之的朋友，通过杨武之的介绍，杨振宁、黄昆和张守廉都到这所中学兼课，并且徐校长为他们三人找到一间房间，他们三人可以在学校住下。此后，他们三人成了形影不离的好友，被当时的同学们称为西南联大“三剑客”。杨振宁对这一时期的学习和生活有生动细致的回忆。在《现代物理和热情的友谊——我的朋友黄昆》一文中，杨振宁写道：

> 那所中学距离联大差不多3公里。我们三人白天经常在大学校园里上课、吃饭、上图书馆，晚上才回到我们的房间睡觉。因为大学校园内没有供应食水的设施，所以我们养成了一个习惯：每天晚饭后，回到中学以前，花一个或两个小时在茶馆里喝茶。那些茶馆集中于大学附近的三条街上。通过那些喝茶的时间，我们真正地认识了彼此。我们讨论和争辩天下一切的一切：从古代的历史到当代的政治，从大型宏观的文化模式到最近看的电影里的细节。从那些辩论当中，我记得黄昆是一位公平的辩论者，他没有坑陷他的对手的习惯。我还记得他有一个趋向，那就是往往把他的见解推向极端。很多年后，回想起那时的情景，我发现他的这种趋向在他的物理研究中似乎完全不存在。

茶馆的客人们包括种种人物，有不少学生。可是大多数的茶客是镇民、马车夫和由远处来的商人们。大家都高谈阔论，而我们通常是声音最大的。有时候，正当我们激烈地辩论时，会突然意识到我们的声音太大，大家都在看着我们（这种意识并不一定使我们停止辩论）。可是一般来说，学生们与其他茶客之间并没有不和的气氛。

在茶馆中，我们曾经目睹过一些永远不能忘记的情景和事件，好几次坐在凤翥街的茶馆里，我们看见一队一队的士兵押着一些犯人向北方走去，走向昆明西北郊的小丘陵地带，那里满布着散乱的野坟。每一个犯人都背着一块白色的板子，上面写着他们的名字和罪行。大多数的罪犯都静静地跟着士兵走，有少数却喊着一些口号，像："二十年后，又是一条好汉！"每一次当这种队伍走过时，茶馆里的喧闹声就会突然熄灭。然后，远处预期的枪声响了，我们都静静地坐着，等待着士兵们走回来，向南方回到城里去。

1985年5月，陈省身（中）获石溪分校荣誉博士学位，与张守廉（左）、杨振宁合影。

衬着这种背景，我们无休止地辩论着物理里面的种种题目。记得有一次，我们所争论的题目是关于量子力学中“测量”的准确意义。这是哥本哈根学派的一个重大而微妙的贡献。那天，从开始喝茶辩论到晚上回到昆华中学；关了电灯，上了床以后，辩论仍然没有停止。

我现在已经记不得那天晚上争论的确切细节了，也不记得谁持什么观点。但我清楚地记得我们三人最后都从床上爬起来，点亮了蜡烛，翻看海森伯的《量子理论的物理原理》来调解我们的辩论。

黄昆是一位英文小说迷。是他介绍给我康拉德（Joseph Conrad）、吉卜林（Rudyard Kipling）、高尔斯华绥（John Galsworthy）和其他作家。这些作家的许多小说可以从大学图书馆里借得到，其他的我们常常从那些卖美军的“K级干粮”、军靴、罐头、乳酪和袖珍本的书的地摊上买到，这些地摊当时在昆明到处都是。

我们的生活是十分简单的，喝茶时加一盘花生米已经是一种奢侈的享受。可是我们并不觉得苦楚：我们没有更多物质上的追求与欲望。我们也不觉得颓丧：我们有着获得知识的满足与快慰。这种十分简单的生活却影响了我们对物理的认识，形成了我们对物理工作的爱憎，从而给我们以后的研究历程奠下了基础，这是我们当时所没有认识到的。[1，706—707]

当时也在西南联大读书的何兆武先生，在他的《上学记》一书里有一段回忆文字谈到杨振宁和黄昆，十分有意思。他写道：

联大的学生绝大多数都是背井离乡，寒暑假也回不了家，一年四季都在校园里，而且因为穷困，吃喝玩乐的事情少有可能，只好大部分时间用来学习，休息时就在草地里晒晒太阳，或者聊聊天。昆明大西门外有一条凤翥街。街上有几十个茶馆，大家没事就到茶馆喝碗茶。其实喝什么是无所谓的，很便宜，大概相当于现在的一毛钱，无非就是茶叶兑开水，有的人是真拿本书在那儿用功，但大部分人是去聊天，海阔天空说什么的都有。最清楚记得有一次，我看见物理系比我们高一班的两位才子，杨振宁和黄昆，正在那儿高谈阔论。其实我们也没有来往，不过他们是全校有名的学生，谁都知道的。黄昆问："爱因斯坦最近又发表了一篇文章，你看了没有？"杨振宁说看了，黄昆又问以为如何，杨振宁把手一摆，一副很不屑的样子，说："毫无 originality（创新），是老糊涂了吧。"〔1〕这是我亲耳听到的，而且直到现在印象都很深，当时我就想："年纪轻轻怎么能这么狂妄？居然敢骂当代物理学界的大宗师，还骂得个一钱不值？！用这么大不敬的语气，也太出格了。"不过后来我想，年轻人大概需要有这种气魄才可能超越前人，正好像拿世界冠军一样，下运动场的时候必然想着："我一定能超过他，我一定能打赢他。"如果一上来先自己泄了气，"哎呀，我不行，我不行"，那还怎么可能打败别人？科学一代一代发展，总是后胜于前的，这个道理很简单，因为我们所依赖的基础不同了，我们之所以比他们高明，是因为我们站在他们的肩膀上。这是牛顿的话。牛顿花了前半生的工夫得出他的引力定律和运动定律，可是今天的中学生听老师讲一堂课不就明白了？但我们不能据此就嘲笑牛顿。任何学术都应该，而且必然后胜于前，尤其对于那些有才华的人，他的眼界应该比前人更高，假如只能亦步亦趋地跟在老师背后，那是没出息的表现。[65，126—127]

黄昆有一次在接受媒体采访时也谈到在西南联大与杨振宁的交往，他说："跟他讨论问题，我觉得在当时对我有很大的好处。对他来讲，我觉

〔1〕 笔者对杨振宁说过这句话有一些怀疑，因为他在芝加哥大学的同学如戈德伯格（M. Goldberger，1922—2014）和杰弗里·丘（Geoffrey Chew，1924—　）曾经"对于杨振宁从来不炫耀自己的聪明和物理知识，以及对于别人的慷慨，印象特别深刻"[16，102]，所以我特意问过杨振宁教授："您说过这句话吗？"杨教授回答："我万分敬佩爱因斯坦，不可能说那样的话。"还说："我是有名的不骄人的人。"

得好处是少一点，因为毕竟他的天赋更高一些。所以我觉得我们两个人在那儿吵，在某种意义上不是完全平等的。”[28, 18]

这种清苦而美好的日子持续了半年左右，到 1943 年春天，他们三个人都感到每天往来于相距五六里路的大学和中学之间十分不方便，就都放弃了中学的兼职工作，各人都搬进了大学的研究生宿舍。虽然三人不再住一个房间，但还是经常可以见面。到 1945 年夏天，他们才分离，各奔前程：黄昆去了英国，在布里斯托尔大学做固体物理研究；张守廉去了美国，在普度大学做电子工程的研究；而杨振宁则去了芝加哥大学做基本粒子物理的研究。

杨振宁曾经说，他一生有三分之二的时间做基本粒子的研究，有三分之一的时间做统计物理的研究。在这两个领域里，他都做出了重要的贡献，而后一个研究领域，是他在西南联大读研究生时由他的导师王竹溪教授引进门的。

黄昆与杨振宁，1983年初摄于北京。

王竹溪于 1911 年 6 月出生在湖北省公安县，1933 年毕业于清华大学物理系，后来跟随周培源做研究生。周培源曾说：“他是我最早的一位具有杰出才华的研究生。”1935 年，王竹溪考取清华公费留学生，到英国剑桥大学成为著名科学家福勒（R. H. Fowler，1889—1944）的博士研究生。福勒是卢瑟福的女婿，1932 年就在剑桥大学当上了教授，他主要从事统计力学和热力学、量子理论和天体物理方面的研究。1926 年，福勒根据费米—狄拉克统计（Fermi-Dirac statistics）预言白矮星是由高密度的“简并气体”组成，这使他成为理论天体物理学的奠基人之一。福勒在相变（phase transition）等方面的贡献颇多，这使他得以建立起一个物理学派。王竹溪跟随福勒从事统计力学和热力学研究。1938 年王竹溪获得博士学位以后，立即婉言谢绝了老师和朋友的挽留，回到正在战火中受难的祖国，来到昆明在西南联大任教。王竹溪回国以后继续研究晶体有序无序相变，推出了贝特[1]理论中自由能的公式，写出论文《有序无序变化统计理论之自由能》。

杨振宁很快就知道这位年仅 27 岁由剑桥大学回来的教授，而且积极去听王竹溪在大学开设的系列讲座。他的演讲的主要内容也是当时物理学界的热门研究课题：相变。虽然由于讲座内容比较艰深，杨振宁作为本科尚未读完的学生有许多内容听不懂，但这些演讲却给他留下了极为深刻的印象，使他知道里面有一些很妙的东西，并且与实际现象有密切关系，所以一直没有忘记。

这儿有一个很有意思的故事。王竹溪在讲座上介绍了一个当时刚提出不久的“梅耶相变理论”（Mayer theory of phase transition），这个理论在当时具有革命性的意义。过了大约十年之后，在 1951 年到 1952 年，杨

〔1〕 贝特（Hans A. Bethe，1906—2005），德裔美国物理学家。他因为解释了恒星为什么能够长时期释放如此多的能量而获得 1967 年诺贝尔物理学奖。

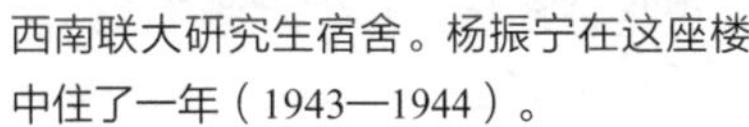

西南联大研究生宿舍。杨振宁在这座楼中住了一年（1943—1944）。

杨振宁，1943年摄于昆明。

振宁在研究统计力学中一个著名的铁磁性模型——“伊辛模型”（Ising model）时，和李政道合作，把伊辛模型和梅耶相变理论联系起来，结果得到一个非常漂亮的相变理论，以后被称为“杨—李相变理论”。一位在相变理论上很有权威的荷兰裔美国物理学家乌伦贝克（G. E. Uhlenbeck）看到杨—李相变理论以后叹息不止，说自己以前一直以为自己的理论妙不可言，现在却不得不放弃了！

杨振宁还曾经以这件事为由，告诫学生应该“随时尽量把自己的知识面扩大一些”，到图书馆浏览一下，各种讲座多听一些，“不管多么忙，抽空去使自己知识宽广化最后总是有好处的”。有一次在对中国留学的研究生讲话中，他讲道：

我可以举一个切身的例子。我在西南联大念书的时候，王竹溪先生刚从英国回来。他做了一系列关于相变的演讲。那时候在英国、美国有很多人搞这个东西，搞得非常热闹。记得听王先生演讲的很多，我也去听了。可是我大学还未毕业，没有听懂。是不是白听了呢？不然，因为从那以后我就不时地对这个问题注意。

听王先生的演讲是在 1940 年前后，我后来写的第一篇关于相变的文章是在 1951 年，即是十年以后。这十年期间断断续续地对这类问题的注意，最后终于开花结果了。以后几十年相变工作是我主要兴趣之一，所以 1940 年前后听王先生的演讲这个经历，对我的研究工作有了长远的决定性影响。[3，300]

王竹溪在西南联大开过许多课，除了他颇有研究的统计力学和热力学以外，他还开过电动力学、理论力学和量子力学等多门课程。杨振宁曾经说：

直到今天，我还保存着当年听王先生讲授量子力学时的笔记，它对我仍是有用的参考资料。笔记本用的是没有漂白过的粗纸，很容易撕破，今天它经常使我想起那些岁月里的艰苦物质条件。[3，24—26]

在昆明那么艰难困苦的条件下，王竹溪不仅非常认真负责地讲好所开设的课程，而且还坚持做科学研究，写了多篇论文在国内外重要期刊上发表。每当他将自己的注意力扩展到一个新领域时，他就总是认真地把学习心得等整理成一本很厚而又十分工整的笔记，他后来的许多著作如《统计物理学导论》、《热力学》等，都是根据他的笔记进一步加工和整理而完成的。西南联大和后来清华大学流传着一条“重要的经验”：谁要想学习理论物理学，一个最有效的办法是借阅王竹溪教授的笔记本看。王竹溪数学功底很深，擅长严格的数学论证。王竹溪的这种严格的数学论证只是王竹溪物理学风格与品味的一个方面，在实际的研究里，他既有严格的数学论证又注重经验规律的摸索和实验数据的分析。可以想见，王竹溪的物理

王竹溪教授，1980年初访问石溪时摄。

学的品味与风格、境界与追求，对杨振宁一定有重要的影响。

杨振宁在王竹溪的指导下，走进了当时正受到物理学界重视的、有着广阔应用前景的统计物理学领域。王竹溪让杨振宁研究铜与金的二元合金。这种合金的超点阵在无序的时候是面心立方点阵（face-centured cubic lattice），而在有序的时候则是四面体结构（tetrahedron）。分别计算它们的相互作用能，就可以解决晶体有序无序相变的问题。杨振宁利用王竹溪在《有序无序变化统计理论之自由能》一文中提出的公式来计算这个问题，在计算的过程中，他充分利用了贝特近似，并且把准化学方法推广到可以处理更多的近邻原子团；这种方法避免了贝特近似繁重的计算。杨振宁还计算了长程有序（long distance order）的原子排列布置数，具体地计算了面心立方体晶体 Cu_3Au 的近似自由能，包括贝特近似。

王竹溪对杨振宁的研究成果给予了很高的评价："最近，杨振宁先生对福勒与古根海姆的准化学方法进行了很出色的推广。这个方法非常有用，它恐怕将会取代贝特的方法。它的主要优点，是可以从一个封闭的表达式很容易地得到近似的配分函数。现在杨先生正在进一步研究这个方法。”[48，102]

杨振宁的这一研究得到中国教育文化协会的支持，写出的论文《晶格常数改变和有序度改变与相互作用能的变化》发表在1944年第5卷的《中国物理学报》上。这篇论文构成了他的硕士论文《超晶格统计理论的考察》的主要部分。后来杨振宁在这一工作的基础上写成的论文《超晶格统计理论中准化学方法的推广》，于1944年11月投寄给美国的《化学物理杂志》（*The Journal of Chemical Physics*），次年发表在第13卷上。

后来，在这篇文章的后记中，杨振宁写道：

> 1942年我在昆明西南联合大学取得理学士学位后，做了该校的研究生。为了准备硕士论文，研究的是统计力学，导师是王竹溪教授。他在30年代曾到英国拜福勒为师。王先生把我引进了物理学的这一领域。此后，它便一直是我感兴趣的一门学科。《超晶格》一文是我硕士论文的一部分。[3，24]

1944年夏，杨振宁获得了清华大学物理系硕士学位。按当时规定，研究生由三所学校分别招生和管理，但课程是统一开设的。所以，杨振宁的硕士研究生是属于清华大学的。

要得到硕士学位，按规定必须：（1）修满24学分的课程，而且规定70分是取得学分的最低成绩；（2）通过毕业初试；（3）通过论文考试。杨振宁毕业初试委员会成员有严济慈、郑华炽、杨武之、叶企孙、吴有训、王竹溪、赵忠尧，初试的科目有量了力学、统计力学和电动力学。论文考试委员会的成员有吴有训、钱临照、叶企孙、赵忠尧、王竹溪、黄子卿、马仕俊。杨振宁选的论文题目是：（1）《晶格常数及相互作用能与有序度的关系》；（2）《超晶格统计理论中准化学方法的推广》。导师是王竹溪。毕业成绩计算办法是24学分的课程成绩占1/4，毕业初试占1/4，论文考试占1/2，满分为100分。杨振宁在1944年以88.28的优秀成绩获

准攷證

留美滇字第2062號考生楊振寧業經審查合格准予應考第六屆留美公費生 [illegible] 門此證

日期：中華民國卅二年八月十七日

國立清華大學留美公費生考試委員會發給

注意背面

杨振宁报考清华大学第六届留美公费生的准考证，1943年。

得硕士学位。

正好在此前一年，即 1943 年秋天，教育部发出了通知，宣布停止了七八年之久的庚款留学美国的考试即将恢复。所以杨振宁在获得硕士学位以前就报了名。从他的准考证上可以清楚看出，他报考的专业是“高电压实验”，准考证批复的日期是 1943 年 8 月 17 日。第二年，在获得硕士学位以前，他已经得知自己榜上有名。总共有 22 位学生被录取，学物理的只有他一人，他的好友凌宁也榜上有名。

但是从杨振宁在学习中表现出的素质看，他更适合学习理论物理学，于是清华大学校长梅贻琦致函赵忠尧和王竹溪对杨振宁的留美计划给予指导。在与杨振宁数次商谈以后，他们联合给梅校长写了一封信，建议杨振月涵校長先生道鑒前奉函囑對留美公費生楊振寧君之研究計劃加以指導經與楊君數次商談以目前美國情形高電壓實驗較難進行可否畧予變通以應時宜查高電壓實驗之目的在研究原子核物理楊君對原子核物理之理論尚有門徑赴美深造適得其時研究此門學問以普林斯登大學(Princeton University)較宜專此奉達以備參考敬候道安

趙忠堯 王竹溪 敬啓 十月五日

赵忠尧、王竹溪致梅贻琦的信。

宁改学理论核物理学。信中写道：

月涵校长先生道鉴：前奉函嘱对留美公费生杨振宁君之研究计划加以指导，经与杨君数次商谈，以目前美国情形高电压实验较难进行，可否略予变通以应时宜。查高电压实验之目的在研究原子核物理，杨君对原了核物理之理论尚有门径，赴美深造适得共时。研究此门学问以普林斯登大学（Princeton University）较宜。专此奉达，以备参考。敬候道安。

赵忠尧、王竹溪敬启。十月五日。〔1〕

〔1〕“月涵”是梅贻琦的字；普林斯登大学现在多译为普林斯顿大学；原文没有标点，标点是笔者所加。

这封信据王正行先生在《严谨与简洁之美：王竹溪一生的物理追求》一书中说："从字体上看，这封信是王竹溪的手迹。"[48，106]

由《录取名单》上写的注意事项（一）可以看到："凡录取各生应暂仍在原机关服务，留待后信。"这样，杨振宁在1944年夏得到硕士学位以后，就在联大附中教了一年"范氏大代数"。在他教过的高中一二年级学生中，有国民党高级将领杜聿明的女儿杜致礼，由于有这段师生之情，后来竟使得杜致礼成了他的夫人。在其他学生当中，还有中国著名哲学家冯友兰的大女儿冯锺璞，后来成了有名的作家，笔名宗璞；有联大教授闻一多的长子闻立鹤，他后来因闻一多被国民党谋杀时扑在父亲身上受伤而广为人知；还有罗广斌。很多年以后，杨振宁看到《红岩》一书的作者中有罗广斌，后来知道这位作者就是他教过的一个学生；他还记得，罗广斌不怎么爱说话，数学学得也不是太好。

对于这段生活，杨振宁曾回忆：

> 1944年到1945年，我在昆明一所高中教数学。教课之余研究场论，那是1942年到1944年间我从马仕俊那儿学到的理论。我对变形物体的热力学也非常感兴趣。1945年四五月间，我用一种颇为优雅的方法讨论了这方面的问题。但后来发现莫纳汉（F. D. Murnaghan）[1]早在1937年就已做过了这方面的工作，使我大失所望。[3，25—26]

自己费很大的力气研究一个问题，也研究得颇为成功，但后来却发现别人早研究过了，这是许多事业有成的科学家在刚进入科学研究领域时常遇到的事情。这虽然会让人感到"大失所望"，但也会让初试者对自己的能力感到惊喜，无形之中给自己增加了一份自信。

---

〔1〕　莫纳汉（1893—1976），美国数学家，长期在约翰斯·霍普金斯大学数学系工作。

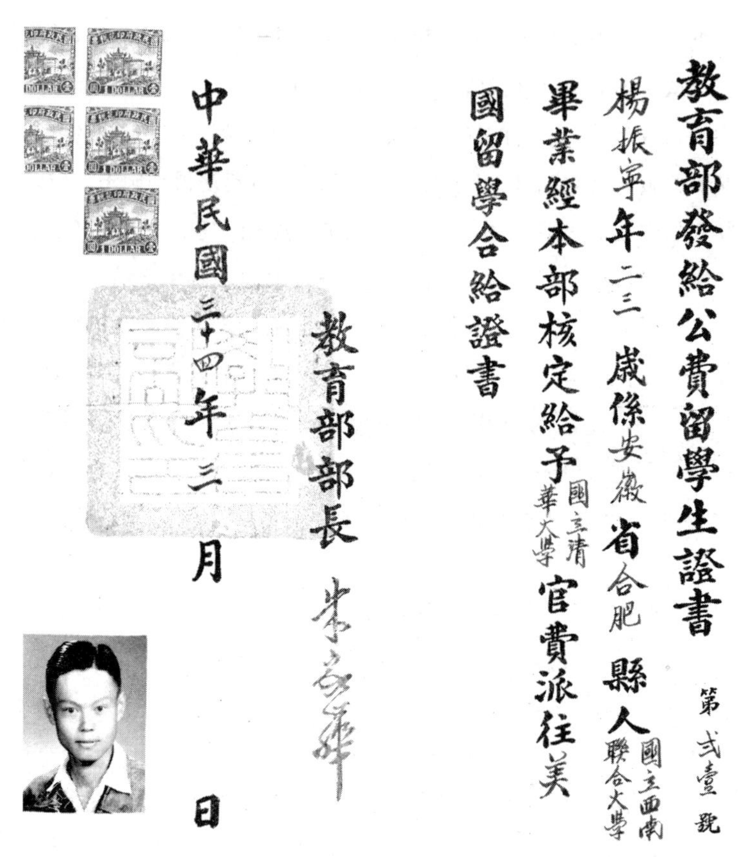

教育部發給公費留學生證書

第貳壹號

楊振寧年二三歲係安徽省合肥縣人國立西南聯合大學

畢業經本部核定給予國立清華大學官費派往美

國留學合給證書

教育部部長 朱家驊

中華民國三十四年三月 日

杨振宁的公费留学生证书，1945年3月。

五、远渡重洋

1945 年 8 月 28 日是杨振宁终生难忘的一天。这一天，他要离开相伴 23 年的母亲，离开从小精心教育他的父亲。在抗战期间，他的双亲为这个家操碎了心，吃尽了苦，父亲刚到 50 岁，头发就开始白了，还经常出现这病那病；母亲更是从早到晚操劳不停，有洗不完和补不完的旧衣服，还要想办法让五个孩子健康成长。在这即将离别之时，杨振宁怎么割舍得下？还有读了这么多年书的西南联大、朝夕相处的老师和同学，更有满目疮痍、悲惨不堪的祖国。但是，为了科学的追求，为了秉承父亲的宏愿，为了祖国的未来更加富强繁荣，杨振宁只能将心中的剧痛深深地隐藏起来，让它们成为今后鞭策自己的力量。

这一天，他和不少留美同学乘昆明到印度加尔各答的飞机，然后从印度再转乘海轮去美国。离别时的情景，永远铭记在杨振宁的心中，他后来在回忆时无限深情地写道：

> 我还记得1945年8月28日那天我离家即将飞往印度转去美国的细节：清早父亲只身陪我自昆明西北角乘黄包车到东南郊拓东路等候去巫家坝飞机场的公共汽车。离家的时候，四个弟妹都依依不舍，母亲却很镇定，记得她没有流泪。到了拓东路父亲讲了些勉励的话，两人都很镇定。话别后我坐进很拥挤的公共汽车，起先还能从车窗外看见父亲向我招手，几分钟后他即被拥挤的人群挤到远处去了。车中同去美国的同学很多，谈起话来，我的注意力即转移到飞行路线与气候变化等问题上去。等了一个多钟头，车始终没有发动。突然我旁边的一位美国人向我做手势，要我向窗外看：骤然间发现父亲原来还在那里等！他瘦削的身材，穿着长袍，额前头发已显斑白。看见他满面焦虑的样子，我忍了一早晨的热泪，一时迸发，不能自已。
>
> 1928年到1945年这17年时间，是父亲和我常在一起的年代，是我童年到成人的阶段。古人说父母对子女有“养育”之恩。现在不讲这些了，但其哲理我认为是有永存的价值的。[3, 10]

杨振宁和同学们乘飞机到了印度加尔各答以后，由于等待到美国的海轮，他们在加尔各答待了两个多月。在等待的日子里，杨振宁更加思念在千山万水那一方的亲人们，而且他深知父母为了支撑这个家是多么艰难。杨振玉曾动情地写道：“1945年8月大哥离开昆明经过加尔各答乘船去美国留学，寻找物理大师费米（Enrico Fermi，1901—1954，1938 年获得诺贝尔物理学奖）。在加尔各答，他非常想念父母亲和弟妹们。他对父母的艰辛非常清楚，就把母亲亲手织给他的唯一一件白毛背心从加尔各答邮寄回昆明给平弟、汉弟穿。”[1，908]

难怪当时杨武之的同事们都说杨武之有个聪明、有志气又懂事的好儿子。

两个多月以后，杨振宁和 20 多位清华留美同学终于等到了运输美国士兵回国的 U. S. S. General Stewart 海轮。船上有几千名从中国、印度、缅甸等地回国的美国士兵，还有一两百个床位留给一般老百姓乘坐。杨振宁和他的同学上了船，经过红海、苏伊士运河、地中海，再越过大西洋，最终在纽约上了岸，来到了美国。

新的生活即将开始。改变他人生命运的一页，就此翻开。

第三章　芝加哥大学（1945—1949）

一、寻找费米

爱利斯岛上的自由女神，给每一个初到美国的旅人以心理上巨大的震撼；她手上高举的火炬，给各种梦想的追求者以希望和信心。

这个时刻，也许会有人想起美国诗人惠特曼的名诗《啊，船长！我的船长！》：

啊，船长，我的船长！我们可怕的航程已经结束，
我们的船经历了惊涛骇浪，我们寻求的奖赏已经得到，
港口近了，我已听见钟声，听见了人们的欢呼……

1938年12月10日，恩里科·费米在斯德哥尔摩领取了当年的诺贝尔物理学奖以后，没有回到已经走上法西斯道路的意大利，却带上妻子和一儿一女从斯德哥尔摩直接去了美国。1939年1月2日，他们在纽约上了岸。

在轮船驶进纽约港的时候，费米的妻子劳拉也许是因为离开温暖的意大利老家和亲人，心情似乎并不好，不过费米心情很不错。劳拉在回忆录里写道：

这是1939年1月2日的早晨，"法兰科尼亚号"平稳地航行着，悄悄地而又从容不迫地结束了它一次安稳的航程。

甲板上，内娜和朱利奥摆脱了保姆的小心照料，朝我扑过来。

“陆地！”内娜喊着。朱利奥也伸出一个胖胖的指头指着船首的方向重复着说：“陆地！”

不一会儿，阴沉的天际现出了纽约的轮廓，先是朦胧的，然后突然使人产生立体感；自由神像向我们移过来，这是一个冷漠的、巨大的金属女神像，她并未曾给过我什么启示。

但是恩里科，他那在大海中被晒黑了的脸上浮现着笑容，却说道：“我们已经创立了费米家族的美国支系了。”[82，163]

在岸上，哥伦比亚大学物理系主任佩格勒姆（G. B. Pegram，1876—1958）正在兴奋地向他们一家挥手。

七年后的一天，1945年11月24日，一位中国硕士研究生杨振宁，远

费米一家在纽约登岸。左起：妻子劳拉、儿子朱利奥、女儿内娜和费米。

渡重洋来到美国，为的就是追随这位 20 世纪伟大的物理学家。费米没有想到这个学生把他视为最钦佩的三位物理学家之一，而且在他去世以后，多次撰文纪念他。

这是一个阴郁的日子。杨振宁在赫德逊河的一个码头上岸后，花了两天时间在纽约观光和买西服、大衣等日常生活用品，第三天就兴致勃勃、满怀希望地到哥伦比亚大学去寻找他梦萦已久的物理学大师费米。那时哥伦比亚大学物理系在普平楼（Pupin Hall）八楼，当杨振宁好不容易找到物理系办公室时，办公室的秘书竟然不知道费米是否还回到哥伦比亚大学来任教，这简直让杨振宁莫名惊诧和极度失望。他不远万里来追寻费米，却连他的踪影都找不到。

杨振宁为什么要从遥远的昆明来寻找从意大利移民到美国的费米?

杨振宁在西南联大学习期间，从书本和讲座上知道了他最钦佩的三位物理学大师，一是爱因斯坦，二是狄拉克（P. A. M. Dirac，1902—1984，1933 年获得诺贝尔物理学奖），三是费米。爱因斯坦在 1945 年倒是在美国普林斯顿高等研究所，但一来他年事已高，再加上他毕生几乎就没有招收过研究生，去找他恐怕不大现实；狄拉克不在美国，剩下就只有费米，而且前两位大师都是做理论物理学研究的，只有费米又做理论又做实验。杨振宁想到美国做实验研究，对理论又十分感兴趣，所以找费米为师是最合适的。

杨振宁曾这样评价费米：

> 费米是 20 世纪的一位大物理学家，他有很多特点。他是最后一位既做理论，又做实验，而且在两个方面都有一流贡献的大物理学家。认识费米的人普遍认为，他之所以能取得这么大的成就，是因为他的物理学是建立在稳固的基础上的。用英文讲是：He has both his feet on the ground。这就是说，他总是双脚落地的。[3，214]

费米 1901 年 9 月出生于意大利罗马，1922 年毕业于比萨大学。在读

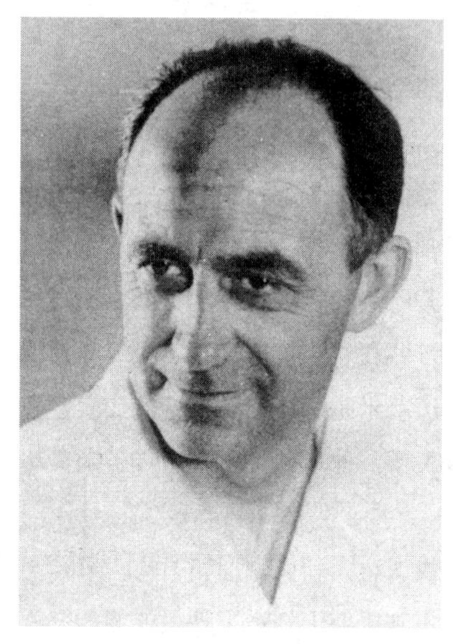

费米，摄于洛斯阿拉莫斯。

大学时，他的才华就已经被众人所知。正好这时意大利公共教育部部长、罗马大学物理系主任科比诺（Orso M. Corbino）教授决心振兴意大利曾经辉煌一时的物理学，就把费米和其他几位很有才华的年轻大学毕业生调到罗马大学，逐渐形成了一个世人瞩目的“罗马学派”。这个新兴学派的“教皇”就是费米。这个学派里还有“枢机主教”拉赛蒂（F. Rasetti）、“蛇怪”埃米利奥·塞格雷（Emilio Segrè，1905—1993，1959年获得诺贝尔物理学奖）等人，他们都是很有才华并热爱物理学的人。不久，费米就让全世界的物理学家感到惊讶，在理论上他在1926年与狄拉克分别提出一种“费米子”的基本粒子所遵循的统计规则，后来被称为“费米—狄拉克统计”；1930年奠定了量子电动力学的基础；1934年，他根据泡利提出的“中微子”概念，提出β衰变理论，这个理论开启了场论进入基本粒子物理学的先河，对物理学有重大的影响，费米自己认为这是他在理论上最伟大的贡献。在实验物理学中，他对于慢中子行为的重要发现，以及以后完成的链式反应，是人类历史的一个里程碑——人类由此走进了原子能时代。费米的其他成就这儿不必一一列举，但是，仅这些“其他成就”就足以使一些二流的物理学家成名。费米的学生兼同事塞格雷说：“费米对意大利的物理学的影响很难估计过高。在使意大利物理学从落后的地位迅速走到世界重要的位置上，费米是奠基人。……他是我们时代最后一位在理论和实验两方面都达到最高顶峰的物理学家，而且他的研究领域支配了整个物理学。”[29，238]

1938 年，因为意大利独裁者墨索里尼日益追随希特勒的法西斯和反犹太人政策，费米无法在意大利再待下去。这有两方面原因：一方面是他的政治和生活理念与法西斯那一套完全不可调和，他日益憎恨墨索里尼所做的一切；另一方面是他的夫人劳拉是犹太人，在反犹日益强烈的意大利，他为家人的安全担忧。因此，他决定趁到斯德哥尔摩领取 1938 年度诺贝尔物理学奖的机会离开意大利。他从斯德哥尔摩到了美国纽约的哥伦比亚大学任教。

1939 年 9 月 1 日，希特勒入侵波兰，第二次世界大战爆发。这时美国开始加强制造原子弹的研究。费米是慢中子性质的发现者，理所当然受到美国政府和科学界的高度重视，他被委任主持人类第一个自续链式原子核反应堆的实验。1942 年 5 月，费米在哥伦比亚大学领导的小组全部转到芝加哥大学，在芝加哥大学橄榄球场西看台下的网球场上，建起了人类历史上第一个原子核反应堆，并于当年 12 月 2 日第一次使反应堆运转起来。后来为了纪念这一伟大的历史性事件，在西看台外面的墙上挂上了一个镂花的金属牌匾，上面写道：“1942 年 12 月 2 日，人类在此实现了第一次自续链式反应，从而开始了受控的核能释放。”可惜的是，1957 年这个西看台被拆除。人们在原址上建了一个核能雕塑，以纪念费米的重要贡献。

那么，费米又怎么会从哥伦比亚大学“失踪”了呢？

原来，费米在 1943 年参加了美国研制原子弹的“曼哈顿工程”，在新墨西哥州的荒漠之地洛斯阿拉莫斯工作。由于这一工程严格的军事保密，外界的人都不知道费米到哪儿去了。杨振宁到美国来，当然不容易找到“失踪”了的费米。

杨振宁在失望之余只好改变最初的想法，决定到普林斯顿大学去找维格纳。维格纳 1902 年出生于匈牙利的布达佩斯，23 岁时毕业于德国柏林高等技术学校，1930 年开始到普林斯顿大学来任教。前面提到，杨振宁的老师吴大猷曾经翻译过他的《群论及其在原子光谱量子力学中的应用》一书，所以杨振宁从吴大猷那儿熟悉了维格纳的学术成就：1927 年，维格纳表述了宇称守恒定律；1937 年，他提出了同位旋守恒的观念；1939 年，他论证了铀进行链式核裂变反应的可能性，并作为费米小组成员之一，参加了芝加哥大学第一座原子核反应堆的建造工作，还领导了美国在核反应堆理论方面的研究。1963 年，维格纳“因为对原子核及基本粒子理论所做的贡献，特别是因为对称性基本原理的发现和应用”获得诺贝尔物理学奖。

杨振宁 1945 年底在普林斯顿倒是见到了维格纳，但是维格纳恰好下一学年度休假，正整装待发。这一下杨振宁可真是有一些着急了。维格纳建议杨振宁可以让在普林斯顿大学任教的惠勒（John A. Wheeler，1911—2008）做他的导师。杨振宁那时恐怕还不熟悉惠勒教授是何许人也，一时也拿不定主意。

幸好，这时他遇见了西南联大的老师张文裕教授。原来张文裕于 1943 年春应普林斯顿大学的邀请来这所学校做客座教授，从事宇宙射线的研究。张文裕把自己知道的有关费米的行踪告诉了杨振宁，说费米在“失踪”之前已经先去了芝加哥大学；第二次世界大战结束以后，听说仍然会回到芝加哥大学，去主持一个核物理研究所。如果要找费米，恐怕得到芝加哥大学去找。

事情到底是怎么回事呢？这儿我们也不妨交代一下。

维格纳，摄于1988年。

战争期间，为了尽快制造出原子弹，在洛斯阿拉莫斯集聚了大量一流的科学家；战争结束后，大部分科学家面临重新择业的问题。事实上，在1945年夏天当杨振宁准备离开昆明的时候，费米就在考虑战争结束后干什么，到哪儿去。他最想去的地方还是大学。正在这时，芝加哥大学物理系的康普顿教授高瞻远瞩，及时向大学当局提出一个有希望的科学发展纲要，提议建立三个研究所：核物理研究所、放射性生物研究所和金属研究所。康普顿想以此为契机，把洛斯阿拉莫斯正面临选择的最优秀的科学家吸引到芝加哥大学来。结果，费米、尤利（H. Urey，1893—1981，1934年获得诺贝尔化学奖）和洛斯阿拉莫斯的首席冶金专家史密斯（C. S. Smith）分别接受了还在组建之中的三个研究所的任命。不过，费米表示愿意到芝加哥大学核物理研究所来，但拒绝担任研究所的主任，他不愿意承担行政工作。他成功地劝说他的好朋友萨缪尔·阿里森（Samuel K. Allison）担任主任之职，这样他既可以全身心沉浸到研究工作之中，不受行政职责的打

左起：朱光亚、张文裕、杨振宁、李政道，1947年摄于安娜堡。

扰，又同时确保研究所有一位真正优秀的领导。后来阿里森在费米去世时的追悼会上说："实际上，这个研究所是费米的研究所，因为他是激励我们智力的杰出源泉。……我之所以担当起研究所的日常事务和管理职责，实际上是因为费米人格的感召和催促。……所有认识费米的人都会很快承认，他具有人类最不寻常的才智和精力。我们以前可能见到有人具有他的那种精力和最基本的健全心智、简朴和诚挚，甚至见到过有人具有他那种辉煌的智力，但是有谁在他的一生中见到过这么多的品质集中到一个人的身上？"[29, 202]

1945 年 12 月 31 日，费米和他全家离开了洛斯阿拉莫斯，回到了芝加哥大学。大约是在 1945 年圣诞节前后，杨振宁比费米早几天赶到芝加哥大学。杨振宁到了芝加哥大学以后，知道费米很快会回到芝加哥大学，心情才平静下来。杨振宁回忆：

> 1945 年 11 月，我由中国来到美国，决心拜费米或维格纳为师。

但是我知道，战时的研究工作使他们离开了他们各自的大学。记得我到纽约后不久，有一天走了很长一段路来到普平楼，登上八楼打听费米教授近期是否即将授课。遇见的几位秘书对此都一无所知。然后我到普林斯顿去，结果又大失所望，因为在下年度里维格纳要休假。但在普林斯顿，我从张文裕教授那里得到消息说，有可能在芝加哥大学会建立一个新研究所，而且费米会加入该所。我随即去了芝加哥大学并在芝加哥大学注了册。但直到1946年1月，费米开始讲课，我亲眼见到了他，一颗心才放了下来。[3，45]

这段回忆实在太感人了！这正是：

为鱼须处海，为木须在岳。
一登君子堂，顿觉心寥廓。〔1〕

二、来到芝加哥大学

1946年1月，杨振宁在芝加哥大学正式注册，成为该校的博士研究生。

芝加哥大学于1891年由美国石油大王约翰·洛克菲勒（John Rockefeller）创办。1892年10月1日，首任校长哈珀（W. R. Harper）主持召开了芝加哥大学第一次全体教师会议。庄严而神圣的氛围使全体教师强烈地意识到：这所新创立的大学将会彻底改变美国高等教育的现状，这是任何一所大学所无法做到的。哈珀在讲话中严肃地提出，摆在教师面前的首要任务就是努力创造出一种永恒的芝加哥大学精神，而不是让教师们在任何问题上形成一种共同的看法。这种精神就是团结、严谨和勤奋。哈珀有充裕的经费做后盾，可以用高薪等优厚的条件聘请优秀教师；而且在聘任教师时，他的选才原则是“以研究为主，以教学为辅”，首先看重的

〔1〕　唐·贯休（832—912）：《上杜使君》。见《全唐诗》卷828-7。

是研究成果，而不是教学经验，尽管教学的成效也是衡量一个学者合格不合格的重要因素。哈珀的诚意和信心，终于感动了大批知名的学者投入创建芝加哥大学的伟大事业中。

1945 年，费米被时任芝加哥大学冶金实验室主任康普顿的明智雄伟的计划所感动，来到了芝加哥大学，而没有回到他 1939 年来美国时首先接纳他的哥伦比亚大学。他觉得在这里更能施展他的才华。

到了芝加哥大学以后，因为芝加哥大学核物理研究所还没有破土动工，费米只好先在阿贡国家实验室（Argonne National Laboratory）的反应堆做实验，这些实验都是战争时期研究工作的自然延续。芝加哥大学的新研究所直到 1947 年 6 月 8 日才破土动工，而这个研究所的回旋加速器直到 1951 年春天才产生第一个束流。也正是由于这一具体的原因，杨振宁想跟随费米做实验的计划失败了。这是因为费米只能在阿贡实验室做实验，而阿贡实验室是对外国人保密的国家实验室，杨振宁初来乍到，根本不允许进入这个实验室工作。

费米也没有办法，于是建议杨振宁跟爱德华·特勒（Edward Teller，1908—2003）教授做理论方面的研究，实验方面的研究可以到阿里森的实验室去做。

特勒后来被称为“美国氢弹之父”，在杨振宁要请他做自己博士论文的导师的时候，他在美国已经是一位十分重要的科学家了。战争刚结束时，他家门口甚至派有卫兵站岗保护他。特勒是犹太人，与维格纳、冯·诺依曼（J. von Neumann，1903—1957）、西拉德（L. Szilard，1898—1964）等犹太科学家一样，出生于匈牙利的布达佩斯。特勒在这群人中最小，1908 年出生。他从小就显示出异常的智慧。1928 年前后，特勒来到柏林跟随海森伯（Werner Heisenberg，1901—1976，1932 年获得诺贝尔物理学奖）做研究，这是因为量子力学的魅力吸引了他。特勒除了喜爱物理学以外，还十分喜爱诗歌和音乐，钢琴弹得也很不错。除此以外，他喜欢谈论政治，

左起：凌宁、李政道、杨振宁，1947年8月23日摄于芝加哥大学。

他坚持认为，一种依赖于高度政治自由的生活，才是真正美好的事情。所以我们不难理解，当德国纳粹党掌握了政权以后，他为什么很快就来到了美国。

从 1935 年开始，特勒先后在华盛顿大学、哥伦比亚大学任教；1942—1946 年，他参加了曼哈顿工程。当康普顿雄心勃勃地想把芝加哥大学物理系办成“物理学圣地”时，特勒也被聘请为核研究所的高级研究员。费米非常欣赏特勒非同一般的、丰富的原创性思想。特勒除了在此后直接领导了美国氢弹的研制工作，在理论物理学的许多领域也都做出过重要的贡献，如 1936 年与伽莫夫（G. Gamow，1904—1968）合作，提出 β 衰变理论中的选择定则；1937 年与德裔英国物理学家雅恩（H. Jahn）合作，表述

特勒教授。很少有人能正确地评价他。

了决定分子对称构型稳定性条件的雅恩—特勒效应（Jahn-Teller effect）。

费米亲自向特勒推荐了杨振宁。有一天，大约是杨振宁到芝加哥大学一个月以后，他去拜访特勒。特勒当时由于参加原子弹研制工作，成为军事部门保护的科学家之一，因此办公楼门口还有卫兵站岗，一般人不得随意进入。杨振宁先得在办公室外用电话与特勒联系，得到特勒的认可才能进去。

特勒见到杨振宁以后，说费米已经跟他说过让他招杨振宁当研究生，跟他做博士论文的事情，并建议两人在外面散步，边走边谈。在散步时，特勒问杨振宁："氢原子基态的波函数是什么？"杨振宁在西南联大从吴大猷那儿学过量子力学，也学过原子核物理，这个问题对他来说并不困难，所以他立即顺利地回答出来了。特勒走路有些跛，这是因为在慕尼黑大学读书时，1928 年 7 月的一天，他乘电车准备郊游，由于没注意电车过了站，他没仔细考虑就向电车下面跳，结果右脚从踝部被电车轮子切下来，从此就成了跛子。在杨振宁身边一歪一歪走着的特勒听完杨振宁的讲述后，发现他提的问题虽然简单，但杨振宁的回答却十分简要明晰，说明他理解得十分透彻，因此他立即对杨振宁说："你通过了。我接收你做我的研究生。"

杨振宁对特勒这种考查研究生的方式很赞赏，他在回忆中说："他这样做是有道理的。因为有很多学得很好的人，不会回答这个问题。照他看来，能够回答好这个问题的人，才是可以造就的。"[16, 107]

此后，杨振宁就开始在特勒指导下做研究。特勒手上永远有许许多多需要解决的研究课题，当杨振宁希望听取特勒的意见时，特勒就谈了自己的看法。后来特勒还特意回忆到这件事："于是，我向他提出了许多很有意思的课题。它们究竟算什么课题，我可不能肯定。我相信其中一个课题是铍的 K 俘获，以及铍受到压缩时这种俘获如何改变。这在当时是一个颇为不落俗套的课题。"[17, 32]

于是杨振宁做的第一个题目是铍 7 的 K 层电子被俘获的问题。特勒介绍两种方法供杨振宁去研究，其中一种方法杨振宁以前没学过，不过他很快学会了，并用它来进行研究。杨振宁很快得出了研究结果，这使得特勒十分满意。于是特勒决定安排一次学术报告，让杨振宁讲述自己的研究结果。杨振宁说："这是我在美国所做的第一个学术报告。"

报告安排在 1946 年 2 月的一天。那时战争刚刚结束不久，大学的人员包括老师和学生都不算多，但出席杨振宁报告的却有许多物理学界的顶尖人物，除了费米、特勒以外，还有约瑟夫·梅耶（Joseph Mayer）和他妻子玛丽亚·梅耶（Maria Mayer，1906—1972，1963 年获得诺贝尔物理学奖），以及尤利等人。第一次面对这些科学界大人物，杨振宁开始不免有些紧张，但他很快平静下来，进入了角色。讲完了以后，大家都十分满意，特勒当然更加高兴。特勒建议杨振宁把讲的内容写成文章。

但是杨振宁开始动手写文章时却觉得不大对头，认为自己原来在计算中用到了一些近似的方法，而他自己也无法有把握地判断这些近似方法有多大的准确性。如果稍有误差，由这种近似方法得出的结果将十分不可靠，甚至会得出相反的结论。因此，文章写了一个多月，杨振宁也没把文章写出来；虽然其间特勒催了几次，但杨振宁还是没有把文章发表出去的自信。结果“到现在为止，这篇文章我还是没有写出来”。杨振宁在 1986 年的一次演讲中说：“是不是后来有人又进行了理论计算，是否得到比较准确而又和实验符合的结果呢？我没有再去追究。”[1, 539]从这件事情上，我们可以看到杨振宁严谨、求实的治学精神。

特勒对这件事也有相同的回忆：“杨振宁把［铍的 K 俘获］问题解决了，还将其结果向包括费米在内的一批人做过报告。不过，他没有用这篇论文去申请学位。接着，我们考虑了原子核在强烈撞击下被加热后的蒸发。随后，我们又考虑过氘、锂 6 和铍 10 的磁矩，它们之间都相差一个 α 粒子。这都是些古里古怪的想法。”[17, 32]

1947 年，杨振宁在《物理评论》上发表了一篇文章《论量子化了的时空》，这是杨振宁到美国后发表的第一篇文章。这篇文章很短，内容与群论有关。杨振宁说：“这篇文章海阔天空，与现实距离比较远，但是现在还有人引用。以后我不喜欢写这种文章了。”〔1〕

在做特勒研究生期间，杨振宁经常参加费米专为研究生开设的课程和讨论班。通过亲身的接触和耳濡目染，杨振宁更深刻领会了费米善于抓住物理现象本质的风格。费米在理论物理学上给人印象最深的是方法的简单性。每一个问题不论它有多复杂，他都能分析其最本质之处。他善于剥去数学的复杂性和不必要的形式体系，用这种方法，他通常可以在半小时以内解决所涉及的根本物理问题。虽然得到的并不是数学上的一个完全解，但与他讨论的人在讨论结束并离开他之后，就会清楚地知道如何得到数学解。曾经与费米共过事的美籍德裔物理学家贝特曾经说：“看见费米完全不

---

〔1〕 2009 年 7 月 6 日在清华大学高等研究院杨振宁办公室采访记录。

必这样艰难费力，给我留下了极深的印象。物理学变得清晰起来，只需要一个本质上的分析，和少数几个数量上的估计。……费米是位很好的数学家。每当需要数学时，他总能精巧地运用数学；但是，他首先想要清楚的是：这样做值不值得。他是一位用最少的努力和最少的数学工具而获得重要结果的大师。用这种方式研究问题，他廓清了许许多多的问题，特别对年轻人还没有他那么多知识的时候，这种方式起了很大的作用。”[29, 81]

杨振宁也有与贝特几乎相同的体会，他曾回忆：

众所周知，费米的讲课非常明白易懂。他的特点是，每个专题都从头讲起，举简单的例子并且尽可能避免“形式主义”。（他常常开玩笑说，复杂的形式主义留给“主教们”去搞吧！）他推理简明，给人的印象是得来全不费工夫。……我们懂得了，物理应该从平地垒起，

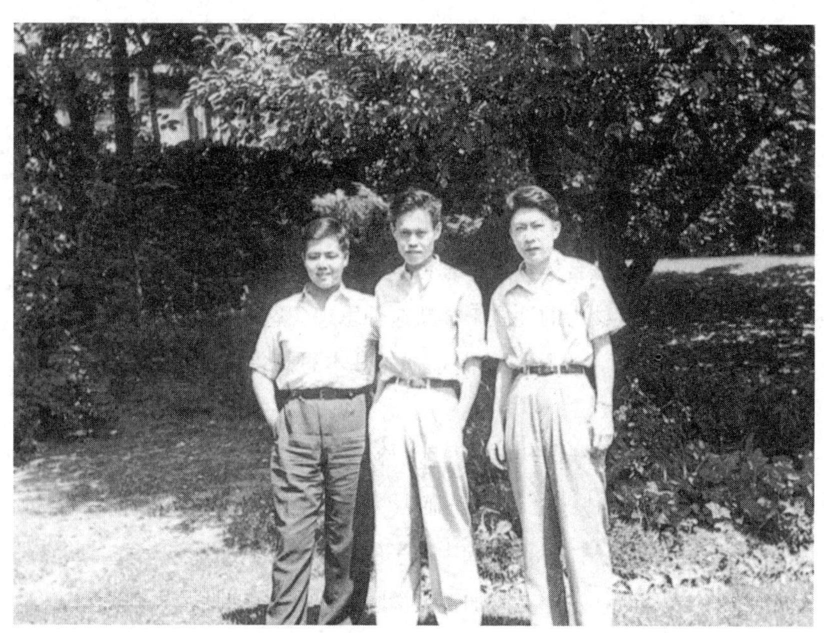

左起：李政道、杨振宁、朱光亚，1948年夏摄于密歇根大学。

一块砖一块砖地砌，一层一层地加高；我们懂得了，抽象化应该在仔细的基础工作之后，而不是在它之前。[3, 45—47]

费米也逐渐发现杨振宁是很优秀的年轻人。有一次，是1949年春天，费米在讲授核物理学期间，因为有事要出差几天，就让杨振宁代他讲授一堂课。杨振宁回忆："行前，他和我一道将全部内容讨论了一遍，解释每一个讲法后面的推理过程。"

1949年，费米还例外地与杨振宁合写了一篇论文《介子是基本粒子吗？》，这篇文章涉及一些基本的和深奥的理论问题。在1947年人们发现了几种介子后，普遍认为它们全都是基本粒子。费米有不同的看法，就建议杨振宁和他一起研究，看看π介子是否可能并不是基本粒子，也许是一个核子和一个反核子的紧密联合体。这是费米唯一一篇与芝加哥大学学生合写的理论论文。文章写好后，杨振宁认为他们提出的问题也许并不切中事实，最好不发表，但是费米说，做研究的人的任务就是提出问题，这与做学生的任务不一样，能提出问题总是好的。费米是正确的，因为他们提出的问题为以后日本物理学家坂田昌一（Sakata Shyoichi，1911—1970）提出的"坂田模型"奠定了基础。塞格雷曾经指出："这篇文章肯定涉及一些基本的和深奥的问题。他们提出了一种思想：介子也许是一个核子和一个反核子的紧密联合体。这种思想可能不是全新的，但作者们却想定量地发展它，并想从核力的性质来推断这种思想。这种早期不成熟的努力在核物理学上产生了一些影响，而且它的基本思想得到后来研究的某些证实。"[29, 220]

杨振宁在芝加哥大学当研究生的时候，像原来在中学、大学时一样，慢慢又有了名气，成了"学生老师"。美籍德裔科学家斯坦伯格（Jack Steinberger，1921— ，1988年因中微子研究获得诺贝尔物理学奖）曾经对杨振平说，当他和杨振宁在芝加哥大学同是研究生的时候，杨振宁的"学识就已经和教授差不多了"[1, 885]。1985年斯坦伯格在《从π介子到夸克》

左起：杨振宁、邓稼先、杨振平，1949年夏摄于芝加哥大学。

一书的一篇文章中写道："给人印象最深的是学生老师杨振宁，他来自战时困境中的中国，虽然只有24岁，可是已经熟悉了全部的近代物理。"1999年，斯坦伯格还对采访者江才健说，在芝加哥大学和费米以及杨振宁、罗森布鲁斯（M. Rosenbluth）一起学习的日子，是他一生中最兴奋的经验。他说，他从杨振宁那里学到的跟从老师那里学到的一样多。[16，104]

与杨振宁一起公费留美的好友凌宁，正好和杨振宁同在芝加哥大学，他攻读生物专业的博士学位。有一次，他写信给杨振宁的父亲说："振宁念书比别人高出一头一肩。"1948年，哲学家冯友兰大约为了鼓励在美国留学的儿子，曾写了一封信给他的儿子："现在朋友中子弟出国成绩最好的是杨振宁，他不但成绩好，而且能省下钱帮助他家用，又把杨振平也叫去，又帮助邓稼先的费用。"[16，388]

有意思的是，这封颇有历史价值的信，是由曾任新加坡南洋大学历史系教授的吴相湘，在1995年参加伊利诺伊州一次“中国集邮会”时发现的。这封信写于1948年12月9日。

杨振平是1948年夏天来到美国的，那时他才18岁，刚刚高中毕业，杨振宁就把他接到美国。杨振平曾在回忆中写道：“1948年我来到美国布朗大学（Brown University）读工程，大哥当时刚从芝加哥大学拿到博士学位，留校担任讲师。他月薪才375美元，就分给我三分之一，供我每月的宿膳费。他对我的照顾不像是哥哥照顾弟弟，而像是父亲对儿子的关怀，这一点米尔斯〔1〕也跟我提起，说：‘弗兰克对我就像一个父亲。’”[1, 885]

这儿稍稍插一笔关于杨振宁的英文名字Frank的故事。到芝加哥大学注册成为研究生后不久，杨振宁经过慎重考虑后给自己取了一个英文名字Frank。正如杨振平所说，这是由于他曾经看过美国开国元勋和科学家富兰克林（Benjamin Franklin）的自传，被这位伟人伟大的人格和不断求索的精神所感动，希望自己也能成为像富兰克林那样一个对人类有贡献的科学家；再加之外国人称呼中国名字十分拗口，于是他给自己取了一个英文名弗兰克。杨振宁到芝加哥大学不久，物理系的人都知道中国来的一个弗兰克很了不起。有意思的是，杨振宁给他的第一个儿子杨光诺干脆取了富兰克林这个让他敬仰的名字；更有意思的是，到了1993年，他当年的理想变成了现实，这一年他获得美国本杰明·富兰克林奖章（Benjamin Franklin Medal），1994年又获得美国费城富兰克林学会授予他的鲍尔奖（The Bower Prize for Achievement in Science）。

杨振宁先生曾将鲍尔奖的授予文告在1994年11月2日寄给笔者，上面写道：“［杨振宁］在科学上众多杰出的贡献，以及他率先促进中国与西方世界之间的相互理解，推进世界各地青少年教育，充分体现了富兰克

〔1〕 罗伯特·米尔斯（Robert L. Mills）是“杨—米尔斯场”的另外一位作者。弗兰克是大哥的英文名，这是他读过美国开国元勋富兰克林自传之后，慕其人而因其名。——引文原注

CHEN-NING YANG WON THE LARGEST CASH AWARD IN NORTH AMERICA:

THE BOWER PRIZE FOR ACHIEVEMENT IN SCIENCE

PHILADELPHIA'S FRANKLIN INSTITUTE

CONGRATULATIONS to Professor CHEN-NING YANG, laureate of the 1994/95 Franklin Institute of Philadelphia's BOWER AWARD AND PRIZE FOR ACHIEVEMENT IN SCIENCE. The Franklin Institute is one of the oldest and most prestigious scientific organizations and museums in the United States, and has, for nearly a century and a half, recognized outstanding contributions of scientists and technologists worldwide whose achievements have significantly affected mankind. Professor Yang is Einstein Professor of Physics at the State University of New York and also Professor-at-large of the Chinese University of Hong Kong. The Bower prize of a quarter of a million dollars has been awarded to Professor Yang for his work in Gauge Field Theory. Other important scientific achievements of Professor Yang include Parity Non-conservation in Weak Interactions, Statistical Mechanics, Condensed Matter Physics and Mathmatical Physics. This body of work is profoundly influential and has had considerable impact on vast areas of fundamental research of the science in the latter half of this century. Yang is the FIRST theoretical physicist to win this award.

The CITATION of this award reads:

For the formulation of a general field-theory which synthesizes the physical laws of nature and provides us with an understanding of the fundamental forces of the universe. As one of the conceptual masterpieces of the 20th Century explaining the interaction of subatomic particles, it has profoundly reshaped the development of physics and modern geometry during the last forty years. This theoretical model, already ranked along side the works of Newton, Maxwell and Einstein, will surely have a comparable influence on future generations. These scientific contributions, combined with his championing of understanding between China and the western world and his promotion of science education among the youth from all corners of the Globe, reflect the scientific and humanitarian genius of Franklin himself.

There is an interesting anecdote here. Professor Yang is known to his friends as "Frank". In an interview with Bill Moyers (published by Doubleday in 1989), Moyers indicated that this was named "...after Benjamin Franklin ." Thus this award is not only richly deserving, but highly appropriate for the Institution which bestows the accolade on Professor Yang.

THE AWARD CEREMONY WILL BE HELD IN THE FRANKLIN INSTITUTE IN EARLY MAY OF OF 1995. A SYMPOSIUM FOR THIS OCCASION IS CURRENTLY BEING ORGANIZED.

For more information, please contact

Larry Tise, executive director of the Benjamin Franklin Memorial
email: fau@einstein.drexel.edu

or

feng@duvm.ocs.drexel.edu

美国费城富兰克林学会授予杨振宁鲍尔奖的文告。

林的科学和人道主义精神。”文告上还特别提到：“这儿有一个有趣的逸事。杨教授的朋友都知道他叫‘弗兰克’。比尔·莫耶斯在一次拜会杨振宁时，杨说这个名字是‘……纪念本杰明·富兰克林的’。如果真是这样，那么这个奖不仅非常值得授予，而且对研究所来说给予杨教授的赞颂是极其合适的。”

在芝加哥大学求学时，杨振宁也有懈怠的时候。后来有一次演讲，杨振宁在银幕上打出日本第一位获得诺贝尔物理学奖的汤川秀树的照片说：

> 这是汤川秀树，汤川秀树是第一个日本得到诺贝尔奖金的。他得诺贝尔奖金是 1948 年，1949 年我去了普林斯顿以后认识汤川秀树。我特别要把他的照片给大家看，因为这里头有一个与我有关系的故事。[30, 97]

这个故事是这样的：那时研究生都很穷，有一天杨振宁忽然发现报纸上有一个广告，说有一个纵横字谜（crossword puzzle），最高奖金可以达到 5 万美元。当时参加这种比赛的人多半是家庭主妇，杨振宁心想：“我们要比这些家庭主妇本领大一点。”于是就和几个同学报名参加。果然，两个月以后，杨振宁已去了普林斯顿，主办单位来信恭贺他们，他们得到了最高分。可是，还有一组人跟他们的分数一样高，所以必须再来一个难度更大的填字谜以决最后胜负。于是杨振宁他们又开始分工合作。杨振宁要做的是在 Webster 大词典里找五个字母的词，把它们都列出来。结果他昼夜不停地在普林斯顿高等研究所的图书馆里查。到了早上五六点钟，累得不行了，他想回去睡一觉。走到住处门口，看到地上有一份《纽约时报》，杨振宁就把报纸拿起来，上面有一个醒目的标题《汤川秀树获得今年的诺贝尔物理学奖》。这一下他突然惊醒，犹如醍醐灌顶，他严厉地责问自己：“杨振宁，你现在在做什么？”

三、特勒的建议和获得博士学位

1946年秋天，由于杨振宁很想通过物理实验做博士论文，因此费米就把他推荐给阿里森。特勒在一篇文章中写道："后来有一天，杨振宁找到我，说：'我总得回中国去，回国后，我觉得理论物理没有什么用，中国需要的是实验物理，所以我要做这方面的工作。'于是，杨振宁舍弃了我，转而跟随阿里森。"[17，32]

阿里森是费米的老搭档，两人关系十分融洽，合作得很好。阿里森为人谦虚，在费米劝说下，担任了芝加哥大学新建的核研究所主任。阿里森曾一本正经地形容他的主任职位是"小心维持和姑息研究所的一些书生们"。[29，202]

阿里森早期曾与康普顿一起从事X射线领域的研究，很多物理学家都是通过康普顿和阿里森合写的《X射线的理论和实验》（*X-rays in Theory and Experiment*）一书来学习这个课题的。在战争期间，他在洛斯阿拉莫斯担任实验室助理，做了康普顿的得力助手。他是一个不容易激动的人，有高度的原则性，绝对正直并相当幽默；他善于让争论的双方平静下来，恢复理智。在洛斯阿拉莫斯与费米认识后，他和费米成了彼此完全了解和信任的朋友。后来，阿里森一直从事核物理和反应堆建造方面的研究。

杨振宁到阿里森实验室的时候，这个实验室正在建造一个40万电子伏的考克饶夫—瓦尔顿（Cockeroft-Walton）小型加速器，准备用它来做一些低能核物理实验。实验室原来就有六七个研究生，杨振宁加入进来以后就和他们一起建造这个加速器。大约干了一年半的时间，加速器装备完成，然后他和其他几个研究生开始利用它做一些实验。但是，杨振宁在1946年秋到1948年初的20个月中觉得自己工作得并不如意，因为他逐渐发觉自己似乎在实验方面缺乏一种"敏感性"之类的东西，也许就是缺乏一种所谓"灵气"吧。杨振宁后来说：

1946年12月2日，纪念第一个原子核反应堆成功四周年，当年的一些参加者合影。后排左二为阿里森；第一排左一为费米。这一成功具有里程碑意义，人类从此进入原子时代。

我初到美国，本来想写有关实验物理的论文，倒不是我擅长或特别爱好实验，正因为我自己没有接触到实验物理，在这方面是一片空白，实验物理又是物理的精神所在。后来到了实验室之后，发现这并不是我的特长。在实验室里，看到了一些同学，理论物理念得不太好，但是实验本领特别大。当时给了我一些自卑感！有一位叫阿诺德（W. Arnold）的同学，他对实验室内发生的问题有一种直觉的感觉，而且知道自己用什么办法去解决。我记得很清楚，我们实验室里的加速器常常会漏气，需要找到漏气在什么地方，由他去找，往往两分钟就找到，而我往往要花上两个钟头还不得要领。他找到了之后，我问他为什么能找到漏气的地方，他也解释不出来。第二天仪器又漏气，我到了昨天漏气的地方，可惜，位置又不同了，而他却能很快又找到了。通过这些现象，我的印象是有一些人对实验有直觉的了解，而我是没有的。[1，588]

由于杨振宁不擅长实验，在实验里显得笨手笨脚，阿里森特别喜欢说一个笑话："哪儿有了杨，哪儿就会噼啪响！"（Where there is a bang, there is Yang.）特勒在回忆中也谈到这件趣事，他说，杨振宁到阿里森的实验室以后，"立即传来了关于他的逸事。在理论物理方面，他已经开始做出许多绝妙的研究工作；在实验物理方面，他也开始做出另一些'绝妙'的活，一首短小的打油诗形象地描述了这些'绝活'，至今我仍能背下来。这首打油诗是：哪里炸得乒乓响，那里准有杨在场。由于这个原因，他很快得了个'黄色危险品'的绰号"[17，32]〔1〕。

尽管不尽如人意，但是在阿里森实验室工作的20个月，对杨振宁今后的理论物理研究工作仍然是十分有价值的，他曾经说过：

在阿里森的实验室的十八至二十个月的经验，对于我后来的工作有很好的影响。因为通过了经验，我领略了做实验的人在做些什么事情。我知道了他们的困难，他们着急一些什么事情，他们考虑一些什么事情。换言之我领略了他们的价值观。另外，对我有重要作用的是，我发现我动手是不行的。[3，36]

这最后一句话对杨振宁确实"有重要作用"，因为这最终导致杨振宁改变了他的博士论文写作计划。他原来计划写一篇有关物理实验的博士论

〔1〕 "黄色危险品"（yellow peril）在美国常用来指一种爆炸物，用来爆破岩洞等。特勒这儿用这个词有两个意思：一是杨振宁是黄种人，二是杨振宁在实验时常常引起爆炸。

1947年，杨振宁在美国怀俄明州的“魔塔保护区”。

文[1]，但后来却发现他要做的实验恐怕难以成功，因此他很有一些苦恼。过了一段时间以后，杨振宁才知道之所以难以成功，倒也不是他做错了，而是当时阿里森实验室的那台小型加速器到处漏气，电路又常常出问题，因此他计划中的实验是“一个做不出来的题目”。虽说如此，杨振宁也察觉到自己的实验能力很差劲，往这个方向使劲，前景堪忧，因此不免有一些苦恼。

特勒察觉到了杨振宁的苦恼和不安。正好这时，杨振宁注意到特勒曾经有一个直觉的想法，它与群论和对称性有关系，但是特勒没有把他的直

〔1〕 这个实验要求分辨 He^5 的 $P_{1/2}$ 和 $P_{3/2}$ 态。

觉具体地用逻辑分析一步一步地讲清楚。把直觉具体化需要透彻地了解对称性的数学表示。杨振宁对于对称性一直有兴趣而且比较熟悉，所以对特勒这个直觉的结论颇有兴趣，想知道特勒的想法是不是有道理。结果他发现特勒的直觉是对的，但是需要严格的证明。他把他的证明写成一个简单的文稿，特勒十分欣赏。

1948 年春的一天，特勒到阿里森实验室找杨振宁，他关切地问："你的实验是不是做得不成功？"

"是的。"

"我认为，你不必坚持一定要写一篇实验论文，你已写了一篇（简单的）理论文稿，我建议你就把它充实一下，作为博士论文吧！我可以做你的导师！"[3, 37]

杨振宁听了特勒十分直率的建议之后，也知道特勒的建议十分中肯，但心中仍然感到很失望。他一直希望在美国实现自己做一个实验物理学家的愿望；虽然在阿里森实验室一年多来，他已经意识到自己动手能力比较差，但性格坚强的他，还是不愿轻言放弃。所以，特勒的建议对杨振宁来说，虽然是意料之中的，但仍然是一个很大的打击。他对特勒说，请容许他考虑几天再做决定。

在接下来两天的思考中，他终于明白自己必须面对现实，应该扬长避短。对于这一人生旅途上的重大转折，杨振宁后来十分幽默地写道：

> 做了这个决定以后，我如释重负。这是我今天不是一个实验物理学家的道理。有的朋友说这恐怕是实验物理学的幸运。[3, 37]

也许还应该加一句：杨振宁由此轻装上阵，走上了理论物理学之路，正是理论物理学的幸运！

杨振宁接受了特勒的建议后，开始专心致志地写《论核反应和符合测量中的角分布》，作为他的博士论文。

文章写好以后只有三页。特勒告诉杨振宁："你看，这是一篇好论文，

但是，你是否能把它写得长一点呢？譬如，你是否能把它推广到角动量变化为半整数的情形？”[17，34]

特勒还建议杨振宁把内容推广一下，因为杨振宁研究的还只是运动速度很小的情况，如果在有电子运动参与的情况下，就应该考虑相对论效应。

过几天杨振宁再次在特勒面前拿出论文的时候，论文有七页，把半整数角动量的情形包括在内。特勒看见论文还是不尽如人意，不由“非常粗鲁地”对杨振宁说：“你应该把论证写得更清楚详细些。”后来特勒曾经后悔地说：“其实，我不该这样说，因为论文已写得足够清楚了。”

经过一些争论之后，杨振宁无奈地走了。过了很长时间，大约有十天，杨振宁带回了一篇十页的博士论文。这时特勒知道自己碰上了一个“惜墨如金”的家伙。他不再坚持。

事后特勒赞扬地说：“我要说，在随后发表的论文中，杨振宁保持了每一页都浓缩着许多思想的这种风格。如果他写一篇长点的论文，那只是因为他有更多的东西要说。”[17，34]

1948年6月，杨振宁终于顺利通过了博士论文答辩，获得了芝加哥大学物理系哲学博士学位。20年前，他的父亲杨武之也是在这所大学获得的博士学位。人生中的一些巧遇，常常让人觉得有一些神秘而不可思议！

关于这篇博士论文还有三点值得谈一谈。

一是论文的写作背景。当时有一个谜团困扰许多研究β衰变的学者：β-γ关联（correlation）的计算往往是大算一阵子之后，发现许多项都互相消去，结果非常简单。乌伦贝克和他的学生法尔科夫（Falkoff）就被此谜团困扰。在论文的导言里，杨振宁写道：

> 在计算核反应角动量分布和涉及β和γ衰变过程中角关联时，常常在繁杂劳累的计算以后，很多项都消掉了。这种事一再发生就使得人们猜想，在这些反应中有某些独立的、普遍性的原因在起作用。这篇文章将证实这一猜想是合理的。事实上，在各种情况下的角分布的

统一公式在本文推出的定理中可以直接得到。[40，112]

杨振宁并没有像很多人那样去大事计算，而是在想："为什么会有那么多项相消？"想的结果是"对称性原理"是多项相消的内在原因。杨振宁正是在推广此原因的基础上完成了他的博士论文。

二是该文在《物理评论》发表后，文章中推出的定理立刻引起核物理学界的广泛注意。20 世纪 50 年代最有名的著作《理论核物理学》（Blatt and Weisskopf，*Theoretical Nuclear Physics*）就多处引用过文中的定理。

三是后来杨振宁对他的博士论文说过下面一段话：

> 对称性是 20 世纪物理学的一个中心观念。我的这篇 1948 年的博士论文，后来的杨—米尔斯、宇称不守恒、1974 年的规范场积分形式等工作，都是关于对称性的工作，其中尤以杨—米尔斯的规范场理论为极重要。[125，I]

四、"我是很幸运的"

杨振宁在 1948 年 6 月获得芝加哥大学哲学博士学位以后，在安娜堡的密歇根大学度过了那一年的夏天，那时施温格（J. Schwinger，1918—1994，1965 年获得诺贝尔物理学奖）和戴森（Freeman J. Dyson，1923—2020）都在那里讲学，讲的都是当时最热门的量子电动力学重整化的问题。秋后，他回到芝加哥大学，被聘为物理系的讲师，任务是教一门课。在这期间他继续做核物理和场论方面的研究。这时杨振宁有了一间小小的办公室，于是当时还是学生的罗森布鲁斯和李政道就常常挤到小屋里海阔天空地讨论他们感兴趣的问题。罗森布鲁斯与杨振宁合作研究 μ 衰变及 β 捕获，发现这些相互作用与 β 衰变具有非常相似的强度。结果他们与李政道一起合写了一篇文章《介子与核子和轻粒子的相互作用》。这是杨振宁和李政道的第一次合作。在这篇文章的注释中，杨振宁写道：

李政道1946年秋到芝加哥大学当研究生。我俩早些时候在中国或许见过面，然而，只是到了芝加哥才真正彼此认识。我发现，他才华出众，刻苦用功。我们相处得颇投机，很快就成了好朋友。……

关于μ衰变和β捕获的论文，基本上是在12月中旬假期开始之前完成的。罗森布鲁斯和我搭乘长途汽车去纽约市。我对这次旅行印象很深，途中由于大雪，我们在匹兹堡被困阻了好几个钟头。车上，我从报纸得悉，中国共产党的军队包围了北京和天津。1949年正月回到芝加哥后，费米劝我们把研究结果写成短文发表，这就是这篇文章的由来。除我们三人之外，另外还有几组人也曾独立地探讨过同样的问题。通过这些研究，人们逐步认识到自然界存在四种相互作用，并且还认识到，在弱相互作用中存在某种普适性。[1, 8—9]

由于杨振宁在芝加哥大学中途改变了选择，所以人们常常弄不清杨振宁在芝加哥大学的导师是谁，有人说是费米，有人说是特勒，到底是谁呢？复旦大学物理系倪光炯教授曾经在1982年问过杨振宁："您在芝加哥大学做研究生时，好像关于您的advisor（导师）有两种说法：一个说法是费米，一个说法是特勒。我想这都太过于简化了，是否请您谈谈他们两位对您都有什么影响？"杨振宁回答："特勒和费米在芝加哥对我的影响都是很大的。"[1, 412]

杨振宁跟着特勒做了一些理论研究工作，特勒成了杨振宁的博士论文导师，但是杨振宁在芝加哥大学期间，尤其是获得博士学位留在芝加哥大学做讲师的一年时间里（1948—1949），跟费米的关系更加密切，因为他们的办公室离得很近，经常一起讨论问题。前面也提到过，1949年夏天，他们还合作写了一篇名为《介子是基本粒子吗？》的文章。许多年以后杨振宁在《论文选集》里选入了这篇论文，在附记中，杨振宁写道：

这是我同费米合写过的唯一一篇论文。他写作的方式很有趣。如果某处地方要修改，他就把那部分剪掉，粘贴上新改好的部分。这样，

费米。

有些页便变成了长长的纸卷。他一旦决定了如何遣词造句，就不轻易改变主意。我的习惯则迥然不同。在用词上我喜欢改来改去，直到今天还是依然故我，丝毫未变。[1, 14]

2002 年 11 月 12 日，杨振宁在中国台湾的一次演讲中说费米对他“影响极大”，说“费米的风格和人品值得佩服，恐怕是兼具理论和实验物理专长的最后一人，至今可能无法再见到这样的人”。[105] 费米对杨振宁的影响，最重要的就是让他明白了“物理不是形式化的东西”。杨振宁举了一个精彩的例子：

1930 年，［费米］写了一篇文章，是用意大利文写的。1932 年，在《现代物理评论》上用英文发表了。他的这篇文章非常直截了当、非常具体地奠定了量子电动力学的基础。不管当时狄拉克、泡利、海森伯写了多少篇文章，他们所做的东西都偏于形式化，所得的结果不具体、不清楚。然而，经过费米的工作，就变得非常具体、非常清楚了。这方面工作的人，比如乌伦贝克就曾经对我讲过，说是在费米的文章出来以前，没有人懂量子电动力学，算来算去都是一些形式化的东西，对于具体的内容并没有理解。费米的文章出来以后，才真正懂了。……这一点不只是表现在刚才所讲的很复杂的量子电动力学上。从简单的到复杂的所有问题，经过费米一处理，都变成非常清楚的了，使得你觉得中学生都可以懂。……我在做学生时，受到费米的影响非常之大。[3，215]

除了费米，特勒对杨振宁也有很大的影响。特勒是一位非常有个性的人，他与费米有很相近的地方，也有许多不同之处。相近之处是他们两人都是从现象出发，不是从理论和形式出发。特勒最突出的特点是见解非常之多，一天之内就会提出好多彼此不同的见解。在洛斯阿拉莫斯的时候，正因为他一天内有几种不同的想法，忽东忽西，任何一个小组如果有了他，就会让人什么事也干不出来，很有可能使研制原子弹的紧急任务受到阻碍。聪明的奥本海默（J. R. Oppenheimer，1904—1967）知道特勒的这个缺点，就让他领导一个小的研究组去研究氢弹，反正氢弹不是当时最紧迫的任务。特勒也乐不可支，对分派给他的这项工作还颇为得意。没有想到的是，特勒以后居然真的成为美国的“氢弹之父”，并且为了制不制造氢弹和奥本海默对簿公堂，使自己的名誉大受打击。

杨振宁在芝加哥大学首次接触特勒时，不免对特勒的风格感到惊讶，他曾写道：

特勒和费米不同的地方是，费米讲出来的见解通常对的很多，而特勒所讲出来的见解多半是不对的，这一点给了我一个非常深的印象。

特勒（右）和维格纳正在讨论问题。

> 因为按照中国的传统，你要是对某个问题没有完全懂，就不要乱讲话。人们认为乱讲话是不好的，而且乱讲话的人一定是不可靠的。特勒的见解非常之多，而且总是要讲出来。不过如果你指出他是错的，他就立刻接受，立刻向正确的方向走。在他的周围，事情发生得多极了，这是一种非常良好的气氛。所以，他可以有许多研究生。[3，220—221]

特勒后来的一个助手霍夫曼（Freddie Hoffmann）也有相同的看法，他说："在如何解决物理问题方面，大家都能从他身上学到很多很多东西——如何努力地探讨问题，如何透彻地思考问题。他把这个长处无偿地贡献给了各国的物理学家。……他常常坦率地对人们说出自己的看法；要是有人不同意他的意见，他也能听取他们对那个问题的想法。"[31，461]

特勒想象力丰富，物理直觉能力极强，注重科学精神而不大注意细节。他的终生好友维格纳说，特勒是"我认识的人中最富有想象力的……我认识爱因斯坦，因此我这么说是很有分量的"。[31，1]

想象力丰富当然与非同一般的直觉能力有关系，与杨振宁同为芝加哥大学研究生的戈德伯格说：“特勒是一个极聪明的人，有很强的物理直觉能力。……他在向别人解释自己的直觉时经常遇到困难。我记得，在讨论会上往往总是他先说一通。他讲完后，费米就站起来做补充说：‘特勒想要表达的意思是这样的……’”[31，178—179]

特勒研究物理和讲授物理，都是从物理现象和物理事实出发，而不是从理论到理论，从书本到书本，这样物理学研究才永远显示出朝气蓬勃的活力。这一点对于从中国来的杨振宁来说是很受启发的。1984年杨振宁在对中国访问学者和留学生的谈话中特别提到这一启发性的体会。他说：

> ［我于］1945年来到美国芝加哥大学物理系。我很快就发现这里学物理的空气与西南联大不一样。西南联大课教得都比较认真，包含的方向很广，常常比较深入而详细。美国教授主要做研究工作，上课不大认真。但很快我发现他们有很多好处，最大的好处是和实际问题比较接近，使我知道哪些问题可以有发展，并且学到一些思想方法。美国学物理的方法与中国学物理的方法不一样。中国学物理的方法是演绎法，先有许多定理，然后进行推演；美国对物理的了解是从现象出发，倒过来的，物理定理是从现象归纳出来的，是归纳法。演绎法是学考试的人用的办法；归纳法是做学问的办法。做学问的人从自己的具体工作分析中抽象出定理来，这样所注意的就是那些与现象接近的东西。[2，129]

杨振宁曾经多次说，他到芝加哥大学确实学到了很多东西，不仅是一般书本上的知识，更重要的是学到了“方法与方向”。所以他说“我是很幸运的”。

特勒从来不强调中国学生所习惯的按部就班、不知权变的学习方法，他上课往往把触角伸得很远，而且往往讲不到十分钟就会出错，等他发现以后，马上一个人在黑板上修改，再往下讲，再改，再讲……似乎他是一个人在思考问题、研究问题一样。开始，杨振宁确实不习惯这种完全不同

特勒晚年的一张奇妙而幽默的照片。

于西南联大的讲课方法，但久而久之，他从特勒这种“乱中取胜”的讲授中学会了物理学家思考的过程和思考的方法，并从中获益匪浅。特勒的这种讲授方法，很受杨振宁一类的优秀学生欢迎，但对于成绩平平的学生，听特勒的课恐怕就会坠入五里雾中，一头雾水了。

特勒对杨振宁也十分看重，对日后杨振宁的成就更是十分钦佩。十分有趣的是，在 1982 年为祝贺杨振宁六十寿诞而举行的有关“规范场”的讨论会上，这位以前的老师说：“我们有时迷惑地问自己，这位物理学家是怎么想出这样一个概念的。”[106] 他还说，为了“规范场”这个概念的提出，“我建议他应该第二次获得诺贝尔奖金”。[17，34]

特勒由于想法太多，经常忽东忽西，几乎没有时间去抚育自己创造性的思想，但是我们不能由此说他不是一位伟大的物理学家。

在芝加哥大学，杨振宁还写了一篇“大家认为很好的文章”（杨振宁语）《一个粒子湮灭成两个光子的选择定则》。对于这篇文章，杨振宁写了一篇很重要的注释：

> 我在芝加哥大学那几年，每周都举行物理系和化学系教师共同参加的讨论会。这种讨论会是非常不正式的，有时并没有预定的报告人。讨论会的论题十分广泛：这周讨论考古学中的碳14测定年代法，下周的论题可能就会变成关于元素起源的推测，等等。由于有费米、特勒和尤利出席，讨论会总是谈笑风生、气氛活跃，绝对不会出现冷场。1949年的一天，有人在讨论会上提到，发现了π^0介子湮灭成两个光子的事实。听到这个消息后，特勒马上争辩说，这一发现表明，π^0介子的自旋为零。他的论据太简陋，经不起推敲。过后，我想到了这个问题，第二天便找到了正确的选择定则，其结果就是《一个粒子湮灭成两个光子的选择定则》一文。
>
> ……这是我在对称原理方面发表的第二篇论文。[1, 15—16]

第一篇对称原理方面的论文，应该是他的博士论文。

在芝加哥大学的这段经历，杨振宁体会最深刻的是，研究必须是自己发展出来的研究课题。他曾经说：

> 芝加哥大学的这一段经历使我学会自发地研究东西。自发研究比较容易发展，这是我自己的经验。以后我的研究多半是自发做的。〔1〕

以后杨振宁在不同场所，一再强调他的这一深刻体会。

---

〔1〕 2009年7月6日在清华大学高等研究院杨振宁办公室采访时的录音记录。

第四章　普林斯顿高等研究所（1949—1966）

从 1949 年到 1966 年，杨振宁在普林斯顿高等研究所工作了 17 年。这 17 年是杨振宁的学术黄金时期：1954 年，他与米尔斯合作提出了杨—米尔斯规范场理论，这使得杨振宁成为 20 世纪继爱因斯坦、狄拉克之后的又一位写出奇妙的能量基本结构方程的理论物理学家，并于 1994 年为此获得了北美地区奖金额最高的科学奖——鲍尔奖；1956 年他与李政道合作提出在弱相互作用中宇称不守恒的理论，为此他和李政道获得了 1957 年诺贝尔物理学奖。这一时期他总共发表了 110 多篇学术论文，在粒子物理学和统计力学两个领域获得了重要的研究成果。

在这一时期的开始，杨振宁还认识了杜致礼小姐，并且在 1950 年 8 月 26 日与她喜结秦晋之好；他们的三个孩子杨光诺、杨又礼（女）和杨光宇，也是他在普林斯顿工作时期先后来到人世。

一、来到高等研究所

杨振宁到普林斯顿起因于奥本海默的一次演讲。

奥本海默是美国著名的理论物理学家，在第二次世界大战中，由于在研制人类第一颗原子弹过程中做出卓越的贡献，被人们称为“美国原子弹之父”。奥本海默于 1925 年毕业于哈佛大学物理系，1925 年到 1926 年，

普林斯顿高等研究所所长奥本海默，1962年摄于日内瓦。

到英国剑桥大学卢瑟福的手下进修；1927 年又到德国哥廷根大学在马克斯·玻恩的指导下进修。1928 年回到美国，把量子力学也带到了美国。在 20 世纪 30 年代，他对于美国理论物理学有重要的贡献，所有那时候美国年轻的理论物理学家基本上都出自他的门下，形成了一个颇有名气的物理学学派。

杨振宁曾经说："毫无疑问，从 30 年代至'二战'初期，美国的理论物理中心是环绕在奥本海默的周围。"[107，109]

奥本海默第一个提出电子有电子的反粒子，质子有质子的反粒子，它们是完全不同的粒子，从而纠正了狄拉克的错误；他最重要的贡献是提出了黑洞理论，可惜的是在他 1967 年因癌症去世时，黑洞理论还没有得到科学界普遍的承认。

在第二次世界大战期间，他被美国陆军的格罗夫斯将军选中，担任研制原子弹的洛斯阿拉莫斯实验室的总负责人。战后于 1947 年开始担任普林斯顿高等研究所所长。

1949 年春，奥本海默应邀到芝加哥大学做学术演讲。当时奥本海默已经不再继续做研究，但是他非常关注物理学前沿的发展，并且经常向物理学家们介绍这些前沿的研究。这一次他到芝加哥大学演讲的内容，是当时非常热门的量子电动力学重整化（renormalization）问题，而在芝加哥大学，费米、特勒等人都没有在这方面做什么研究。杨振宁当时大约觉得这一研究很有意思，因此对奥本海默的演讲很有兴趣，不由动了心想到普林斯顿去工作一段时间。于是，他请费米和特勒为他写封推荐信给奥本海默。他们很高兴地为杨振宁写了推荐信。杨振宁在回忆中说：

> 1949 年春，我请费米和特勒把我推荐给普林斯顿高等学术研究所所长奥本海默，因为我申请到那里去做博士后。费、特两人好心地满足了我的要求。我接到聘书时，费米劝我在那里至多待上一年，不要太久，因为他觉得高等学术研究所的研究方向一般说来太抽象。事实上，他和阿里森、特勒一道出面同芝加哥大学当局谈妥，保证在 1950 年把我返聘回来。
>
> 离开芝大时，我清楚地知道，三年半的时间里（1946—1949），我得益于芝大匪浅。不过，我还是热切地盼望到普林斯顿高等学术研究所去，尤其是泡利和朝永振二郎预定将要到那里去访问。同时，在那里还有许多才华出众的青年理论物理学家，如 K. Case（凯斯）、F. J. Dyson（戴森）、R. Jost（乔斯特）、R. Karplus（克普勒斯）、N. Kroll（克劳尔）和 J. M. Luttinger（鲁丁格）等等，他们被认为是重整化理论的活跃分子。[1, 16]

正在办理去普林斯顿高等研究所的同时，中国发生了巨变，共产党在大陆取得了完全的胜利。在这一翻天覆地的剧变时刻，杨振宁自然会非常担心父母全家的安全。在这年6月，他得到一个天大的喜讯：全家平安。杨振宁回忆：

> 1949年，中国发生了巨变。5月25日，国民党人从上海溃退。我深切地挂念着家里的父母兄弟姐妹，他们几个月前刚搬到上海。犹豫了几天，我终于认定，我有权同父母取得联系并探询他们的境况，于是便给父母拍了一封电报。令我喜不自胜的是，第二天迅即收到他们两个字的复电："平安"。这个经历鼓舞着我，在随后中美之间完全疏远的20多年里，我一直同父母保持联系。令人高兴的是，这种联系在后来的岁月中对我起着决定性的影响，包括在中美和解的迹象一经显露我就当机立断决定访问中国这件事。[1, 16—17]

再说奥本海默收到费米、特勒的推荐信以后，很快就给杨振宁寄出了邀请函。1949年秋天，杨振宁就来到了普林斯顿高等研究所。对于杨振

杨振宁，1949年秋摄于美国费城。

宁工作了 17 个春秋的这家研究所，我们先做一个简单的介绍。

1930 年前后，美国富商班伯格兄妹想在普林斯顿区建立一个医学院。教育家弗莱克斯纳（Abraham Flexner）得知后，劝他们与其建一所医学院，不如建一个一流的高等研究所。在这个研究所里只有人数不多的世界一流的研究教授，他们在研究所里有高额的薪水，不受外界任何影响地进行他们自己喜欢的研究。没有学生，没有教室，只有研究教授和来访问的年轻优秀学者。这个明智的建议被采纳了。

开始高等研究所没有自己的办公楼，就借用了普林斯顿大学的教学楼范因楼（Fine Hall）；请来了五位研究教授，三位是受纳粹迫害的科学家：爱因斯坦、外尔（Hermann Weyl，1885—1955）和冯·诺依曼，还有两位是美国著名数学家维布伦（Oswald Veblen，1880—1960）、亚历山大（James Alexander，1888—1971）；后来数学家莫尔斯（Marston Morse，1892—1977）也应聘到这儿工作。除这六位研究教授之外，更多的是短期的访问教授。

关于外尔来到普林斯顿高等研究所，在斯蒂夫·巴特森（Steve Batterson）的《追寻天才》（*Pursuit of Genius*）一书里有一段非常有趣的故事，这故事也反映了外尔的性格——虽然他在科学研究上极有魄力，能够当机立断，但是在日常生活中却常常婆婆妈妈犹豫不决，让人忍俊不禁。1932 年 10 月，普林斯顿高等研究所宣布聘任了两位教授：爱因斯坦和维布伦。爱因斯坦以前就认识外尔，而且知道这人十分了得，就极力向弗莱克斯纳推荐外尔。外尔那时是哥廷根大学知名教授，得知普林斯顿高等研究所要聘任他，十分高兴，于 1933 年 1 月 3 日发电报给弗莱克斯纳，表示愿意接受高等研究所的聘请。但是没有料到第二天他又反悔，说很对不起，他改变了决定不能接受聘请云云；殊不知到第三天他再次改变了计划，说他再三考虑还是决定接受聘请，而且特别声明这一次的决定是最终的决定，不可更改的了。弗莱克斯纳心想，这一次外尔该不会再变卦吧？当他正准备把外尔接受聘请的事通知董事会的时候，1 月 11 日外尔又来电报，说他没有办法把家搬到普林斯顿。

外尔既然不能来，弗莱克斯纳决定聘请年轻的匈牙利数学家冯·诺依曼。冯·诺依曼后来成为 20 世纪在现代计算机、博弈论和核武器等诸多领域内有杰出建树的最伟大科学全才之一，被称为“计算机之父”和“博弈论之父”，为美国做出了巨大的贡献。

说到这儿，外尔的故事还没有完。1933 年 1 月 30 日，正是外尔决定不接受聘请后的第 19 天，希特勒就任德国总理，4 月 7 日宣布新的公务员法令，禁止犹太人在德国的大学任教授。外尔倒不是犹太人，但是和费米一样，他的妻子是犹太人，这样他在德国的前途堪忧。于是他痛恨自己没有在三个月前接受普林斯顿高等研究所的聘请。他万分痛苦地写信给维布伦教授，希望能够到高等研究所来“访问”。后来经过许多周折，总算在 9 月 7 日再一次向外尔发出聘书。这一次外尔没有任何犹豫地接受了聘请。1933 年 10 月，外尔到高等研究所就任教授之职。

从 1933 年 10 月 1 日开始至今，不断有学者来研究所访问，他们或者得到研究所的资助，或者从洛克菲勒基金会申请到基金。我国许多学者如陈省身、周培源、杨振宁、李政道等人都先后在这个研究所工作过。

1939 年，普林斯顿高等研究所的富尔德楼（Fuld Hall）落成，爱因斯坦、外尔等人搬进了新楼房，有了他们自己的办公室。新大楼是一座具有新乔治式风格的砖砌大楼，坐落在英式草坪的中央，树木环绕。

富尔德楼距范因楼只有两三公里，很近，再加上普林斯顿高等研究所的教授已经在范因楼工作了五六年，和大学教授们关系融洽，成了一家人。正如西尔维娅·娜萨（Sylvia Nasar）在《美丽心灵——纳什传》一书中所描述的那样：“……不同学派的学者在一起就像乡里乡亲一样和睦融洽。他们一起进行研究，一起编写学刊，相互出席对方的讲座和研讨会，还一起享用午茶。高等研究所的声誉使大学可以更方便地招募到最出色的学生

和教师，而大学的那个相当活跃的数学系，也像磁石一样吸引住研究所访问或永久在那儿工作的学者。”[70，50]

在刚开办的时候，普林斯顿高等研究所只有数学学术部，后来，研究所又在考古学、历史、美术和经济学几个领域聘任了一些著名学者，于是学术部由一个增加到三个：历史研究学部、自然科学学部和社会科学学部。当1949年杨振宁到这个研究所时，研究所的终身研究教授约有20位，都是世界一流的知名学者，他们在各自研究的领域里领导着该领域的发展方向。这20多位终身研究教授，构成了研究所的核心力量。杨振宁曾经回忆过在这儿的一些情形：

> 1949年秋天，我到了普林斯顿。普林斯顿高等研究所只有约20位教授，都是知名学者。研究方向有数学、理论物理和历史。最有名的学者，当然是爱因斯坦。大家公认历史上最伟大的两个物理学家就是牛顿和爱因斯坦。1949年爱因斯坦已经退休了，不过每天仍然到办公室去。我们年轻人不大愿意去攀谈，因为怕给他添麻烦。有一天，他叫助手来找我去跟他谈谈，因为他看到我和李政道写的一篇文章，是关于统计力学的。他在年轻时候做的工作有两个主要的方向：一个是电磁学，一个是统计力学。所以他一直对统计力学很有兴趣。他找我去谈了不少时候。爱因斯坦那时讲的英文夹了许多德国字。我不懂德文，而我去看他的时候又很紧张，所以我跟他谈完出来后，别人问我爱因斯坦跟我说了些什么，我竟讲不清楚。[3，37—38]

关于杨振宁与爱因斯坦见面的过程，杨振宁的回忆似乎有误。以后还会涉及这次见面，这儿就不多写了。虽然爱因斯坦和杨振宁接触不多，但爱因斯坦却是杨振宁最敬佩的科学家之一。他后来写过不少文章介绍爱因斯坦卓越的贡献和分析其贡献的重大价值，如《爱因斯坦与三次物理思想革命》、《几何与物理》、《爱因斯坦对理论物理学的影响》、《爱因斯坦和现代物理学》等。

爱因斯坦在普林斯顿高等研究所，背景为富尔德楼。

1966 年 3 月，在美国举行爱因斯坦邮票发行仪式上的讲话中他说：

我自己作为一名年轻的物理学者来到普林斯顿的初期，曾经有幸聆听他的讲演，并曾数次和他讨论问题。……我在这里作为爱因斯坦的一个崇拜者发言，他是我们这个时代最伟大的物理学家；与牛顿一道，是历史上两位最伟大的物理学家。

……爱因斯坦的工作表露出他有深刻的物理洞察力。他有强烈的美感和结构感。他既大胆而富创造性，又沉着当仁不让。

……爱因斯坦自己就是追求科学所需要的力量和毅力的象征，他的研究工作是他之后的科学家的灵感和勇气的源泉。[1，163—164]

对于这样一位被他崇拜的人物，杨振宁当然想找机会拍一张照片作为永久纪念，但爱因斯坦太忙，杨振宁不愿意随意打扰他。但机会终于来了，1954 年的一天，杨振宁乘爱因斯坦有空闲的时机，拍下了一张爱因斯坦与他的大儿子杨光诺的照片；可惜的是，他自己没有趁此机会与爱因斯坦合影。第二年，爱因斯坦就因病去世了。

在普林斯顿工作期间，杨振宁并没有像他原来设想的研究量子电动力学重整化的问题。其中原因很值得我们注意。一方面杨振宁知道重整化中主要的问题都已经被施温格、费曼（R. P. Feynman，1918—1988，1965 年获得诺贝尔物理学奖）和戴森等人解决了，再到里面做，没有新的想法，即使花大力气研究，也不会有什么新的结果。除此之外，我想还有一个重要的原因，杨振宁一直是一位十分看重物理学之美的大师，重整化在他看来也许根本没有内在的美，这个理论似乎只是一个临时建立的、权宜的技巧，不会是真正的物理学理论，以后会被更加深刻的理论代替。当时持有这一看法的还不止杨振宁一人，可惜这一看法至今尚未得到证实；而且，后来证实规范理论能够用到强相互作用中，也还是得益于重整化的算法。从这一选择可以看出，杨振宁一直重视自己喜爱的、自发的研究课题，而不会随意追逐热门课题。这正是杨振宁此后一贯向年轻物理学者强调的。

德国数学家赫尔曼·外尔。

在普林斯顿他还见到了心仪已久的数学大师赫尔曼·外尔。外尔是德国数学家，他不仅在数学而且在理论物理学中都有许多开创性、奠基性的业绩，在群论方面，他的开创性研究对杨振宁有很大的影响。杨振宁于1985年在《外尔对物理学的贡献》一文里写道：

外尔的理论已经成为规范理论中的一组美妙的旋律，当我在做研究生，正在……学习场论时，外尔的想法对我有极大的吸引力。

……1949年，当我作为一个年轻的“成员”来到普林斯顿高等研究所时，我遇见了外尔。在1949—1955年的那些年月里我常常看到他。他非常平易近人，但是我现在已不记得是否与他讨论过物理学或数学了。在物理学家中没有人知道他对规范场思想的兴趣是锲而不舍的。无论奥本海默还是泡利都从未提到过这一点。我猜想他们也没有把我和米尔斯在1954年发表的一些文章告诉他。如果他们告诉了他，或者他由于某种原因偶然发现了我们的文章，那么我会想象得出，他一定会很高兴，而且是很激动的。因为我们把他所珍爱的两件东西——规范场和非阿贝尔李群放在一起了。[1，494—495]

杨振宁还强调指出：

作为一个物理学家和哲学家，外尔在空间、时间、物质、能量、力、几何、拓扑等方面写了大量文章，它们都是一些关键性的概念，为现代物理的创立奠定了基础。当阅读外尔的文章时，看到他如此努力地通过数学构造去解开物质和空间结构之谜，我总是感到震惊。我们在他的1924年的一篇题为《什么是物质？》的文章中可以找到一个很有趣的例子。在这篇文章中他提出了关于物质中拓扑结构的问题，这是目前极为风行的一个课题。

外尔的文章写得很美，我不知道他是否也写过诗，但是他确实很喜欢读诗。1947年，在他的《数学和自然科学中的哲学》一书的前言中他引用了艾略特的诗：

少年时离开家乡，
随着我们年龄的增长，
世界变得陌生，
死和生的模式更是错综复杂。

我敢说，如果外尔回到今日的世界，他会在物理学和数学的那些激动人心、错综复杂以及详尽的发展之中，发现有许多基本的东西他是十分熟悉的，他帮助创立了它们。[1，497]

杨振宁原来打算只在普林斯顿高等研究所工作一年，但奥本海默十分欣赏这位年轻的中国学者。据杨振宁自己说，那时在普林斯顿高等研究所的博士后很多，有二三十人，奥本海默决定留他，很可能是因为他欣赏杨振宁有自己的兴趣，有自己的看法，不随意追逐热门课题。因此一年结束之后，到了1950年春，奥本海默给了杨振宁在高等研究所为期五年的聘书。

经过一段时间的思考后，杨振宁最后决定留在普林斯顿高等研究所。

关于奥本海默挽留杨振宁，还有另一方面的原因，那就是奥本海默出任普林斯顿高等研究所所长之职以后，决心对这个研究所来一次大的改革。1935年奥本海默曾经访问过这个研究所，但是并没有给他留下深刻的印象，他在当时给弟弟弗兰克（Frank Friedman Oppenheimer，1912—1985）的一封信中写道："普林斯顿是一个疯人院，那些闻名于世的知识分子在这块荒地上唯我独尊。"[53，136]

奥本海默当时大约没有想到，自己在12年之后会被任命为这个研究所的所长。他接受任命以后，决心对研究所来一次重大改革。当时研究所的思想家们大多年龄偏大，而且相互之间可以说是"鸡犬相闻，老死不相往来"，非常缺乏合作研究精神。盖尔曼（Murray Gell-Mann，1929—2019，1969年获得诺贝尔物理学奖）曾经在这儿待过一段时间，他说："这所高等研究所在传统上就没有合作的精神。它成立时的初衷就是让一些顶尖的思想家们在这儿不受任何外界干扰地独立思考。但是到了当今时代，这种方式已经没有效率可言。爱因斯坦也许另当别论，他已经和当代物理学的主流脱节。他不需要和别人讨论什么，因为年轻人对他的思考已经没有兴趣，他对别人的想法同样也没有兴趣。但是对其他人来说，只有合作才能获得成果。"[53，144]

作家埃德·瑞吉斯（Ed Regis）在《谁能取代爱因斯坦的位置？》一书中指出："奥本海默作风果断，在历任所长中可以说是绝无仅有。他肯定会更加重视物理学，这是毫无疑问的，但是他更加重视的是成员的年轻化。这一点倒是颇得所里的一些'元老'的赞成。例如爱因斯坦就曾经担心聘用年龄大的人'会使得研究所变成养老院'。奥本海默雷厉风行，引进了不少的年轻的干才，其中有派斯、戴森、李政道和杨振宁等人。奥本海默似乎有神明在保佑，在他引进的几位中，杨振宁和李政道到研究所不过几年，就推翻了一个自然界的'定律'——宇称守恒定律，获得诺贝尔

物理学奖。”[53，140]

奥本海默对普林斯顿高等研究所的改革，的确给这个研究所带来很大的生机，一时真可谓人才济济，有一个例子值得一说。我们知道巴丁（John Bardeen，1908—1991）、库珀（Leon N. Cooper，1930— ）和施里弗（John R. Schrieffer，1931—2019）三人因为“发现了被称为 BCS 理论的超导理论”，于 1972 年获得诺贝尔物理学奖。其中库珀对 BCS 理论的贡献有一段故事，这是莉莲·霍德森（L. Hoddeson）和维基·戴奇（V. Daitch）在《旷世奇才巴丁传》一书中写下的。那是 1955 年，巴丁在研究超导理论的关键时期发现场论对于他们的研究非常重要，但是巴丁只有有限的场论知识，于是他一直在寻找一位“精通场论并愿意从事超导研究的人”。这年春天，巴丁打电话给在普林斯顿高等研究所的杨振宁，请他推荐一位合适的人选。霍德森和戴奇写道：“杨振宁推荐了当时已经在研究所做了一年博士后的库珀，库珀在‘使用最新和最流行的理论技巧方面’（当时包括费曼图、重整化方法以及泛函积分）走在最前沿。”[84，223]后来，库珀在与巴丁、施里弗合作研究超导中果然起了关键的作用，并因此获得诺贝尔奖。

二、海外姻缘

当杨振宁在 1949 年秋天离开相处四年的导师和同学、朋友时，费米曾经十分认真地对杨振宁说过，“普林斯顿高等研究所是一个很不错的研究机构，但是不宜长久待在那儿。因为这个研究所的研究方向太理论化，很容易向形式主义转变，最后与物理学的实际问题脱离关系”，还说那儿“有点像中古的修道院”。

杨振宁十分钦佩费米的物理成就和科学风格，所以他把费米临别前的告诫深深记在心中，也只打算在普林斯顿待一年，然后就离开那儿回芝加哥大学。但到了1950年春季，为什么杨振宁突然改变了决定，又继续留下来了呢？实际上是因为杨振宁与1949年圣诞节前不久遇见的杜致礼小姐谈起了恋爱。杨振宁在回忆中说：

> 1950年初奥本海默聘我长期留在普林斯顿研究所。考虑了好久，我决定留下。倒不是因为奥本海默坚留，也不是忘记了费米的话，而是因为那时我在date杜致礼。“date”香港好像叫“拍拖”。她那时在纽约念书，离普林斯顿很近。所以我就留下了。[3，38]

事情就这么简单。不仅留了下来，而且一留就留了16年。一个人的一生，往往被偶然发生的事件所左右。

杨振宁在异国他乡遇见杜致礼，实在有“奇遇”之感。1949年圣诞节假期的一天，杨振宁与年轻的同事、理论物理学家鲁丁格一起，到普林斯顿维特史朗街一家中国餐馆茶园餐厅吃饭。突然，杨振宁见到一位举止端庄、面目清秀的东方女孩子向他这个方向走来。这位美丽、气质不俗的姑娘看起来20多岁，没有想到她走到杨振宁的身边，竟然向他问起好来。已经在海外生活了四年的杨振宁，突然间听到一位姑娘用中国话向他问好，心中不免又惊又喜。开始他愣了一下，但很快他就认出这个身材苗条、似曾相识的姑娘，是他在西南联大附中教过的一位学生，叫作杜致礼。

杨振宁在回忆他与杜致礼偶然相遇的事时，谈到一些有趣的“争论”：

> 我同鲁丁格当时都是单身汉，二人一起到普林斯顿的维特史朗街上新开的“茶园”餐厅去吃饭，就在那里我与致礼不期而遇了。那天究竟是我先认出她来？还是她先认出我来？自那时起在我们家就成了一个争论不已的话题。[41，296]

杜致礼小姐是国民党高级将领、著名爱国人士杜聿明将军的长女。1924年6月，杜聿明考入孙中山先生创办的黄埔军官学校，成为军校第一期的学生。参加过东征、北伐和伟大的抗日战争，从长城古北口抗战、昆仑关战役到远征缅甸抗日，他都屡立战功，为国家民族做出了重要的贡

杜聿明将军（右）和夫人曹秀清（中）、长女杜致礼，摄于1932年。

献。尤其是1939年底在广西昆仑关的一场血战，是抗日战争中一次著名的战役。杜聿明是当时国民党唯一一个机械化军——被誉为“铁马雄狮”的第五军——的代军长，而战场上他的对手是号称“钢军”的日本板垣征四郎师团。这次战役，在杜聿明的指挥下，从12月17日开始，一直打到12月31日，终于以中国军队获得重大胜利而结束。昆仑关一战，日本“钢军”的12旅团长中村正雄被击毙，士兵死亡4000余人，中国军队还缴获大量武器弹药。捷报传出，举国欢腾，杜聿明将军亦声名大振。

1944—1945年，当杜聿明忙于战务时，他的长女杜致礼在云南昆明西南联大附中读书，认识了教她数学的杨振宁。那时，杜致礼还是一个读高中的花季少女，已读完硕士的杨振宁也许并没有太在意这位比他小五六岁的秀气女学生。可是当六七年之后杜致礼出现在杨振宁面前时，就是另一番情景了。

1946年，杜致礼考上了北平辅仁大学外文系，这是一所在北平很有名气的教会大学。1947年6月，卷入内战的杜聿明，在与解放军的战斗中屡遭败绩，虽日夜谋划仍一筹莫展。原来就患有肾结石的杜聿明将军，忧郁成疾，不能视事。于是他致电蒋介石，请准许他先到上海治疗，再出国治病。7月8日，这位东北保安司令长官离开东北，来到上海。杜致礼原来准备与父亲一起到美国，一来可以照料父亲，二来可以在美国求学。蒋介石开始允许杜聿明到美国治病，连出国护照都已经办好了。但不幸的是，在他还没有出国暂居上海治疗期间，有一次一位美国记者采访了他，蒋介石对杜聿明回答记者的话十分不满，就突然派人告诉他，不准他出国。杜聿明知道事情不好，连忙让女儿一个人赶快到美国去。杜致礼只好一人到美国求学。1948年6月，杜聿明病体康复，又被委任为徐州“剿总”副司令兼第二兵团司令官。1949年1月，杜聿明被人民解放军俘虏。

在美国读书的杜致礼当然并不知道父亲的遭遇，还以为父亲已经去世了。杜聿明的夫人曹秀清曾回忆：“1949年1月，国民党军队在淮海战

杜致礼，摄于1947年。

役全军覆没，传到后方的消息是光亭（杜聿明字）‘生死不明’，留下一位老母亲、六个孩子和我，八口人。当时国民党如惊弓之鸟，纷纷迁逃台湾。我以为光亭多年给蒋介石卖命，才遭此厄运。我在大陆无依无靠，跟着到台湾总可以得到一些照顾，就把全家搬到了台湾。哪知到台湾后，家庭生活和子女教育无人过问，全靠我自己东奔西跑，找光亭老同学、老同事帮忙说情，才勉强将子女安置进学校读书。后来，台湾当局派人来调查我子女的学籍学费问题，他们造谣说：‘杜聿明被共产党杀害了，要给烈士神位。’这才给子女补助学费。”[59，164—165]

杜聿明的遭遇，也影响到了杜致礼。她原先打算进蒋介石夫人宋美龄介绍的卫斯理女子学院学习她颇有兴趣的英国文学。卫斯理女子学院在美国东南部佐治亚州的梅肯市，是一所世界上最老的特许创办的女子学院。

杨振宁和杜致礼结婚照，摄于1950年8月26日。

这所学院是一所贵族学院，学生过的是一种豪华的生活，因此学费也很昂贵。杜致礼的家庭遭此巨变，她的学费就突然没有着落，于是只好临时改变主意，进入纽约一所不出名的圣文森学院完成自己的学业。当时她根本没有想到，由于家庭不幸所造成的改变，居然为自己获得了一桩美好的姻缘。

在茶园餐厅偶然相遇以后，两个年轻人的心中都激起了美好的回忆和由之而来的阵阵心潮的激荡。杨振宁很快爱上了这位朴实秀丽的学生，而杜致礼一人漂泊在异国他乡两年多，也希望有一个有力的男人呵护她，此时杨振宁不仅学有所成，而且人品极好，于是她逐渐将自己的心交给了她信任的杨振宁。他们认识八个月后，于 1950 年 8 月 26 日在普林斯顿结了婚。这年杨振宁 28 岁，杜致礼 22 岁。

杨振宁的婚姻大事，也一直是他父亲杨武之时刻关注的大事。杨振宁在《父亲和我》一文中曾经写道：

> 父亲对我在芝加哥读书成绩好，当然十分高兴。更高兴的是我将去有名的普林斯顿高等研究所，可是当时他最关心的不是这些，而是我的结婚问题。1949 年秋吴大猷先生告诉我胡适先生要我去看他。我小时在北平曾见过胡先生一两次，不知隔了这么多年为什么在纽约会想起我来。见了胡先生面，他十分客气，说了一些称赞我学业的话，然后说他在出国前曾见我父亲，父亲托他关照我找女朋友的事。我今天还记得胡先生极风趣地接下去说："你们这一辈比我们能干多了，哪里用得着我帮忙！"
>
> 1950 年 8 月 26 日，杜致礼和我在普林斯顿结婚。我们相识倒不是由胡先生或父亲的朋友所介绍，而是因为她是 1944 年到 1945 年我在昆明联大附中教书时中五班上的学生。当时我们并不熟识。后来在普林斯顿唯一的中国餐馆中偶遇，这恐怕是前生姻缘吧。50 年代胡先生常来普林斯顿大学葛斯德图书馆，曾多次来我家做客。第一次来

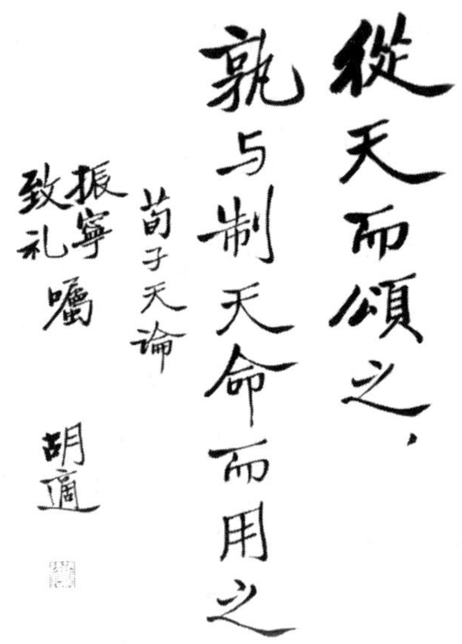

胡适于50年代初为杨振宁夫妇题的字。

时他说："果然不出我所料，你自己找到了这样漂亮能干的太太。"[3，10—11]

其实关注杨振宁婚姻大事的还不只胡适，还有西南联大时的老师吴大猷。吴大猷1946年离开北京大学，来到美国做访问教授。1947年到1949年在哥伦比亚大学任研究员，杨振宁来到普林斯顿的时候，吴大猷还在哥伦比亚大学任职。杨振宁有一次拜访老师，吴大猷夫妇对年已27岁的杨振宁的婚事十分关心，就主动给他介绍一位名叫张元萝的女孩子。江才健在《杨振宁传——规范与对称之美》里介绍说："张元萝的生父叫袁敦礼，是中国体育教育创始的人物之一，袁敦礼还有一个弟弟叫袁复礼，曾经做过北京图书馆的馆长。袁敦礼和张元萝的张姓养父母很熟，看他们没有子女，就把张元萝过继给了他们。吴大猷和吴太太由于跟张元萝的养父母是熟朋友，于是把当时还在念高中最后一年的张元萝介绍给了杨振宁。"[16，140]

杨振宁与张元萝认识以后曾经看过这位女孩子几次。这事被芝加哥大学的同学知道后，有人开玩笑说："杨振宁怎么和一位还在念高中的女生做朋友呢？"以后他们就没有继续往来。

杜致礼的大弟弟杜致仁在普林斯顿一所中学念书，有时她会来看望弟弟。1949 年 12 月底的一天，在她看望弟弟的途中，月老让她遇到了昔日的老师杨振宁。这就是"缘分"。

大约是第二天，杨振宁就有些迫不及待地给杜致礼打电话，约她出来看电影。以后经过一段时间的接触，他们渐渐走到了一起。最后在 1950 年的 8 月，他们走进了婚姻的殿堂。

杜致礼酷爱音乐，她原来希望学习音乐，但长年在沙场征战的父亲却认为音乐对一直处于战争、动乱的中国"用处不够大"，并且希望她能够学习英文。再加上在抗日战争中的大后方，到处是贫穷和轰炸，哪儿有什么条件满足她的音乐爱好？"作曲家"之梦只能是可望而不可求的了。但杜致礼似乎一生都没有忘记她少年时美好的追求和梦想，她曾经对记者说："如果让我重新选择，我还会学音乐。"

杜致礼钟情于音乐，在家庭里得到了很好的回应。杨振宁虽然不像欧美许多科学家那样长于乐器，却能经常与杜致礼一起欣赏巴赫、贝多芬的古典乐曲，现代音乐也常常吸引他。爱因斯坦常常说拉小提琴时会激发他的灵感，我们不知道杨振宁对巴赫和贝多芬的美妙乐曲的欣赏是否会给他的对称性思考带来帮助。如果有，杜致礼功莫大焉！

在杜致礼的影响下，他们的三个孩子从小就受到艺术的熏陶，她让他们学琴，学绘画；他们的女儿杨又礼常常在学习劳累之余弹几分钟钢琴，松弛一下紧张的神经。杜致礼开心地说："学音乐，这样也就够了。"

杜致礼还喜爱欣赏雕塑，这不仅影响了三个孩子，也影响了杨振宁。谈起雕塑，杜致礼可以如数家珍地谈论她喜欢的雕塑大师和他们的作品。有一次她对采访她的记者们说，好的抽象雕塑让人百看不厌，还说："好

1951年，杨振宁夫妇在普林斯顿高等研究所宿舍门前，杨振宁抱的是长子杨光诺。

1955年，杨振宁与杜致礼在旧金山。

的艺术品都极昂贵，买不起的，所以要上博物馆去看呀！”三个孩子常常由妈妈带去逛博物馆；孩子长大以后，她和杨振宁还是时常去博物馆欣赏雕塑作品，她还十分高兴地说：“现在振宁一到博物馆，就知道我喜欢哪些作品。”

1982年初杨振宁在香港中文大学做名为“对称与20世纪物理学”的演讲时，曾经列举了许多古老的雕塑作品来阐明“到底对称观念是怎样起源的”这一问题，人们常常由此赞叹杨振宁对艺术的了解。我们猜想，他的夫人杜致礼恐怕给了他不能忽视的影响。

回首50多年前的往事，我们不能不同意一位记者的话：“一板一眼的科学家与纤细的文学心灵，却度过了53年‘恰恰好’的婚姻生活。杜致礼反而觉得‘两个物理学家结婚’，上班下班都是谈物理，岂不枯燥？”[27，231]

1997年，当杨振宁夫妇参观我国著名雕塑家吴为山的作品展览时，吴为山对杨振宁说：“您是我从小就崇拜的偶像。考大学的时候我两次报考理科，可惜都由于一分之差落榜。”杜致礼高兴地说：“幸亏落榜，否则我们就少了一个天才的雕塑家！”〔1〕

三、规范场理论

规范场（gauge field）的思想是受爱因斯坦引力场理论的影响而产生的。爱因斯坦的引力理论建成之后，他开始花费很大的精力统一当时已经熟知的引力场和电磁场。他曾经说：“存在着两种相互独立的空间结构，就是引力度规和电磁度规，这两种场都必须符合与空间的统一结构。”[1，324]

---

〔1〕　中央电视台《东方之子》栏目：《吴为山教授：心灵的诉说和与历史对话》，2003年8月13日及次日。

这个统一理论最终未能获得成功。

但是爱因斯坦坚持统一场论的工作也产生了某些直接的结果。1918年，外尔提出规范不变性思想，这一想法虽然在提出后不久就被迫放弃了，但是外尔的“局域规范对称性思想”还是保留了下来，并且随着量子力学的出现而获得了新的意义。

规范理论的现代思想起源于杨振宁和米尔斯（Robert Mills，1927—1999）1954年发表的两篇论文。为了能够理解杨—米尔斯规范场理论，我们先得从守恒定律与对称性讲起。

1. 守恒定律与对称性

我们这里首先对守恒和不变性之间的关系做一点解释。在学习高中物理时，每个中学生都要学到好几个守恒定律，如能量守恒定律、动量守恒定律、角动量守恒定律、电荷守恒定律等。物理学中的守恒定律其实远不止高中物理中的那几个。物理学家对守恒定律有一种特殊的偏爱，因为守恒给了我们一种秩序和美感。在一个特定的系统中，不论发生了多么复杂的变化，如果有一个量（如能量、动量）在变化中始终保持不变，那么这种变化就在表面的杂乱无章中呈现出一种简单的关系，这不仅有美学的价值，而且具有重要的方法论意义。高中学生都能体会到，如果一个力学问题用牛顿三定律来解决，有时得经过极繁杂的受力分析和计算才能解出，但如果可以用守恒定律，那就可以避免中间转换过程繁复的计算，直截了当地取初态和终态的状况，迅速而简洁地解出所需的答案。每当这时，解题的中学生就会感到十分惬意和痛快。这就是守恒定律的美妙之处。在物理研究中，守恒定律的运用，也往往给物理学家带来意料不到的和巨大的成功。

守恒的普遍性和重要性，引起了物理学家们的深思：在守恒定律的背后，有没有更深刻的物理本质？到20世纪初，数学家和物理学家才终于认识到，某一物理量的守恒必然与某一种对称性相联系。德国著名数学家埃米·诺特（Amalie Emmy Noether，1882—1935）对此做出了重要的贡献。

埃米的父亲马克斯·诺特（Max Noether，1844—1921）也是一位数学家，在数学几何方面有很深的造诣，他一直在德国的埃尔朗根大学任数学系教授。1900年冬季，埃米·诺特考入埃尔朗根大学，先是学习历史，1904年才正式进入数学系学习，1907年通过博士学位考试。她的导师是研究不变量、代数方程和群论的著名数学家哥尔丹（Paul Gordan，1837—1912）。诺特的才干后来受到哥廷根大学的数学大师希尔伯特（David Hilbert，1862—1943）的重视，1915年他向校方申请以"私人讲师"的身份聘请诺特在哥廷根大学讲课。但是那时德国对妇女的偏见十分严重，希尔伯特的这一申请没有得到批准，诺特只得以希尔伯特的名义"代课"。希尔伯特对此极为愤怒，在一次评议会上气愤地说："我无法想象候选人的性别竟然成了反对她受聘的理由，别忘了，我们这里是大学评议会而不是浴室。"直到1919年诺特才被聘为讲师。在这之前的1918年5月，诺特发现了一个伟大的定理——"诺特定理"。诺特定理的表述如下：

> 对称对应于守恒。直线运动所产生的对称相当于动量守恒，转动的对称性质相当于角动量守恒，而时间对称则相当于能量守恒。换句话说，大千世界种种运动之所以产生守恒性，是因为事物内部存在着对称性。

诺特定理横空出世，一时震动了整个物理学界和数学界。爱因斯坦看了诺特寄给他的文稿后，于1918年5月24日写信给希尔伯特："昨天我收到埃米·诺特小姐关于不变量形式（invariant forms）的很有意思的论文。它使我很惊讶的是可以用这么普遍的观点对待这些事物。如果哥廷根的保守派吸收她的一个或两个观点的话，肯定不会有害处。她当然知道自己正在干什么！"[129，下册 186]

1933年1月30日，希特勒上台伊始就迫不及待地开始迫害犹太人。诺特是犹太人，很快被解雇。在爱因斯坦、外尔等人的帮助下，诺特来到美国。

1935年4月10日，星期三，诺特因为子宫肌瘤决定入院手术。人们万万没有料到的是，由于某些疏忽引起手术后感染，诺特于4月14日星期日不幸去世，享年53岁。一位正富有创造力的天才就这样陨落了。

5月4日爱因斯坦在《纽约时报》发表了悼念诺特的文章：

> 诺特以前在哥廷根工作，近两年在布林莫尔学院执教。根据现在权威数学家判断，诺特小姐是自妇女开始受到高等教育以来最杰出的和最富有创造性的数学天才。在最有天赋的数学家们辛勤研究了几个世纪的代数领域中，她发现了一套方法，现代年轻数学家的成长已经证明了这套方法的巨大意义。通过她的方法，纯粹数学成为逻辑思想的诗篇……。在努力达到这种逻辑美的过程中，你会发现精神的法则对于更深入地了解自然规律是必需的。

杨振宁在1957年12月11日做的诺贝尔讲演中曾经详细谈到了诺特定理。他指出：

> 一般说来，一个对称原理（或者一个相应的不变性原理）产生一个守恒定律。……这些守恒定律的重要性虽然早已得到人们的充分了解，但它们同对称定律间的密切关系似乎直到20世纪才被清楚地认识到。……随着狭义相对论和广义相对论的出现，对称定律获得了新的重要性：它们与动力学定律之间有了更完整而且相互依存的关系，而在经典力学里，从逻辑上来说，对称定律仅仅是动力学定律的推论，动力学定律则仅仅偶然地具备一些对称性。并且在相对论里，对称定律的范畴也大大地丰富了。它包括了由日常经验看来绝不是显而易见的不变性，这些不变性的正确性是由复杂的实验推理出来或加以肯定的。我要强调，这样通过复杂实验发展起来的对称性，观念上既简单

德国数学家埃米·诺特。她在1918年首先把不变性原理（或对称性原理）和守恒定律联系在一起。这种联系现在称为诺特定理，是物理学中的基本定理之一。

又美妙。对物理学家来说，这是一个巨大的鼓舞。……然而，直到量子力学发展起来以后，物理的语汇中才开始大量使用对称观念。描述物理系统状态的量子数常常就是表示这系统对称性的量。对称原理在量子力学中所起的作用如此之大，是无法过分强调的。……当人们仔细考虑这过程中的优雅而完美的数学推理，并把它同复杂而意义深远的物理结论加以对照时，一种对于对称定律的威力的敬佩之情便会油然而生。[3，122—123]

杨振宁的这段话言简意赅，但对没有较多物理学知识的人来说似乎有点抽象，不大容易懂。其实，在中学物理学中，有很多有关对称性方面的定律，只不过没有用“对称性”（symmetry）来描述罢了。例如，能量守恒定律与“时间平移对称性”相联系，即物理规律在某时刻成立，那么在另一时刻它也还是成立；与动量守恒相关的是“空间平移对称性”，即某一规律在中国武汉市成立，那么在美国的普林斯顿照样成立；角动量守恒则与“空间转动对称性”相联系，即物理规定不会因为空间转动而改变，在空间站绕地球转动时，在空间站里的物理规律不会发生改变。每一个守恒定律，都对应着一种对称性。在20世纪30年代以后，对物理学家来说，这已经是一种常识，一种极其有价值的理论和工具。人们可以利用已知的守恒定律，去寻求更深层次的对称性，发现宇宙间更深刻、更美妙的奥秘。

下面我们讲的内容将要涉及“规范不变性”，它涉及比较多和比较深奥的物理学、数学知识，我们不能讲得太深入，只能简单地介绍一下。

物理学中有两类不同的对称性：一类是整体对称性（global symmetry），一类是局域对称性（local symmetry）。这是两类性质很不相同的对称性。整体对称性听起来好像气势更宏大更重要，实际上局域对称性在物理学理论中蕴含十分严格的要求，更深刻地指向自然界的统一性质。

举个例子，一个理想的球体（比如一个充满了气的气球），当这个球

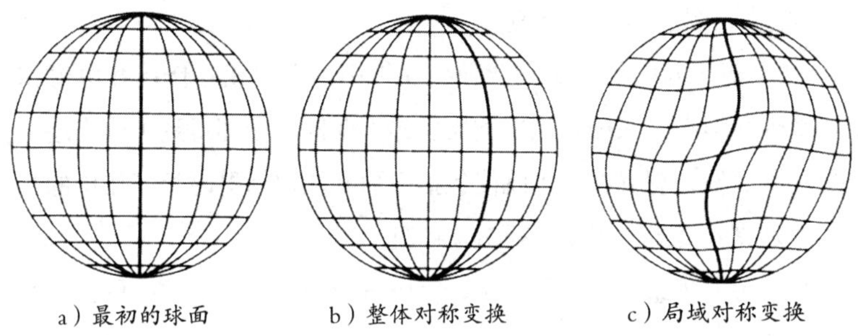

理想球体与整体对称性和局域对称性。

体绕通过中心的一根轴转动时，球面上任何一点，无论是靠近轴的点，还是在球面赤道上的点，转动的角度都完全相同。那么这种转动叫整体变换，球面上各点对于这种变换具有一种整体的对称性。整体对称性实际上是一种比较简单的对称性，在这种变换下，不产生新的物理效应。而与整体对称性相对应的局域对称性就复杂得多，它是一种更高级的、更深刻的对称性。还是以刚才提到的球面为例，它要求球面上每一点都完全独立移动，而球面形状依然保持不变（见上图）。以气球作为例子，如果发生了局域变换，球面上有的地方会收缩，有的地方则会拉长。这也就是说，在局域对称变换时球面上各点之间会发生作用力（在这一特例中是弹性力）。〔1〕

类似地，不同的自然规律在局域变换下保持不变，往往要求引进一种基本力场，例如在麦克斯韦方程组里，从整体对称性向局域对称性过渡后，就可以描绘电磁相互作用的起源。德国数学家外尔在这方面做出了重要的开拓性贡献。这以后，物理学家似乎有理由猜测其他相互作用也同样可以产生于其他某种局域对称性。

---

〔1〕　这一段参考了《极微世界探微》（张端明著，湖北科技出版社，2000 年）第 126—127 页内容，插图取自该书第 126 页。

2. 规范场概念的早期历史

20 世纪初，人们只认识到两种相互作用：引力相互作用和电磁相互作用。爱因斯坦在广义相对论中利用坐标不变性的处理得到了引力理论，外尔受到了启发，想寻找一个既能包括引力又能包括电磁相互作用的几何理论，于是深入地研究了麦克斯韦方程组。

麦克斯韦方程组不仅仅给出了计算由电荷或磁场产生的电场，以及由电流产生的磁场的方法，还给出了电磁学里一个重要的守恒定律——电荷守恒。根据诺特定理，电荷守恒应该对应一种对称性。外尔就想：与电荷守恒对应的是什么对称性呢？1918 年前后，他发现电荷守恒不仅仅具有一种整体对称性，它还涉及每个点的局域对称性。正如英国牛津大学物理学家克里斯蒂娜·萨顿（Christine Sutton）在《隐对称性：杨—米尔斯方程》一文中所说："麦克斯韦方程组的一个优美之处就是它们保证了电荷的局域守恒性，而且它们是通过电磁力行为中的固有的对称性达到这一点的。"[35，208]

电磁场具有局域对称性，即电磁场的每一点都具有某种使麦克斯韦方程组保持不变的数学特性。外尔在研究这种局域对称性时提出了一种新的不变性，即"定域标度变换不变性"（Masstab invariant）。"Masstab" 在德文中是"（地图上的）比例（尺）、尺度、标准"的意思，后来在 1920 年被译成英文"gauge invariance"，即"规范不变性"，下面我们就直接用这个术语。现在我们知道，这种不变性最准确的表达应该是"相位因子变换不变性"。外尔进一步证明，引力理论和电磁理论都具有这种不变性。

外尔的思想非常巧妙，他把对称性（即不变性）与场联系了起来，这一初衷是受爱因斯坦统一场论的影响而引发的。但是他的文章在德国一份杂志上发表时，文章后面附有爱因斯坦写的一个批评性的按语和外尔的一个回答。爱因斯坦说如果外尔的想法是正确的，那么同一尺度先后按照不

赫尔曼·外尔。

同的封闭路径转一圈回到原处，由于它们经历了不同的历史，则一般说来它们将有不同的长短。而这显然是不可能的，否则物理学将处于一片混乱之中。外尔不是物理学家，他是一位数学家和哲学家，常常把物理问题和哲学问题搅到一起。对爱因斯坦的批评，他不同意，但是也说不出一个所以然来，只是回答说：爱因斯坦没有很恰当地理解他的意思。此后三四年，外尔多次回到这一研究中来，但是都没有解决爱因斯坦提出的异议。他曾经哀叹："在苏黎世的一只孤独的狼——外尔，也在这一领域里忙碌着；很不幸，他太易于把他的数学与物理的和哲学的推测混合在一起了。"[41, 74]

但是，尽管有最初的失败，外尔的局域规范对称性思想还是保留了下来，并且随着量子力学的出现获得了新的生机。量子力学里有一个关键性概念是经典哈密尔顿量中的动量 P_μ 被算符（$-ih\partial/\partial x_\mu$）所代替。这样一来，苏联物理学家弗拉基米尔·福克（Vladimir Fock）和德国物理学家弗里茨·伦敦（Fritz London）在 1927 年各自独立地指出，如果在外尔的理论

中把 P_μ 用算符代替，那么外尔理论中的方程就具有了新的意义。

但是福克和伦敦在他们的文章中还没有清晰的相位因子变换的概念。最终还是外尔自己在1929年的一篇决定性的文章里，把所有这些考虑都结合起来，最后得到相位因子变换概念。这里关键的线索在于外尔认识到量子力学中的“波函数”的相位将是一个新的局域变量。这样，原来爱因斯坦的异议就不存在了，因为波函数相位不影响可以直接测量的物理状态量，如矢量长度，因而相位的变换不会导致物理状态的改变。

杨振宁在2008年的文章里指出：

> 量子力学发展于1925—1926年。一两年以后，弗拉基米尔·福克在苏联，弗里茨·伦敦在德国，分别指出外尔当初那个很长名字的因子中，……得加一个 i 上去。
>
> 加了一个 i 以后，本来是一支尺的长短变化，现在不是长短变化，而是相位变化，所以外尔的因子就变成了phase因子（相位因子），于是外尔的想法就与电磁学完全符合，就变成1929年以来大家完全同意的理论。当然有 i，gauge theory（规范理论）其实应该改为新名：phase theory（相位理论），规范不变理论也应改为新名：相位不变理论。可是因为历史关系，大家今天都仍然沿用旧名。[44，17—18]

1929年，外尔正确地指出：物理系统在这种变换下保持不变，被称为具有U（1）对称性。这是一种比较简单的局域对称性，又因为空间任意两点的相位因子可以对换，因而又被称为阿贝尔对称性（Abelian symmetry）。

但是，也正如杨振宁在同一篇文章中所说：“1929年以后，大家同意以规范理论的观点来看电磁现象是很漂亮的数学观点，可是并没有引出任何新物理结果。”

外尔的思想“并没有引出任何新物理结果”，这是因为外尔发表论文的时候，人们还没有正确地认识原子核的组成，更不用说强力的概念，因此外尔理论新的应用时机尚未成熟。但是他为人们留下了宝贵的遗产，那就是规范变换和局域对称性思想。杨振宁是从泡利的文章里得知外尔的理论的。泡利在他的1941年颇有影响的论文中指出：在麦克斯韦方程组里，整体相位变换下的理论不变性要求电荷守恒，而局域不变性则与电磁作用有关，即只要系统具有U（1）群的规范对称性，就必然要求系统规范粒子之间存在电磁相互作用，甚至描述这种相互作用的麦克斯韦方程组都可以直接建立起来。外尔的规范理论还有一个十分重要的结论：所有规范相互作用必须通过规范粒子传递。这些遗产对杨振宁有很大的吸引力，在回忆中他写道：

> 外尔的理论已成为规范理论中的一组美妙的旋律。当我在做研究生，正在通过研读泡利的文章来学习场论时，外尔的想法对我有很大的吸引力。当时我做了一系列不成功的努力，试图把规范理论从电磁学推广出去，这种努力最终导致我和米尔斯在1954年合作发展了非阿贝尔规范理论。[1，494—495]

在1982年的文章里，杨振宁还写道：

> 在昆明和芝加哥当研究生时，我详细地研读过泡利关于场论的评论性文章。我对电荷守恒与一个理论在相位改变时的不变性有关这一观念有深刻的印象。后来我才发觉，这种观念最先是由外尔提出来的。规范不变性决定了全部电磁相互作用这个事实本身，给我的印象更深。在芝加哥时，我曾试图把这种观念推广到同位旋相互作用上去……走入了困境，不得不罢手。然而，基本的动机仍然吸引着我，在随后几年里我不时回到这个问题上来，可每次都在同一个地方卡壳。当然，对每一个研究学问的人来说，都会有这种共同的经验：想法是好的，可是老是不成功。多数情况下，这种想法要么被放弃，要么被束之高阁。但是，也有人坚持不懈，甚至走火入魔。有时，这种走火入魔会取得好的结果。[1，31—32]

这儿要稍做一点解释。杨振宁被外尔美妙的理论吸引之后，就产生了一个诱人的、大胆的想法，即把外尔主要从电荷守恒定律中发现和提出的规范不变性推广到其他守恒定律中去。当时守恒定律很多，推广到哪一个守恒定律中去呢？杨振宁经过认真思考，认为在粒子相互作用时同位旋（isospin）守恒〔1〕与电荷守恒有相似之处，因为它们都反映了系统内部的、隐藏的对称性。因此，杨振宁首先试图将规范不变性推广到同位旋守恒定律中去，即将同位旋局域化，并研究由此产生的相互作用。

这种想法具有极大的诱惑力，使杨振宁几乎“走火入魔”，但是每一次的努力都在同一个地方卡壳，卡壳的原因是“头几步的计算很成功，可是推广到电磁场 $F_{\mu\nu}$ 时却导出了冗长的、丑陋的公式”，使得杨振宁不得不把这个想法搁置下来。

虽屡经失败，杨振宁却一直不肯放弃。到 1954 年，这种执着和走火入魔，真的是“取得好的结果”了。

3.“走火入魔”

一般人都知道，杨振宁与李政道一起于 1957 年获得诺贝尔物理学奖，

---

〔1〕 同位旋（isospin）是基本粒子的性质之一，用来区分原子核里如质子、中子等基本粒子的一个物理量。实验表明，原子核里的强相互作用具有与电荷无关的特性，例如质子与质子、中子与中子及质子与中子之间的强相互作用是相同的，这说明就强相互作用而言，质子与中子之间没有区别。因此，德国物理学家海森伯于 1932 年提出，由于质子和中子如此相似，我们可以把它们描写为一种粒子，即把质子和中子看成同一种粒子的两种不同状态。每一组这样质量很接近、宇称相同但电荷不同的粒子，都可以看作同一粒子处于不同的态。如质子、中子为两重态，π^+、π^0、π^-为多重态等。为描述这种两重态或多重态，引进了一个称为“同位旋”的物理量，它的量子数用 I 表示。同位旋在物理学中的主要意义在于，当粒子在强相互作用下发生碰撞或衰变时，它们的同位旋守恒（isospin conservation）。这就是说，在变化过程中总同位旋值仍保持不变；在弱相互作用、电磁作用过程中，同位旋不守恒。这一法则有助于物理学家加深他们对物理基本定律的理解。

这次获奖是因为他们“对宇称定律的深入研究，它导致了有关亚原子粒子的重大发现”。但杨振宁最重要的贡献不是宇称定律的研究，而是1954年前后有关规范场理论的研究。对于这一研究，杨振宁的导师特勒在1982年就说：“如果不提及杨振宁和米尔斯关于把规范不变性推广到同位旋及不可对易变量的那篇著名论文，我就无法谈杨振宁的研究工作。归根结底，他们的这篇文章已经成为几乎所有进一步讨论的基础。”[17, 34]

1993年，声誉卓著的“美利坚哲学学会”将该学会的最高荣誉奖富兰克林奖章授予杨振宁，授奖原因是“杨振宁教授是自爱因斯坦和狄拉克之后20世纪物理学出类拔萃的设计师”，表彰杨振宁和罗伯特·米尔斯合作所取得的成就；并指出这一成就是“物理学中最重要的事件”，是“对物理学影响深远和奠基性的贡献”。

1994年，美国富兰克林学会将鲍尔奖颁发给杨振宁，文告中明确指出，这项奖授予杨振宁，是因为他：

> 提出了一个广义的场论，这个理论综合了自然界的物理定律，为我们对宇宙中基本的力提供了一种理解。作为20世纪理性的杰作之一，这个理论解释了亚原子粒子的相互作用，深远地重新规划了最近40年物理学和现代几何学的发展。这个理论模型，已经排列在牛顿、麦克斯韦和爱因斯坦的工作之列，并肯定会对未来几代人产生相类似的影响。

上面提到的“一个广义的场论”和“这个理论模型”，指的就是杨振宁和米尔斯合作提出来的“非阿贝尔规范场理论”（non-Abelian gauge theory），或者称为“杨—米尔斯场理论”（Yang-Mills field theory）〔1〕。从鲍尔奖的文告中我们可以清楚地看出，科学界在该理论提出近半个世纪

〔1〕 在现代物理学中，人们提到“非阿贝尔规范场”时，常常为了方便把“非阿贝尔”省掉，直接说“规范场”。一般来说，这样不会引起什么误会。

后终于认识到了它的价值。科学界已经把杨振宁的这一贡献和物理学历史上最伟大的几位科学家牛顿、麦克斯韦（James C. Maxwell，1831—1879）和爱因斯坦的贡献相提并论、等量齐观。

那么，杨振宁到底怎么“走火入魔”的呢？这段历史受到人们极大的关注。为此，我们要回到杨振宁在普林斯顿高等研究所的工作上来。据杨振宁自己说：

> 1952—1953 年对我来说一事无成。我在强耦合理论和加速器设计的强聚焦原理两者之间摇来摆去。我也保持着对 π 介子—核子散射及宇宙线实验的兴趣。我的努力并没有得到任何有用的成果。或许，我在那一年里所做的最有用的一件事是使自己对德波尔（J. de Boer）关于液氦的讲学感兴趣。对我来说，这是一个新的物理领域。幸而，我仍然感到心安理得而信心十足，并未因一事无成而过分烦恼。[1, 28]

1952 年 12 月中旬，杨振宁收到布鲁克海文国家实验室高能同步稳相加速器（Cosmotron）部主任柯林斯（G. B. Collins）的一封信，邀请他到该实验室做一年的访问学者；此后不久，在第三届罗彻斯特会议上，杨振宁遇见了塞伯尔（Robert Serber），塞伯尔又把这个实验室的详细情形和与邀请有关的事情详细地跟杨振宁谈了一次，于是，杨振宁决定接受布鲁克海文国家实验室的邀请。杨振宁并没有忘记费米对他提出的忠告，因而非常注意不时走出普林斯顿高等研究所这座“象牙塔”，防止自己变成一个与物理实践脱离的“孤家寡人”。

1953 年夏天，杨振宁全家搬到了布鲁克海文国家实验室。对此，杨振宁有很详细的回忆：

> 1953 年夏，我搬到长岛上的布鲁克海文。这里有当时世界上最大的加速器即 Cosmotron，其能量高达 3GeV。它产生 π 介子和“奇异粒子”，在那里工作的各个实验小组不断获得非常有趣的结果。为了熟悉实验，我习惯于每隔几周便到各实验组去拜访一次。与在普林

斯顿研究的物理学相比，感受是十分不同的。我认为，两种感受各有长处。

那年夏天，布鲁克海文来了许多访问学者，物理学的讨论、海边郊游、各种频繁的社交活动，好不热闹！随着秋天的到来，访问学者们纷纷离去，我和妻儿在实验室的一座由老兵营改建成的公寓里安顿下来，开始过一种宁静的生活（实验室就是原来的老厄普顿兵营）。四周有树林子围绕，我们常常在林中长时间地散步。周末，我们驱车去探索长岛各处。我们越来越喜欢蒙塔乌克点（Montauk Point）、大西洋海滩、野林子公园，以及布鲁克海文附近那些朴实的岛民。一个飘雪花的星期天，我们漫无目标地开车沿北岸驶去，来到一处迷人的小村庄。我们被购物中心周围那美丽的景致迷住了，便在地图上查找它的名字，原来它叫斯托尼·布鲁克（Stony Brook，意为石溪）。当时我们并不知道，下一次（1965 年）再到石溪来时，这里就成了我们的新家。

1953—1954 年，在布鲁克海文有了一系列关于多重介子产生的实验。克里斯汀（R. Christian）和我计算了各种多重态的相空间体积，我们很快就明白，必须使用计算机才行……[1, 29]

正是布鲁克海文国家实验室的那种“十分不同的”感受，唤起了潜伏在杨振宁心中多年的思考，激荡着他追寻一个暂时还不清晰的目标。那时有很多其他热门研究课题，如色散、公理化的场论等，但是这些最时髦的理论杨振宁一个都没有做。杨振宁说：

倒不是说它们都不重要，而是我自己有我自己的兴趣、品味、能力和历史背景，我愿意自发地找自己觉得有意思的方向，这比外来的方向和题目更容易发展。……1952 年之后的两三年间，我特别发生兴趣的是对称。如果有人问我，你的总体研究方向是什么，我想，比较正确地讲吧，我对于对称性在物理学中的作用最感兴趣。现在大家

都承认我在对称性方面的好几个方向都做出了奠基性的贡献，包括宇称守恒定律、规范场理论，指出对称如何决定相互作用。〔1〕

正是在西南联大就已经熟悉和此后终生热爱对称性，把他吸引到一个那时很少有人注意到的研究方向上来：

随着越来越多介子被发现，以及对各种相互作用进行更深入的研究，我感到迫切需要一种在写出各类相互作用时大家都应遵循的原则。因此，在布鲁克海文我再一次回到把规范不变性推广出去的念头上来。[1, 32]

功夫不负有心人。这一次，有同一办公室的米尔斯与他共同讨论他感兴趣的老问题。罗伯特·米尔斯那时是哥伦比亚大学克劳尔教授的博士研究生。后来他成为俄亥俄州立大学的教授。这一次与米尔斯在讨论中，没有再像以前那样在“同一个地方卡壳”。他们合作写出了《同位旋守恒和一个推广的规范不变性》及《同位旋守恒和同位旋规范不变性》两篇文章，分别发表在《物理评论》1954 年第 95 和 96 卷上[40, 171—176]。在这两篇文章中，他们在量子场论的框架里，建立了与麦克斯韦方程组类似的方程。

人们对杨振宁和米尔斯如何共同克服以前一直不能克服的困难抱有很大的兴趣。在 2005 年由特霍夫特（Gerardus’t Hooft，1946— ，因为规范场理论的重整化于 1999 年获得诺贝尔物理学奖）主编出版的《杨—米尔斯理论 50 年》（*50 Years of Yang-Mills Theory*）一书中，杨振宁应特霍夫特的请求写了一篇短文，这篇短文是杨振宁为 1947 年的文章《规范不变性和相互作用》写的一个注释。在这篇短文里，杨振宁写道：

杰拉杜斯·特霍夫特希望我为非阿贝尔规范理论的早期起源写一点东西。我寻找过去的文件，发现了几页以前写的文章，我把它贡献给他编著的书中。

---

〔1〕 2009 年 7 月 7 日在清华大学高等研究院杨振宁办公室采访录音记录。

这几页文章写于1947年3月，那时我还是芝加哥大学研究生。像我那一代的研究生一样，我们很熟悉泡利在1933年《物理手册》［*Handbuch der Physik*，24（1933）］中的文章，和1941年发表于《现代物理评论》［*Review of Modern Physics*，13，203（1941）］上的文章，但是我们却不太熟悉外尔1929年的文章［*Zeit. f. Phys.*，56，330（1929）］。

我那时非常专注于一个非常重要的问题。不幸的是我所做的计算，在此后几年里一直没有得到今天所得到的结果。这些计算总是得到越来越复杂的结果，最后总是以失败告终。一直到1953—1954年当我和罗伯特·米尔斯重新回到这个问题，并且把场强$F_{\mu\nu}$加上一个二次项的时候，一个美妙的理论产生了。米尔斯和我在多年以后才明白，从数学观点看这个二次项事实上非常自然（natural）。[39，7][40，599]

从群论的语言讲，杨振宁和米尔斯采取了一个关键和绝妙的步骤——他们用群论里的SU（2）群代替了麦克斯韦方程组里的U（1）群。我们知道，与麦克斯韦方程组相关联的群是U（1）群，它是阿贝尔群（Abelian group），即是可以交换的（例如，平面上任意两个相继的旋转可以变换次序进行而不影响结果）；而杨—米尔斯方程使用的SU（2）群是不可交换的，即他们的理论是“非阿贝尔”规范理论。因此，他们是继麦克斯韦和爱因斯坦之后提出了一种新的场论——非阿贝尔规范场理论，或称杨—米尔斯场理论。从此，规范场的研究进入了一个崭新阶段。这时规范场的量子——规范粒子，按照SU（2）群应该有三个，其中一个带正电，一个带负电，还有一个不带电；规范场通过交换这些粒子引起新的相互作用。这是物理学家在爱因斯坦利用广义协变原理（也是一种局域对称性原理）得到引力作用之后，再一次纯粹利用对称性原理给出具体相互作用规律。这是现代物理学中的一次伟大跨越，因为杨—米尔斯理论是继人类正确认识引力相互作用和电磁相互作用之后，正确认识弱相互作用和强相互作用的伟大理论。

杨—米尔斯理论的重要价值，我们前面引用过富兰克林学会的评价，它“深远地重新规划了最近40年物理学和现代几何学的发展”，并且，“已经排列在牛顿、麦克斯韦和爱因斯坦的工作之列，并肯定会对未来几代人产生相类似的影响”。

派斯在他的《基本粒子物理学史》（*Inward Bound*）一书中说：“杨振宁和米尔斯在他们杰出的两篇文章里，奠定了现代规范理论的基础。”[22，748]

2006年英国出版了一本书——《天地有大美——现代科学之伟大方程》（*It Must Be Beautiful*：*Great Equations of Modern Science*），书中第七章是克里斯蒂娜·萨顿写的《隐对称性：杨—米尔斯方程》。她在文章开篇第一段就写道：“纽约的夏天闷热潮湿，如同无聊的影片。1953年，斯大林去世了，伊丽莎白二世成为英国新加冕的女王，一个年轻的议员肯尼迪即将迎娶布维尔。此时，两个年轻人因共用长岛的布鲁克海文国家实验室的一间办公室而相遇了。就像罕见的行星列阵那样，他们短暂地通过了时空的同一区域。这一时空上的巧合诞生了一个方程，这个方程可构成物理学圣杯——‘万物之理’（theory of everything）——的基础。”[35，202]

什么是“圣杯”呢？据《不列颠百科全书》解释的大意是：圣杯（Holy Grail）是《亚瑟王传奇》中骑士们所寻找的圣物。15世纪后期马洛礼（J. Malory）写的故事集《亚瑟王之死》（*Le Morte d'Arther*）中把圣杯和基督在最后的晚餐用过、后来在基督被钉在十字架上时用来盛接基督鲜血的杯子联系起来。此后“寻找圣杯”一直就成为寻求与上帝的神秘结合的象征；而且只有最伟大的人物才能够寻到和直视圣杯，并看见人类语言无法形容的神圣奥秘。

把杨—米尔斯方程看成“物理学圣杯”，可见它的非同一般的重要性。事实上正如克里斯蒂娜所说：“回到20世纪50年代，杨—米尔斯方程似乎是一个有趣的创意的结果，而它和现实却几乎没有什么瓜葛。不过，在20世纪末，它的时代到来了。它构成了获1979年和1999年两项诺贝尔物理学奖成果的基础，而且在数学方面也有很重要的意义，被克雷数学学院称为七大'千年得奖问题'之一。谁严格地解决了这一问题，他就能得到100万美元的奖励。"[35，203]

克里斯蒂娜的这篇文章是在2002年以前写的，所以那时她还不知道2004年的诺贝尔物理学奖被三位美国物理学家戴维·格罗斯（D. J. Gross，1941—　）、戴维·波利策（U. D. Politzer，1949—　）、弗兰克·维尔切克（F. Wilczek，1951—　）"因为发现基本粒子强相互作用理论中的渐近自由现象"而获得。这是规范场理论的又一伟大胜利。

无独有偶，美国斯坦福大学数学系教授基思·德夫林（Keith Devlin）在2006年写了一本更有趣的书《千年难题—— 七个悬赏1000000万美元的数学问题》，书中第66页的标题是"现代物理学的圣杯"，他指的也是杨—米尔斯方程。[49，66—69]

在杨振宁努力建立规范场理论的整个过程中，事后想起来有一件事情让人觉得有一些不可思议：当时外尔就在普林斯顿高等研究所，但他们却从来没有和外尔沟通过！事后恐怕连杨振宁本人也有一些惊讶。如果杨振宁和外尔有机会交流一下，规范场理论当时的发展不知道是否会顺利一些？是否会发生更有趣的事情？不过，这些疑问已经没有什么意义了，留给我们的只有遗憾和无穷的思绪……

4. 友谊、困难和辉煌

在1954年以及以后的十几年里，杨—米尔斯理论在前进的道路上还存在着巨大的困难。

在布鲁克海文，杨振宁与米尔斯的合作有一段物理学史上值得人们回味的佳话。我们先看米尔斯的回忆："在1953—1954年那一学年中，杨振宁在纽约市东面约 80 公里的长岛上的布鲁克海文国家实验室做访问学者。在那里，当时世界上最大的粒子加速器——2—3GeV 的科斯莫加速器正开始产生大量人们所不熟悉的新粒子，它们在随后的岁月中改变了物理学的面貌。我当时接受了一个博士后工作，也在布鲁克海文，并与杨振宁在同一个办公室工作。杨振宁当时已在许多场合中表现出了他对刚开始物理学家生涯的青年人的慷慨。他告诉我关于推广规范不变性的思想，而且我们较详细地做了讨论。我当时已有了有关量子电动力学的一些基础，所以在讨论中能有所贡献，而且在计算它的表达形式方面也有小小的贡献，但是一些关键性的思想都是属于杨振宁的……”[17, 82]

1984 年 12 月，为了庆祝杨—米尔斯理论发表 30 周年，中国科学院数学物理学部等 14 个单位于 21—23 日在北京举行了隆重的纪念活动。21 日上午，杨振宁、米尔斯、周培源、钱三强和王淦昌等 200 余人出席了在北京科学会堂举行的开幕式，中国科学院副院长周光召主持开幕式。在会上，杨振宁和米尔斯做了简短的讲话。米尔斯在讲话中没有忘记 30 年前杨振宁对他的帮助：“30 年前，杨振宁已是一位教师，而我还是一名研究生，那时我和他同在一个办公室，我们经常讨论问题。杨振宁是一个才华横溢，又是一个非常慷慨引导别人的学者。我们不仅共用了一个办公室，杨振宁还让我共用了他的思想……”[27, 56]

杨振宁从中学到大学一直都十分体恤地帮助他人，包括父母、弟妹、同学和朋友，并备受人们称赞。因此米尔斯感激杨振宁对他的帮助和提携，是十分真诚的。

杨振宁和米尔斯的合作文章发表后，由于他们的理论模型是从一个非常深刻的物理观点出发，加上又有一个非常严格、完美的数学形式，因而引起了一些物理学家尤其是泡利的兴趣。

但不幸的是，杨振宁和米尔斯把他们的理论应用在强相互作用上时，得到的规范场粒子的质量是零。这显然是他们理论中的一个重大的，甚至

米尔斯，摄于1982年。

是致命的缺陷。

1953 年，即杨—米尔斯理论提出的前一年，泡利也做过与杨振宁几乎相同的尝试。这年 7 月 21—25 日，泡利写了一篇题为《介子核子相互作用与微分几何》的手稿。泡利有了重要的新思想，但他没有得出与之相应的动力学场方程。这年的年底，泡利的热情开始减退，因为他遇到了与杨振宁遇到过的相似的困难：场粒子的质量为零。12 月 6 日，他给派斯的信中写道："如果谁要尝试构造场方程……谁就总会得出**零静止质量的矢量介子**。"[22，748]（着重号为泡利自己所加）

一年后，杨振宁和米尔斯独立地研究了同样的问题，杨振宁再次遇到了同样的困难，但这一次杨振宁和米尔斯写出了场方程：

$$F^a_{\mu\nu}=\frac{\partial B^a_\mu}{\partial x_\nu}-\frac{\partial B^a_\nu}{\partial x_\mu}+gC_{abc}B^b_\mu B^c_\nu \qquad \text{拉格朗日 } \pounds=-\frac{1}{4}F^a_{\mu\nu}F^a_{\mu\nu}$$

1954 年 2 月 23 日，杨振宁在普林斯顿高等研究所的一个讨论班上报告了他们的研究结果，但是关注他们研究的人实在少得可怜。杨振宁在一次访谈时说：

> 这篇文章刚写出来时很少有人注意。我记得只有一个地方请我去演讲，希望我报告这篇文章，就是（普林斯顿的）高等研究所，因为当时泡利在那儿，他对这篇文章很有兴趣，他让奥本海默请我到研究所去讲这篇东西。另外，关于这个内容我在哈佛大学曾经做过一次演讲，不过这并不是他们指定的题目，是我主动要讲的。除此之外，在我印象之中就再没有一个学校请我去讲有关推广规范场的题目了。现

奥本海默，摄于1955年1月。

在想起来也并不稀奇，因为那时对这事情觉得有兴趣的人确实几乎没有，我想恐怕泡利是唯一发生兴趣的人。[37，146]

杨振宁在普林斯顿演讲时，“唯一发生兴趣的”泡利当然坐在听众席上。他深知这一研究中的问题和困难，因此当场向杨振宁提出了让杨振宁几乎下不了台的严厉和否定性的批评。这个场面十分有趣，近30年之后的1982年，杨振宁还在回忆中清晰地描述了当时让他十分尴尬的场面：

我们的工作没有多久就在1954年2月份完成了。但是我们发现，我们不能对规范粒子的质量下结论。我们用量纲分析做了一些简单的论证，对于一个纯规范场，理论中没有一个量带有质量量纲。因此规范粒子必须是无质量的，但是我们拒绝了这种推理方式。

在2月下旬，奥本海默请我回普林斯顿几天，做一个关于我们工作的报告。泡利那一年恰好在普林斯顿访问，他对对称性和相互作用问题很感兴趣，他曾用德文粗略地写下了某种想法的概要，寄给A.派斯。……第一天讲学，我刚在黑板上写下：

$$(\partial_\mu - i\varepsilon B_\mu)\,\Psi$$

泡利就问道：“这个场B_μ的质量是什么？”我回答说，我们不知道，然后我重新接着讲下去。但很快泡利又问同样的问题。我大概说了“这个问题很复杂，我们研究过，但是没有得到确定的结论”之类的话。我还记得他很快就接过话题说：“这不是一个充分的托词。”我非常吃惊，几分钟的犹豫之后，我决定坐下来。〔1〕大家都觉得很尴尬。后来，还是奥本海默打破窘境，说：“好了，让弗兰克接着讲下

〔1〕　I was so taken aback that I decided，after a few moments' hesitation，to sit down. 这一句话原来的中译文有误。最先是甘幼玶先生在《三十五年的心路》（广西科技出版社，1989年，第39页）一书的翻译：“我自知说错了话，沉吟半晌，便坐下了。”后来这一错误在《杨振宁——20世纪一位物理大师及其心路历程》（台湾交通大学出版社，2001年，第303页）和张奠宙编辑的《杨振宁文集》（华东师范大学出版社，1998、2002年，第33页）等书上不断重复。

去吧。”这样，我才又接着讲下去。此后，泡利不再提任何问题了。

我不记得报告结束后发生过什么，但在第二天我收到了下面这张便条：“亲爱的杨：很抱歉，听了你的报告之后，我几乎无法再跟你谈些什么。祝好。诚挚的泡利。2 月 24 日。”[1，32—33]

杨振宁与泡利之间发生过许多有趣的事情，这儿不妨再加上一段逸事。事情起源于 1950 年杨振宁与大卫·费尔德曼（David Feldman）在合作研究海森伯表象中的 S 矩阵时，泡利对他们研究的结果感兴趣。杨振宁对此说：

泡利对我们的工作很感兴趣，因此，其他博士后同学便告诫我们，泡利的关注意味着麻烦。我们明白，如果研究不取得进展，他就会生气的。后来我学会了对付他的办法：一定不要怕他。这样做之后，泡利和我保持着良好的关系。[1，18]

1953—1954 年，杨振宁和米尔斯在做了一些其他研究之后又返回来研究规范场。他们曾经试图按费米处理电磁场的方法那样，把规范场做一些技术上的处理。但他们的尝试没有成功，因为计算太复杂了。

在 1954 年 2 月，杨振宁和米尔斯虽然已经完成了绝大部分的研究，而且在普林斯顿已经做了报告，但对是否发表这篇论文仍然犹豫不决：一个不成熟，还有一些重要问题没有解决的理论模型，到底应不应该发表？像泡利那样放到以后有转机再说？对此，杨振宁也做了深刻的思考。他写道：

我们究竟应不应该发表一篇论述规范场的论文？在我们心目中，这从来不成其为一个真正的问题。我们的想法是漂亮的，应该发表出来。但是规范粒子的质量如何？我们拿不准。只有一点是肯定的：失败的经验告诉我们，非阿贝尔情形比电磁学更错综复杂得多。我们倾向于相信，从物理学的观点看来，带电规范粒子不可能没有质量。虽然没有直说出来，但在论文的最后一节表明了我们倾向于这种观点。

[54c]
Commentary begins page 19

Conservation of Isotopic Spin and Isotopic Gauge Invariance*

C. N. YANG † AND R. L. MILLS
Brookhaven National Laboratory, Upton, New York
(Received June 28, 1954)

It is pointed out that the usual principle of invariance under isotopic spin rotation is not consistant with the concept of localized fields. The possibility is explored of having invariance under local isotopic spin rotations. This leads to formulating a principle of isotopic gauge invariance and the existence of a **b** field which has the same relation to the isotopic spin that the electromagnetic field has to the electric charge. The **b** field satisfies nonlinear differential equations. The quanta of the **b** field are particles with spin unity, isotopic spin unity, and electric charge $\pm e$ or zero.

INTRODUCTION

THE conservation of isotopic spin is a much discussed concept in recent years. Historically an isotopic spin parameter was first introduced by Heisenberg[1] in 1932 to describe the two charge states (namely neutron and proton) of a nucleon. The idea that the neutron and proton correspond to two states of the same particle was suggested at that time by the fact that their masses are nearly equal, and that the light stable even nuclei contain equal numbers of them. Then in 1937 Breit, Condon, and Present pointed out the approximate equality of $p-p$ and $n-p$ interactions in the ^1S state.[2] It seemed natural to assume that this equality holds also in the other states available to both the $n-p$ and $p-p$ systems. Under such an assumption one arrives at the concept of a total isotopic spin[3] which is conserved in nucleon-nucleon interactions. Experi-

* Work performed under the auspices of the U. S. Atomic Energy Commission.
† On leave of absence from the Institute for Advanced Study, Princeton, New Jersey.
[1] W. Heisenberg, Z. Physik **77**, 1 (1932).
[2] Breit, Condon, and Present, Phys. Rev. **50**, 825 (1936). J. Schwinger pointed out that the small difference may be attributed to magnetic interactions [Phys. Rev. **78**, 135 (1950)].
[3] The total isotopic spin **T** was first introduced by E. Wigner, Phys. Rev. **51**, 106 (1937); B. Cassen and E. U. Condon, Phys. Rev. **50**, 846 (1936).

172　□Reprinted from *The Physical Review* 96, 1 (October 1, 1954), 191–195.

杨振宁和米尔斯合写的重要论文《同位旋守恒和同位旋规范不变性》。

这一节比前面几节难写。

泡利是第一个对我们的文章表示了浓厚兴趣的物理学家。这不奇怪，因为他熟悉薛定谔的论文，而且他本人曾经试图把相互作用同几何学联系起来……我经常纳闷，如果泡利能活到60年代乃至70年代，他对此论题究竟会说些什么。[1，33—34]

杨振宁本人特别强调突出“漂亮”（beautiful）这个词，说明“漂亮”战胜了“疑惑”。看来杨振宁一定十分欣赏狄拉克说过的一句话：“在致力于用数学形式表示自然界规律时，主要应该追求数学美。”

1954年6月28日，他和米尔斯最终决定向《物理评论》寄出他们的论文，它在三个月后的10月1日发表了。在文章倒数第二段的结尾处，他们遗憾地指出：“我们还没有能得出关于 b 量子之质量的任何结论。”[40, 176]这里所说的 b 量子，指的就是新规范场所需要的新的、传递相互作用的规范粒子。

杨振宁之所以能够大胆地将他们的理论模型公之于世，显然不只是认为这个理论的数学结构很“漂亮”这一个原因，更深层次的原因还是一种深刻的科学思想在支撑着他，那就是“对称性支配相互作用”（symmetry dictates interaction）。这种思想在爱因斯坦的理论中有清晰的表现，杨振宁可说是第一个深刻领悟了这一思想的人。1979 年，杨振宁在《几何与物理》一文中指出：

> 爱因斯坦所做的一个特别重要的结论是对称性起了非常重要的作用。在 1905 年以前，方程是从实验中得到的，而对称性是从方程中得到的，于是——爱因斯坦说——闵可夫斯基（Minkowski）做了一个重要的贡献：他把事情翻转过来，首先是对称性，然后寻找与此对称性一致的方程。
>
> 这种思想在爱因斯坦的头脑中起着深刻的作用，从 1908 年起，他就想通过扩大对称性的范围来发展这一思想。他想引进广义坐标对称性，而这一点是他创造广义相对论的推动力之一。[3, 163]

在《美和理论物理学》中，杨振宁再次指出：

> 这是一个如此令人难忘的发展，爱因斯坦决定将正常的模式颠倒过来。首先从一个大的对称性出发，然后再问为了保持这样的对称性可以导出什么样的方程来。20 世纪物理学的第二次革命就是这样发生的。[3, 271]

正是在这种深刻的科学思想的引导下，杨振宁才勇敢地把他的规范对称理论公之于世，并在日后把这种科学思想提升为更简洁的表述：“对称性支配相互作用”。

但在 1952 年，这个理论还很不完善，还缺少其他一些机制来约束它，因而呈现出令人困惑的难题。例如，如果为了使规范场理论满足规范不变性的要求，规范粒子的质量一定要是零，但是相互作用的距离反比于传递量子的质量，零质量显然意味着杨—米尔斯场的相互作用应该像电磁场和引力场那样，是长程相互作用。但是，既是长程相互作用，又为什么没有在任何实验中显示出来？而且更加严重的是，这个质量如果真有，它还会破坏规范对称的局域对称性。由于这些以及其他一些原因，杨—米尔斯场在提出来以后十多年的时间里，一直被人们认为是一个有趣的，但本质上没有什么实际用途的“理论珍品”。

当时人们还没有认识到，正是这个规范粒子的质量问题，需要新的物理学思想来解决。

在 20 世纪 60 年代初，物理学家们由超导理论的发展中认识到一种重要的对称破缺方式，即“自发对称破缺”（spontaneous symmetry breaking）。1965 年，物理学家彼特·希格斯（Peter Higgs）在研究区域对称性自发破缺时，发现杨—米尔斯场规范粒子可以在自发对称破缺时获得质量。这种获得质量的机制被称为“希格斯机制”（Higgs mechanism）。

有了这一重要进展，人们开始尝试用杨—米尔斯场来统一弱相互作用和电磁相互作用。1967 年前后，在美国物理学家格拉肖（Sheldon Glashaw，1932—　）、温伯格（Steven Weinberg，1933—　）和巴基斯坦物理学家萨拉姆（Abdus Salam，1926—1996）的共同努力下，建立在规范场理论之上的弱电统一理论的基本框架终于建立起来了。到 1972 年，物理学家们又证实杨—米尔斯场是可以重整化的，这样，杨振宁的规范场论就成了一个自洽的理论，规范场理论的最后一个障碍也终于被克服了。

1973 年，欧洲核子研究中心（CERN）的实验室宣布，他们的实验间接地证明了格拉肖—温伯格—萨拉姆（GWS）弱电统一理论预言的规范场粒子中的一个中性粒子 Z^0 是存在的。GWS 理论预言了三个规范粒子 W^+、W^-和 Z^0，现在只有 Z^0 已经被“间接”证明的确存在。但有意思的是，在这种并没完全被确证的情形下，1979年，瑞典诺贝尔奖评选委员会将这一年的诺贝尔物理学奖授予了萨拉姆、温伯格和格拉肖，原因是“对基本粒子之间的弱相互作用和电磁相互作用的统一理论的贡献”。这可以说是规范场理论在发展过程中第一次促使诺贝尔物理学奖的颁发。格拉肖在获奖后幽默地说：“诺贝尔奖委员会是在搞赌博。”以前，这个委员会只把奖金授予被实验证实了的理论，这次可说是少有的破例。不过，当时绝大部分物理学家已经确信：找到W^+、W^-和 Z^0粒子只是一个时间的问题。这充分说明，美妙的理论会给人们以多么充分的信心。

果然，到1983年上半年，CERN宣布三种粒子都找到了。至此，建立在杨—米尔斯场基础上的弱电统一理论，终于被公认是真实反映自然界相互作用本质的理论，被认为是20世纪的重大成就之一。正如潘国驹先生所说：“1983年发现的重光子〔1〕证实了杨—米尔斯规范场不但是一个‘漂亮’的理论，更重要的是，它符合了实验结果。它的重要性可以与爱因斯坦的相对论相比。应该说杨先生是继爱因斯坦之后最有贡献的物理学家。”[30，128]

1983年1月26日是宣布发现$W^\pm$粒子的重要日子。派斯参加了这个发布会，他用妙笔生花的文章描述了这一天他的感受，并且把这一感受作为他的名作《基本粒子物理学史》一书的开篇。[22，1—3]由此可见，$W^\pm$粒子的发现具有多么重大的意义。

统一了电磁相互作用和弱相互作用以后，物理学家普遍认为物理学向“统一场论”前进了巨大的一步。这曾经是爱因斯坦梦寐以求的目标。接下去，人们自然会想到，既然利用规范场理论统一了两种表面上看来截然不同的相互作用，那么杨振宁的规范场理论也很有可能把强相互作

〔1〕 电磁场的规范粒子是光子；弱电场的规范粒子是W^0和$Z^\pm$，它们也被称为“重光子”（heavy photon）。

左起：格拉肖、萨拉姆、温伯格，三人因为利用杨—米尔斯场统一弱相互作用和电磁相互作用而获得1979年诺贝尔奖。

用统一进去，这种设想中的统一理论称为“大统一理论”（grand unified theory）。

现在，建立在规范场基础的理论“量子色动力学”（QCD）——它描述夸克之间的强相互作用，也获得了大量实验的支持。在强相互作用这一理论中，最引人注目的是关于夸克禁闭（quark confinement）的解释。这一解释也是建立在规范场基础上的。米尔斯在20世纪80年代说得很正确：“如果最终的［大统一］理论能被真正确认的话，那么一定会证明它是一个规范理论。这一点现在看来几乎是无可怀疑的了。”[108, 577]

1985年，杨振宁在纪念外尔100周年诞辰大会上说：

由于理论和实践的进展，人们现在已清楚地认识到，对称性、李

杨振宁在普林斯顿的办公室里，摄于1963年。

群和规范不变性在确定物理世界中基本力时起着决定性的作用。[1, 496]

美国著名物理学家戴森在 1999 年 5 月 22 日杨振宁于石溪荣休学术讨论会上发表了题为“杨振宁——保守的革命者”的演讲，他指出：

杨教授是继爱因斯坦和狄拉克之后，20 世纪物理学的卓越设计师。从当年在中国当学生到以后成为石溪的哲人（Sage），引导他的思考的，一直是他对精确分析和数学形式美的热爱。这热爱导致了他对物理学最深远的和最有创见的贡献——和米尔斯发现的非阿贝尔规范场。随着时间的推移，他所发现的非阿贝尔规范场已渐渐成为比宇称不守恒更美妙、更重要的贡献。后者使他获得了诺贝尔奖。发现宇称不守恒、发现左手和右手手套并非在各方面都对称，是一项了不起的破坏行动，它摧毁了在前进道路上的思维结构的基石。相反，非阿贝尔规范场的发现为新的思维结构垒下了基石，这个结构以后经过30年才建立起来。[1]今天，当代理论所描述并为当代实验证实了的物质的本质，是各种非阿贝尔规范场的组合。它们为杨在45年前首先猜测的数学对称性所支配。

和重建城市以及国际政治一样，在科学中摧毁一个老的结构比建立一个持久的新结构容易。革命领袖可以分为两类：像罗伯斯庇尔和列宁，他们摧毁的比创建的多，像富兰克林和华盛顿，他们建立的比摧毁的多。无疑，杨是属于后一类的革命者，他是一位保守的革命者。和富兰克林以及华盛顿一样，他爱护过去，尽可能少摧毁它。他对西方科学的杰出思维传统和对中国祖先的杰出文化传统同样崇敬。[41, 292]

我们现在已经可以清楚看出，麦克斯韦的电磁理论决定了电磁相互作用，爱因斯坦理论决定了引力相互作用，现在，杨—米尔斯理论又决定了弱相互作用和强相互作用。无论麦克斯韦的理论还是爱因斯坦的理论，都是规范场理论，这一切都是通过杨振宁和米尔斯的成就才最终了解的。因此，人们已经公认，杨—米尔斯理论是继麦克斯韦电磁理论、爱因斯坦引力理论之后对于“力”的起源最重要、最基本的理论。这是杨振宁在物理学领域做出的最高成就。丁肇中在他写的《杨振宁小传》中有这样一句话：“1954年他与米尔斯发表的规范场理论，是一个划时代的创作，不但成为今天粒子理论的基石，并且在相对论及纯数学上也有重大的意义。”[3, 1—2]

也同样是这一原因，不少著名的物理学家认为，杨振宁完全有资格再

〔1〕　在《曙光集》（参考书目41）第292页，这句话的中译文漏译了前半句。

一次获得诺贝尔物理学奖。实际上，杨振宁的规范理论，比他获诺贝尔奖的伟大发现更基本、更深远。

在结束这一小节之前插入一个很有趣的插曲，一定会让读者更加深刻领会杨—米尔斯理论的重要性和普适性。这个插曲与 2004 年诺贝尔物理学奖有关。

三位美国物理学家格罗斯、维尔切克和波利策获得 2004 年诺贝尔物理学奖，他们获奖的原因是他们在 1973 年各自独立地发现：物质的最基本粒子——夸克——有一种所谓“渐近自由”（asymptotic freedom）的特性。什么是“渐近自由”？原来在强相互作用里，夸克彼此之间离开得越远，它们之间的相互作用力就越大；当它们靠得很近的时候，反而相互作用很小，非常自由。这显然与其他三种相互作用大不相同，例如电磁相互作用中带电粒子距离越近相互作用力越大，距离越远相互作用力越小。夸克这种渐近自由的特性决定了夸克永远囚禁在一个小小的“袋子”（bag）里，人们不可能见到单个“自由的”夸克，也就是说永远不能把它们分开。

1973 年，这三位物理学家还都非常年轻：格罗斯最大，也只有 32 岁，当时在普林斯顿大学工作；维尔切克最年轻，22 岁，是格罗斯的研究生；波利策 24 岁，当时在哈佛大学，是科勒曼（Sidney Coleman）的研究生。这年 6 月，格罗斯、维尔切克和波利策各自独立地在美国《物理评论快讯》上发表了文章，声称他们发现夸克之间遵守“渐近自由”的规则——用术语说就是 $SU(3)_C$ 是渐近自由的；下标 c 表示这是一种色对称（color symmetry）。这说明强相互作用也照样遵守杨—米尔斯理论。

有趣的是，在公布 2004 年这个物理学奖项的时候，诺贝尔委员会用一个“小品”来向公众解释什么是“渐近自由”。他们请了一个美女和一个俊男上台，两人手里各抓住一条红色绸带的一端。当他们两人靠近的时候，绸带松垂着，两人之间很自由，彼此不受束缚；但是当两个人身体分开并向后仰，使得绸带绷紧了的时候，他们就不自由了，而且不能分开，除非剪断红绸子。

更有趣的是格罗斯和维尔切克的研究过程可谓一波三折。本来实验已经证实夸克是渐近自由的，但这似乎与杨—米尔斯理论有根本的矛盾。于是格罗斯和维尔切克两人想通过他们的研究一了百了地宣判杨—米尔斯理论“死刑”，即不能用杨—米尔斯理论解释强相互作用。起初，格罗斯真的“证明”了杨—米尔斯理论不能渐近自由，但是后来发现这个证明实际上错了。改正错误以后，他们惊讶地发现：杨—米尔斯理论居然与渐近自由一点都不矛盾。格罗斯后来说：“这就好像你想从各个角度证明上帝不存在，但是在最后一个证明中，爬上山巅，却发现‘他’就出现在你的面前！”[52，344]中国有一句俗语：“有心种花花不发，无心插柳柳成荫。”格罗斯和维尔切克两人的重要发现就是这样。

2004 年的诺贝尔奖证实：杨—米尔斯理论的地位越来越不可动摇。解决大统一理论看来一定包含多种杨—米尔斯场的理论。

四、宇称守恒定律的破灭

1.“θ-τ 之谜”

20 世纪 50 年代物理学中最重大的事件应该是“θ-τ 之谜”和由此发现在弱相互作用中宇称守恒定律（parity conservation）的崩溃。意大利裔的美国物理学家塞格雷曾经说过：“［弱相互作用中的］宇称守恒定律的崩溃，也许是第二次世界大战以后最伟大的发现，它消除了一种偏见，这种偏见未经足够的实验验证，就曾被当作一条原理。”[33，292]

一部物理学史，真是充满了离奇惊人的事件，如果撇开那些令人生畏的数学公式和一些读起来令人生涩别扭的专业术语，其离奇曲折的程度，绝不亚于一部《福尔摩斯探案集》。如果就“破案”的难度和技巧而言，那比后者还不知道要强多少倍。

20世纪30年代，在β衰变中（原子核辐射出电子后引起核的一种衰变）出现了“能量被劫案”，即衰变以后能量少了一点。这一“劫案”引起物理学界的极大震动，物理学一时陷入了危机。有些著名科学家如玻尔大胆地提出：在基本粒子作用过程中，能量也许根本就不守恒。这时，泡利为了拯救这一危机，提出能量守恒定律肯定没有问题，少许能量被“劫”也许是因为有一种人们尚不知道的“蟊贼”——中微子（neutrino），是它“劫”走了能量。后来理论和实验证实了泡利的这一猜测，能量守恒定律由此得救，泡利立了一大功。

到了1956年，又出现了所谓“θ-τ之谜”，威胁着另一个守恒定律：宇称守恒定律。物理学家又一次陷入黑暗，不知所措。泡利这位在30年代为拯救能量守恒定律立下卓越功绩的“福尔摩斯”，又重抖当年雄风，决心拯救宇称守恒定律，解开“θ-τ之谜”。哪知沧海桑田，时异事殊，这次他居然败在了三位年轻的中国物理学家杨振宁、李政道和吴健雄手下。

自然界真是比柯南·道尔的《福尔摩斯探案集》更富有想象力！

为了让读者了解什么是“θ-τ之谜”，我们不得不先简单介绍一下什么是“宇称守恒定律”。高中物理学的几个守恒定律，如能量守恒定律、动量守恒定律等，是比较简单的守恒定律。而“宇称”是指物理定律在左右之间完全对称。这种对称是一种分立的而不是连续的对称。如果打一个浅显的比喻，就是一个基本粒子遵循的运动规律与它的“镜像”粒子（即这个粒子在镜子中的像）所遵循的运动规律完全一样。例如一个粒子在做速率、半径一定的圆周运动，镜子中的那个“镜像”粒子也在做同样速率、同样半径的圆周运动，只不过一个如果左旋，另一个则右旋。这种对称叫左右对称，或镜像对称，显然它是分立的而不是连续的对称。在经典力学中，这种分立的对称找不到相应的守恒量，因而不产生守恒定律。因此左右对称在经典力学中不具有十分重要的意义。但在量子力学中，分立的对称性和连续的对称性一样，也可以形成守恒定律，找到一个守恒的量。与左右对称相应的守恒量，被称为“宇称”（parity）。就像质量、电荷等物理量一样，宇称也是描述基本粒子物理性质的一个物理量。

宇称有一个特征，像自然数分奇数、偶数一样，也有奇偶之分，即有奇宇称、偶宇称两种。宇称守恒定律是说，粒子（系统）的宇称在相互作用前后不会改变：作用前粒子系统的宇称为偶，则作用后也还必须是偶；作用前粒子系统的宇称为奇，则作用后也还必须是奇。作用前后宇称的偶、奇发生了改变，则为宇称不守恒。与宇称守恒相关联的对称性就是左右对称，或称空间反射不变。

由于在其他已知的相互作用中宇称都是守恒的，因此物理学家毫不犹豫地把它推广到原子核物理学、介子物理学和奇异粒子物理学的弱相互作用中。[1]而且，这一推广应用似乎颇有成效，于是物理学界普遍地相信，宇称守恒定律有如能量、动量等守恒定律一样，是一条普适的规律。从宏观现象得到的左右对称的规律，看来也完全适用于微观世界。

在科学史上，科学家们经常采用扩大已发现规律的应用范围，向未知领域进行探索。塞格雷说：“一旦某一规则在许多情况下都成立时，人们就喜欢把它扩大到一些未经证明的情况中去，甚至把它当作一项‘原理’。如果可能的话，人们往往还要使它蒙上一层哲学色彩，就像爱因斯坦之前人们对待时空概念那样。”[33，287]

宇称守恒定律的遭遇也是这样。在其他已知的相互作用中实验证实宇称是守恒的，于是人们自然而然地认为在弱相互作用中宇称也一定是守恒的。在1956年以前，宇称守恒定律与能量守恒定律一样，已被认为是物理学中的“原理”，是金科玉律、不易之典，谁也没有想到或者有胆量去

---

〔1〕 物理学家宁愿用“相互作用”而不愿用“力”这个词。相互作用有四种，按照强弱次序为：强相互作用、电磁相互作用、弱相互作用和引力相互作用。强相互作用和弱相互作用均为原子核内的相互作用。

怀疑它。

杨振宁自己也曾经说过：

> 确实，左右对称或宇称守恒对物理学家来说是一个如此“自然”和有用的概念。在过去它一直是作为一条神圣的自然定律而被认为是当然的。[1，486]

后来，由于出现了“θ-τ之谜”，杨振宁和李政道两人为了解决这个让整个物理学界为之迷惘的谜，才最终开始怀疑宇称守恒的普适性。

什么是“θ-τ之谜”呢？

1947年，实验物理学家们发现，宇宙射线中有一种被称为“θ粒子”的奇异粒子在衰变时变成了两个π介子，即：

$$\theta \rightarrow \pi + \pi$$

1949年实验物理学家们又发现一个新的奇异粒子〔1〕“τ粒子”，它可以衰变为3个π介子，即：

$$\tau \rightarrow \pi + \pi + \pi$$

这当然不是什么令人瞩目的大事，不同的粒子有不同的衰变方式，正如不同的人有不同的死法一样，没什么让人担忧的。但后来就是这两个粒子引出了大问题。

随着实验的进展，人们发现θ和τ粒子除了它们衰变的方式不一样以外，其他方面的性质几乎完完全全一样。但从衰变的方式来看，θ与τ粒

---

〔1〕 所谓奇异粒子（strange particle），是指1947年到1953年之间物理学家新发现的一大批新粒子，它们的特点是：当它们由粒子之间的相互碰撞而产生时，总是一起产生，而且产生得很快，可是衰变却各自不同，而且衰变得很慢。简单说来，就是它们总是协同产生、非协同衰变。于是物理学家把这些行为特殊的粒子称为“奇异粒子”。θ、τ都是奇异粒子。1953年，盖尔曼用一个新的量子数，即“奇异数”（strangeness number）来表述奇异粒子的这一特性，并假定在强相互作用中奇异数守恒，而在弱相互作用中奇异数可以不守恒，这样就可以对奇异粒子的特性做出恰当的解释。

杨振宁与李政道，1961年前后摄于普林斯顿。

子的宇称不同：θ 的宇称为偶，而 τ 则具有奇宇称。如果 θ 和 τ 粒子真是同一个粒子，那就违背了宇称守恒定律，因为宇称守恒定律告诉我们：一个粒子只能有一种宇称，不能又奇又偶。如果坚持宇称守恒定律是不能动摇、不能怀疑的，那就必须承认 θ 和 τ 是两种不同的粒子。于是，物理学家们只能在两个选择中决定取舍：要么认为 θ 和 τ 粒子是不同的粒子，以拯救宇称守恒定律；要么承认 θ 和 τ 粒子是同一个粒子，而宇称守恒定律在这种弱相互作用支配下的衰变中不守恒。

在开始一段时期里，人们囿于传统的信念，根本不愿意相信宇称会真的在弱相互作用中不守恒，因此都尽力改进实验设备和方法，寻找 θ 和 τ 粒子之间的其他不同点，以证明它们是不同的两种粒子。但是，一切努力均劳而无功，除了宇称不同，它们实在无法区分。物理学家们陷入了迷惘和思索之中，这种情形正如杨振宁所说：

> 那时候，物理学家发现他们所处的情况，就好像一个人在一间黑屋子里摸索出路一样，他知道在某个方向上必定有一个能使他脱离困境的门。然而这扇门究竟在哪个方向上呢？[3, 126]

2. 与李政道合作

在解决“θ-τ之谜”的过程中，杨振宁与比他小四岁的中国来的物理学家李政道在再一次的合作中取得了辉煌的成功。他们的首次合作开始于1949年。

李政道于1926年11月25日出生，他的祖籍是风景秀丽、人杰地灵和素以园林闻名天下的苏州。祖父是宗教界的知名人士，曾经担任过基督教苏州卫理会的负责人（当时称为会督）。父亲李骏康先生早年毕业于南京市金陵大学农业化学系，以后从事商业活动，专门经营肥料、化工产品；母亲张明璋，毕业于上海启明女中。在20世纪20年代，女子读书尚不多见，所以李政道的家庭，在当时是少见的现代知识分子家庭。

1941年寒冷的冬天，15岁的李政道和他两个哥哥由于不愿意在日本占领的上海屈辱地生活，毅然于12月22日离开温暖舒适的家，到艰苦的江西联合中学读书。在读高中三年级时，由于联中缺乏教师，刻苦自学、成绩优秀的李政道被校方安排在低年级任兼职教师。

1943年秋天李政道高中毕业以后，考上了浙江大学物理系。当时浙江大学为躲避日本侵略者，从杭州迁到了贵州的湄潭。一年多以后，李政道转学到昆明市的西南联合大学。当时在西南联大任教的吴大猷在《抗战期中之回忆》一文中曾经写道：

> 1945年春天，忽然有个胖胖的、十几岁的孩子来找我，拿了一封介绍信。信是1931年我初到密歇根大学遇见的梁大鹏兄写的，梁不习物理，十几年未通音讯了，不知怎么会想起我来。他介绍来见我

的孩子叫李政道，他原在宜山浙江大学，读过一年级，因为日军逼近宜山，他便奔去重庆。他的姑姑认识梁，梁便介绍李来昆明见我。那时是学年的中间，不经考试，不能转学，我便和联大教二年级物理数学课程的几位先生商量，让李去随班听讲考试，如他合格，则候暑假正式转学入二年级时，可免他再读二年级的课程。其实这不过是我自己以为合理的办法，并未经学校正式承认许可的。

李应付课程，绰有余裕，每日都来我处请我给他更多的阅读物及习题。他求知心切，真到了奇怪的程度。有时我有风湿痛，他替我捶背，他帮我做任何家里的琐事。我无论给他怎样的书和题目，他很快就做完了，又来索更多的。我由他的解问题的步骤，很容易地发现他

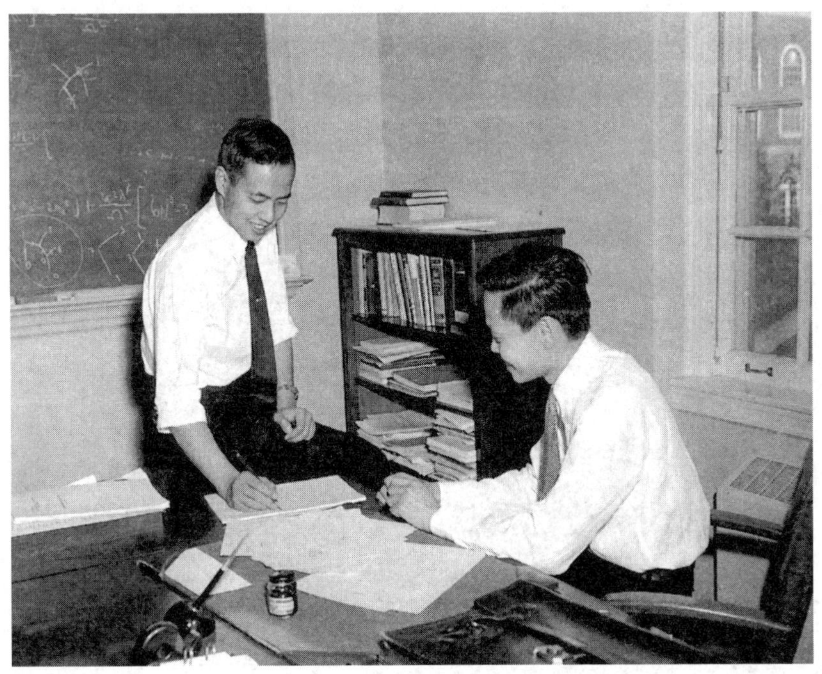

李政道和杨振宁在普林斯顿有过密切的合作。

的思想敏捷，大异寻常。[14, 57]

1945 年抗战胜利后，国民政府想派一些优秀的青年学生出国深造，其中两个名额是给学物理的学生，并且决定由吴大猷推荐。吴大猷的得意门生不少，但杨振宁去了美国，黄昆去了英国，在身边的助教朱光亚当然是首荐学生，另一个让谁去呢？李政道当时刚读大学三年级，按理说还轮不上他。但吴大猷对李政道格外垂青，深知这个学生将来前途不可限量，因此他力排众议，坚持推荐李政道出国深造。20 年后李政道说："是吴大猷先生当初把我带到美国的，给了我这样的机会，没有这样的机会，我是不会有今天的！"

1946 年秋天，李政道到美国后本来是到密歇根大学就读，但是在参观了芝加哥大学以后，发现芝加哥大学除了有闻名世界的物理学大师费米

左起：派斯、戴森、杨振宁、李政道，摄于普林斯顿。

教授以外，还有许多著名的物理学家，再加上还有在西南联大时就知道的杨振宁，有学兄的帮助，一切会顺利得多。于是他决定进芝加哥大学直接攻读物理系研究生课程。

在杨振宁的帮助下，费米教授成了李政道的导师。1949 年，李政道和杨振宁以及罗森布鲁斯合作写了一篇文章《介子与核子和轻粒子的相互作用》。

1950 年，在费米指导下，李政道在芝加哥大学获得哲学博士学位，他的博士论文题目是《白矮星的含氢量》。这篇论文被芝加哥大学誉为“有特殊见解和成就”，列为第一名，获得奖金 1000 美元。校长哈钦斯（R. H. Hatchins）在授予他博士学位证书时特别指出：“这位青年学者的成就，证明人类在高度智慧的层次中，东方人和西方人具有完全相同的创造能力。”

李政道在 1950 年到 1951 年上半年工作中碰到一些并不愉快的事情。开始，他经过费米的推荐到天文系钱德拉塞卡（S. Chandrasekhar，1910—1995，1983 年获得诺贝尔物理学奖）教授那儿做博士后，但是不知道为什么与钱德拉塞卡大吵一顿。后来杨振宁给加州大学伯克利分校威克（G. C. Wick）教授写了一封推荐李政道的信，信中写道：

> 李政道请我替他写一封信给你，我很乐于这样做，而且要大力推荐他。
>
> 在中国的大学念完二年级以后，李博士在 1946 年秋天来到美国。他进入芝加哥大学的研究所，三年时间就对经典和现代理论物理有很好的认知。他对于物理认知的透彻和迅速，可以很容易地由他掌握新物理概念的能力看得出来。
>
> 去年他和费米教授和钱德拉塞卡教授在天文物理问题方面的工作，可以进一步显现他从事原创性研究的能力。他关于白矮星中所蕴含的氢的博士论文，很快会发表在天文物理学的期刊上。其他发表过

的工作包括和罗森布鲁斯以及我合作的关于介子交互作用的工作，以及关于湍流的海森伯理论。他最近关于磁扰动的工作即将发表在《物理评论》上。

说他是一个非常有潜力的物理学家，也许还说得太少了。我毫不怀疑他将来会比他的老师和他的朋友所预期的表现得更好。[16，203—204]

但是恰好威克那时不在伯克利，结果弄得李政道心里十分不痛快。于是杨振宁建议他到普林斯顿高等研究所来。杨振宁向奥本海默介绍了李政道的情形以后，奥本海默立即同意李政道来研究所做两年的博士后。这样，李政道就于1951年暑假期间也来到普林斯顿高等研究所。在普林斯顿，他们两家是邻居，都住在古德曼路（Goodman Road），杨家是3F号，李家是3E号。顺理成章地，杨振宁和李政道又继续在芝加哥大学已经开始的合作。恰好这时杨振宁正在做统计物理学中有关伊辛模型的研究，于是他们就在状态方程和相变的统计理论方面发表了两篇很有分量的文章。

1953年，李政道应聘到纽约市的哥伦比亚大学任教（1956年晋升为教授），为了继续两人已经开始的合作，他们订立了相互访问的约定。杨振宁每周抽一天时间去哥伦比亚，李政道则每周抽一天到普林斯顿。这种例行互访持续了好几年。杨振宁曾回忆：

这是一种非常富有成果的合作，比我同其他人的合作更深入广泛。这些年里，我们彼此相互了解得如此之深，以致看来甚至能知道对方在想些什么。但是，在气质、感受和趣味等诸方面，我们又很不相同，这些差异对我们的合作有所裨益。[1，53]

在“θ-τ之谜”引起物理学界极大关注之时，杨振宁和李政道当然也非常关注这一件大事的动向。事实上，杨振宁说过，他们两人在一段时间里最关注的自然是“θ-τ之谜”。

1956年4月3日到7日，第六届罗彻斯特会议（Rochester Conference）在罗彻斯特大学召开，这是国际高能最重要的物理会议。李政道在2003

年谈到这个会议时说："50 年代时，粒子物理学领域，每年都举行一次国际性的综合学术会议，地点在美国纽约州的罗彻斯特大学。因而这个很重要的会议就被称为罗彻斯特会议。凡是要参加会议的，必须收到邀请才行。"[50，4]

因此只有重要的粒子物理学家才能参加这个会议。杨振宁因为在 1952 年前已经在粒子物理方面发表了八篇重要的论文，因此从 1952 年罗彻斯特会议起，他就一直受到邀请参加这个会议，并且在 1956 年第六届会议前参加会议的筹备工作。李政道由于杨振宁的推介，这一次也接到邀请，第一次参加罗彻斯特会议，但是没有在会上发言。

这次会议最受与会者关注的就是"θ-τ 之谜"。7 日是会议的最后一天，将对四天的讨论做出总结，由奥本海默主持，题目是"新粒子理论的解释"。杨振宁应邀做了一小时的理论总结报告，分析当时各种解谜的尝试。报告以后有许多人提问，包括盖尔曼与费曼等。

加州理工学院的物理学家理查德·费曼。

杨振宁讲话的大意在大会记录中的记载是这样的：

> 杨振宁认为经过这么长的一段时间，而我们对于θ和τ粒子的衰变了解是这么的少，也许最好对这个问题，保持一个开放的想法。遵循这种开放思考的研究方式，费曼对于这个争论提出了一个问题：θ和τ会不会是同一种粒子的不同宇称态呢？而它们没有固定的宇称性，这也就是说宇称是不守恒的？这就是说，自然界是不是有一种单一确定右手和左手的方式呢？杨振宁说他和李政道曾研究过这个问题，但没有得到任何确切的结论……也许宇称守恒……是不准确的。[123]

事实上，杨振宁和李政道以及当时所有研究“θ-τ之谜”的人，都经常会想到宇称是否可能不守恒。但是由于过去已有的极多实验“证实”宇称是守恒的，所以这种讨论从来没有得到任何确切的结论。例如，当时加州理工学院的理论物理教授盖尔曼，就是经常思考这个问题的人之一。杨振宁曾经说：“当时在求解θ-τ谜团这个重大问题的战场上，疑云满布，

提出夸克模型的美国物理学家盖尔曼。

和我们竞争的劲敌是极有名的 Gell-Mann。”[125, Ⅶ]

回到罗彻斯特会议上来。杨振宁讲完话以后，会议组织者、罗彻斯特大学教授罗伯特·马沙克（Robert E. Marshak，1916—1992）立即表示不能同意，他还提出了一个更加保守的方案。普林斯顿高等研究所的英国物理学家理查德·达利兹（Richard H. Dalitz，1925—2006）也不赞成杨振宁的设想，还说，也许马沙克的想法还行得通。接着一些物理学家又争先恐后地表述了自己的意见，争论了一阵子后，奥本海默觉得该散会了。在宣布散会时，他像有一点恋恋不舍地说：“或许，不断地在从过去中学习和被未来的惊异中来回摇摆……是调解争端的唯一途径。”[52, 172]

这时，普林斯顿高等研究所春季学期已经结束，杨振宁应邀到布鲁克海文访问，于是和家人一起搬到布鲁克海文住。在这期间，杨振宁和李政道仍然继续保持每周两次互访，不过改为在布鲁克海文与纽约市之间。

大约是 4 月底或 5 月初的某一天，杨振宁驱车前往哥伦比亚做每周例行的拜访。他把李政道从办公室接出来，把车停在纽约市内百老汇大街和 125 街转角处，因为附近的饭馆还没有开门营业，他们就到附近的一家“白玫瑰”咖啡馆继续讨论“θ-τ 之谜”。到饭馆开始营业后，他们就到“上海餐馆”吃午饭，边吃边讨论“θ-τ 之谜”。杨振宁后来回忆：

> 我们的讨论集中在“θ-τ 之谜”上面。在一个节骨眼上，我想到了，应该把产生过程的对称性同衰变过程的对称性分离开来。于是，如果人们假设宇称只在强作用中守恒，在弱作用中不守恒，那么，θ 和 τ 是同一粒子……的结论就不会遇到困难。[1, 56]

θ 和 τ 粒子衰变是一种弱相互作用，为了弄清上述想法是否正确，杨振宁想最好利用 β 衰变。杨振宁在 1950 年就研究过 β 衰变[40, 131—134]，因此想到如果把原来局限于研究奇异粒子（θ 和 τ 都是奇异粒子）的衰变转为研究 β 衰变，那就方便多了。因为物理学家们多半在 β 衰变实验中进行弱相互作用的研究，做过的 β 衰变实验有上千种。这一研究方向的转变，是研究宇称在弱相互作用中是否守恒最关键的一步。

那么，所有已经做过的β衰变实验能否证实在弱相互作用中宇称不守恒呢？为此，要对所有这些做过的β衰变实验统统“重新研究”。

第二个星期，杨振宁到哥伦比亚大学拜访李政道。他们一起沿大学附近的克莱蒙街信步漫游时，杨振宁向李政道提出，“需要重新检查所有β衰变现象的清单”。李政道当时对β衰变所知不多，于是他去找在同一个大学任教的吴健雄，她在β衰变实验方面是一位权威人士。李政道问她借来在β衰变领域的巨著——齐格班（K. Siegbahn，1918—2007，1981年获得诺贝尔物理学奖）写的《β射线和γ射线谱学》（*Beta and Gamma-Rays Spectroscopy*）。[52，147]

在随后的两个星期中，杨振宁和李政道的时间都花在对这些β衰变过程的计算上。结果发现：在所有这些过程中，原先的实验并不能决定弱相

泡利和吴健雄。

互作用宇称是否守恒；换句话说，原先所有的 β 衰变实验同 β 衰变中宇称是否守恒的问题毫无关系。

后来，杨振宁曾这样描述他们两人当时对这个结果的心理反应：

长久以来，在毫无实验证据的情况下，人们都相信，弱相互作用中宇称守恒，这是十分令人惊愕的。但更令人吃惊的是，物理学如此熟知的一条时—空对称定律面临破产。我们并不喜欢这种前景，只是由于试图理解“θ-τ 之谜”的各种其他努力都归于失败，我们才不得不去考虑这样一种情景。[1，58]

大约是 5 月中旬的一天，杨振宁在布鲁克海文做了一个报告，讲他们得到的上述结论。报告后瑟洛夫（Selove）问杨振宁，为什么这么多实验都与宇称是否守恒无关？杨振宁不知道如何回答。几天以后他和李政道苦思一整天，到傍晚时杨振宁突然有了“顿悟”：要想用实验检验弱相互作用中宇称是否守恒的关键问题，必须测量“赝标量”（pseudoscalar）$\langle \sigma \cdot p \rangle$（σ 是核的自旋，p 是电子的动量）。以前的所有实验根本没有测量赝标量，因此这些实验实际上与 β 衰变中的宇称守恒问题没有关系。杨振宁对此在回忆中说：

我因为弄清楚了这一点而十分高兴，并在驱车回住所吃饭的当儿，向李政道解释了这一切。

作为一种推论，我们也搞清楚了，能够检验弱相互作用中宇称是否守恒的实验，必须包含测量含有“赝标量”的项。

一种可能的做法是测量极化核 β 衰变的方向分布，但是困难在于如何使核极化，而我和李政道都不知道当时已能够通过低温技术使核极化。后来，与戈德哈伯、吴健雄等人谈及这个问题时，我们才知道有这种技术，于是便提议：用钴 60 核来做研究，可能是很合适的。[1，58—59]

6 月中旬，他们向《物理评论》提交了一篇论文，论文的题目是《在弱相互作用中宇称是守恒的吗？》。他们断定，无论对 β 衰变还是对所有的弱相互作用来说，宇称守恒的问题都没有最终解决。文章写道：

> 最近的一些数据显示，θ介子和τ介子的质量及寿命几乎完全相等。但是另一方面，它们衰变以后产生的粒子，如果以基础的角动量守恒和宇称守恒进行分析，则θ和τ又似乎不是同一种粒子。这种矛盾虽经过广泛的讨论，仍然让人们感到迷惑。
>
> 走出困难的一条道路是假设宇称并不严格守恒，因此θ和τ是同一种粒子不同的衰变方式，它们具有相同的质量和寿命。我们希望在现有证实宇称守恒的实验报告中对这种可能性进行分析。现在很清楚的是，在强相互作用和电磁相互作用中，宇称在很高的精度上是守恒的，但是在弱相互作用中（例如在介子和超子衰变时的相互作用中以及各种费米子相互作用中），宇称守恒至今仍然只是一个外推性的假设。（人们甚至可以说目前的“θ-τ之谜”可以视为在弱相互作用中宇称违背守恒的证据。但是这种意见还不能被认为很有说服力，因为我们现在对于奇异粒子的性质还了解得很不够。这就使我们有研究宇称守恒问题的强烈动机。）为了毫不含混地确定在弱相互作用中宇称是否守恒，我们必须完成一个实验来确定在弱相互作用中左和右是否不相同。下面我们讨论一些可能达到这一目的的实验。[40, 189]

这篇文章在10月份发表时，编辑不喜欢题目中有问号，因此把题目改成了《弱相互作用中宇称守恒的问题》。[1]稿子投出去以后，杨振宁

---

〔1〕 关于《物理评论》不允许使用问号的事情还有一段小故事。1935年5月爱因斯坦等人的文章《能认为量子力学对物理实在的描述是完备的吗？》在《物理评论》上发表的时候，没有禁止使用问号；杨振宁与费米于1949年合写的《介子是基本粒子吗？》在《物理评论》上发表的时候，也没有禁止使用问号。笔者问过杨振宁教授：“《物理评论》什么时候开始不允许使用问号？”杨振宁教授在2004年2月16日用电子邮件回答：“In 1956 the editor of *Phys. Rev.* was Goudsmit. He ruled the title of a paper should not have a question mark...I doubt that it was a general policy of the *Phys. Rev.* which had been discussed in detail in any committees.”

和李政道对他们的这一研究十分满意。杨振宁 1983 年在这篇论文的注释中写道：

> 我们对稿子非常满意，感到完成了一件分析宇称守恒物理的好工作，还讨论了当时我们所知道的一切可能的实验检验方案。我们觉得，这件工作的风格符合好的物理学传统，与原来确信的相反，对弱相互作用来说，宇称守恒从未被检验过。用实验来加以检验是至关重要的。[1, 60]

为了证实他们的想法，他们还在文章里设计了五个实验，供实验物理学家用实验来检验他们的想法。文章投出去以后，在哥伦比亚大学任职的吴健雄愿意做其中的一个实验。而杨、李二人却立即投入其他研究中，在统计力学的文章中大算特算。对此，杨振宁后来说：

> 可见我们并不觉得吴健雄正在做的实验会震动世界。我和李政道那时在统计力学上的兴致正高涨，我有了新的想法，需要整天计算。〔1〕

再说别的物理学家对他们文章的看法。他们的文章在 1956 年 10 月 1 日发表以后，大部分物理学家认为违反宇称守恒是不可能的事情，像著名的物理学家费曼、维格纳、朗道（L. D. Landau，1908—1968，1962 年获得诺贝尔物理学奖）、泡利，都持坚决反对的态度。当时被人们认为最伟大的理论物理学家泡利在给韦斯科夫（V. F. Weisskopf，1908—2002）的一封信中说："我不相信上帝是一个没用的左撇子，我愿意打一个大赌，实验一定会给出一个守恒的结果。"

美国物理学家菲利克斯·布洛赫（Felix Bloch，1905—1983，1952 年获得诺贝尔物理学奖）在看了杨、李的文章以后更是决绝地说："如果宇

---

〔1〕 2009 年 7 月 7 日在清华大学高等研究院杨振宁办公室采访时的录音记录。

Question of Parity Conservation in Weak Interactions*

[[56h]]
Commentary begins page 26

T. D. LEE, *Columbia University, New York, New York*

AND

C. N. YANG,† *Brookhaven National Laboratory, Upton, New York*

(Received June 22, 1956)

The question of parity conservation in β decays and in hyperon and meson decays is examined. Possible experiments are suggested which might test parity conservation in these interactions.

RECENT experimental data indicate closely identical masses[1] and lifetimes[2] of the $\theta^+(\equiv K_{\pi2}^+)$ and the $\tau^+(\equiv K_{\pi3}^+)$ mesons. On the other hand, analyses[3] of the decay products of τ^+ strongly suggest on the grounds of angular momentum and parity conservation that the τ^+ and θ^+ are not the same particle. This poses a rather puzzling situation that has been extensively discussed.[4]

One way out of the difficulty is to assume that parity is not strictly conserved, so that θ^+ and τ^+ are two different decay modes of the same particle, which necessarily has a single mass value and a single lifetime. We wish to analyze this possibility in the present paper against the background of the existing experimental evidence of parity conservation. It will become clear that existing experiments do indicate parity conservation in strong and electromagnetic interactions to a high degree of accuracy, but that for the weak interactions (i.e., decay interactions for the mesons and hyperons, and various Fermi interactions) parity conservation is so far only an extrapolated hypothesis unsupported by experimental evidence. (One might even say that the present $\theta-\tau$ puzzle may be taken as an indication that parity conservation is violated in weak interactions. This argument is, however, not to be taken seriously because of the paucity of our present knowledge concerning the nature of the strange particles. It supplies rather an incentive for an examination of the question of parity conservation.) To decide unequivocally whether parity is conserved in weak interactions, one must perform an experiment to determine whether weak interactions differentiate the right from the left. Some such possible experiments will be discussed.

* Work supported in part by the U. S. Atomic Energy Commission.

† Permanent address: Institute for Advanced Study, Princeton, New Jersey.

[1] Whitehead, Stork, Perkins, Peterson, and Birge, Bull. Am. Phys. Soc. Ser. II, 1, 184 (1956); Barkas, Heckman, and Smith, Bull. Am. Phys. Soc. Ser. II, 1, 184 (1956).

[2] Harris, Orear, and Taylor, Phys. Rev. **100**, 932 (1955); V. Fitch and K. Motley, Phys. Rev. **101**, 496 (1956); Alvarez, Crawford, Good, and Stevenson, Phys. Rev. **101**, 503 (1956).

[3] R. Dalitz, Phil. Mag. 44, 1068 (1953); E. Fabri, Nuovo cimento 11, 479 (1954). See Orear, Harris, and Taylor [Phys. Rev. **102**, 1676 (1956)] for recent experimental results.

[4] See, e.g., *Report of the Sixth Annual Rochester Conference on High Energy Physics* (Interscience Publishers, Inc., New York, to be published).

PRESENT EXPERIMENTAL LIMIT ON PARITY NONCONSERVATION

If parity is not strictly conserved, all atomic and nuclear states become mixtures consisting mainly of the state they are usually assigned, together with small percentages of states possessing the opposite parity. The fractional weight of the latter will be called $\mathfrak{F}^2$. It is a quantity that characterizes the degree of violation of parity conservation.

The existence of parity selection rules which work well in atomic and nuclear physics is a clear indication that the degree of mixing, $\mathfrak{F}^2$, cannot be large. From such considerations one can impose the limit $\mathfrak{F}^2 \lesssim (r/\lambda)^2$, which for atomic spectroscopy is, in most cases, $\sim 10^{-6}$. In general a less accurate limit obtains for nuclear spectroscopy.

Parity nonconservation implies the existence of interactions which mix parities. The strength of such interactions compared to the usual interactions will in general be characterized by $\mathfrak{F}$, so that the mixing will be of the order $\mathfrak{F}^2$. The presence of such interactions would affect angular distributions in nuclear reactions. As we shall see, however, the accuracy of these experiments is not good. The limit on $\mathfrak{F}^2$ obtained is not better than $\mathfrak{F}^2<10^{-4}$.

To give an illustration, let us examine the polarization experiments, since they are closely analogous to some experiments to be discussed later. A proton beam polarized in a direction z perpendicular to its momentum was scattered by nuclei. The scattered intensities were compared[5] in two directions A and B related to each other by a reflection in the x–y plane, and were found to be identical to within $\sim 1\%$. If the scattering originates from an ordinary parity-conserving interaction plus a parity-nonconserving interaction (e.g., $\boldsymbol{\sigma}\cdot\mathbf{r}$), then the scattering amplitudes in the directions A and B are in the proportion $(1+\mathfrak{F})/(1-\mathfrak{F})$, where $\mathfrak{F}$ represents the ratio of the strengths of the two kinds of interactions in the scattering. The experimental result therefore requires $\mathfrak{F}<10^{-2}$, or $\mathfrak{F}^2<10^{-4}$.

The violation of parity conservation would lead to an electric dipole moment for all systems. The magnitude of the moment is

$$\text{moment} \sim e\mathfrak{F}\times(\text{dimension of system}). \quad (1)$$

[5] See, e.g., Chamberlain, Segrè, Tripp, and Ypsilantis, Phys. Rev. 93, 1430 (1954).

1956年两人合写的这篇论文最终使他们得到了次年的诺贝尔奖。

称真的不守恒了，我把我的帽子吃掉！”

这期间还有一段与盖尔曼有关的故事。杨振宁和李政道的文章发表后，有一天盖尔曼在波士顿一面开会一面以十分挑剔的眼光阅读杨、李的文章。他很快就发现杨、李文章中的一个“错误”，并立刻写了一篇短文《论β衰变中的宇称守恒》（“On Parity Conservation in β-decay”）给杨振宁，并且请同时在一起开会的戴森带给杨振宁。在这张纸条的右上方有一行小字：“弗兰克·杨：请于此文送印前告诉我你的意见。默里。”杨振宁后来说：“他以为我们的文章有错误，就匆匆忙忙写了一篇短文寄给我；显然，Gell-Mann以为发现了我们的弱点，所以投下了‘战书’。”

其实杨、李的文章并没有错，是盖尔曼自己没有弄清楚。12月14日，杨振宁和李政道写了一封信给盖尔曼，指出他的错误。但是盖尔曼在没有收到此信以前已经知道是自己错了。[16，267—268]

杨、李的文章发表一年多以后，美国物理学家戴森在1958年第9期

美国物理学家戴森。

《科学美国人》上写了一篇文章，对他和他的同事多数“缺乏想象力”写了一段话：“我看了（李政道和杨振宁论文的）副本。我看了两次。我说了‘非常有趣’以及类似的一些话。但我缺乏想象力，所以我说不出‘上帝！如果这是真的，那物理学将开辟出一个崭新的分支’。我现在还认为，除了少数例外，其他物理学家那时和我一样缺乏想象力。”[20，272]

巴基斯坦物理学家萨拉姆曾试图向一位朋友解释，为什么物理学家对宇称不守恒如此激动。他说：“我问他，有没有哪个经典作家曾经思考过只有左眼的巨人？他承认有人曾经描写过一只眼的巨人，他还给我写下了一整面独眼巨人的名单。但是他们总是把那一只独眼安在前额的中间。而据我看来，我们发现空间原来是一个虚弱无力的左眼巨人。”[20，277—278]

于是，整个科学史上最令人惊奇的发现之一在1956年诞生了。杨振宁和李政道的发现，是一项美妙而独具匠心的工作，而且结果是如此的惊奇，以至于人们会忘记思维是多么美妙。它使我们再次想起物理世界的某些基础。直觉、常识——它们简直倒立起来了。

但杨振宁和李政道知道，他们的假说到底对或者不对，只有用实验来检验。

3. 吴健雄接受挑战

当时想请一位实验物理学家来做验证宇称不守恒假说的实验，并不那么容易。实验物理学家关注的是这样的问题：究竟值不值得做一个实验来检验弱相互作用中宇称是否守恒。虽然杨振宁和李政道设计了几个实验，但是都非常“困难”，因此几乎没有实验物理学家愿意接受这个挑战。这并不奇怪，一个被科学界认为是金科玉律的理论，一下子成了不对的，这肯定让人难以接受，何况这些实验都是很不容易做的。杨、李曾经怂恿实验物理学家莱德曼（L. M. Lederman，1922—2018，1988年获得诺贝尔物理学奖）做一个他们设计的实验，莱德曼开玩笑地说，一旦他找到一位绝顶聪明的研究生供他当奴隶使用，他就会去做这个实验。

幸亏这时吴健雄愿意做其中一个实验。

吴健雄于1912年5月31日出生在江苏省太仓县浏河镇的一个书香世家。她的父亲吴仲裔是家乡明德女子职业补习学校的创办人，他是一位具有民主新思想的优秀知识分子。在他的谆谆教诲下，吴健雄不仅没有受到"女子无才便是德"的封建枷锁的束缚，而且从小就受到良好的现代教育，树立了崇高的理想与追求。

在家乡读完小学后，吴健雄于1923年夏天考取了苏州第二女子师范学校。从1923年到1929年，吴健雄接受了六年的女师教育。1929年，她以最佳成绩毕业于苏州女师，并且被保送入南京中央大学。当时规定，师范毕业的学生必须教一年书才能继续升学。这个规定执行得并不十分严格，所以吴健雄在苏州女师毕业后没有教书，而是到上海中国公学读了一年书，正是在这一年的学习中，她成了胡适博士最得意的学生。

1930年，吴健雄进入中央大学。第一年她读的是数学系，后来由于物理学令人兴奋和惊讶的进展，再加上她非常崇敬居里夫人，于是到二年级时转入了物理系。物理系的许多教授，如施士元、方光圻，对吴健雄非常欣赏，连有些不教她的老师都认为她前途无量。

1934年，吴健雄毕业于中央大学物理系；1936年8月，她在叔叔资助下乘海轮离开上海，准备到美国密歇根大学深造。但到了美国以后，由于种种原因，她没有到密歇根大学，而留在了加州大学伯克利分校物理系。这个大学劳伦斯放射性实验室的34英寸回旋加速器吸引了吴健雄。

1940年，吴健雄获加州大学伯克利分校的哲学博士学位。1944年，她进入哥伦比亚大学，开始了她辉煌的物理学研究生涯。

当1956年吴健雄做β衰变实验以验证宇称是否守恒时，她已经是β衰变物理实验研究方面最具权威的物理学家之一。当时吴健雄原本决定和丈夫袁家骝先到日内瓦出席一个高能物理会议，然后去东南亚做一趟演讲

吴健雄（右二）在伯克利时，与奥本海默（右三）、她的指导老师塞格雷（右四）等人合影。

旅行。这是她 1936 年离开中国以后 20 年来第一次回到东亚，他们还准备到中国台湾做一次访问。

但在和李政道的讨论中，吴健雄敏锐地认识到，对于从事 β 衰变的原子核实验物理研究的物理学家来说，这是一个很宝贵的机会，不可以随意错过。吴健雄在一篇文章中回忆了这件事：

……1956 年早春的一天，李政道教授来到普平物理实验室第十三层楼我的办公室。他先向我解释了“θ-τ 之谜”。他继续说，如果“θ-τ 之谜”的答案是宇称不守恒，那么这种破坏在极化核的 β 衰变的空间分布中也应该观察到：我们必须去测量赝标量……

……在李教授的访问之后，我把事情从头到尾想了一遍。对于一个从事β衰变物理的学者来说，去做这种至关重要的实验，真是一个宝贵的机会，我怎么能放弃这个机会呢？……那年春天，我的丈夫袁家骝和我打算去日内瓦参加一个会议，然后到远东去。我们两个都是在1936年离开中国的，正好是在二十年前。我们已经预订了“伊丽莎白王后号”的船票。但我突然意识到，我必须立刻去做这个实验，在物理学界的其他人意识到这个实验的重要性之前首先去做。于是我请求家骝让我留下，由他一个人去。[50, 150]

杨振宁说，当时只有吴健雄“独具慧眼”，看出这一实验的重要性，这表明吴健雄是一位杰出的科学家，因为杰出科学家必须具有好的洞察力。杨振宁还说：

在那个时候，我并没有把宝都押在宇称不守恒上，李政道也没有，我也不知道有任何人押宝押在宇称不守恒上。……吴健雄的想法是，纵然结果宇称并不是不守恒的，这依然是一个好实验，应该要做，原因是过去β衰变中从来没有任何关于左右对称的资料。[16, 266]〔1〕

吴健雄要做的实验也是杨振宁和李政道在论文中建议的一个实验，即

〔1〕　80年代杨振宁还说过：

从1956年6月到当年12月，李政道和我把注意力转移到多体问题上。虽然，部分原因是我们实际上并不真正地相信吴健雄的实验会得到戏剧性的结果，但主要原因却是这段时间我们刚好在多体问题上取得很有意义的进展。[1, 72]

但是李政道不同意杨振宁的这种说法。在2006年庆贺宇称不守恒发现50周年学术讨论会上，李政道表示了自己的意见。这在江才健先生写的《杨振宁的旅程》一文的“一个插曲”中可以看到：

2006年的4月22日，当年曾经密切合作，后来争吵决裂的杨振宁和李政道，在达拉斯的这个会上碰面。李政道先做的演讲，讨论了一些中微子的研究，也谈到吴健雄和她的实验，没有触及当年与杨振宁的合作。接下来莱德曼的演讲，谈论他自己当年做另外一个实验的过程，杨振宁都在座上。

杨振宁在下一会程中演讲《门在哪个方向？》，也没有触及敏感的与李政道的合作问题，他在演讲中引述了方去世的杰出物理学家达利兹（R. Dalitz）

用同位素钴60的核（有27个质子，33个中子）的β衰变来做观察。用钴60核的β衰变来做检验宇称是否守恒的实验，是吴健雄建议的。江才健在《吴健雄——物理科学的第一夫人》一书中写道：

有一天，杨、李二人在布鲁克海文碰到物理学家戈德哈伯……他当时听说他们在写一篇论文，便告诉他们在英国牛津的科学家已经把原子核极化。而这个技术正是杨、李两人在论文中提出，用以检验宇称守恒几种实验之一的中心技术。

在原子核实验工作上极有成就的吴健雄，在1956年以前的几年中，也注意到英国牛津以及荷兰莱顿的低温实验室中，新近发展出来将原子核极化的技术，并且发生极大的兴趣。所谓原子核极化，简单说，就是使原子中旋转的电子变成有一个方向性，从而使原子核有一个方向性。

因此后来李政道再次和她讨论时，吴健雄曾问起说是不是有任何人提出用什么办法来做实验，李政道说起戈德哈伯所提出的用极化原子技术来检验，吴健雄立即指出，最好是利用钴60作为β衰变放射源，去进行检验。[15, 171]

钴60的核在β衰变时，它里面的一个中子变成一个质子、一个电子

在1982年巴黎一个物理学历史会议中的谈话，达利兹谈到当年他错失宇称不守恒的想法。杨振宁演讲中有一句话，大意是“李和我写论文之后，也不认为宇称一定是不守恒的，于是我们转而研究统计物理”。这时坐在台下的李政道立刻大声说，“这是你的想法”（That’s what you think）。

杨振宁说他没有理会。在后面的一个投影片他打出一张有名的照片，那张照片当年曾经登在美国物理学会的《今日物理》封面上，照片是一页物理的笔记，当年照片的说明指出，那是杨、李发表宇称不守恒论文之后李政道的一个笔记，而内行的物理学家一看便知道，笔记上都是统计物理的问题。杨振宁说，李政道看到这张投影图片，又在台下大声说，“这是我的，与你无关”（That’s mine，nothing to do with you）。这是今年3月底到6月初杨振宁美国旅程中的一个插曲。[30, 67—68]

和一个反中微子。把钴 60 的核冷却到接近绝对零度，由于这时热振动基本消除，再用一个磁场使这束原子核按照同一个方向自旋。如果宇称是守恒的，电子就会以相同的数量向两个方向飞出；如果宇称不守恒，那么一个方向上飞出的电子将会比另一个方向飞出的电子多一些。这样，对称性就破坏了。由于哥伦比亚大学没有合适的低温设备，吴健雄只能与华盛顿美国国家标准局的四位物理学家安布勒（E. Ambler）、海沃德（R. H. Hayward）、霍普斯（D. D. Hoppes）和赫德逊（R. P. Hudson）一起合作，完成 β 衰变中宇称是否守恒的实验。

这儿插一个故事。那时愿意做这类实验的物理学家的确不多，但是芝加哥大学有一位叫特勒格第（Valentine Telegdi，1922—2006）的匈牙利裔美国物理学家，在看了杨振宁和李政道的文章以后，建议与他的同事们选择文章里建议的一个实验，即用 π 介子衰变成 μ 子，μ 子又衰变成电子的过程中，观测宇称到底是否守恒。但是他的同事们对此毫无热情，都认为宇称当然守恒嘛，为什么要没事找事地浪费时间？但是特勒格第对同事们的态度不以为然，仍然决定做这个实验，并且说好与一名叫弗里德曼（Jerry Friedman）的博士后合作。不幸的是 9 月他的父亲去世，12 月圣诞节假期中又要到意大利米兰照料母亲。这时他并不知道吴健雄或者还有其他人在做这个实验，所以没有很强的紧迫感。

随着吴健雄实验的进展，物理学界开始有更多的人关心和讨论这件事，气氛比半年前热闹多了，有趣的故事也多了起来。1989 年以 74 岁高龄因为“发展了原子精确光谱学”而获诺贝尔物理学奖的拉姆齐（N. F. Ramsey，1915—2011）那时想利用橡树岭国家实验室的设备做实验，以检验弱相互作用中宇称是否守恒。有一天，费曼遇见拉姆齐，问道：“你在干些什么？”

拉姆齐回答：“我正准备检验弱相互作用中宇称守恒的实验。”

费曼这位在美国科学界才高八斗、满腹珠玑的卓伟之才立即说：“那

与吴健雄合作做验证宇称守恒实验的美国国家标准局的三位物理学家：安布勒（右一）、海沃德（右二）和赫德逊（左一）。

是一个疯狂的实验，不要在那上面浪费时间。”

他还建议以 10000 ∶ 1 来赌这个实验绝不会成功。

拉姆齐回答：“如果实验成功，我和我的学生会得到诺贝尔奖；如果不成功，我的学生也有了博士论文的题目。”

后来，他们将赌注改为 50 ∶ 1；再后来，由于橡树岭国家实验室不支持，拉姆齐的实验没做成。吴健雄的实验成功之后，有人说费曼倒是谦谦君子，很守信用，签了一张 50 美元的支票给拉姆齐，安慰他万分遗憾和失望的心情。[15，185]但费曼自己回忆却说，因为拉姆齐没有做这个实验，所以他“保住了 50 美元的支票”。

“伟大的泡利”曾经和吴健雄一起工作过，他对她十分敬重，曾经说：“吴健雄这位中国移民，对核物理这门科学的兴趣简直浓厚到了令人难以想象的程度。和她讨论核物理方面的问题，她会滔滔不绝，忘记了夜晚窗外早已是皓月当空。”

由于泡利对宇称可能不守恒一直是极度怀疑的，所以当他从他以前的学生韦斯科夫那儿得知，吴健雄正准备用实验检验宇称守恒的时候，他立即回信给韦斯科夫说，由他的想法观之，做这个实验是浪费时间，他愿意下任何数目的赌注，来赌宇称一定是守恒的。

还有一个关于泡利的故事。1956 年下半年，泡利听说吴健雄的实验小组进行的宇称守恒实验已经有了一些结果，心中不以为然。有一天，他在苏黎世遇见曾经在美国国家标准局工作过的坦默尔（G. M. Temmer），泡利对他说：“像吴健雄这么好的一个实验物理学家，应该找一些重要的事去做，不应该在这种显而易见的事情上浪费时间。谁都知道，宇称一定是守恒的。”[15，186—187]

几个月以后，泡利又在哥本哈根玻尔理论研究所遇见坦默尔，虽然泡利已经记不得坦默尔的名字，但是还记得他的长相。当坦默尔再次谈到吴健雄的实验时，泡利十分武断地说：“是的，我还记得我们在苏黎世的谈

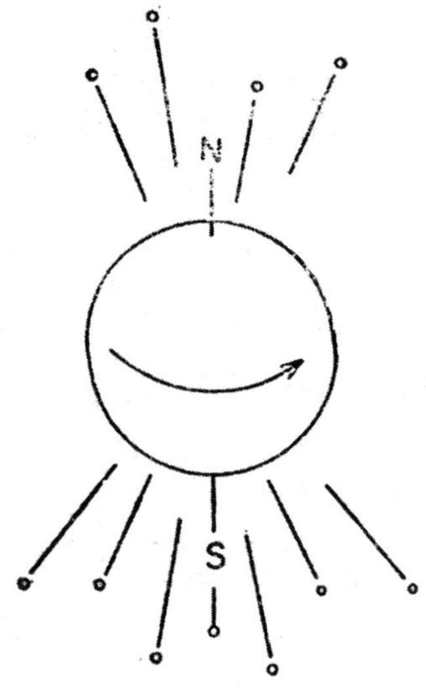

吴健雄的同位素钴60核的实验，证实在它衰变的过程中，不同的方向发射不同数量的电子。图中是S端（南端）发射更多的电子。

话，这件事该结束了！”[15，187]

但泡利和费曼都没有料到，到1956年圣诞节时，吴健雄小组的实验已经差不多可以说是成功地证明了宇称的确在弱相互作用中并不守恒。但吴健雄却仍然难以相信自然界竟有如此奇怪的事情，她唯恐实验中有什么没有注意到的错误，所以当她把他们小组的实验结果告诉杨振宁和李政道时，她叮嘱他们暂时保密，她还需要对实验做再次检查。

但杨振宁和李政道显然觉得吴健雄过分谨慎，在1957年1月4日哥伦比亚大学物理系例行的“星期五午餐聚会”上，李政道迫不及待地把吴健雄的实验结果告诉了与会的人；1月5日，杨振宁给正在加勒比海度假的奥本海默发了一封电报，把吴健雄的实验结果告诉了他。奥本海默回电只有几个字：“走出了房门。”（Walked through door.）

奥本海默这样回电是因为1956年杨振宁在一次报告中曾经说：“物理学家发现他们所处的情况，就好像一个人在一间黑屋子里摸索出路一样，他知道在某个方向上必定有一个能使他脱离困境的门。然而这扇门究竟在哪个方向上呢？”

曾经拒绝做这类实验的莱德曼，这时心里一定会翻江倒海地难受，悔不该以前没有接受杨振宁他们的建议。在他写的自传《上帝粒子——假如宇宙是答案，究竟什么是问题？》一书中，对此事有极为生动的回忆。他写道：

> 又逢星期五。时间定格在1957年1月4日，中午12点。星期五是哥伦比亚大学物理系的教工们传统的中国菜午餐日。10—15个物理学家先是聚集在李政道教授办公室的门外，然后结伴从第120大街的普平物理楼向山下的第125大街和百老汇大街路口的上海餐馆走去。
>
> ……在往这里来的路上，我们已经很清楚这个星期五的交流主题了，那就是宇称和我们哥伦比亚大学的同事、当时正在华盛顿国家标准局指导一个实验的吴健雄所带来的最新消息。在午餐会开始讨论严肃话题之前，李政道先在一个恭敬的餐馆领班递来的小便笺本上点菜——每星期来吃饭他都要干这些琐事。……把便笺本和笔都递给了服务员以后，李政道加入到谈话中来。
>
> “吴女士打电话告诉我，她的初步数据表明了一个惊人的效应！”他兴奋地说。[42，267—268]

此后整个午餐莱德曼都心不在焉，想着李政道所说的“惊人的效应”，餐桌上别人讲一些什么他完全不知道。当天晚上回到实验室以后，他立即开始用另一个实验来验证宇称的不守恒性，一直干到第二天早上。莱德曼的实验出乎意料地简单和成功。

1月8日星期二早上6点，莱德曼拿起电话找李政道。一声铃响就接通了，莱德曼对李政道说：“宇称玩儿完了！”

他后来写道：“我们获得的清晰明确的结果，自然不会让吴健雄感到开心了。虽然我们想跟她一起公开发表我们各自在实验中的发现，但值得敬佩的是，她坚持要用原定的一星期时间来检查完她的结果。”[42，281]

美国物理学家莱德曼。

1月9日凌晨2点，吴健雄小组的查证实验结束，小组的五个人用上好的法国葡萄酒为他们推翻了宇称守恒定律而干杯。1月15日，吴健雄等人的实验报告论文完成，寄给了《物理评论》(2月15日论文正式刊出)。

1月15日星期二，这一天，哥伦比亚大学做了一件没有先例的事：为这一新发现举行了一次新闻发布会。物理系的资深教授拉比（I. I. Rabi，1898—1988，1944年获得诺贝尔物理学奖）在发布会上说："在某种意义上，一个相当完整的理论结构已从根本上被打碎，我们不知道这些碎片将来如何能再聚在一起。"

这是一个清楚的昭示：宇称不守恒正式被承认了。次日，《纽约时报》发表了一篇编辑部文章，标题是《外表与真实》。文中解释了这项实验的巨大重要性。文章最后的一段话写道："人们相信，这件事（宇称不守恒的发现）移开了通往建立一个关于构成物质宇宙的基本单元的统一理论的主要路障。理论会是什么样子，也许还要花上二十年时间，但是物理学家们现在感到有信心，他们至少从现在的‘宇宙丛林’里找到了一条出路。”[50，123]

吴健雄的实验虽然成功地证实了宇称在弱相互作用中并不守恒，但是她的实验所得到的数据中不守恒的程度只有1%—2%。这一数据的说服力还有不足之处。而莱德曼的实验中不守恒数据几乎高达100%，这一结果不可动摇地证明了在弱相互作用中宇称确实不守恒。当然，优先权无可置疑地还是属于吴健雄的，这是科学发现过程中的铁定规则。

“θ-τ之谜”最终被解开了，这是一个无可比拟的、重大的革命性进展。剑桥大学的物理学家奥托·罗伯特·弗里什（Otto Robert Frish）在他的《今日原子物理学》（基础部分，1961）一书中说，1957年1月16日他收到了朋友寄来的一封航空信，内容摘要如下：“亲爱的罗伯特，最新消息：宇称是不守恒的。在普林斯顿这儿，人们只谈这一个问题；人们说，从迈克尔逊实验以来这是最重要的成果……”[20，276]

亚伯拉罕·派斯则说：“李政道和杨振宁的建议，导致了我们对物理学理论根本结构的认识的一次伟大解放。原理再次被判明是一种偏见……T. D. 和弗兰克，这是熟人对他们的称呼，他们风雅而又机智，对物理学有超凡的洞察力和有条不紊的本领。他们的意见被理论家和实验家们所敬重。在这方面，他们颇有一点已故的费米的风格。”[22，678]

在完成实验以后，吴健雄有两个星期几乎无法入眠。她一再自问道：为什么老天爷要让她来揭示这个奥秘？她还深有体会地说：“这件事给我们一个教训，就是永远不要把所谓‘不验自明’的定律视为是必然的。”[15，193]

最让人们关心的也许是泡利，他在此之前是那样信誓旦旦地肯定宇称绝不会不守恒，现在会怎么说呢？幸好留下了1957年1月27日他给韦斯科夫的信。他在信中写道："现在第一次震惊已经过去了，我开始重新思考。……现在我应当怎么办呢？幸亏我只在口头上和信上和别人打赌，没有认真其事，更没有签署文件，否则我哪能输得起那么多钱呢！不过，别人现在是有权来笑我了。使我感到惊讶的是，与其说上帝是个左撇子，还不如说他用力时，他的双手是对称的。总之，现在面临的是这样一个问题：为什么在强相互作用中左右是对称的？"[20, 277]

在写信给韦斯科夫之前的1月19日，泡利还写了一封信恭贺吴健雄的成功。在信上泡利说，自然界为什么只让宇称守恒在弱相互作用中不成立，而在强相互作用中却仍然成立，他感到十分迷惑。泡利的迷惑，直到现在仍然没有找到答案。

还有一个让人很感兴趣的问题是：莱德曼在知道吴健雄的实验以后，前后几乎只用三天的时间就彻底地（几乎100%）证实了宇称不守恒，那为什么他以前那么坚决地不接受杨振宁他们的建议呢？这似乎有一些不可理解。就这个问题我问过杨振宁："莱德曼为什么开始没有接受你们的建议呢？是因为太难了，还是别的什么原因？"

杨振宁回答：

> 主要是他认为做出来没有意思。一方面他认为宇称一定是守恒的，一方面他认为实验太难了。也许有一个问题是，莱德曼既然三天就做出来了，他们以前为什么不做？这儿有一个原因是莱德曼做的那个实验恰好是一个很容易做的实验，但其他实验并不这么容易，有的还十分困难。一个实验在还没有想清楚的时候，觉得不好做；后来有人成功了就会觉得不难；可见实验要有动力，没有动力就做不出来。但是莱德曼的实验很重要，因为吴健雄的实验只有百分之一二的不对称，而莱德曼的实验几乎是百分之百的准确。〔1〕

---

〔1〕 2009年7月2日在清华大学归根居采访杨振宁时的录音资料。

可以设想，如果没有莱德曼的实验，仅凭吴健雄的实验，杨振宁和李政道也许在 1957 年还无法获得诺贝尔奖。

最后再来说说前面提到的特勒格第。等他 1957 年 1 月中旬从欧洲回到芝加哥大学时，吴健雄和莱德曼的实验已经成功并将要在《物理评论》上发表了。这时他真是追悔莫及，急忙完成实验并且把结果投到《物理评论》编辑部，想和吴健雄与莱德曼的文章一起发表。但是，编辑部认为他的文章晚了几天，而且文章写得匆忙、混乱，不同意一起发表。他还不甘心，找到老乡维格纳，希望维格纳为他说项。维格纳用匈牙利语在电话中对他说："我只不过是美国物理学会的会长而已。"

最后《物理评论》编辑部总算同意下一期发表他的文章。不过，特勒格第还是气得要发疯，甚至退出了美国物理学会。只有他的好友盖尔曼表示同情，认为《物理评论》太绝情。[52，148—150]

匈牙利裔美国物理学家特勒格第，他是盖尔曼的好友。

4. 荣获诺贝尔奖

1957 年 1 月 30 日，美国物理学会在纽约的纽约人旅馆（New Yorker Hotel）召开年会。美国物理学会每年的年会都在 1 月底召开，会议内容通常都是物理学家当时最感兴趣的问题，这些主要的议题一般在前一年的 11 月底都要公布出来。这次会议物理学家最感兴趣的肯定是宇称不守恒的问题，因为在 1 月底，弱相互作用中宇称不守恒的问题几乎已经得到公认。但是在 1956 年 11 月底，宇称守恒问题并没有得到实验证实，所以那时没有把宇称问题作为年会的内容。

在大家的一致要求下，会议决定在 2 月 2 日星期六会议最后一天的下午组织一次专门的会议，报告宇称不守恒理论和实验的进展。

学会常务秘书达罗（Karl Darrow）博士通常喜欢用文学风格写物理学会公报，在这年的公报中他写道：

> 正式注册的到会人数是 3110 人，接近了 3206 人的纪录，那是由美国物理学协会和协会的其他基层学会的联合大会在一年前共同创造的。
>
> 但更令人吃惊的是，在星期六下午专门报告的会议上，参加的人数创造了惊人的历史最高纪录。会议期间，我们安排的最大的报告厅被那么多听众占满，除了不能吊在吊灯上以外，会员用各种可能的方法把自己挤进大厅里。这是因为人们知道这一天的会议上将有几篇文章报道宇称不守恒的问题，而这一问题早在两周之前已经闯进了公众的视野。[50，125]

这天的会议预定在 14 时召开，但在 13 时 15 分的时候，饭店的大厅已坐满物理学家。许多人带着午餐在大厅里找到了一个座位。“李（政道）并不那么幸运，过了好一会儿，看来他连报告厅都根本没法进去。这时，某些物理学家认出了他，让开了路。”[50，125]

杨振宁、莱德曼、特勒格第和吴健雄先后做了有关宇称不守恒理论和实验方面的报告。

推翻宇称守恒的证据就这样集中在这么一间报告厅里被描绘出来，绝对令人信服。许多参加会议的人后来都说，参加这个会议真有一种亲眼看见科学历史转折点的感觉。

杨振宁曾经回忆：

> 李政道和我接到布鲁克海文国家实验室及哈佛大学的讲学邀请。我决定，由李政道去讲学，而我则到纽约去，在美国物理学会年会上报告宇称不守恒。[1，70]

莱德曼在回忆中也提到这一次会议：

> 惊人的实验结果究竟给物理学界带来了什么样的影响，这还真是难以表述。我们挑战了（事实上是破坏了）一个人们所珍爱的信念：自然界镜像对称。此后若干年里，正如我们理应看到的那样，其他的对称性也被推翻了。甚至于，实验还使许多理论物理学家受到了震撼，其中就包括泡利，他留下了一句著名的论断："我无法相信上帝竟然是个软弱的左撇子。"他不是说上帝应该是"右撇子"，而是说上帝应该两手都行。
>
> 1957年2月6日，2000名物理学家来到纽约……参加美国物理学会的年会，场面十分热烈。各大报纸都在头版头条公布了结果。《纽约时报》一字不差地发表了我们提供的稿件，里面还有粒子与镜子的图片。但对我们来说，这一切都比不上凌晨3点我们在实验室里所获得的那种静谧安详的感觉。就在那一时刻，两位物理学家开始懂得了一个崭新的、深奥的真理。[42，282]

震惊之后，人们开始想到，为什么在这个重大历史转折点上，恰恰是三位华裔物理学家引导物理学界迈过历史的门槛，解决了一个"物理学理论根本结构"的问题，使人们的根本认识发生了"一次伟大的解放"呢？美国一位杂志编辑小坎佩尔（John Campell，Jr.）推测，也许在西方和东方世界文化背景中的某些差异，促使中国科学家去研究自然法则的不对称性。《科学美国人》的编辑、著名科学作家马丁·加德纳（Matin Gardner，1914—2010）更认为，中国文化素来强调和重视不对称性。他以中国的“阴阳图”符号为例说明他的思考。阴阳符号是一个非对称分割的圆，并涂成黑白（或黑红）两色，分别代表阴和阳。阴阳表示了自然界、社会以及人的一切对偶关系，如善恶、美丑、雌雄、左右、正负、天地、奇偶、生死……无穷无尽。而且最妙的是每一颜色中有另一颜色的小圆点，这意思是阴中有阳，阳中有阴；丑中有美，美中有丑；奇中有偶，偶中有奇；生中有死，死中有生；对称中有不对称，不对称中有对称……这种不对称性的思想传统也许早就使杨振宁和李政道受到潜移默化、耳濡目染的影响，使他们比重视对称性的西方科学家更容易打破西方科学传统中保守的一面。[20，278—279]

加德纳的见解很有意思。更有意思的是，1947年丹麦政府授予尼尔斯·玻尔一种很高级别的勋章——“宝象勋章”（Order of Elephant）。按照通例要求受奖人提供一个“族徽”，装饰在勋章的图案里。玻尔自己设计了一个族徽，族徽的中心图案采用了中国的太极图。玻尔用“一阴一阳”来形象地表示互补关系；族徽上的拉丁文“箴言”是“Contraria sunt complementa”，意思是“互补即互斥”。

由于杨振宁和李政道的发现深刻影响了科学理论的结构，再加上吴健雄迅速用实验证实了他们的理论，所以，1957年的诺贝尔物理学奖迅即授给了杨振宁和李政道两位年轻的中国物理学家。一个影响如此重大的理论，从提出到获奖只有不到两年的时间，在诺贝尔奖颁奖史上是绝无仅有的，难怪费曼说杨、李获诺贝尔奖是“最快的诺贝尔奖”了。比利时物理学家罗森菲尔德（Leon Rosenfeld，1904—1974）说：“瑞典科学院如此迅速地将诺贝尔奖颁发给弱相互作用中宇称不守恒的发现者，充分表达了委员们对这一发现的重要性有一致的共识。所有认识这两位年轻的诺贝尔奖

丹麦国王授予尼尔斯·玻尔的宝象勋章，现在陈列在丹麦哥本哈根Frederiksborg的皇宫里。

获得者的人，为他们的人格魅力所倾倒的程度，丝毫不亚于他们的多才多艺和深刻的思维给人们留下的印象。”[51, 173] 杨、李能够迅速获奖，显然与吴健雄（和莱德曼）的实验证实有决定性的关系。可惜，吴健雄竟没有因此获诺贝尔奖，这不得不说是诺贝尔奖授奖史上的一个极大的遗憾。在诺贝尔物理学奖的颁奖历史中，因为用实验证实一个重要的物理学理论而获诺贝尔物理学奖的事例很多。例如，1925 年詹姆斯·弗兰克和古斯塔夫·赫兹证实玻尔的氢原子理论；1936 年卡尔·安德森用实验证实狄拉克的正电子理论；1937 年克林顿·戴维逊和 G. P. 汤姆逊用实验证实德布罗意的物质波理论，等等。他们都因为实验的成功而获得诺贝尔物理学奖。吴健雄的实验意义非同一般，但是何以没有得到诺贝尔奖，实在让人不解。

杨振宁和李政道获奖的消息传到中国以后，国内报纸立即报道了这一振奋人心的消息。中国著名的物理学家吴有训、周培源和钱三强代表中国物理学会给他们两人发去电报，电报热情洋溢地写道：“中国物理学家对这一可喜的事件感到自豪。”

李政道收到电报以后反复读了几遍，连声说："我的祖国，我的老师发来的，太荣幸了！"

杨振宁的父亲杨武之更是兴奋极了，他多次告诉杨振汉、杨振玉和杨振复他们，不要小看中国人在世界上第一次获得诺贝尔奖的深远意义，说这件事至少使一部分中国人，特别是知识界，打掉了自卑感，从心理上敢于同西方人一争短长了。

在杨振宁10月31日得知获得1957年的诺贝尔物理学奖以后，记者、庆贺者的电话铃声不断。在不断的电话铃声中，杨振宁给当时在加拿大国家研究院任职的吴大猷老师写了一封动情的信：

大猷师：

值此十分兴奋，也是应深深自我反省的时刻，我要向您表示由衷的谢意，为了您在1942年春引导我进入对称原理与群论这个领域。我以后的工作的大部分，包括关于宇称的工作，都直接或间接与15年前的那个春天从您那里学到的观念有关。这是多年来我一直想告诉您的情意，今天或许是最好的时刻。

谨致敬意，并问候吴太太。

生　振宁上

1957年10月31日[16，212—213]

恰好李政道这一年在普林斯顿高等研究所访问，所以他们两人同时得知获奖的消息。李政道也给吴大猷写了一封谢恩信。

1957年11月12日，布鲁克海文国家实验室物理系主任兼《物理评论》总编高斯米特，给在普林斯顿高等研究所的杨振宁写了一封贺信，信中这样写道：

亲爱的杨和李：

我不知道是在知道你们获奖的当时就祝贺你们好，还是等你们在斯德哥尔摩领奖以后再祝贺你们好，于是我在这两者之间写这封信给你们。我想，很长一段时间以来，你们是最应该获得这个奖的。我确信你们会很高兴你们的工作得到承认，而且它将鼓励你们以获得更多的成就。

我们这儿的人，因为你们在宇称方面的工作大部分是你们两人在布鲁克海文完成的而感到骄傲。我的这封信也许会使你们想起这个实验室，从而使你们以后经常回来看看。事实上，什么时候你们有机会回来与我们大家或者部分人再次一起聚会，1958年夏天可以吗？

祝愿你们瑞典旅行愉快，并祝愿你们有更多的成就。

最衷心的祝福

你们的萨姆（签名）〔1〕

1957年12月10日，35岁的杨振宁和31岁的李政道在斯德哥尔摩市的音乐厅出席了该年度隆重的诺贝尔奖颁奖典礼。在主席台上，获奖者按物理学、化学、生理学/医学和文学的顺序就座。从照片上可以看出，杨振宁坐在左边第一的席位上，他旁边坐的是李政道，再下去是化学奖得主托德（A. R. Todd）、生理学/医学奖得主博韦（D. Bovet）和文学奖得主加缪（A. Camus）。诺贝尔奖得主的夫人们坐在台下第一排。

诺贝尔基金会主席埃克伯格（H. C. B. Ekeberg）勋爵致辞，他的致辞结束后，音乐厅乐池里奏响了亨利·珀塞尔（Henry Purcell）的乐曲。接着，瑞典皇家科学院的物理学家奥斯卡·克莱因（Oskar Klein）教授介绍了本年度物理学奖获得者的贡献：

本年度的诺贝尔物理学奖授予杨振宁教授和李政道教授。这与一些基本的物理原理有关，这就是所谓的宇称定律。首先是关于自然界的左右对称性问题，其次是宇称定律在基本粒子及其相互作用中的应用。

〔1〕　香港中文大学杨振宁学术资料室文件：CZ137906。

BROOKHAVEN NATIONAL LABORATORY
ASSOCIATED UNIVERSITIES, INC.
UPTON, L.I., N.Y.
TEL. YAPHANK 4-8262

REFER

DEPARTMENT OF PHYSICS

12 November 1957

Dr. C. N. Yang
Dr. T. D. Lee
Institute for Advanced Study
Princeton, New Jersey

Dear Frank and Lee:

I don't know whether one should send congratulations for the Nobel Prize right after the announcement or at the time of the actual award, so I shall do it just half-way in between. I think it is the most appropriate award of the Nobel Prize in a long time. I am sure both of you feel very happy about your recognition and that it will be a stimulus for further important work.

We here are, of course, very proud of the fact that much of this parity work was done while both of you were at Brookhaven. Perhaps this will give you some kind of sentimental attachment to this Laboratory so that you will return here often. In fact, what are the chances that both of you will be with us again all, or part, of the summer of 1958?

Wishing you a very pleasant trip to Sweden and a lot of further success,

Best regards,

Yours,

Sam

S. A. Goudsmit

SAG:poh

高斯米特写给杨振宁和李政道的信。

左右对称性与基本粒子物理究竟有什么关系呢？……事实上，我们大多数人认为基本粒子的左右对称性是自然界左右对称性的必然结果。感谢杨振宁、李政道二位教授，感谢由他们建议的实验的发现，使我们知道这是错误的。

杨振宁和李政道在诺贝尔奖颁奖典礼上。

……李政道和杨振宁并不囿于这一不利的陈述，而是设计了很多实验，使得测量基本粒子转化过程中的左右对称性成为可能，并将这些设想提供给从事实验工作的同事。首先完成这些实验的是中国物理学家吴健雄女士和她的合作者。

……时间不允许我过多地谈及二位对理论物理学所做出的其他杰出贡献，而且我也无法估量你们的新成绩将激起物理学家多么巨大的热情。你们不懈的努力打破了基本粒子物理学中最令人困惑的僵局，也由于你们辉煌的成就，导致了现在的理论和实验工作的蓬勃向前。

有鉴于此，瑞典皇家科学院怀着巨大的高兴之情，决定授予你们本年度的诺贝尔物理学奖，以表彰二位在这一科学领域所做出的杰出贡献。

我谨代表皇家科学院向你们表示最衷心的祝贺。并请你们从尊敬

杨振宁从瑞典国王手中接过诺贝尔奖章和证书。

杨振宁的诺贝尔奖章的正面及背面。

的国王陛下手中接受1957年诺贝尔物理学奖。[86，233—236]

讲完以后，克莱因把奖金颁发给杨振宁和李政道。奖章和证书由瑞典国王颁发。

诺贝尔金质奖章重约半磅（约227克），直径约为6.5厘米。它的一面是诺贝尔的侧面浮雕像，旁边有他的英文名字：ALFR. NOBEL；奖章的另一面，美丽的自然女神立在中央，她的右手抱着一个号角，号角里放满了丰硕的果实；自然女神的左边，科学女神正小心地揭开蒙在自然女神头上的面纱。这个图案的设计十分有讲究：当人们揭开自然的奥秘时，丰硕的果实必然会呈现在揭示奥秘的科学家面前。图案的下方，是获奖者的名字。杨振宁的奖章上是：Chen Ning Yang 1957。

当天晚上，在市政大厅举行盛宴和舞会。出席晚宴的有瑞典皇家显贵、政府官员、社会名流、著名学者和诺贝尔奖获奖者及他们的夫人们。宴会前，获奖者要各自发表简短的礼节性的演讲；次序正好和发奖的次序相反，先是加缪，他用法文做了简短的答谢演讲，然后是博韦、托德、李政道和杨振宁。在杨振宁和李政道致答谢词前，瑞典皇家科学院院士高本汉（Bemhard Karlgren）做了一个简短的讲话：

> 杨先生，李先生，请允许我对你们致以简单的祝贺。50年来我一直在研究贵国的文学、历史和艺术，我不能不全身心地景仰和热爱它。你们三千年的文化正如一首颇受尊崇的古诗中所说的那样："如江如汉，如山之苞，如川之流，绵绵翼翼。"〔1〕现在有你们两位伟大的学者，说明贵国在今天仍然拥有和古代中国的伟大思想家同等智慧的人。我想现在所有的中国人，不管身处哪个政权，全都会敬佩你

〔1〕　此句原文为："Like the Kiang river, like the Han river, massive like the mountains, voluminously flowing like the rivers." 当出《诗经·大雅·常武》。苞，本也，谓牢固难动摇。本段两首诗原文均为三联书店编辑徐国强先生考出，特此致谢。

们，并且会用一句著名的唐诗“何可一日无此君”〔1〕谈到你们。

接着杨振宁和李政道致答谢词。杨振宁的答谢词如下：

首先，请允许我感谢诺贝尔基金会和瑞典科学院，由于他们的亲切款待，杨夫人和我过得极其愉快。我还特别要感谢高教授，听了他引用中文说的引述和一段话，我感到心中格外温暖。

颁发诺贝尔奖金的制度始于1901年，在这一年里，另一个具有历史重要性的大事件发生了。凑巧，这个事件对于我个人的生活历程有决定性的影响，并对于我现在出席1957年度的诺贝尔奖贺宴是有关联的。借着你们的允许，我想花几分钟就这件事说几句。

在上一世纪下半叶，西方文化和经济体系扩张影响的冲击给中国人带来了剧烈的矛盾和冲突。人们激烈辩论的问题是：中国应当在多大程度上引进西方文化。然而，在答案得出之前，理智被情感所压倒。在19世纪90年代兴起了在中国称之为义和团的民团，在英语里称作boxer，他们声称能赤身抵挡现代武器的攻击。他们对于在中国的西方人所采取的愚昧无知的行动促成了1900年许多欧洲国家和美国的军队进占北京，这个事件被称为义和团战争。其特点是双方的野蛮的屠杀和可耻的掠夺。归根结底，这个事件起因于中国人民的愤怒的感情：他们遭受着外来的日益加重的压榨和内部的腐化与堕落。同时，这个事件在历史上可被看作是加速地解决了中国应当在多大程度上引进西方文化的这场大辩论。

这个战争在1901年结束，当时签订了一个条约，条约中的一项规定，中国要赔偿列强总数为五亿盎司的白银，这在当时是一个惊人的数目。大约十年后，以一个典型的美国姿态，美国决定把赔款总数

〔1〕 此句原文为：“How can we for a single day do without these men.”当出唐代宋之问的诗《绿竹引》：“含情傲睨慰心目，何可一日无此君。”这句唐诗，也是徐国强先生考证出来的。

中其分享的部分归还中国。这笔钱用来建立了一项基金，创建一座大学，即清华大学，另外还设立了留美研究生奖金，我是这两个项目的直接受益者。我成长在一个与世隔绝的、学院气氛浓郁的大学校园里，我的父亲是这所学校的一位教授，我享受着宁静的童年。这一切，与我同时代的大多数不幸中国青少年是享受不到的，后来，就在清华大学里，我接受了出色的头两年的研究生教育。而后，又得到留美研究生奖金的资助到美国继续我的学业。

在诺贝尔奖颁奖典礼后的晚宴上，瑞典国王挽着杜致礼。

今天，我站在这儿向你们叙述这一切时，我以沉重的心情体会到这一事实：从不止一层意义上说，我是中国和西方两种文化共同的产物，两者既有冲突，也有协调。我想说，我既为我的中国根源和背景感到骄傲，也为我献身于现代科学而感到满意，现代科学是人类文明起源于西方的一部分——对于它，我将继续奉献我的努力。[1，76—77]

晚宴后是舞会，杨振宁和杜致礼翩然起舞。

每年晚会都会邀请几所瑞典大学的学生们参加。按照惯例，大学生要邀请一位获奖人给他们讲话。许多这样的讲话都邀请文学奖获得者来讲，这显然是因为文学奖获奖者讲得好懂而且有趣。但是，这年的这个讲话，因为李政道的年龄（31 岁）与他们的年龄接近，所以大学生们邀请李政道给他们讲话。这种讲话事先并没有告诉李政道，所以他只能做随兴讲话。李政道知道这时如果讲什么宇称守恒的问题肯定会大煞风景，于是他讲了一个中国的神话《西游记》里的故事：

我想给你们讲一个小故事，是取自中国的小说《西游记》。讲的是一只猴子。这只猴子与其他猴子不同，是从石头里生出来的，因此他非常非常聪明。他自己碰巧对此也很清楚，于是整个故事就这样开始了。他雄心勃勃，自命不凡……[50，131]

接着，他讲孙悟空为了想当神仙，还自命为“齐天大圣”。玉皇大帝不准，于是猴子大闹天宫。玉皇大帝的天兵天将制伏不了这猴子，没有办法，只好请来了如来佛。如来佛伸出手掌对猴子说：如果你能够跳出我的手掌心，你就有资格当神仙。李政道接着讲：

猴子看着如来佛，他有大约 30 米高，心想，“我一跳能跳十万八千里，这样做很容易就可以当上玉皇大帝了”。于是他就跳进了如来佛的手掌，然后跳了一大跳想跳出手掌。为了保险，他跳了又跳。在跳了百万又百万年之后，这猴子觉得有点累了。最后他跳到一个地方，有五根巨大粉红色的柱子。他想这可能就是宇宙的边界了，柱子说明宇宙大小有限。他感到非常高兴，就在中间那根柱子上涂写，“齐天大圣到此一游”，他非常轻松，非常愉快，开始往回跳。跳了很长时间，他回到了开始跳的地方，于是他自豪地要求当玉皇大帝。这时如来佛用他的另一只手把这猴子提起来指着那只张开的手掌，指给他看，在中指根部，有猴子写的几个非常细小的字“齐天大圣到此一游”。此后，在中国就有一个说法：“纵有三头六臂，也跳不出如来佛的手心。”

最后，李政道说：“我们研究知识，可能会做出很大的进展。但是我们要记住，即使到了如来佛手指根部，我们离绝对真理还是非常远的。”[50，132]

第二天，即 1957 年 12 月 11 日，杨振宁做了题为“物理学中的宇称守恒及其他对称定律”的诺贝尔演讲。他讲道：

有此机会同诸位讨论宇称及其他对称定律，我感到莫大的高兴和荣幸。我将先概括地谈谈物理学中守恒定律的作用。其次，谈谈导致推翻宇称守恒定律的发展过程。最后，讨论物理学家由经验知悉的某些其他对称定律。这些定律尚未形成一个完整而概念上简单的格局。李政道博士将在他的演讲中谈及宇称守恒定律被推翻以来的一些饶有兴味而且激动人心的发展。[1，78]

李政道在杨振宁之后，做了“弱相互作用和宇称不守恒”的诺贝尔演讲。他讲道：

前面杨教授讲话中已向诸位概述了去年年底前我们对有关物理学中的各种对称原理的认识状况。在那以后短短的一年时间内，这些原理在各种物理过程中的真正作用极大地被澄清了。如此显著的迅速发展只有通过世界各个实验室的许多物理学家们的努力和技巧才得以实现。为了对这些新实验结果有一个适当的洞察和了解，或许可以先就我们对基本粒子和它们的相互作用做一个非常简单的评述……[21，205]

最后，李政道说：“我能在此向诸位报告在目前的宇称不守恒和弱相互作用有关的发展中的部分经验，确实是一个特殊的荣誉。”[21, 218]

五、美好的合作与最终分手

杨振宁和李政道的合作，从1949年以《介子与核子和轻粒子的相互作用》一文开始，到1962年以《与电磁场有相互作用的荷电矢量介子》一文结束，他们共同发表了37篇文章，[1]其中有16篇被杨振宁选进1983年出版的《论文选集》中。他们这一长达14年的合作，取得了很大的成功。无论是杨振宁还是李政道，都对他们曾有的合作表示过欣赏和赞美。

李政道说：“在芝加哥的那些日子里，我同杨讨论了大量的物理和其他问题。他的兴趣较倾向于数学，这对我是一个补充。我们思想开阔地去对待所有的问题，讨论通常是激烈的，但对我的发展，特别是在我成长的年代里，产生了重要的影响；那些讨论还使我大大提高了对与我不同的智力的鉴赏能力。当然，费米教授给我的影响则大得多。”[50, 235]

他还说过：“从1956年到1962年，杨和我共同写了32篇论文，范围从粒子物理学到统计力学。我们很幸运能生在物理学的这一特殊时代。尽管冷战时期政治上是紧张的，但是物理学的国际合作也许是处在高峰时期，由马沙克发起的著名的罗彻斯特会议，和由许多国家联合努力而成立的欧洲核子中心，就是证明。杨和我的合作符合并反映了那时的精神。合作紧密而富有成果，有竞争也很协调。我们在一起工作，发挥出我们每个人的最大能力。合作的成果大大多于每个人单独工作可能取得的成果。我们的论文中，最重要的是关于宇称破坏……”[50, 238]

杨振宁对于他们的合作也曾多次赞赏有加：“李政道1946年秋到芝

[1] 37篇是笔者的统计数字，与杨振宁和李政道说的数字稍有出入。

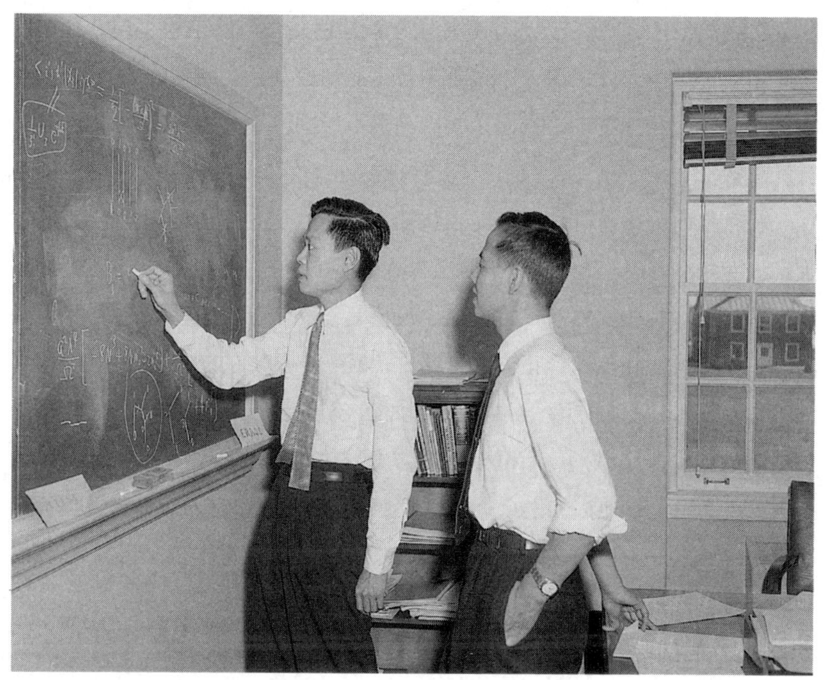

杨振宁和李政道在一起讨论问题，他们亲密无间的合作曾经被视为普林斯顿高等研究所一道美丽的风景线。

加哥大学当研究生。我俩早些时候在中国或许见过面，然而，只是到了芝加哥才真正彼此相识。我发现，他才华出众，刻苦用功。我们相处得颇投机，很快就成了好朋友。”[1, 8] “我们的交往始于 1946 年。这种交往曾经是亲密的，它基于相互尊重、相互信任和相互关心。接着迎来了 1957 年，以及我们的成功。”[1, 123]

杨振宁还说：“1953 年，李政道到了哥伦比亚大学。为了继续合作，我们订立了相互访问的约定。我每周抽一天时间去哥伦比亚，他则每周抽一天到普林斯顿或布鲁克海文来。这种例行互访保持了六年，而这段时间我们的兴趣有时在基本粒子理论方面，有时则在统计力学方面。这是一种非常富有成果的合作，比我同其他人的合作更深入广泛。这些年里，我们彼此相互了解得如此之深，以致看来甚至能知道对方在想些什么。但是，在气质、感受和趣味等诸方面，我们又很不相同，这些差异对我们的合作有所裨益。”[1, 53]

在合作研究宇称守恒问题时，杨振宁和李政道必然会遇到非常棘手的困难，绝对不可能轻轻松松、顺顺当当就得到预想的结果。可以想象得到，在这一研究过程中必然有许许多多、反反复复和十分激烈的争论，两人中的每一个都可能轮流充当正方或者反方，而且誓将对方的“辩护”置于“死地”才肯罢休。正如乔治·约翰逊在他的《盖尔曼传》一书中所写的那样：“他们的讨论非常激烈，有时冲着对方大喊大叫。他们轮流扮演魔鬼的辩护者，转换角色看他们的论点是否能成立。李政道发现这种交换令人兴奋，不论是一致还是对立，都能充实彼此的思想。李政道觉得整个世界好像都展现在他们面前，包括一些必须探索的新领域。”[52, 175]

对这种争论，李政道同样给予了高度的评价。他在1986年的《破缺的宇称》一文里写道：“……我们的讨论包括了大量不同的物理过程，争论，辩论，有时候甚至吵嚷起来；偶然我们也转换我们的看法，以便能弄得更确切。我们在对立和和谐中一起工作，十分紧张，巨大敞开的感觉，好像整个世界就在我们的面前，年轻人无畏无惧，就是这些使生命变得意义无穷！”[50, 241]

“炼句炉槌岂可无”。对处于挑战的双方来说，在争论中不同的思想在撞击中碰出的火花，必将进一步点燃他们的激情，以至于使得李政道有一种“巨大敞开的感觉，好像整个世界就在我们的面前”。

不仅仅他们两人感觉合作很亲密，很有成效，而且他们的朋友、同事也都非常羡慕他们卓有成效的合作。瑞吉斯在他的《谁能取代爱因斯坦的位置？》一书中写道：“有一段时间，同事们看到这对诺贝尔奖获得者形影不离的场景，就会感到非常欣慰。奥本海默就时常说，仅仅是看到杨、

爱因斯坦与奥本海默，摄于1950年前后。

李两人一起走在校园里，他就会感到满心的骄傲，因为他总算看到研究所里有愉快合作的最佳典范。”[53，144]

后来许多人都喜欢提到奥本海默的这段话。

台湾学者江才健在他写的《杨振宁传——规范与对称之美》里，对杨振宁和李政道的合作也做了非常生动的描写：“杨振宁和李政道扯开嗓门，并且用手指在空中凌空计算，是许多认识他们的物理学家都看过的景象。有一次杨振宁和李政道正在布鲁克海文的办公室里这样地进行物理工作，一向以好促狭著称的物理学家费曼刚好走过，于是就走进办公室，并且也开始用更大的声音讲话，李政道就讲得更大声，这个时候杨振宁注意到了，于是放小了声音。”[16，216]

由以上诸多的描述可以看到，这两位杰出的学者曾经是多么有效而又亲密地合作过。但是，上帝似乎对人间过于美好的东西充满嫉妒，他曾经让人们的语言混乱而无法建成巴别塔；现在他又利用科学发现优先权这把双刃剑，把这一美好合作变成彼此决裂、彼此交恶的悲剧。

他们两人的好友派斯说：“他们两个都是强人，两个这么强的人这么亲密的关系，决裂几乎是不可避免的。”[16，226]

人们最开始感到他们两人合作似乎出了问题，是在 1952 年发表的一篇分为上下两部分的论文署名上。文章总的题目是《状态方程和相变的统计理论》，上篇讨论凝结理论是杨振宁署名在先，下篇讨论格气和伊辛模型是李政道署名在先。这两篇文章在统计力学里非常重要，共有三个重要的定律被他们发现，他们在物理学界的地位也由此奠定。也许正是因为它们的重要性，署名的先后就显得十分重要。

但是，尽管似乎有了矛盾，他们的合作还没有停止。杨振宁对李政道也没有心存芥蒂，这可以由杨振宁在 1956 年 1 月 18 日写给西雅图华盛顿大学物理系系主任曼立（J. H. Manley）的信里看出。1 月 11 日，曼立写信给杨振宁，希望他介绍一下将去他们大学访问的李政道，七日之后杨振宁在回信中写道：

> 亲爱的曼立教授：我写信向您介绍李政道博士对我来说是一件很愉快的事情。……认识他的人都喜欢他，这是因为他非常的谦虚，专注，有责任心，而且与人交往中非常随和。[1]

1956 年他们在宇称守恒问题上的合作，使他们走上了科学界荣誉的顶峰——同时获得 1957 年的诺贝尔物理学奖。这年杨振宁 35 岁，李政道 31 岁。20 世纪物理学家获得诺贝尔物理学奖的平均年龄是 52.7 岁[2]，他们两人这么年轻就获奖，尤其是李政道才 31 岁，实属罕见。

随着荣誉不断上升，分裂的暗流也逐渐汹涌起来。一般人都倾向于认为他们之间矛盾的加剧缘自 1962 年 5 月 20 日杰里米·伯恩斯坦发表的一

---

〔1〕 见杨振宁学术资料馆文件 A56c。

〔2〕 见《20 世纪诺贝尔奖获奖者辞典》，杨建邺主编，武汉出版社，2001 年，第 992 页。

篇相当长的文章《宇称问题侧记》（“A Question of Parity”）。[50，105—134] 它登在杂志《纽约客》（*New Yorker*）的人物专栏里。〔1〕

这是一篇相当详细讨论他们两人合作关系的文章。在发表之前，杨振宁看了文章的校样，觉得这篇文章歪曲了他与李政道合作的历史。接着，他们两人在文章发表之前的4月18日推心置腹地谈了一次。这篇文章在做了稍微的修改以后，于5月20日发表了。他们两人的合作也由此画上了句号。

关于这一次两人之间在4月18日的谈话，杨振宁在回忆中写道：

> 我们的交往始于1946年。这种交往曾经是亲密的，它基于相互尊重、相互信任和相互关心。接着，迎来了1957年，以及我们的成功。不幸的是，蒸蒸日上的声望逐渐在我们的关系中打进了原先没有的一些新楔子。虽然，我们富有成果的合作还继续保持了5年，但是，关系却慢慢紧张起来。1962年4月18日，我俩在李政道的办公室里做了一次长谈，回顾了1946年以来发生过的事情：我们早年的关系；1950年代初；导致写出宇称论文的1956年的那些事件，以及随后的发展。我们发现，除了一些细节之外，我们对所有关键的事件都保持着相同的记忆。正如家庭冲突中的和解那样，这是一次感情获得宣泄的经历，我们都感到一种解脱般的畅快。然而，这种和解并没有得以保持下来。几个月后，我们就永远地分手了。
>
> 在我同李政道做朋友的16年间，我对他就像一位兄长。在粒子物理和统计力学领域里，我在1950年代初就已经成了名。我们的合作关系中，我是资深的一方。敏锐地警觉到不应该挡住他的道，我便有意识地往后靠，尽量在事业上扶持他，同时，在公开场合对我们合

〔1〕 A Question of Parity 的英文原意是语带双关的，因为 parity 既可用作“宇称”解释，也可以指“同等、对等、对称”，因此这篇文章的标题暗指两人关系对等问题，所以译为《一个有关对称的问题》可能更加确切。

作关系的实质严格地保持缄默。外人看来，我们的合作是密切而出色的；这种合作对物理学的贡献良多。人们对此感到艳羡。李政道自己也断言，这种合作对他的事业和成长具有决定性的影响。

总之，这是我一生中值得回味的一个篇章。是的，其中也有烦恼。然而，世间万事万物中，与人际关系有关而有意义的事情，又有几件是完全没有创痛的呢！[1，123—124]

奥本海默曾经问过杨振宁，他和李政道为什么会分手。为了回应奥本海默的关心，1962年9月28日杨振宁写信给奥本海默：

我不得已地要向您道歉，因为我没有办法告诉您到底发生了什么事情。我不能和您谈论这件事情详情的一个道理，是因为如果这样做的话，必然会因为我和您比较亲近而让我感到自己在占着便宜。此外，我成长的教养告诉我，在事关个人人格的事情上，面对第三者来说，遗忘总是要比把它揭露出来好得多的。我知道您会一如往常地了解我的困难。[16，227]

由杨振宁这一段话可以看出，他遵守的是“古之君子，交绝不出恶声”（司马迁《史记·乐毅列传》）的古训，对于两人之间的合作出现的问题，在公开场合他一直严格地保持缄默。但是，事情并没有像杨振宁想象的那样简单。他们之间不仅仅分了手，而且彼此交恶，争端不断升级。为了厘清他们之间不断升级的争端，下面分成两小节叙述。

1. 二人争端的升级

1962年4月18日两人推心置腹地谈了一次以后，他们之间的合作从此中断。令人们意外的是，此后他们两人之间的争端不但没有平息下来，却一再升级。其间大致经历了七个阶段：（1）李政道1971发表的文章《弱相互作用的历史》（“History of Weak Interaction”）正式出现在出版物上；（2）1983年《杨振宁论文选集》出版；（3）1986年《李政道论文选集》

（*T. D. Lee Selected Papers*）出版；（4）2002年江才健写的杨振宁传记《杨振宁传——规范与对称之美》出版；（5）2003—2004年李政道的《答〈科学时报〉记者杨虚杰问》（此文未见报）印发和季承等编写的书《宇称不守恒发现之争论解谜——李政道答〈科学时报〉记者杨虚杰问及有关资料》出版；（6）2010年1月季承写的《李政道传》出版；（7）2010年3月杨振宁的文章《关于季承的〈李政道传〉及〈宇称不守恒发现之争论解谜〉》在《中华读书报》发表。

下面就这七个阶段的大致内容做一简单的介绍。

（1）1971年，李政道的文章《弱相互作用的历史》正式在出版物上出现

杨振宁在1979年看到这篇文章之前，曾多次听朋友谈起过李政道在多次演讲中把他们获诺贝尔奖的发现归功于李政道一人，似乎杨振宁只是一个无足轻重的小角色。但是杨振宁一直没有正式见到这样讲话的文章，因此也没有对这一传言表示什么看法。他说过："1962年以前与以后我一直不同任何人谈李与我的关系，除了和我父母弟妹和两位家庭朋友以外。这是我的原则。政道则四处乱讲，说我与他在粒子方面的工作主要是他领导的，等等。我虽多次听到关于他这种胡说的谣言，并没有改变原则，直到1979年。"[16, 505]

1979年，在欧洲核子研究中心（CERN）的图书馆，杨振宁偶然在一本会议文集中看到李政道在Erice演讲的文章《弱相互作用的历史》。"1979年……夏天我偶然看到李政道1970年的文章（History of Weak Interaction），才了解到谣言并非毫无根据，才了解到他背后怎样在歪曲我和他的关系。震惊之余我才决定写出真相……"[16, 505]因此，杨振宁又说道：

> 李1968—1971年所做的许多演讲，以及其中的Erice讲稿的出版，才是我们之间所有公开论争的源头。[125, Ⅷ]

李政道在这篇文章里到底写了一些什么，会让杨振宁生气呢？这儿摘

录一段：

> 那时，宇称算符 P 的真实含义还不清楚，至少对**我**来说是这样。当然，**我**了解它的数学特征……。**我**假设，β 衰变可用一个更加普遍的拉氏量来描述，它包括 10 项耦合常数 C_i……和另外 5 项宇称破缺常数 C'_i。随后**我**从吴健雄那里借到一本齐格班（K. Siegbahn）编的有关 β 衰变的权威著作，和杨振宁一起系统地计算了所有可能的宇称破缺的效应。……虽然其中某些计算非常复杂，但如果我们是用同样的一个简单的替换……，最终所有 C_i 和 C'_i 之间的干涉项一一被消除……当我们停止计算而思考时，在一个相当短的时间里，我们就明白了，缺少证据的原因在于这样一个简单的事实，就是没有人做过任何努力去从看来好像左右对称的安排中专门挑出赝标量进行研究。[50, 143—144]〔1〕

在这一段文字中，李政道连续使用了四个“我”，而杨振宁似乎只是配合他做了一些计算而已；而且特别重要的是，明眼人一看就明白李政道在文字里透露着一个意思：必须测量赝标量这一重要发现的主要功劳是李政道的。杨振宁的不满是必然的，因此杨振宁说：

> 这段文字的含意很明显：观念上的探索、进展都是由李主导，李带着杨做研究，杨的贡献只是做了些计算而已。因此我知道我不能再沉默，于是在《1983 杨》〔2〕这本论文集中写下了一些我们多年来合作的细节……[125, Ⅷ]

（2）1983 年，杨振宁的《论文选集》出版

在出版自己的《论文选集》时，杨振宁给每一篇入选的文章写了一个评注（commentary）。在为 1956 年的《弱相互作用中的宇称守恒问题》

---

〔1〕 黑体字是杨振宁在他 2010 年写的文章里引用这段话时所标。

〔2〕 即 1983 年出版的《杨振宁论文选集》，见参考书目 40。

一文写的评注中，他说道：

> 到目前为止，我对与李政道合作的经过在公开场合一直严格地保持缄默。例如，除了直系亲属和两个最亲密的朋友之外，我从未同其他人谈过上述关于论文［56h］的事。以上事情的经过是根据我1956年及1962年4月18日的日记写成的。要不是在1979年的某一天，我偶然看到Zichichi编辑的一本名为*Elementary Processes at High Energy*，*Proceedings of the 1970 Majorana School*（Academic Press，1971）的书，我还不会说出这些事呢。书中有李政道的一篇题为《弱相互作用的历史》的文章，该文谈了他自己关于论文［49a］及［56h］的故事。〔1〕这篇文章含蓄地暗示了许多事情，诸如我们两人之间关系的性质、宇称不守恒、β衰变如何与“θ-τ之谜”搭上，等等。关键的想法及解决问题的策略是如何产生及发展起来的？［56h］这篇论文是怎样写成的？李政道对此一概回避，顾左右而言他。我知道，有朝一日我必须把真相公之于世。[1，62]

由此可见，杨振宁在1979年看见李政道的Erice演讲记录，是他一生中决定性的一刻：在那一天以前他从不公开谈他和李政道的合作关系，在读了李的文章以后，他决定“必须把真相公之于世”。

杨振宁的《论文选集》出版以后，除了论文本身以外，大家十分关注选集里对过去发表过的论文写的评注，尤其是有关他与李政道关系的评注。有人对评注大加赞扬，例如吴健雄、戴森。吴健雄在1983年7月9日写给杨振宁的信里说：

> 振宁：十天以前，接到您寄赠的论文汇集，当晚我即开始从头阅

〔1〕［49a］和［56h］指的是两篇文章，［49a］是杨振宁、李政道和罗森布鲁斯三人于1949年合写的《介子与核子和轻粒子的相互作用》；［56h］是杨振宁和李政道两人于1956年合写的《弱相互作用中的宇称守恒问题》，后来正是这篇文章使他们获得1957年的诺贝尔物理学奖。

读，越读越有兴趣。一方面，您对近代物理发展的历史，作了明晰有条理的简介。同时，您把最近的过去，心头不如意事也坦白地布开，使人读了非常感动。第二天早上我给您打电话致谢，知道您在外旅行尚未回来，所以现在特此书面致谢，专此敬祝俪安。健雄上，七月九日。[41, 55]

戴森是一流的物理学家，曾经是杨振宁和李政道在普林斯顿高等研究所的同事。他在1999年杨振宁退休研讨会晚宴上发表题为“保守的革命者”

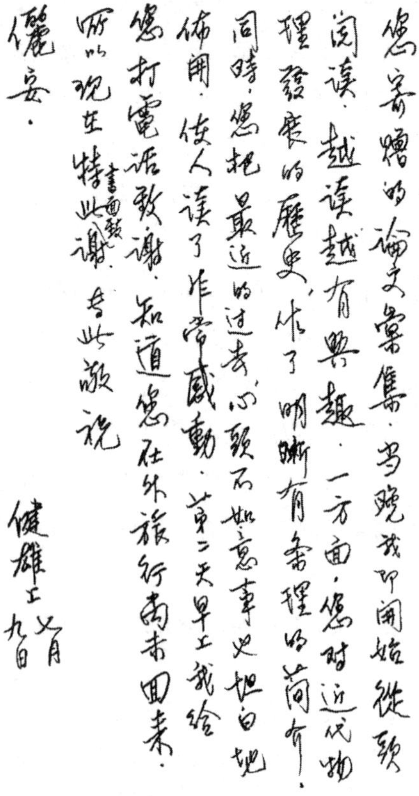
振寧：
十天以前，接到您寄贈的論文叢集，當晚我即開始從頭閱讀，越讀越有興趣。一方面，您對近代物理發展的歷史，作了明晰有條理的簡介。同時，您把最近的過去，心頭不如意事也坦白地佈開，使人讀了非常感動。第二天早上我給您打電話致謝，知道您在外旅行尚未回來。所以現在特此書面致謝，專此敬祝
儷安。
健雄上 七月九日

吴健雄在1983年7月9日写给杨振宁的信。

在杨振宁荣休研讨会上，戴森在发表题为“保守的革命者”的演讲。

的演讲，其中特意谈到杨振宁的《论文选集》。戴森是这样说的：

“1983年弗兰克为庆祝他的六十岁生日出版了《文选（1945—1980）附评注》，这是我最喜爱的书之一。书中的评注是他自己写的，用来解述各篇文章写作时的情景。书里只收录了他的文章的三分之一，都是他自己选的。这比由一个专家委员会来挑选更能揭示他自己的思路和个性。所选的文章中有些是重要的，有些是不重要的；有些是专业的，有些是通俗的。可是每一篇都是瑰宝。他不是试图在五百页中塞进尽量多的、艰深的科学，而是试图揭示一位伟大科学家的精神。他做得十分成功。他选的这些文章既揭示了个人的奋斗，也揭示了他的科学成就；它们揭示了他的成就的深远源泉，揭示了他对培育他的中国文化的骄傲，也揭示了他对在中国和在美国的老师的崇敬；它们还揭示了他对数学形式美的热爱以及同时掌握缤纷的实验物理世界和抽象的群论与纤维丛世界的能力。他巧妙地将80页的评注结集一起放在书的开始部分，而不是附在各篇文章的后面。这样，评注可以连续地读，成了他的科学自传，一部极好的自传。它以清楚而简练的词句描述了他的一生，朴实地描述了他工作背后的强烈感情和始终不渝的忠诚。换言之，它描述了杨振宁之所以成为杨振宁。”[41，287—288]

但是，也有人对杨振宁在评注中公开他与李政道之间的矛盾持有不赞成的意见。江才健写道：“1983 年杨振宁的《论文选集》出版以后，他评注中所书写的那些关于他和李政道关系的直率文字，却让许多人对杨振宁不满：一方面他们认为是杨振宁先把事情公开化的，另一方面也总以为，杨、李同时得到诺贝尔奖，应该是平等的合作关系。”[16，237]

（3）1986 年，《李政道论文选集》出版

李政道在纪念自己 60 岁的《李政道论文选集》里写了一篇文章《破缺的宇称》（“Broken Parity”）。文章写道：“杨天赋具有高度评判能力的头脑。如果我能通过具有实质性的争论推翻他的反对意见，就会使我觉得更有信心。而且，他是一位出色的物理学家。宇称不守恒牵涉到物理学的所有方面。我想杨的参加毫无疑问会扩大最后的成果。因此我表示欢迎他。”[50，241]

这一段话是至关重要的，它再一次明确释放出一个信息：宇称不守恒问题的发现，李政道是主角，他只是因为“杨天赋具有高度评判能力的头脑”，才觉得“杨的参加毫无疑问会扩大最后的成果。因此我表示欢迎他”。

令人感兴趣的还有一段话：“那时，**杨和我**对宇称算符 P 的实质意义都还不清楚。当然，**我们**知道它的数学特征……**杨和我**开始系统地用推广的宇称不守恒作用对所有已知的 β 衰变现象进行研究。**我们**很快读完了齐格班的书，经常保持电话联系。我们花了两个星期的时间完成了全部的 β 衰变分析。”[50，242—243]

李政道把《弱相互作用的历史》（见前面引文）一段文字中的四个“我”，

在《破缺的宇称》中改成“杨和我”、“我们”等等。〔1〕

以后，他们之间的矛盾没有终止，也没有加剧，彼此保持着沉默，两人有时也会在一些公开场合同时露面。

（4）2002年，台湾学者江才健的《杨振宁传——规范与对称之美》出版

江才健的《杨振宁传——规范与对称之美》一书在台湾出版以后，杨振宁和李政道两人之间的矛盾大大加剧。

江才健毕业于台湾辅仁大学数学系，曾经在“中国时报”从事科学报道和论述22年，也曾经是《科学时报》的主笔，后来成为《知识·通讯·评论》杂志的发行人和总编辑。在《杨振宁传》出版之前，他还写过《大师访谈录》和《吴健雄——物理科学的第一夫人》。《杨振宁传》出版后在台湾得到很高的评价。

诺贝尔化学奖获得者、台湾“中研院”院长李远哲（1936— ，1986年获得诺贝尔化学奖）为这本书写了序。序中高度评价了江才健这本传记：“江才健先生费时多年所完成的《杨振宁传——规范与对称之美》是一部甚具雄心的书。全书共分十六章，厚五百多页，称得上体大思精，内容丰富；重要的是江先生对书中所叙各节，每能以文献或访谈记录佐证，即使对杨振宁院士学术生涯中若干事件的分析，也尽可能秉持客观析论的精神，避免臆测之辞。从前傅斯年先生教人治史找材料要能‘上穷碧落下黄泉’，江先生在撰写这部传记时，恐怕也是抱持这样的态度的。……这确实是一部相当动人的科学家传记。”［16，10—11］

台湾著名出版人，同时也是著名经济学家、教育家和新闻传播学家的

〔1〕 对此，杨振宁在2010年说，李觉悟到1971年发表的《弱相互作用的历史》中“语气不妥，是大患，于是删掉四个‘我’字，略作修改”，于1986年发表为《破缺的宇称》，“希望天下人都不去查阅原版（可是编者季承不小心，竟把原版与新版都译为中文，印在同一本《宇称不守恒发现之争论解谜》中）”。［125，Ⅷ］

高希均（1936— ），在出版者的话中称赞这本书是“一本动人而震撼的传记”，他说：“这本江才健先生穷四年之功，撰述的《杨振宁传——规范与对称之美》……从每一章几十条附注中，透露了作者思维的细密与严谨。”[16，5—6]

江才健为写这本书在国内外至少采访了100多位有关人物，几乎所有他能够找到的与杨振宁有过重要交往的人，他都做过采访。但遗憾的是，由于江才健与李政道在一些问题上曾经有过矛盾，所以他没有能够采访李政道。在后记里江才健写道：“［我］给李政道去了一信，希望他对于两人（杨振宁和李政道）的关系，提出他的意见。……我也强调，写这本传记是严肃而有历史意义之事，必持一个可以向历史交代的严正立场。……我并没有得到回信。”[16，496—497]

这本书在2002年由台湾天下文化出版公司出版。这本书里对杨李分手做了比较详细的描述，还有少数文字涉及李政道个人的人品。在书最后部分的“附录一”里，有杨振宁在1989年7月7日写给老师吴大猷的信函，以及吴大猷的回函。杨振宁写的信里有这样的话：

> 我们成名以后，政道内心引起了恐惧。他自知对Parity贡献很小，极怕世人会说他其实不应该得诺贝尔奖。这种恐惧与他的强烈的竞争心交织在一起，腐蚀了他的人品……政道是一个极聪明的物理学家，吸收能力强，工作十分努力。可是洞察力（Insight）与数学能力（Mathematical Power）略逊一筹，所以1962年以后文章虽然写得很多，没有什么特别重要的。越是这样，他的恐惧心病就越厉害……[16，508]

这本书出版之后，理所当然地会引起李政道极大的愤怒。

（5）2003—2004年，李政道的《答〈科学时报〉记者杨虚杰问》（此文未见报）印发和季承等编写的书《宇称不守恒发现之争论解谜——李政道答〈科学时报〉记者杨虚杰问及有关资料》出版

2003年4月3日，李政道在《答〈科学时报〉记者杨虚杰问》一文

里对江才健写的《杨振宁传》说：“此书对我和杨振宁在物理研究上的合作，以及对我本人人格的很多描述都与事实不相符合。杨振宁是想通过此书重写历史，通过对我进行诬蔑和贬低来索取根本不属于他的荣誉。在一本传记中对别人进行如此集中的歪曲和诬蔑是非常罕见的。我读了之后感到十分震惊和愤怒。……特别是，书中关于宇称不守恒思想的突破的叙述，更是采取了歪曲事实、制造谎言的手法来抬高杨振宁，贬低我本人。这样的行为在世界科学史上很可能是空前的；这样的传记写作手法在历史上也是极为少见的。”[50，2]

随后不久，季承、柳怀祖和滕丽三人编了一本《宇称不守恒发现之争论解谜——李政道答〈科学时报〉记者杨虚杰问及有关资料》。这本书在2003年底还是一本16开的打印本，自费散发给一些学者；后来2004年4月在甘肃科技出版社正式出版（2000册），全书271页，将近22万字；同年，香港天地图书公司也出版了这本书的繁体字版。这本书的内容除了李政道答《科学时报》记者杨虚杰问，还收集了以前发表的一些文章，其中有伯恩斯坦的《宇称问题侧记》，李政道的《弱相互作用的历史》、《破缺的宇称》和《往事回忆》（“Reminiscences”）等共10篇文章。李政道为这本书写了一个序，序里写道：“我和杨振宁的分歧是中国学术界十分关心的事。现在事情又有了新发展，我觉得有必要让中国国内和海外华人学者及所有关心此事的炎黄子孙能进一步了解李杨合分的真实情况。因此，我才把就此事回答《科学时报》记者杨虚杰女士的全文及当年有关的英文资料的中文翻译，汇集出版，公布于众。”[50，序6]

杨振宁没有做任何回应。

（6）2010年1月，季承写的《李政道传》出版

六年之后的2010年1月，季承先生出版了一本《李政道传》[124]，这本书曾经引起了国内普遍的关注，一时各地媒体纷纷报道，不少城市的小报立即长篇连载。

在这本书里，季承谈到杨振宁和李政道分手的事情。其中的观点与2004年他主编出版的《宇称不守恒发现之争论解谜》完全一样，如果不说有过之而无不及的话。

这一次杨振宁没有沉默。

（7）2010年3月，杨振宁的文章《关于季承的〈李政道传〉及〈宇称不守恒发现之争论解谜〉》在《中华读书报》发表

这是杨振宁沉默六年之后发表的文章，是至今杨振宁最后表述自己观点的文章，因此这是一篇想了解杨振宁和李政道关系破裂问题的重要文章。杨振宁在引言中写道：

> 《李政道传》是一本介乎传记与口述历史之间的著作，作者是传主李政道的多年助手。由于书中有大量篇幅涉及我本人，以及我与李合作的细节，而所说的或则没有包括全部事实，或则根本错误，很容易造成歪曲、偏颇的印象，我不得不做回应，以正视听。我要说的，只限于能够根据文献讲清楚的几件较大的事情。书中许多材料都源自2004年由季承领头编辑的《宇称不守恒发现之争论解谜》，所以下面多处也要涉及此书。

引言之后，杨振宁一共写了10节，有8300多字。其中主要讨论的有三个问题：一是宇称不守恒的思想突破是谁先发现的；二是获得诺贝尔奖的文章到底是谁写的；三是两人之间的争论到底是谁挑起来的。第三个问题上面已经做了简要的回顾，下面要介绍的是两人争端的焦点，即前面两个问题。

2. 二人争端的焦点

（1）宇称不守恒的思想突破是谁先发现的

李政道在2003年的文章里说：“我和杨振宁争论的主要焦点是：在1956年我们合作发表，1957年获得诺贝尔奖的论文中，有关宇称不守恒

的思想突破是谁先提出来的。”[50，序5]

一语道出焦点——科学发现优先权之争。自古以来在科学史上层出不穷的为优先权争论的事件，无情地降临到两位华人物理学家身上。

前面已经介绍过，宇称不守恒的思想突破首先是把研究方向从研究奇异粒子的衰变转向研究β衰变，然后才进一步发现化解“θ-τ之谜”的最重要的钥匙——赝标量。对此，李政道2003年的文章里说得非常清楚明白：

……我记得，在1956年4月3日—7日罗彻斯特会议结束后的一两天，4月8日或9日，……我发现，用斯坦伯格实验中重粒子产生和衰变的几个动量，便能很简单地去组织一个新的赝标量。用了这θ-τ以外的赝标量，就可以试验θ-τ以外的系统宇称是否不守恒。而这些赝标量，很显然的，没有被以前任何实验测量过。……这就是宇称不守恒思想的突破。

……这一切完全证明宇称不守恒思想的突破是首先由我在1956年4月上旬独立做出的，和杨振宁无关。[50，5—7]

李政道在这儿首次明确无误地宣称：宇称不守恒思想的突破——赝标量的发现，是他“在1956年4月上旬独立做出的，和杨振宁无关”。

杨振宁在2010年的文章中做了回答。回答分两步，第一步证明赝标量的发现绝对不是李政道说的在“1956年4月上旬”做出，而是在“5月中旬”。这一点，杨振宁说他有“铁证”：

赝标量是物理学中的一个观念，它确是化解θ-τ谜最重要的钥匙。在1954—1956年间讨论θ-τ谜的文献中，它起先完全没有出现，第一次出现于文献就是在1956年10月李和我的那篇后来得奖的文章中（*Phys. Rev.*，104，254），这篇文章定稿于该年6月22日。

可是赝标量既非“在4月8日或9日”出现于θ-τ谜中，也非李“独自发现”的……赝标量出现的时间是5月中旬，是在苦思后“顿

悟”出来的。铁证如下……[125，V]

李政道在1971年写的《弱相互作用的历史》中说过（前面已经引用过，这儿不得不再一次部分引用）：

> 我从吴健雄那里借到一本齐格班编的有关β衰变的权威著作……在我们把齐格班的书通读一遍之后，重新用新的相互作用推导了所有的那些老的公式，我们就十分清楚了，在那个时候，甚至连一个能证明在β衰变中宇称是守恒的实验证据都没有。这说明我们是多么愚蠢！……在一个相当短的时间里，我们就明白了，缺少证据的原因在于这样一个简单的事实，就是没有人做过任何努力去从看来好像左右对称的安排中专门挑出赝标量进行研究。[50，143—144]

在1986年《破缺的宇称》里[50，243—244]和1988年写的《往事回忆》中[50，265—268]，李政道都明确指出过，发现赝标量是在把研究宇称不守恒的方向从研究奇异粒子θ、τ的衰变转向研究β衰变之后，而不是之前。那么，李政道是何时向吴健雄借阅齐格班的权威著作《β射线和γ射线谱学》一书的呢？李政道在1988年写的《往事回忆》里提到这件事：

> 到了4月底，我基本上完成了对奇异粒子的研究。在这段时间内，我和斯坦伯格有过几次讨论。5月初的一天，他来看我……第二天早晨，杨振宁从布鲁克海文开车到哥伦比亚大学，我们深入热烈地讨论了一天……我们分别后各自检查β衰变中的宇称问题。β衰变当时已是一个历史很长并且积累了大量知识的领域。……吴健雄是世界上在这一领域的大专家。她在哥伦比亚大学的办公室就在我的办公室几层楼之上。我于是拜访了她……她对此极感兴趣，并借给我齐格班编辑的β衰变的权威著作。……
>
> 我们最终到了齐格班书的结尾，用新的相互作用项导出了所有老的公式。因此很显然，在β衰变中还没有一个证据证明宇称是守恒的。……我们很快就理解到，没有证据的原因在于一个简单的事实：

即从来没有人尝试过在看起来左右对称的条件下观测一个物理上的赝标量。[50，265—269]

这段话明白地告诉我们，李政道是在“5月初的一天”才借来齐格班的书。可见杨振宁在文章中说“在5月初改变研究方向，不研究奇异粒子了，改研究β衰变”，与李政道1988年的回忆完全一致。

接下来，把齐格班的书阅读以后并经过一番计算，才“顿悟”出要证明宇称不守恒必须引入一个物理观念——赝标量。这样，杨振宁说的“赝标量出现的时间是5月中旬”而不是“4月8日或9日”是完全合理的。这的确像是一个“铁证”。

时间上的“铁证”确定以后，下面的问题就是：最先“顿悟”出赝标量的是他们两位中哪一位？杨振宁说：

顿悟者是杨或是李？是杨。对此我没有铁证，但有80%至90%可信度证明……[125，V]

这个“证明”涉及一些专业知识，好在非专业的读者，只要仔细阅读杨振宁的“证明”，还是可以明白他说的意思。李政道在1971年写的《弱相互作用的历史》一文中有一段话，杨振宁在2010年的文章中作为重要证据加以引用，而且还特别加上底线：

在我们把齐格班的书通读一遍之后……这说明我们是多么愚蠢！应该有一个极为简单的理由，为什么所有的干涉项 $C^*_iC_j$ 互相一一消除。当我们停止计算而思考时，在一个相当短的时间里，我们就明白了，缺少证据的原因在于这样一个简单的事实，就是没有人做过任何努力去从看来好像左右对称的安排中专门挑出赝标量进行研究。

针对这一段话，杨振宁说：

所以李于1971年还清楚地记得此顿悟，记得是在转换战场，改变研究β衰变，引进C与C′大算之后……有80%至90%可信度的证明：达到顿悟最关键的一着是一个C→C，C′→-C′的转换

(transformation)。C 与 C′是由我自我与 Tiomno 一篇 1950 年的文章引进的，是与对称有关的系数，而对称是我的专长……，所以才能终于想到了这不寻常的一着。

这个转换，以及其不寻常的作用在《1957 BNL 443》第 18—20 页有详细的说明。[1] 杨振宁还把《1957 BNL 443》复制在 2010 年的文章中。

杨振宁在证明“顿悟”是他最先做出的这一节最后，还提到一件事，那就是这篇文章开头谈到他的博士论文写作过程中，也发现“β-γ 关联(correlation)的计算往往是大算一阵子之后，发现许多项都互相消去，结果非常简单。……但我却没有大事计算，而是去想为什么会有那么多项相消！想的结果是：对称原理是多项相消的内在原因，从而推广此原因，写了我的博士论文”。

因此杨振宁写道：

> [1948 年]的**大算**与……1956 年的**大算**，都因为利用**对称原理**，**而可以化为不必要**，显示出**对称原理的深入重要性**。**对此重要性的敏**

Thus, one has[19]

$$f_{ij}=f_{ij}'. \tag{3.18}$$

Furthermore, we can show that the g_{ij} must be pseudoscalar quantities. To see this, let us consider the following *formal* transformation:

$$C_i\to C_i,\quad C_i'\to -C_i' \tag{3.19}$$

together with $\mathbf{r}\to-\mathbf{r}$; $\mathbf{p}\to-\mathbf{p}$; and spin $\mathbf{s}\to+\mathbf{s}$. This formal mathematical transformation leaves the Hamiltonian H_{int} invariant. Thus it must also leave Equation (3.15) invariant. It then follows that under this formal transformation the interference terms g_{ij} must transform as

$$g_{ij}(\mathbf{p},\mathbf{s},\ \ldots\ )\to g_{ij}(-\mathbf{p},+\mathbf{s},\ \ldots\ )=-g_{ij}(\mathbf{p},\mathbf{s},\ \ldots\ ). \tag{3.20}$$

复印自《1957 BNL 443》第19页。

[1] 1950 年与 Tiomno 合写的文章见参考书目 40，第 190 页，注 7。

感与认识是我一生学术工作的一个特征。

杨振宁还指出：

> **对称是二十世纪物理学的一个中心观念。**我的……1948年的博士论文，后来的杨—Mills、宇称不守恒、1974年的规范场积分形式等工作，**都是关于对称的工作，其中尤以杨—Mills的规范场理论为极重要。**请参阅《2009 Dyson》。（上两段话中的黑体字为杨振宁所加）〔1〕

（2）获得诺贝尔奖的论文是谁写的

杨振宁在1983年写过一段话：

> 5月底，我有生以来第一次得了严重的腰痛病……我不得不卧床数天。在病榻上，我口授，由妻子致礼写成了一篇论文。因为她未受过文秘方面的训练，所以只好一字一句地照记下来。论文的题目是：《在弱作用中宇称是否守恒？》。我把稿子拿给李政道看，他做了几处小改。……于是，就把稿子交给布鲁克海文Cosmotron加速器部的Barbara Keck，请她打字。
>
> 我们的预印本出了几个错误。在校阅清样时，改正了其中一些错处……。[1, 59]〔2〕

---

〔1〕《2009 Dyson》一文的中译文见本书参考书目71，《鸟与青蛙》，第298—310页。文中有这样一段话："对称决定相互作用这个思想是杨振宁对外尔思想的推广。……这个观点是杨振宁对于物理学最伟大的贡献。"

〔2〕预印本的照片做几点说明。右上角四方框里BNL 2819中BNL是布鲁克海文国家实验室（Brookhaven National Laboratory）的英文缩写；2819是布鲁克海文国家实验室第2819号预印本；下面是文章的名称："Is Parity Conserved in Weak Interaction？"；再下面的Abstract（摘要）是：The question of parity conservation in β-decays，and hyperon and meson decays is examined. Possible experiments are suggested that might test parity conservation in these interaction（中译文：本文考察了β衰变，以及超子、介子衰变中的宇称守恒问题，并提出几个可能检验在这些相互作用中宇称守恒的实验）。最下面是Submitted for publication in the *Physical Review*（提交《物理评论》发表）。

2003年，李政道对记者杨虚杰说的与杨振宁说的恰好相反。李政道说：

> 1956年5月底，当我根据4月份我一人的工作，以及5月份我与杨振宁二人合作的结果，写完这整篇《弱相互作用中宇称守恒质疑》论文后，接到杨振宁的电话，说他因为忽然腰痛，下一次他不能如期来纽约拜访我。电话中我告诉他，我已根据我们的讨论，不仅写完了全篇论文，而且哥伦比亚大学物理系理论物理组的行政助理 Irene Tramm 女士连我手写的全部论文都已经打字出来了。论文的题目是《弱相互作用中的宇称守恒质疑》。[50，23—26]

同一件事两个人说的完全相反，真假如何分辨呢？杨振宁在2010年提出一个有可能辨别真假的方案："此原稿当还在 Brookhaven 和 *Physical Review* 期刊的档案中，可以复查的。"

杨振宁还提出一个"旁证"：

> ……有一个旁证：李在看到我的《1983杨》〔1〕以后，出版了回应的《1986李》〔2〕，题目是"Broken Parity"〔3〕。……文章对我在这本书中所说的文稿主要是由杨执笔的说法未提任何异议。
>
> 如果初稿是他写的，他在这篇他一生极重要的响应文章中会不提异议吗？[125，Ⅵ]

李政道还提出另一个疑问："文中有好多个像下面这样的数学方程式……一位没有科学训练、没有文秘经历的人，怎么能够靠别人口述写出这样一长篇高度专业性的论文呢？"

杨振宁预印本的一张照片也许可以回答李政道提出的"质疑"：那些"数学方程式"是杨振宁在预印本打出来后用钢笔添加上去的。这张照片上用钢笔添加上去的公式，正是李政道在2003年举例说明打不出来的

〔1〕 即参考书目40。

〔2〕 即1986年李政道出版的《李政道论文选集》。

〔3〕 此文的中译文见参考书目50，第233—251页。

BNL 2819

Is Parity Conserved in Weak Interactions?*

Abstract

The question of parity conservation in β-decays, and hyperon and meson decays is examined. Possible experiments are suggested that might test parity conservation in these interactions.

Submitted for publication in the Physical Review.

《在弱相互作用中宇称是守恒的吗？》由布鲁克海文国家实验室打出来的预印本原件的封面。

- 18 -

Appendix

If parity is not conserved in β-decay, the most general form of Hamiltonian can be written as

$$H_{int.} = (\psi_p^\dagger \gamma_4 \psi_n)(C_S \psi_e^\dagger \gamma_4 \psi_\nu + C_S' \psi_e^\dagger \gamma_4 \gamma_5 \psi_\nu)$$

$$+ (\psi_p^\dagger \gamma_4 \gamma_\mu \psi_n)(\psi_e^\dagger [C_V \gamma_4 \gamma_\mu + C_V' \gamma_4 \gamma_\mu \gamma_5]\psi_\nu)$$

$$+\frac{1}{2}(\psi_p^\dagger \gamma_4 \sigma_{\mu\nu} \psi_n)(\psi_e^\dagger [C_T \gamma_4 \sigma_{\mu\nu} + C_T' \gamma_4 \sigma_{\mu\nu} \gamma_5]\psi_\nu)$$

$$+ (\psi_p^\dagger \gamma_4 \gamma_\mu \gamma_5 \psi_n)(\psi_e^\dagger [-C_A \gamma_4 \gamma_\mu \gamma_5 - C_A' \gamma_4 \gamma_\mu]\psi_\nu)$$

$$+ (\psi_p^\dagger \gamma_4 \gamma_5 \psi_n)(\psi_e^\dagger [C_P \gamma_4 \gamma_5 + C_P' \gamma_4]\psi_\nu), \quad \text{(A.1)}$$

where $\sigma_{\mu\nu} = \frac{-i}{2}(\gamma_\mu \gamma_\nu - \gamma_\nu \gamma_\mu)$ and $\gamma_5 = \gamma_1 \gamma_2 \gamma_3 \gamma_4$. The ten constants C and C' are all real if time reversal invariance is preserved in β-decay. This, however, will not be assumed in the following.

Calculation with this interaction proceeds exactly as usual. One obtains, e.g., for the energy angle distribution of the electron in an allowed transition:

$$N(W,\theta)dW \sin\theta\, d\theta = \frac{\xi}{4\pi^3} F(Z,W)pW(W_0-W)^2\left(1+\frac{ap}{W}\cos\theta+\frac{b}{W}\right)dW\sin\theta\, d\theta, \quad \text{(A.2)}$$

where

$$\xi = \left(|C_S|^2+|C_V|^2+|C_S'|^2+|C_V'|^2\right)|M_F|^2+\left(|C_T|^2+|C_A|^2+|C_T'|^2+|C_A'|^2\right)|M_{GT}|^2, \quad \text{(A.3)}$$

预印本的第18页。文中许多复杂的公式当时打字机无法打出来，因此由杨振宁在预印本打出来后用钢笔添加上去。出版后这页文字可参见参考书目40，第193页，两者完全相符。

公式。〔1〕

那时没有电脑，只有英文打字机，不仅仅杜致礼打不出来“这样的数学方程式”，即使是“布鲁克海文 Cosmotron 加速器部的 Barbara Keck”也打不出来。

（3）署名顺序问题及其他

除了这两个争论的焦点以外，还有一些问题他们两位也十分在意。

一是他们合作文章中署名顺序的问题。

李政道在 2003 年说：“1952 年，《物理评论》上刊登了……两篇文章，其署名次序出现了与惯例不同的情况。”[50, 36]

他写出了这两篇“与惯例不同”的文章：

C. N. Yang and T. D. Lee，*Phys. Rev.*，87，404（1952）

T. D. Lee and C. N. Yang，*Phys. Rev.*，87，410（1952）

接着李政道说：

> 物理文献的署名，按一般的习惯，其顺序是根据作者英文姓氏的第一个字母的次序而定。这种次序并没有特别的意义。就如中文排名以姓氏笔画数目而定一样。[50, 51—54]

对此，杨振宁在 2010 年回答的文章中指出，1945 年到 1956 年底他在美国发表的两个人签名的文章共有 13 篇：依字母次序 8 篇，不依字母次序 5 篇。杨振宁说：“不依字母次序的四位合作者，李以外的三位：

---

〔1〕 预印本第 18 页中的文字，与《物理评论》上杨李文章的文字相符。18 页有关文字是：

> APPENDIX:
>
> If parity is not conserved in β- decay，the most general form of Hamiltonian can be written as...The ten constants C and C′ are real if time-reversal invariance is preserved in β- decay. This however，will not be assumed in the following.
>
> Calculation with this interaction proceeds exactly as usual. One obtains3，e. g.，for the energy and angle distribution of the electron in an allowed transition...

Tiomno、Feldman 和 Mills 都感谢我带着他们写了文章，都和我是终身朋友。”〔1〕

从杨振宁列的表来看，在和李政道合作时，杨振宁倒是基本上遵守“署名次序”的“惯例”，只有 1952 年与李政道合写的两篇文章中的一篇例外。为什么这一篇要例外呢？杨振宁回答：

> 这两篇文章很有名，是经典文献，都是由我执笔写的。其研究态度与方法今天都公认为是我的风格。当时把两篇文章都签名为杨—李，是正常的次序。可是我起先竟计划两篇文章的签名都把李放在前面，后来部分地接受了杜致礼的忠告，签名才变成一篇杨李，一篇李杨。[125，Ⅲ]

李政道是不是遵守这个“惯例”呢？《博览群书》2010 年第 7 期有一篇文章《一些有关李政道、杨振宁之争的资料》（第 53—58 页），文中写道：

> ……李是否真的认为这是一个必须遵守的“习惯”呢？不是的。那时候有三篇李和别人合写的文章，都有合作者英文姓氏的第一个字母的次序在李之前，可是第一作者却都是李。〔2〕

二是 1955 年，杨振宁和李政道在《物理评论》上发表的一篇文章，真是否定杨和米尔斯《同位旋守恒和同位旋规范不变性》出发点的文章吗？

---

〔1〕 依字母次序 8 篇为：1.Fermi and Yang，1949；2.Lee and Yang，1952；3.Lee and Yang，1955；4.Lee and Yang，1956；5.Lee and Yang，1956；6.Huang and Yang，1956；7.Lee and Yang，1956（Parity paper）；8.Lee and Yang，1956。

不依字母次序 5 篇为：1.Yang and Tiomno，1950；2.Yang and Feldman，1950；3.Yang and Lee，1952；4.Yang and Mills，1954；5.Yang and Mills，1954。

〔2〕 作者举了三个例子：1.T. D. Lee，R. Christian，1954；2.T. D. Lee，K. Huang，C. N. Yang，1957；3.T. D. Lee，J. Steinberger，G. Feinberg，P. K. Kabi，C. N. Yang，1957。

除了宇称不守恒发现等的争端以外，让人没有想到的是季承在他的《李政道传》里还谈到杨振宁最重要的贡献——杨—米尔斯规范场理论。其轻浮刻薄的语言，颇让人惊讶。这儿只举其中一例。

1955年，杨振宁和李政道在《物理评论》上发表了一篇文章《重粒子守恒及广义规范变换》。对于这篇文章，季承写道："这篇论文是否定杨振宁和米尔斯上述论文的。杨振宁自己否定自己的论文，是很有意思的一件事。"[124，94]

杨振宁指出，李政道在《宇称不守恒发现之争论解谜》一书里也说过类似的话："1955年，我们合写了一篇否定杨和米尔斯《同位旋守恒和同位旋规范不变性》出发点的文章，在《物理评论》上发表。"[50，38]

对此，杨振宁当然不能漠然视之，他严正地指出：

> 这篇1955年的文章很短，印出只有不足一页，而且全文不但没有任何否定1954年杨—米尔斯文章的意思，反而是该文的伸延。此文第二段清楚地说明其用意：
>
> "杨与米尔斯在讨论同位旋守恒问题时曾经涉及此问题。我们在此要讨论的，则是重粒子守恒所引起的同类问题。"〔1〕
>
> 这样看来，李于2003—2004年接受访问时，恐怕并没有翻查原文；《2010李传》〔2〕的作者于2009年恐怕也同样没有查阅原文。[125，Ⅳ]

杨振宁在2010年这篇文章的最后一节，颇具感情色彩地写道：

> 李政道和我在1946—1957年间的合作非常非常成功。我曾说它当时被同行们羡慕和妒忌（admired and envied）。记得那时我也曾为苏轼给他弟弟的诗句所深深感动：

〔1〕　这段话原文见参考书目40，第177页："This question has been discussed in connection with the conservation of isotopic spin by Yang and Mills. We wish here to discuss the problem in connection with the conservation of heavy particles."

〔2〕　即季承所著《李政道传》一书。

与君世世为兄弟，更结此生未了因。

那时怎么样也不会料到我们的被羡妒的合作会演变成后来的悲剧。

派斯是有名的爱因斯坦传 *Subtle is the Lord...* 的作者。他跟李和我都曾是多年的朋友与同事。他对杨李的合与分写过下面的一段话：

“我认为要了解其中真相，要对中国传统比我有更多的知识……”

在众多讨论杨李之合与分的文章中，这恐怕是最有深度的一段话。

有关杨振宁和李政道之间的争论，双方至今已经公开出来的文献我知道的就这么多。〔1〕

对于他们之间的矛盾和争论，从一开始他们的同事和朋友都感到非常遗憾，周恩来总理也曾经亲自过问这件事情，但是都没有起到什么作用。也许他们两人的关系非常复杂，不是一句话两句话就说得清楚的。杨振宁曾经说过：

我们两人的关系，有的时候比我们和我们的太太之间的关系还要密切。……因为通过学术讨论，我们可以摸索彼此的性格、彼此的想法，这样深厚的一个关系，在破裂的时候，我想跟一个婚姻的破裂，是在同一等级上的痛苦。[16, 241]

杨振宁还说，将来一定会有人研究这一段历史的。

李政道说，我和杨振宁的分歧是中国学术界十分关心的事，无法回避。[50, 序5]

他们两人的恩师吴大猷教授在 1989 年 7 月 14 日说：“整个事件是一极不幸的事，我想 truth 是不能永久掩盖着的，所以我希望大家都不再在

〔1〕《自然科学史研究》第 28 卷（2009 年）第 1 期第 1—11 页，刊有王城志先生的文章《鲜为人知的〈李政道口述回忆录〉探析》，里面有一些关于两人关系破裂的资料，但是基本上没有更多新的内容。

世人前争，而让 truth 慢慢展现出来。”[16, 510]

Truth，一定会“慢慢展现出来”。

在 2017 年 7 月，杨振宁在香港《明报月刊》发表了一篇文章《伯恩斯坦的独白》[130, 60—63]，对这件事提出了一个新的看法，我以为非常值得人们重视，也觉得这才是解决疑难的最好途径！这篇文章有曹又方先生的中译文，现全文刊登于下：

伯恩斯坦的独白〔1〕

杨振宁与李政道于1957年获得诺贝尔奖以后继续极成功地合作，为同行们“既羡慕又妒忌”，但不幸于 1962 年彻底决裂。决裂的原因之一是伯恩斯坦 1962 年发表在《纽约客》上的一篇文章。关于此文，伯恩斯坦最近有一篇自白，杨先生据之在世界科技出版公司 *Modern Physics Letters A* 期刊上发表了一篇英文文章，其中译文今征得杨先生同意发表于本刊。〔2〕

近来，网上有段杰里米·伯恩斯坦（Jeremy Bernstein）关于他 1962 年发表在《纽约客》（*The New Yorker*）上的著名文章的独白。下面是那段独白的转录〔3〕（因为网络录音质量不高，转录内容可能会有失误）：

如何处理这个问题依然毫无头绪。但我会在夏天的时候回到日内瓦欧洲核子研究组织（CERN）。现在已经过去快一年了，我一筹莫展。生活总是出人意料。我打了很多场网球，结果扭伤了脚踝。我和李政道夫妇住在同一栋楼里。他们对我的际遇表示

〔1〕 本文原文为英文，原载期刊 *Modern Physics Letters A*，http://www.worldscientific.com/doi/pdfplus/10.1142/S0217732317300178，中译文载香港《明报月刊》2017 年 7 月。——引文原注

〔2〕 香港《明报月刊》原编者按。——引文原注

〔3〕 Web of Stories，http://www.webofstories.com/play/jeremy.bernstein/. ——引文原注

同情。我每天上下班都和李政道一起驾车往返于住所和欧洲核子研究组织。我在交谈中对他有了了解。我想，我能做的是为李政道和杨振宁写篇传略。于是我问他："我能这样做吗？"他表现得并不热切，但也没有完全反对。于是，我便回去撰写李（政道）和杨（振宁）的传略了。肖恩其实是传略的编辑……

我也忘了自己到底是如何完成的。提到那些事情的时候，我想自己也许曾经称呼他们"李和杨"。反正，我也不知道。有件奇怪的事情，每当回想起来的时候，"李和杨"有时也会颠倒顺序变成"杨和李"，这真是奇怪。所以肖恩打电话给我，他说："你知道吗？所有地方都从'李和杨'变成了'杨和李'，你知道为什么吗？"我说："我不知道为什么。"原来，他们已经进行了一场决战，彻底决裂了。所以，有人指责我，但你知道，我什么也没做过。我想戴森（Freeman Dyson）责备过我。但我确实只是写了篇传略，别的什么也没做。于是，第二年夏天我必须和李政道谈谈这件事。他非常不安。不过我想，合作中经常发生这样的事情。开始合作时，李（政道）还是个年轻的晚辈，杨（振宁）年龄稍长而且来自中国不同的社会阶层。在合作过程中，我想点子大多是李（政道）先提出的，荣誉大部分归杨（振宁）。我认为这是他们关系紧张的根源。之前我也见到过类似情况，盖尔曼（Murray Gell-Mann）和佩斯（Abraham Pais）就是如此。我说这是这类合作中的典型情况。所以我对此感到万分内疚。我觉得……我对所发生的事情真的深感抱歉，我对这件事负有一定的责任。

李（政道）离开学院，回到了哥伦比亚，这对他们双方都好。戴森给了我一张纸条，上面写着："我们原谅你一次，但第二次不会。"这让我深感不安。后来我尝试给狄拉克（Paul Dirac）

写传略，我有一天的采访时间。我想奥本海默（Oppenheimer）知道了这件事，他劝我不要去做。真可惜，我本来可以为狄拉克写篇很好的传略……

我的评论：这段独白在某种程度上是伯恩斯坦在老年时的自白。他相当含混，把不同时期的真实事件和凭空想象黏接在了一起。但主题是清晰明了的：现在他对1962年发表那篇文章“感到万分内疚”，因为“我对这件事负有一定的责任”。科学合作建立在个人贡献之上，每个合作者都有其特殊的才能和经验。合作愈成功，就愈需要信任和体谅来使合作继续下去。任何媒体刺探成功的科学合作的私密细节，都可能具有很强的破坏性。奥本海默、我和其他朋友在1962年就认识到这一点，我们试图阻止那篇文章发表，但没有成功。

两次世界大战之间，两位极具实力的英国数学家哈代（Godfrey Harold Hardy，1877—1947）和李特尔伍德（John Edensor Littlewood，1885—1977）有过非常成功的合作。他们是迥然相异的两个人：性格不同，研究风格也不同。但他们在将近30年的合作中做出了亮眼的数学研究成果。当然，有许多人都对他们如何做到这点感兴趣。斯诺（C. P. Snow）就是其中之一，而且他还是哈代的挚友。

在一段极具洞察力的文字中，他透露了这段著名合作的重要秘诀[1]：

多年以来，哈代几乎和我聊过能想到的所有话题，除了合作这件事。他说，当然，这是他创造性事业生涯中的主要财富。他用上面我提到的他的口气来谈李特尔伍德，但他从没提到过他们的合作程序。我的数学知识不足以让我读懂他们的论文，但我会

〔1〕 前言由斯诺撰写，出自哈代（1967）的《一个数学家的辩白》（*A Mathematician's Apology*）。——引文原注

摘录一些他们的言词。如果他无意中吐露了他们的方法，我想我不会漏掉。我相当肯定，他是故意保守秘密，而他平时处理那些对于大多数人来说相当私密的事情时，并不是这种作风。

我想，如果这段话写在1962年以前，如果伯恩斯坦读过这段话并且深刻领悟到哈代和李特尔伍德的智慧，不知他是否会意识到自己不应该介入成功的“李（政道）—杨（振宁）”合作？

这篇文章告诉我们应该如何看待合作者的合作，绝不应该再分开他们合作中间彼此的业绩！知道这一点，我就不必为此再说多余的话了！我在前面啰啰唆唆做的很多分析，也许都是多余的废话，但是因为已经在20多年前出版时写上了，再突然删去恐怕也不合适，还是让读者全面了解我有过什么样的认识，哪怕现在认为是错的，对读者也还是有益处的。

六、物理学之美

在阅读杨振宁的文章的时候，时常会看到他发自内心地对物理学之美的赞叹。例如当他和米尔斯在发现非阿贝尔规范理论时，因为规范粒子没有质量而思考文章是否发表，他在回忆时说道：

我们究竟应不应该发表一篇论述规范场的论文？在我们心目中，这从来不成其为一个真正的问题。我们的想法是漂亮的（beautiful），应该发表出来。[1，33]

再例如美国电视记者比尔·莫耶斯（Bill Moyers）1988年对杨振宁做电视采访时，在对话中杨振宁明确谈到物理学之美：

杨振宁：……我们所感兴趣的是对观察到的现象提出一个复杂的模型，这些模型都遵循一定的规律，并能用方程式的形式来进行描述，而这些方程式又都与实验结果惊人地一致。因此，我们可以知道自然界一定存在着一种秩序。而我们渴望全面了解和认识这种秩序，这是因为以前的经历多次告诉我们：研究得越多，我们对物理学的认识也就越深刻，越有前景；而且越美，越强大。

莫耶斯：您说的是美？

杨振宁：是的，我说的是美。如果你能将许多复杂的现象简化概括为一些方程式的话，那的确是一种美。诗歌是什么？诗歌是一种高度浓缩的思想，是思想的精粹。寥寥数行就道出了自己内心的声音，袒露出自己的思想。科学研究的成果，也是一首很美丽的诗歌。我们所探求的方程式就是大自然的诗歌。这是一首很美的诗。当我们遇到这些浓缩精粹的结构时，我们就会有美的感受。当我们发现自然界的一个秘密时，一种敬畏之情就会油然而生，好像我们正在瞻仰一件我们不应瞻仰的东西一样。

莫耶斯：不应该瞻仰？难道属于禁区？

杨振宁：是的。因为它具有一种神圣的色彩，一种张力。当你面对它时，你会自然而然地产生一种感觉：它不应该被我们凡人窥视到。我一直把这种情结看作是一种最深的宗教情结。当然，这让我想到一个没有人能够回答的问题：为什么自然界是这样而不是那样？为什么最终可以把大自然这些强大的力量，都简化为一些简单而又美丽的方程式呢？这个问题有许多人探讨过，争论过，但始终都得不到答案。不过，事实在于，我们既然有认识它的可能，就有进一步深入认识的可能。而这正是吸引我们不断前进的原因所在。我们想建造一些机器，不是因为我们想把40亿美元的资金随意挥霍掉，也不是因为我们沉迷于将发现的基本粒子进一步分类编目。这些都绝对不是真正的原因，真正的原因在于大自然具有一种神秘的、里面含有力量的东西——而且，还有异乎寻常的美。

莫耶斯：随着研究的深入，有没有迹象表明在我们世界的某个角落里，有一种复杂的智能可以表现这种美；或者，有一位擅长创作这种诗歌的艺术家?

杨振宁:我希望我能知道如何回答这个问题。事物以某种方式被构造而不是一次意外,这应该是一种绝对的完美:既有美,又可以给出解释。可怎么解释呢?我不知道如何回答。[109, 105—106]

我们也许可以把这段对话看成是杨振宁对物理学之美的明确的陈述。

其实在物理学史上,关于物理学之美,很多卓越的物理学大师都谈到过。早在 16 世纪,哥白尼(Nicolaus Copernicus,1473—1543)在他的《天体运行论》第一卷引言的第一句话就说:“在人类智慧所哺育的名目繁多的文化和技术领域中,我认为必须用最强烈的感情和极度的热忱来促进对最美好的、最值得了解的事物的研究。这就是探索宇宙的神奇运转、星体的运动、大小、距离和出没,以及天界中其他现象成因的学科。简而言之,也就是解释宇宙的全部现象的学科。难道还有什么东西比起当然包括一切美好事物的苍穹更加美丽的吗?”[90, 第一卷引言]

奥地利理论物理学家、经典统计物理学的奠基人之一玻尔兹曼(Ludwig Boltzmann,1844—1906)曾经拿物理学家和音乐家打比方:“一个音乐家能从头几个音节辨别出莫扎特、贝多芬和舒伯特的作品,同样,一个数学家也可以只读一篇文章的头几页,就能分辨出柯西、高斯、雅可比、亥姆霍兹和基尔霍夫的文章。法国数学家的风度优雅卓群,而英国人,特别是麦克斯韦,则以非凡的判断力让人们吃惊。譬如说,有谁不知道麦克斯韦关于气体动力学理论的论文呢?……速度的变量在一开始就被庄严宏伟地展现出来,然后从一边切入了状态方程,从另一边又切入了有心场的运动方程。公式的混乱程度有增不已。突然,定音鼓敲出了四个音节‘令 n=5’。不祥的精灵 u(两个分子的相对速度)隐去了;同时,就像音乐中的情形一样,一直很突出的低音突然沉寂了,原先似乎不可被超越的东西,如今随魔杖一挥而被排除。……这时,你不必问为什么这样或为什么不那样。如果你不能理解这种天籁,就把文章放到一边去吧。麦克斯韦不写有注释的标题音乐。……一个个结论接踵而至，最后，意外的高潮突然降临，热平衡条件和输运系数的表达式出现，接着，大幕降落！”[91，94]

由玻尔兹曼的这段话，我们可以看出，他把麦克斯韦的物理学论文比作听一首壮丽、美妙的交响乐，这当然是在刻意强调麦克斯韦理论之美。

到了20世纪以后，由于物理学进入相对论和量子力学，物理学家对于物理学之美有了更加深刻和精致的认识。当狄拉克1956年在莫斯科大学访问时，主人照惯例请他题词，狄拉克写了一句话："物理学定律必须具有数学美。"（A physical law must posses mathematical beauty.）[54，205]

如果说狄拉克的这句话还没有什么冲击力的话，那么1974年他在哈佛大学的演讲，就使听众颇为震撼。他对听讲的研究生们说："学物理的人用不着对物理方程的意义操心，只要关心物理方程的美就够了。"[55，68]

这句话一定很有冲击力，因为后来温伯格在《物理学的最终定律》（"Face to the Final Theory"）一文里说："在场的系里的教授们都对我们的学生会模仿狄拉克表示担心而窃窃私语。"[55，68]

由于狄拉克对物理学之美有独到的观点，加上杨振宁对狄拉克情有独钟，所以我们不妨先谈谈狄拉克的数学美学思想，以及杨振宁对狄拉克这一观点的高度赞美。对狄拉克的赞美，其实就是对物理学之美的赞美。

1. 杨振宁眼中的狄拉克

杨振宁在中央电视台《百家讲坛》栏目做过一次演讲，题目是"新知识的发现"。在这次演讲中，他提到了英国物理学家狄拉克。杨振宁说：

> ［1928年，］另外一个年轻人出现了，这就是狄拉克。狄拉克一来……他把费米的工作、玻尔的工作、海森伯的工作，都一下子网罗在里头。所以我曾经说，看了狄拉克的文章以后，你就有这么一个印象，觉得凡是对的东西，他都已经讲光了，你到里头再去研究，已经研究不出来东西了。[62，34]

英国物理学家狄拉克。他提出的狄拉克方程自动地解决了让物理学家困惑已久的电子自旋；更奇妙的是方程出现了反物质粒子（正电子），让物理学家叹为观止！

杨振宁这儿提到的狄拉克的“工作”指的就是狄拉克方程。狄拉克方程所取得的惊人的、意料之外的巨大成就（自动地得到自旋、反物质粒子等），以及后来为构思反粒子所经历的思想波折，使狄拉克潜心思索其中的经验和教训。

建立电子波动方程之后的第二年，即 1930 年，狄拉克在他的划时代的著作《量子力学原理》一书中首次明确地提及物理学中的美。在该书的第一页他写道：“[经典电动力学]形成了一个自洽而又优美的理论，使人们不禁会认为，该理论不可能做重大的修改，否则会引起本质上的改变和美的破坏。……[量子力学]现在已经达到了这样一种程度，即它的形式体系可以建立在一般规律之上，尽管它还不十分完备，但就它所处理的那些问题而言，它比经典理论更为优美，也更令人满意。”

1936 年狄拉克在《相对论波动方程》一文中，开始大量使用诸如“美”、“美丽的”、“漂亮的”或者“丑陋的”等字眼。

1939 年应该是狄拉克大力发展他的“数学美原理”（The Principle of

Mathematical Beauty）的一年，这一年他在《数学和物理学的关系》一文中详细阐述了物理学和数学美的关系。他给理论物理学家的建议是："研究工作者在他致力于用数学形式表示自然界时，应该主要追求数学美。他还应该把简单性附属于美而加以考虑……通常的情况是，简单性的要求和美的要求是相同的，但在它们发生冲突的地方，后者更为重要。"[54, 207]

1963 年在都柏林发表的拉莫尔演讲中，狄拉克对爱尔兰的伟大数学家哈密尔顿大加赞颂："我们应当沿着哈密尔顿的足迹前进，把数学美作为我们的指引灯塔，去建立一些有意义的理论——首先它们得具备数学美。"[54, 216]

这里已经又进了一步,要求物理学家"把数学美作为我们的指引灯塔"。

1982 年在庆祝狄拉克八十寿辰的时候，他发表了一篇题为《美妙的数学》的文章。克拉格（Helge Kragh）在他的《狄拉克：科学和人生》一书中对这篇文章这样写道："他认为……自然恰好是按照数学美原理来构造的。他在 1939 年的阐述和他在 26 年后的阐述完全一致：人们也许可以说，上帝是一个非常高明的数学家，他在建造宇宙时用了非常高级的数学。"[54, 212]

杨振宁一生都十分欣赏狄拉克的这种物理美学的观点，尤其赞赏他的物理学思想和风格。这一点连温伯格都注意到了。温伯格在《真与美的追求者：狄拉克》一文中写道："狄拉克……终于在 1928 年初提出了著名的狄拉克方程。……著名理论物理学家杨振宁曾这样评述：'到 1928 年他写出了狄拉克方程式。对他的工作最好的描述是"神来之笔"。'"[55, 77]

温伯格提到的杨振宁的评述，是杨振宁 1986 年在中国科学技术大学研究生院做"几位物理学家的故事"演讲时说的。杨振宁当时说：

狄拉克的物理学有他非常特殊的风格。他把量子力学整个的结构统统记在心中，而后用了简单、清楚的逻辑推理，经过他的讨论之后，你就觉得非这样不可。到 1928 年他写出了狄拉克方程式。对他的工

作最好的描述是"神来之笔"。[1, 555]

温伯格还提到："著名物理学家杨振宁曾在《美和理论物理学》一文中……将爱因斯坦和狄拉克相提并论……"[55, 91]

杨振宁这篇重要的文章是1982年写的。写到狄拉克时他这样说：

> 狄拉克在1963年的《科学美国人》(*Scientific American*)中写道："使一个方程具有美感比使它去符合实验更重要。"狄拉克是健在的最伟大的物理学家。[1]他有感知美的奇异本领，没有人能及得上他。今天，对许多物理学家来说，狄拉克的话包含有伟大的真理。令人惊讶的是，有时候，如果你遵循你的本能提供的通向美的向导前进，你会获得深刻的真理，即使这种真理与实验是相矛盾的。狄拉克本人就是沿着这条路得到了关于反物质的理论。
>
> ……对爱因斯坦和狄拉克来说，这种强调并不奇怪，如果你注意一下他们研究物理学的风格，美始终是一个指导原则。[3, 271—274]

1997年，杨振宁还在另一篇文章《美与物理学》里，用最美丽的词语赞美狄拉克：

> 20世纪的物理学家中，风格最独特的就数狄拉克了。我曾想把他的文章的风格写下来给我的文、史、艺术方面的朋友们看，始终不知如何下笔。去年偶然在香港《大公报》大公园一栏上看到一篇文章，其中引了高适在《答侯少府》中的诗句：
>
> 性灵出万象，风骨超常伦。
>
> 我非常高兴，觉得用这两句诗来描述狄拉克方程和反粒子理论是再好没有了：一方面狄拉克方程确实包罗万象，而用"出"字描述狄拉克的灵感尤为传神。另一方面，他于1928年以后四年间不顾玻尔、海森伯、泡利等当时的大物理学家的冷嘲热讽，始终坚持他的理论，

---

〔1〕 狄拉克于1984年去世。杨振宁在写这篇文章的时候狄拉克还没有去世。

而最后得到全胜，正合“风骨超常伦”。

可是什么是“性灵”呢？这两个字连起来字典上的解释不中肯。若直觉地把“性情”、“本性”、“心灵”、“灵魂”、“灵感”、“灵犀”、“圣灵”（Ghost）等加起来似乎是指直接的、原始的、未加琢磨的思路，而这恰巧是狄拉克方程之精神。刚好此时我和中文大学童元方博士谈到《二十一世纪》1996年6月号钱锁桥的一篇文章，才知道袁宏道（和后来的周作人、林语堂等）的性灵论。袁宏道说他的弟弟袁中道的诗是“独抒性灵，不拘格套”，这也正是狄拉克作风的特征。“非从自己的胸臆流出，不肯下笔”，又正好描述了狄拉克的独创性！[3，280—281]

温伯格也用诗一般的语言赞扬狄拉克的风格，还引用了杨振宁的话。他写道：“读狄拉克的文章和他所写的《量子力学原理》这本书，你的确会有一种清澈、透明的感受，好像置身于秋高气爽的天气中所享受到的一种美的感受。对此杨振宁有过极好的描述：‘狄拉克的一个特点：话不多，而其内容含有简单、直接、原始的逻辑性。一旦抓住了他独特的、别人想不到的逻辑，他的文章读起来便很通顺，就像“秋水文章不染尘”，没有任何渣滓，直达深处，直达宇宙的奥秘。’”[55，91]

杨振宁虽然非常赞赏狄拉克的物理学美的观念，但他不仅仅是一位赞赏者，而且是一位伟大的创建者。他不仅非常成功地将狄拉克的美学原则用来作为研究物理学的“指导原则”，而且还有大的成就和发展。

先说成就，1954年在发现非阿贝尔规范理论的时候，他正是遵循狄拉克的指导原则，觉得这个理论太“漂亮”了，于是果断地发表了他们的理论文章。但是，规范粒子没有质量这件事，仍然使他们感到困惑。杨振宁不同于泡利的是，他相信以后随着理论和实验的研究进展，粒子质量的问题会解决的。正是这一信念支持他勇敢地发表了他们的文章。以后这个理论的发展出乎他们的预料，成为现代物理学的“圣杯”。

再说发展，在应用这一指导原则的时候，他青出于蓝而胜于蓝。狄拉克说“使一个方程具有美感比使它去符合实验更重要”，杨振宁虽然赞赏狄拉克的这一异乎寻常的思路，也赞赏这一结论的非同一般的价值，但是他也绝不让它成为金科玉律般的僵化教条。在对待实验与理论的关系方面，杨振宁应该说比狄拉克更清醒一些。例如，当杨振宁和李政道研究宇称不守恒问题时，虽然他们认为宇称也许在弱相互作用中可能不守恒，但是他们却认真研究了在此之前所有的有关实验的报告，发现一个严重的问题：所有β衰变的实验都不能够证实在弱相互作用中宇称是守恒的；以此为根据他们提出七个可以真正检验宇称是否守恒的实验，供实验物理学家参考。结果，实验物理学家果真从他们提出的实验中得到了宇称在弱相互作用中不守恒的结论。一个划时代的物理学思想革命，由此拉开序幕！

可见，杨振宁在信奉狄拉克的指导原则的同时，没有像狄拉克那样过于轻视实验的重要判断意义。狄拉克在某些方面的失误，杨振宁肯定了然于心。所以他曾经告诫他的学生邹祖德：“在进行理论工作之前，务必去熟悉实验事实。”[1, 922]

在实验和理论两方面保持一种合适的平衡，杨振宁得益于费米的教导，和在阿里森实验室两年看似没有成就的经历。正如杨振宁自己所说，这一经历使他知道实验物理学家在想什么，在干什么。后来，在布鲁克海文国家实验室的一年经历，又加深了杨振宁对这方面的体认。

2. 杨振宁论美与物理学

除了在物理研究中重视和发展了狄拉克的思想以外，杨振宁对物理学和美学之间的密切关系也做了深入的研究，这些研究与他的其他研究一起，成为科学思想宝库的重要部分。在《杨振宁文录》一书里，收集了杨振宁在这方面最重要的论述，其中包括《美和理论物理学》、《科学美和文学美》、《美与物理学》，以及与此有密切关系的《关于科学与宗教的看法》。

2008 年八方文化创作室出版的《杨振宁・范曾谈美》也属于杨振宁在这方面的重要文献。杨振宁这方面的论述也引起国内外广泛的注意，例如上面我们提到的温伯格在他的文章中就一再引用杨振宁的论述作为他立论的根据。我相信，杨振宁在这方面的论述，以后将肯定会引起人们更广泛、更深入的研究。

人们首先关心的是，如果科学中的确存在美，那么如何定义科学中的美呢？这的确是一个大问题，但也是一个很难回答的问题。从古到今，关于美的定义一直在争论不休，至今仍然没有一致的意见；因此，科学美也跟着倒霉，没有办法给出明确的定义，不可能用几句话说清楚什么是科学美。而且，随着物理学的发展，物理学家对物理学之美的观念已经和还在继续不断发生变化，给出一个完整、明晰的定义根本不大可能。对此杨振宁说过：

> 科学中存在美，所有的科学家都有这种感受。美的定义是什么？韦伯斯特（Webster）大学辞典中对美是这样定义的："一个人或一种事物具有的品质或品质的综合，它愉悦感官或使思想或精神得到愉快的满足。"这是一个不到 25 个词的简洁的定义（在英语中这句话仅 24 个单词——译者注）。当然，美的概念实际上比这个定义复杂得多。你会问：在文学、绘画、音乐和科学中，美的含义是什么？当你这样提问时，你会意识到，这个问题相当复杂，也许很难给出一个周全的定义。[3，263]

难以定义不能就说科学中不存在美。前面我们引用过许多科学家自身的感受，说明科学家们早就知道和相信科学中蕴含着一种非常奇妙的美。法国数学家和物理学家庞加莱（J. H. Poincaré，1854—1912）甚至说过："如果自然不美，它就不值得去探求。"

为了定义科学中的美，杨振宁可以说是绞尽脑汁、殚精竭虑，最后他认为：

> 我考虑了试图用一些词来定义科学中的美的可能性。显然，这样一些词，如：①和谐、②优雅、③一致、④简单、⑤整齐等等都与科学中的美，特别是与理论物理中的美有关。但是，思索着怎样把这些词组合在一起去形成“美”的定义时，我开始意识到，事实上“物理学中美的概念不是固定的”。这个概念是发展的，因为理论物理学的题材是发展的，并且我强烈地觉得在所有自然科学的分支中都存在这种情况。
>
> 我们对理论物理学中美的理解是变化的。对于这种变化，影响最显著最重要的是理论物理学日益增长的数学化。[3, 265]

要想深刻理解杨振宁说的意思，我们必须知道物理学史上发生的一些重大事件。早在公元前420多年前，古希腊伟大的哲学家，也是整个西方哲学乃至西方文化最伟大的哲学家和思想家之一的柏拉图（Plato，约前427—前347）在雅典建立的学园大门上，就写着几个大字“不懂几何者不得入内”，可见人类很早就注意到数学的重要性。但是物理学真正开始用精确的数学公式来描述物理学从实验中得出的定律，则始于伽利略（Galileo Galilei，1564—1642）。杨振宁说：“正是伽利略教导科学界说，如果你明智地选择了你观察到的事物，你将会发现，从一些纯化的理想化的关于自然界的实验中得出的物理定律，可以用精确的数学语言来描述。这就是伽利略的伟大教导，这当然也就是定量的物理学的开始。伽利略的观念是一种深刻的美的观念。”[3, 265]后来通过牛顿的工作，物理学的数学化进一步取得了很大的发展，并且被认为是非常严格的数学化。接着是英国物理学家麦克斯韦对现代物理学的数学化起了关键性的作用。

法拉第（Michael Faraday，1791—1867）基本上不懂数学，却是一位有着了不起的物理直觉的物理学家。他发现了电磁感应定律，这是很重要的发现，更为重要的是他认为电和磁应该用电场和磁场来描述。但是，他没有能力把这一重要的物理直觉数学化。如果到此为止，电磁学将不会有进一步的发展。但幸运的是，在法拉第身边出现了年轻的麦克斯韦。麦克斯韦经过五年的努力，用一套现在称为麦克斯韦方程组的公式，把法拉第的电场和磁场的概念用数学完美地表现出来。当时法拉第写了一封很有趣的信给麦克斯韦："我亲爱的先生：收到了您的文章我很感谢。我不是说我敢于感谢您是为了您所说的那些有关力线的话，因为我知道您做这项工作是由于对哲学真理感兴趣。但您必定猜想它对我是一件愉快的工作，并鼓励我去继续考虑它。当我初次得知要用数学方法来处理电磁场时，我有不可名状的担心；但现在看来，这一内容竟被处理得非常美妙。"[3, 267]

杨振宁曾经在 1978 年的《从历史角度看四种相互作用的统一》一文中写到这件事：

> 麦克斯韦到底做了什么事情呢？他就是把……电磁学里的四个定律写成了四个方程式。第一个是库仑定律，第二个是高斯定律，第三个是安培定律，第四个是法拉第定律。
>
> 麦克斯韦把这几个方程式写出来后发现了一个问题，这个问题在方程式写出之前大家都没有注意到，法拉第没有注意到，麦克斯韦也没有注意到。麦克斯韦最初写出的四个定律中有 $\dot{\vec{H}}$ 这一项，但是却没有 $\dot{\vec{E}}$ 这一项（$\vec{E}$ 代表电场，$\vec{H}$ 代表磁场，字母上的箭头代表这个字母所描述的物理量是矢量，箭头上面的圆点表示微商）。写出后他发现这四个公式实际上是不相容的，里面彼此要发生矛盾。如不把它写成数学的公式，单看这四个定律，那就不太容易了解它们之间是不相容的。可是写成了数学的公式，便可以运用数学中积累了好几个世纪的一些知识，做一些运算，这样麦克斯韦就发现它们的不相容。为了使它们相容，他（在安培定律中）加了一项 $\dot{\vec{E}}$ 就是电场对时间的微商。

下面就是麦克斯韦加了 $\dot{\vec{E}}$ 以后的麦克斯韦方程组：

$$\vec{\nabla} \cdot \vec{E} = 4\pi\rho$$

$$\vec{\nabla} \cdot \vec{H} = 0$$

英国物理学家麦克斯韦。他的麦克斯韦方程组改变了我们的世界。

$$\vec{\nabla} \times \vec{H} = 4\pi\vec{j} + \dot{\vec{E}}$$
$$\vec{\nabla} \times \vec{E} = -\dot{\vec{H}}$$

杨振宁接着说：

> 加了这一项，就变成相容的了，而且又不违反原来法拉第的定律和安培的定律。这是物理学史上一个非常重要的发展。
>
> 这样，他的方程组就具有了完美的对称形式，有了这四个方程，再利用数学方法，麦克斯韦竟然推出电磁场的波动方程，而且发现光也是一种电磁波！[3，141—142]

最后一句话需要解释一下。麦克斯韦在仔细研究他的方程组以后，获得了物理学中的一个真正让人吃惊的发现：在变化的电场周围有电磁波的存在。概略地说，如果我们处于一个电场随时间变化的空间区域，那么在邻近的空间就会产生磁场；这个磁场也是随时间变化的，它又产生电场。

杨振宁，摄于1963年。

这就像投进池塘的石子激起的水波一样，电磁场也以波的形式传播出去，电能和磁能相互转换。

而且麦克斯韦还惊讶地发现，由他的方程可以精确地算出电磁波的速度。光的速度在那时已经由实验和天文观察精确地测出了，麦克斯韦从理论上得到的电磁波的值和测到的光速值极其相符！这实在是一个非常意外和绝对了不起的发现！麦克斯韦由此推断，光只是众多电磁波中的一种。牛顿和荷兰物理学家惠更斯（Christiaan Huygens，1629—1695）总结出的光学中的定律，如反射、折射、衍射等定律，全部可以由麦克斯韦的方程组导出。这是物理学史上一次伟大的突破！

光学从此成为电磁学的一个分支。

在物理学发展史上，麦克斯韦是第一个在没有充分的经验事实的情况下，仅依靠纯抽象的、数学上的对称性，也就是一种数学上的美学判断，就得到了电磁波的结论，并将光学和电磁学统一起来的科学家。这是一个划时代的事件。也许正是因为这一思想方法是如此新颖，致使一些与麦克斯韦同时代的伟大物理学家如玻尔兹曼、亥姆霍兹（H. L. F. von Helmholtz，1821—1894）都不能立即接受麦克斯韦的电磁理论。德国物理学家、诺贝尔奖获得者冯·劳厄曾说过："尽管麦克斯韦理论具有内在的完美性并和一切经验相符合，但它只能逐渐地被物理学家们接受。它的思想太不平常了，甚至像亥姆霍兹和玻尔兹曼这样有异常才能的人，为了理解它也花了几年的力气。"[92, 53]

从麦克斯韦方程和狄拉克方程的建立过程，我们可以深刻领会杨振宁前面说的话："我们对理论物理学中美的理解是变化的。对于这种变化，影响最显著最重要的是理论物理学日益增长的数学化。"许多物理学家一时不能接受麦克斯韦的理论的原因，实际上是他们对"理论物理学日益增长的数学化"没有做好思想上的准备。这种状况在现代物理学创建的过程中一再发生，反复出现，今后也还会发生。

直到 1888 年，德国物理学家赫兹（H. R. Hertz，1857—1894）用奇妙的电火花实验证实了电磁波的存在以后，人们才不仅承认了麦克斯韦的伟大理论，而且莫不惊叹数学、对称性威力如此之大，以及麦克斯韦方程如此之优美。玻尔兹曼就曾用歌德的诗句赞美道："是哪位神明写出了这些？"

麦克斯韦方程对爱因斯坦的物理学研究产生了重大的影响，导致他建立了 20 世纪最伟大的物理学理论——相对论。杨振宁对此有清楚的分析：

麦克斯韦方程组导致了场论的诞生，而场论至今仍然是粒子物理的中心论题。麦克斯韦方程组还导致了洛伦兹变换的概念，这个变换通过爱因斯坦的工作揭示了平直时空的几何。

爱因斯坦所做的一个特别重要的结论是对称性起了非常重要的作用，在1905年以前，方程是从实验中得到的。而对称性是从方程中得到的，于是——爱因斯坦说——闵可夫斯基（Minkowski）做了一个重要的贡献：他把事情翻转过来，首先是对称性，然后寻找与此对称性一致的方程。

这种思想在爱因斯坦的头脑中起着深刻的作用，从1908年起，他就想通过扩大对称性的范围来发展这一思想。他想引进广义坐标对称性，而这一点是他创造广义相对论的推动力之一。另一个推动力是等价原理的思想，这两者结合在一起，经过七年多的奋斗，在1915年，他终于给出了一个弯曲时空的几何与广义相对论。[3，163]

杨振宁这儿说的“对称性”已经不是表观上、直观的对称性，而是更加高级的数学上的对称性。

在麦克斯韦、爱因斯坦之后，杨振宁把这种数学上的对称性思想做了重要的推进，得出“对称性支配相互作用”这一伟大的原理。有关这一部分，以及数学与物理学的进一步关系，读者可以参阅本书第五章第四节“杨振宁与现代数学”。

其次，读者可能关心的是，不是物理学家的读者如何理解物理学中的美呢？看来这的确是一个很大的问题。其实这个问题之所以存在，多半是因为以前我们不太了解或者重视物理学中有美的存在，因此很少注意介绍这方面的常识。今后如果加强这方面的介绍，那么小学生、初中学生就至少可以了解物理学中一部分的美。对此，杨振宁在《美和理论物理学》一文中写道：

存在三种美：现象之美、理论描述之美、理论结构之美。当然，像所有这一类讨论一样，它们之间没有截然明确的分界线，它们之间有重叠，还有一些美的发展，人们发现很难把它们归入哪一类。但我倾向于认为一般来说，在理论物理学中有不同类型的美，而我们对这些美的鉴赏稍有不同，这取决于我们已在讨论的是哪一类美。而且，随着时间的推移，我们对于不同类型的美的欣赏也随着变化。[3，268]

现象之美是组成了科学主题的那些实体所呈现出的美丽的现象，例如朝霞暮色、雨后的七色霓虹、极地的极光、牛顿用三棱镜折射出来的连续彩色光谱和晶莹剔透的美丽晶体等，这种从实体中获得的美感，只需要观察就够了，人人都可以欣赏，一般不需要特定的理论知识就可以感受到。宋代陆游在《泛舟泽中夜归》中描述彩虹时写道：

虹断已收千嶂雨，鹤归正驾九天风。

渔舟容与横沙际，水鸟号鸣傍苇丛。

这是描述现象之美的美丽诗句，人人可以感受。

理论描述之美则是客体自然规律中反映出来的一种让人愉悦的美。例如引力定律，热力学第一、第二定律等，都是对自然界某些基本性质的很美的理论描述，它们往往会给人们一种意料不到的、震撼性的美的感受。每当一个高中学生学习了牛顿的引力定律以后，心中一定自然而然地会有一种神圣感、庄严感，因为从此他掌握了宇宙间一个伟大的奥秘——万有引力定律。这其实就是一种神圣的美感。美感而又带有一种神圣感，那才是真正的美感！接着，当教科书上告诉我们英国天文学家哈雷（Edmund Halley，1656—1742）仅仅根据牛顿引力定律就预言哈雷彗星回归的时间，法国天文学家勒威耶（Urbain Le Verrier，1811—1877）和英国天文学家亚当斯（John Couch Adams，1819—1892）同样仅仅根据万有引力定律就能够预言在浩渺宇宙中一颗未知行星海王星运行的轨道，这时每一个学生心中蕴藏的美感会使他激动得想大声喊叫，表示自己的激情和感动。这种激情和感动，就是美感达到极致的一种自然反应。

这些定理或者定律，它们在自然现象中不能直接见到，只能由掌握了一定的科学理论的人感受到。这些理论之美就是科学家最神往的美，并且正是这些美使得科学家在冗长沉闷的工作中得到愉悦、欣慰，并成为研究科学巨大的动力之一。理论描述（和部分理论结构）之美，一般受过高中教育的读者就可以理解和接受。

理论结构之美就需要更多的知识背景才能够理解，它是指理论有一个漂亮的结构，在20世纪以后它通常是指理论本身的数学结构。杨振宁教授说：

> 自然界为它的物理定律选择这样的数学结构是一件神奇的事，没有人能真正解释这一点。显然，这些数学思想的美是另一种美，它与我们前面讨论的美很不相同，物理的日趋数学化意味着在我们的领域内这最后一种美越来越重要。[3，269]

举一个例子。在20世纪以前，科学家常常是根据实验或者现象找到一个方程；例如开普勒、牛顿、库仑（Charles Coulomb，1736—1806）、奥斯特、法拉第等人，他们的那些重要定律，都是先从实验中发现的，然后用一个方程表达这个定律，然后再由实验证明这个方程的正确与否。现代物理学则有很大的不同。20世纪以后，由于麦克斯韦、爱因斯坦、狄拉克和杨振宁等的贡献，物理学家们惊讶地发现自然界有一种非常美丽的对称性结构，于是他们常常先扩大理论结构的对称性原理，并从中得到一个方程，再用实验证明这个方程是正确的。整个过程反过来了。对此杨振宁论述道：

> 爱因斯坦决定倒转他的做法。……这是一个如此令人难忘的发展，爱因斯坦决定将正常的模式颠倒过来。首先从一个大的对称性出发，然后再问为了保持这个对称性可以导出什么样的方程来。20世纪物理学的第二次革命就是这样发生的。[3，271]

杨振宁的非阿贝尔规范场理论的伟大发现，就是他充分认识到爱因斯坦“倒转法”和外尔发现的局域性对称的重大价值以后，在物理学研究中进一步取得的 20 世纪物理学最伟大的成就之一。

要理解和欣赏理论结构之美，比较困难，因为需要较多的数学知识，尤其是群论方面的知识。

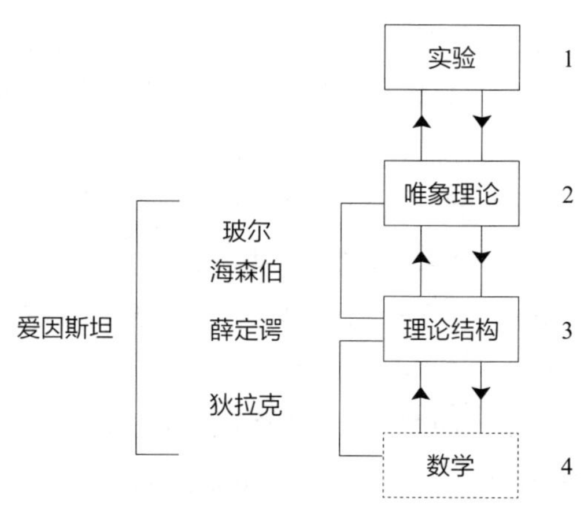

实验、理论、理论结构和数学四者之间的关系，杨振宁画了一个示意图表示。物理学家，尤其是 20 世纪以前的物理学家，一般都是从实验（1）开始，得出一些唯象的理论（2），最后才有可能进入理论结构（3）。在力学中，首先是第谷 · 布拉赫做了大量的天文观测，他的研究基本上在区域（1）里，然后开普勒在仔细分析了布拉赫的观测数据以后，建立了开普勒三大定律，这是唯象理论（也就是前面说的“理论描述”）；还有伽利略根据他的实验得到了落体定律，这也是唯象定律。以后牛顿在他们建立的唯象理论之上创建了牛顿三大定律，这已经进入了理论结构（3）的领域。在电磁学领域里，也经历了同样的过程，先是库仑、安培（André Amperé，1775—1836）、法拉第等人从实验（1）得到库仑定律、安培定律和法拉第电磁感应定律这些唯象理论（2）。麦克斯韦建立了麦克斯韦方程组以后，电磁学才终于步入了理论结构（3）的范畴。

在现代物理学中，英国物理学家金斯（James Jeans，1877—1946）、德国物理学家维恩（Wilhelm Wien，1864—1928）和普朗克等一大批物理学家，通过许多实验在热辐射方面得到金斯定理、维恩定理和普朗克定理等，这些理论都是唯象理论。直到海森伯和狄拉克建立了海森伯方程和狄拉克方程之后，理论结构（3）才建立起来。

物理学从（1）→（2）→（3）发展过程中各自的美，杨振宁曾做过一个深刻和形象的总结：

> 物理学自（1）到（2）到（3）是自表面向深层的发展。表面有表面的结构，有表面的美。譬如虹和霓是极美的表面现象，人人都可以看到。实验工作者做了测量以后发现虹是42°的弧，红在外，紫在内；霓是50°的弧，红在内，紫在外。这种准确规律增加了实验工作者对自然现象的美的认识。这是第一步（1）。进一步的唯象理论研究（2）使物理学家了解到这42°与50°可以从阳光在水珠中的折射与反射推算出来，此种了解显示出了深一层的美。再进一步的研究更深入了解折射与反射现象本身可从一个包罗万象的麦克斯韦方程推算出来，这就显示出了极深层的理论结构（3）的美。[1]
>
> 牛顿的运动方程、麦克斯韦方程、爱因斯坦的狭义与广义相对论方程、狄拉克方程、海森伯方程和其他五六个方程是物理学理论结构的骨干。它们提炼了几个世纪的实验工作（1）与唯象理论（2）的精髓，达到了科学研究的最高境界。它们以极度浓缩的数学语言写出了

---

〔1〕 1997年杨振宁在回答《中国青年报》记者肖英的提问时说：“物理学可以分为实验物理、唯象理论和理论结构三个领域，虽然，每个领域都有自己独特的美，但物理学最后的精华在于理论结构。牛顿的运动方程、麦克斯韦方程、爱因斯坦狭义和广义相对论方程、狄拉克方程、海森伯方程，以及另外的五六个方程，合在一起就是整个物理学的理论结构。”[128，97]

物理世界的基本结构，可以说它们是造物者的诗篇。

这些方程还有一方面与诗有共同点：它们的内涵往往随着物理学的发展而产生新的、当初所完全没有想到的意义。举两个例子：上面提到过的19世纪中叶写下来的麦克斯韦方程是在本世纪初通过爱因斯坦的工作才显示出高度的对称性，而这种对称性以后逐渐发展为20世纪物理学的一个最重要的中心思想。另一个例子是狄拉克方程。它最初完全没有被数学家所注意，而今天狄拉克流型（Dirac Manifold）已变成数学家热门研究的一个新课题。

学物理的人了解了这些像诗一样的方程的意义以后，对它们的美的感受是既直接而又十分复杂的。

它们的极度浓缩性和它们的包罗万象的特点也许可以用布莱克（W. Blake，1757—1827）的不朽名句来描述：

To see a world in a grain of sand
And a heaven in a wild flower
Hold Infinity in the palm of your hand
And Eternity in an hour〔1〕

它们的巨大影响也许可以用波普（A. Pope，1688—1744）的名句来描述：

Nature and nature's law lay hid in night

〔1〕 陈之藩教授的译文如下：
一粒沙里有一个世界
一朵花里有一个天堂
把无穷无尽握于手掌
永恒宁非是刹那时光
——原书作者注（这首诗的中译文可见《时空之海·看云听雨》，陈之藩著，黄山书社，2009年，第33—34页）

德国物理学家海森伯，1932年获得诺贝尔物理学奖。

God said，Let Newton be!! And all was light[1]

可是这些都不够，都不能全面地道出学物理的人面对这些方程的美的感受。缺少的似乎是一种庄严感，一种神圣感，一种初窥宇宙奥秘的畏惧感。我想缺少的恐怕正是筹建哥特式（Gothic）教堂的建筑师们所要歌颂的崇高美、灵魂美、宗教美、最终极的美。

图中理论结构（3）之下的数学（4）又是怎么一回事呢？杨振宁举了一个例子来说明其间的关系。海森伯方程和狄拉克方程虽然都是理论结构的范畴，是量子力学的最高成就，但是它们建立的过程却非常不同。从图中可以看到，海森伯的物理活动主要在唯象理论和理论结构之间，这表明海森伯主要是从实验和经验事实出发建立他的方程的。而实验和经验是色彩斑斓、盘根错节、错综复杂、云诡波谲和千变万化的，在这一过程中海森伯几乎不可避免要犹豫、彷徨和不断地试错。1963 年 2 月 25 日，海森伯

〔1〕 我的翻译如下："自然与自然规律为黑暗隐蔽 / 上帝说，让牛顿来！一切遂臻光明。"——原书作者注

在科学史家库恩（T. S. Kuhn）采访时曾经说过："当你爬什么山时……你有时……想登上某一山峰，但是到处都是云雾……你有一张地图或别的东西表明你可能必须去的地方，但是你却在云雾中完全迷路了。然后……突然间，你在云雾中相当模糊地看到了一点点东西，于是你说：'噢，这就是我要找的岩石。'就在你看到的那一瞬间，整个的图景完全改变了，因为，虽然你还不知道是不是要到那块岩石上去，但是有一会儿，你说：'……现在我知道我在哪儿了；我必须走到离那岩石更近的地方去，然后我肯定就会找到要走的路……'我只要看到一些细节，就像在爬山的任何部分行程中那样，我就当然可以说，很好，我可以再向前走 15 码，或者 100 码，或者也许走 1 公里，但是我仍然不知道这走对了呢，还是完全离开了正路。"［93，401］

这就可以说明为什么海森伯的文章读起来让人觉得讲得不清楚，有渣滓。例如海森伯发现奇怪乘法的第一篇文章，玻恩开始看不懂，后来才知道原来这个"奇怪的乘法"就是数学中的矩阵。而狄拉克与海森伯不同，他活动在理论结构和数学之间，他的文章从美妙的数学灵感出发。当他在思考他 1928 年最著名的那篇文章的时候，他对海森伯、泡利为自旋建立种种模型完全不屑一顾，认为那简直可笑。他的进路是从数学的结构美和简洁的逻辑美出发，并由此建立了一个惊世骇俗的狄拉克方程！杨振宁对这个方程一再惊叹不止，在《美与物理学》一文中赞叹道：

> 狄拉克方程"无中生有、石破天惊"地指出为什么电子有"自旋"（spin），而且为什么"自旋角动量"是 1/2 而不是整数。初次了解此中奥妙的人都无法不惊叹其为"神来之笔"，是别人无法想到的妙算。当时最负盛名的海森伯看了狄拉克的文章，无法了解狄拉克怎么会想出此神来之笔，于 1928 年 5 月 3 日给泡利写了一封信描述了他的烦恼："为了不持续地被狄拉克所烦扰，我换了一个题目做，得到了些成果。"［3，279—280］

由此可见，他们两个人的科学素养、喜好和注意方向不同，所以他们的工作领域也不一样，因而他们写出各自方程的途径也完全不同。关于爱因斯坦，杨振宁认为他兴趣广泛，在许多领域中，自（2）、（3）到（4），都做出过划时代的重大贡献。

杨振宁没有谈到自己在哪些领域里活动。其实，从前面叙述杨振宁的贡献中就可以看出，杨振宁和爱因斯坦一样，由于他从小受到父亲的影响，对于数学有一种特有的敏感和喜爱，再加上有费米的影响，所以他像爱因斯坦一样，从（2）、（3）到（4）都做出了划时代的贡献。例如，宇称守恒的问题是从关注实验（1）出发而得到宇称在弱相互作用中不守恒的重大发现（2）；而非阿贝尔规范场理论（3），则像狄拉克一样，是从理论结构（3）和数学美（4）出发而得到的一个伟大的发现。而且最令人惊讶的是，无论是杨—米尔斯理论还是后来的杨—巴克斯特方程，现在都已经进入数学（4），成为当今数学家非常关注的数学结构之一。

在杨振宁画的图里，最下面数学（4）用虚线画的方框，其中的含义是数学和物理学是两门不同的学科，它们只是在极少的部分重叠，实验（1）和唯象理论（2）都不在重叠区，同样，数学绝大部分也在重叠区之外。〔1〕杨振宁还特别指出：

> 值得注意的是即使在重叠区，虽然基本概念物理与数学公用，但是二者的价值观和传统截然不同，而二者发展的生命力也各自遵循不同的茎脉流通。〔3，286〕

有了杨振宁这种科学的划分，我们对物理学之美的了解就会有一个比较明确的概念，并且也可以加深我们对物理学本身的了解。

---

〔1〕　杨振宁画了一个物理学与数学重叠的“二叶图”，见本书第五章第四节“杨振宁与现代数学”。

第五章　纽约州立大学石溪分校（1966—1999）

前面我们提到过，1953年的冬天，杨振宁在长岛布鲁克海文国家实验室访问的时候，曾带着杜致礼和长子杨光诺驱车沿长岛的大西洋海岸向北方驶去。来到一个美丽的小镇时，他被这个小镇旖旎的风光所吸引，不由停车观赏了一番。他当时打开地图查了一下，才知道这个小镇叫Stony Brook，译成中文是一个很有诗意的名字：石溪。这不由得使人想起唐朝王维的诗句：

飒飒松上雨，潺潺石中流。

静言深溪里，长啸高山头。

当时，杨振宁没有想到，13年以后，他会离开生活了17年的普林斯顿，举家搬到美丽的石溪来，成为新建的纽约州立大学石溪分校创建时代的明星。

一、跳出象牙塔

1965年前后，纽约州在州长纳尔逊·洛克菲勒的建议下通过一项决议，在爱因斯坦逝世十周年之际，要在纽约的几所大学中设立五个爱因斯坦讲座教授席位，至于设在哪五所大学，由各大学竞争来决定。这是纽约州首次设立自然科学杰出学者的讲座席位。每一个讲座席位的教授每年可以获

在1960年罗彻斯特会议上一群诺贝尔奖获得者留影。左起：塞格雷、杨振宁、张伯伦、李政道、麦克米伦、安德森、拉比和海森伯。

得 10 万美元的资助，这在当时是全美国最高的教授资助金额，学校可以用它支付一位杰出学者的薪金和支持讲座教授研究项目的一些开支。这一决议，引起了纽约州立大学石溪分校校长约翰·托尔（John S. Toll）的高度关注。

1962 年，纽约州立大学计划成立一所新的分校，将 1957 年成立的一个学院从位于奥伊斯特贝镇（Oyster Bay）的“种植园”迁到离纽约市 60 英里（约 97 公里）处的石溪镇，并计划将这所分校办成一个第一流的研究型大学。到 20 世纪末，这所分校的本科生达到 1.2 万人，研究生达到 3400 余人；设有社会科学系、美术与人文科学系、生物系、物理系、数学系、

1966年，杨振宁夫妇在普林斯顿家中院子里。

工学院、医学院等，共 11 个院系。1965 年初，物理学家约翰·托尔接受刚成立的石溪分校校长一职，托马斯·庞德（Thomas A. Pond）为物理系的系主任。

要想办好一所大学，尤其是想办成一所一流的研究型大学，必要的条件是要请有卓越研究成果的大师来任教，否则是达不到预期目标的。托尔想到了在普林斯顿的诺贝尔奖获得者杨振宁。托尔明白，想请杨振宁到石溪分校来谈何容易！如果石溪分校能够争取到爱因斯坦讲座教授的席位，杨振宁教授也许可以答应来；反之，如果能够把杨振宁教授请到石溪分校来，那么得到爱因斯坦讲座教授的席位也有了可能。这可是一箭双雕的大好事啊！

1965年初，托尔与杨振宁通了电话，说过两天他有事要来拜访杨振宁。过了两天，托尔如约来到普林斯顿。他对杨振宁说，如果石溪分校争取到爱因斯坦讲座教授的席位，希望杨振宁能够答应到石溪分校来。系主任庞德和物理系教授马克斯·德雷斯登（Max Dresden）也来劝杨振宁接受这一建议，他们还动员石溪分校电子工程系系主任、当年在西南联大与杨振宁同窗的张守廉，来游说杨振宁先去参观一下石溪分校的校园，以便对它的学术氛围和教职员工有一个了解。

杨振宁不能拂老友之情，在1965年春带着妻子和光宇、又礼访问了石溪。杨振宁后来用颇有诗意的情调写道：

> 我们下榻于大学的日森（Sunwood）宾馆，从那里可以远眺长岛海峡。在我们到达的那个傍晚，从房间的窗框望出去，看到了海峡日落壮观瑰丽的景象，我们的心都快要被它攫去了。[1，148]

然而，对于是否离开普林斯顿高等研究所，接受石溪分校的聘请，杨振宁还是犹豫不决。托尔和庞德还答应，几年之后分校将成立一个理论物理研究所，聘请杨振宁为研究所所长。他们还说，研究所不会很大，作为所长不必把很多时间花在研究所的行政事务上。杨振宁像费米一样，天生不愿意做行政管理的事。当年芝加哥大学成立核物理研究所时，本想让鼎鼎大名的费米出任所长，但费米认为自己管不好一个研究所，就推荐阿里森出任所长。杨振宁也是这样想的，他说：

> 我天性不是那种喜欢管事务的人。我对他们这个建议的第一个反应是：我究竟是否懂得如何去掌管一个群体，哪怕它只不过是很小的群体？自觉或半自觉地，我一直拿不定主意。[1，148]

在1965年，这已经是杨振宁第二次碰上这个难题了。

这年春天，普林斯顿高等研究所所长奥本海默决定，1966年他将从高等研究所所长的职位上退休。杨振宁觉得奥本海默选择这个时机退休是聪明和恰当的，因为这位曾经红极一时的“美国原子弹之父”，由于反对

杨振宁与他的女儿和小儿子。

研制氢弹和其他一些原因，在 1954 年被他的国家羞辱了：原子能委员会褫夺了他的国家安全许可权，认为他不再适合担任公职；美国政府再也不需要他的意见和咨询服务了。

正在他遭难时，普林斯顿的教授们联名写了一封信，希望研究所能够留住奥本海默。他们写这封信的原因是担心原子能委员会主任刘易斯·施特劳斯（Lewis Strauss）会落井下石。施特劳斯本来是奥本海默以前的好友，但是在“奥本海默案”中，他曾经向美国总统艾森豪威尔说过不利于奥本海默的坏话，正好他又是普林斯顿研究所的董事长，所以大家不免担心他会乘机赶走奥本海默。联名信起了作用，奥本海默继续留在普林斯顿高等研究所当所长。

1963 年奥本海默才重新获得国家的尊崇。这一年 12 月 2 日，美国刚上任的总统约翰逊亲自将费米奖授予奥本海默，并在演说中感谢奥本海默为美国做出的贡献。忍住泪水的奥本海默则说：“总统先生，您必定是具备了很大的勇气和慈悲才能颁这个奖给我，对我来说，这代表着我们未来子孙的好预兆。”[94, 180]

1965年，奥本海默私下告诉杨振宁，他预备退休，问杨振宁对此有什么意见。杨振宁认为：“获得这个荣誉一年半之后宣布退休，看来是再恰当不过了。”[1, 147]

奥本海默又说，他将向高等研究所的董事会建议，请杨振宁接任空缺下来的所长之职。杨振宁认真考虑了奥本海默的建议，几天以后给奥本海默写了一封信：“我能否当一名出类拔萃的所长是值得怀疑的，但毋庸置疑的是，当研究所所长决不会让我高兴。”[1, 147]

亚伯拉罕·派斯在他写的《奥本海默传》中提到这件事：“奥本海默告诉杨，他想建议杨作为他的继任人，但是杨谢绝了。”[95, 297]

杨振宁刚把奥本海默的建议婉言拒绝了，托尔和庞德的建议又来了，怪不得杨振宁说：命运似乎有意安排要改变我的生涯。

杨振宁在普林斯顿高等研究所已经工作了17年，已经成为这个研究所资深的理论物理学家，并且为研究所带来了很高的荣誉。再说杨振宁本人的重大成就都是在这儿做出来的，要想遽然做出决定离开这儿，显然是十分困难的。这一年杨振宁已经43岁，过了不惑之年，许多人认为，杨振宁很可能会像爱因斯坦54岁时到普林斯顿高等研究所以后那样，一直心安理得地留在这个理想的位置上，不再轻易变动。杨振宁也有同样的想法：

> 我喜欢这里朴实无华的乔治式建筑和平静的、严谨的气氛。我喜欢它延伸到林中小吊桥的长长的通幽曲径。它是世外桃源。它是一个冥思苦想的国度，住在这里的人都在默默地思考自己的事情。研究所的终身教授们全是第一流的，到这里访问的人一般说来也都很出色，

1966年春，杨振宁全家在普林斯顿默瑟街284号家中后花园里。这样美好的环境是不容易一下子舍离的。

它是一座名副其实的象牙之塔。[1, 158]

经过一番认真的考虑之后，杨振宁于 1965 年 4 月底前后做出了决定：接受石溪分校爱因斯坦讲座教授的席位，并告知石溪分校的校长托尔，他决定于 1966 年到石溪就任新职。

转眼间到了搬家的时间。孩子们永远是喜新厌旧的，所以他们的雀跃和欢乐可以理解；对于杨振宁来说，虽然没有遵照费米的劝告只在这个“象牙塔”待一年时间，而是待了 17 年，现在真要离开这已经熟悉的“象牙塔”，仍然有一些留恋。但是，一想到即将到来的新的环境和新的挑战，心情也不免有几分激动和欢愉。杨振宁在下面的回忆中不仅表白了自己难舍的真情，也表述了自己迎接新挑战的振奋心情。他写道：

搬去长岛，我们全家都感到兴奋。但是，我却别有一番滋味在心头。从 27 岁到 44 岁，我在高等研究所整整度过了 17 个春秋（1949—1966）。在这里，做出了许多科研成果，也过得很快活。……

搬家期间，有时我免不了要扪心自问：离开高等学术研究所究竟是否明智之举。每次，我都得到同样的答案：是的，我做得对。象牙塔毕竟不是整个世界，为建造一所新大学而出力，这种挑战是令人兴奋的。[1, 158]

40 年以后，2006 年的春天杨振宁带他的新夫人翁帆来高等研究所，向她介绍旧日的办公室等。然后两人闲坐在研究所的小湖边休息。翁帆问："你怎么会离开这个象牙塔天堂？"杨振宁说："我今天仍然常常问此问题。"

二、更广阔的天地

杨振宁在 1965 年已经不仅仅是一位有诺贝尔奖头衔的杰出学人，而且已经是当时世界公认的最拔尖的理论物理学家之一。戴森在 2009 年 2 月份的 *Notice of the AMS* 上发表了一篇文章《鸟与青蛙》（"Birds and Frogs"），文章里是这样提到杨振宁的：

最近 50 年一直是鸟儿们的艰难时期。但尽管处在艰难时期，还是有工作等待鸟儿们去做，而且鸟儿们表现出了解决困难的勇气。在外尔离开普林斯顿不久，杨振宁从芝加哥来到这里，并住进了外尔的住宅。〔1〕杨振宁取代了外尔的地位，成为了我这一辈物理学家的领头鸟。……对称性决定相互作用这个思想是杨振宁对外尔思想的推广。

---

〔1〕 戴森这儿说的有一些含糊，可能会引起读者的错觉。事实上笔者看了戴森的文章就很迷惑，后来在采访杨振宁时特别问到这件事，杨振宁说明了事情详细的经过。1955 年外尔去世，杨振宁到 1957 年才买下外尔在默瑟街 284 号的房子。1966 年杨振宁从普林斯顿移住石溪分校时，把房子卖给了研究所。两年后奥本海默退休交出所长住的公家住宅，买下了杨振宁住过的房子。爱因斯坦在 1955 年去世以前也住在默瑟街，是 112 号，距杨振宁家的房子不远，据杨振宁说大约 1000 米。

纽约州立大学石溪分校办公大楼。杨振宁理论物理研究所就在这座大楼的顶层。

> 外尔曾注意到规范不变性与物理守恒定律密切相关，但他未能更进一步，因为他只知道对易的阿贝尔场的规范不变性。然而，杨振宁通过引入非阿贝尔规范场而使这种联系更加紧密。由于非阿贝尔规范场生成非平凡的李代数，场之间的相互作用的可能形式成为了唯一的形式，因此对称性决定了相互作用。这个观点是杨振宁对物理学最伟大的贡献。这个贡献是一只鸟的贡献，她高高翱翔在小问题的雨林之上，而我们大多数人在雨林中消耗着我们的一生。[71, 302]

如果杨振宁同意到纽约州立大学石溪分校来，可以说立竿见影，立即会提高石溪分校的学术地位。所以不仅托尔十分盼望杨振宁能够答应他的邀请到石溪分校来，纽约州教育局也深知杨振宁答应的分量，所以他们决定将第一个爱因斯坦讲座教授的席位给石溪分校。

普林斯顿大学得知杨振宁想离开研究所，颇有些紧张，物理系曾开会商议如何把杨振宁留下来。有人说，也许聘一位杨振宁喜欢的人来做研究伙伴，可以把他留下。时任布鲁克海文国家实验室主任的戈德哈伯（Maurice Goldhaber，1911—2011）说：“杨振宁并不需要同任何人合作。”[17，47]

当外界知道杨振宁决定到石溪分校就任以后，1965 年 11 月 11 日《纽约时报》的头版刊出了这个消息，报道中还引用了戈德哈伯的话，说杨振宁的这一决定，必将使石溪分校迅速走到现代理论物理学的最前沿；他的加盟，必将为石溪分校引来第一流的学生，也必然会把一些杰出的物理学家吸引到石溪来。[16，178]

这个预言很有水平，杨振宁到了石溪以后，果然吸引来了不少杰出的物理学家和优秀的学生。

1967 年，杨振宁最敬重的理论物理学家之一——狄拉克，来到石溪分校做访问教授。一般都认为，自爱因斯坦以后，在场论方面做出最重要贡献的就是狄拉克。狄拉克是英国科学家，1933 年因为提出狄拉克方程（描述电子运动并满足相对论的波动方程）而获得诺贝尔物理学奖。杨振宁非常欣羡狄拉克的科学风格，他曾经说：

> 狄拉克对问题的认识常常能正中要害。这是狄拉克一生中工作的最重要的特点。……他的每一步跟着的下一步，都有他的逻辑。而他的逻辑与别人的逻辑不一样，但是非常富有引诱力。跟着他一走之后，你就觉得非跟他走不可。最后忽然得出了一个非常稀奇的结果。所以我想了想，说他是“神来之笔”。

在日常生活中，狄拉克话讲得很少，要言不烦。你问他三句，他最多回你一句。有一个非常著名的故事说，有一次他到一个很知名的大学做演讲，讲完以后，主持人向听众说：“你们如果有什么问题，可以问狄拉克教授。”一个学生站起来说：“刚才您在黑板上写的那个方程我不懂。”狄拉克没有回答，等了很久，他还是没有回答，主持人就提醒狄拉克：“狄拉克教授，您可不可以回答这个问题？”狄拉克说：“那不是一个问题。”

狄拉克（左）和海森伯在剑桥，摄于20世纪30年代。

还有一次，一位美国杂志的记者采访狄拉克。记者问：“在美国您最喜欢什么？”狄拉克回答：“土豆。”“您最喜欢的运动是什么？”“中国象棋。”“您看过电影吗？”“看过。”“什么时候？”“1920 年，也可能是 1930 年。”[25，63—64]

后来，1969 年狄拉克第二次来石溪分校。

1968 年，杨振宁还想邀请施温格加盟石溪分校。施温格“因为在量子电动力学方面所做的对基本粒子物理学具有深刻影响的基础工作”，与费曼、日本的朝永振一郎共同获得 1965 年诺贝尔物理学奖。杨振宁对施温格的科学成就和个人风格都非常钦佩，所以曾在 1968 年 4 月 18 日写信给在哈佛大学任教的施温格，邀他加盟石溪分校：

……还想说的是我们希望很快会听到您的回复（我希望是肯定的答复）。

请允许我补充说一点我一直在想的意见：即使像哈佛大学这样最负盛名的地方，也不能给您增加荣耀。正是您，却会给您选择加入的任何研究机构带来荣耀。[1，823—824]

虽然施温格后来选择了加州大学洛杉矶分校（UCLA），不过施温格还是到石溪访问过，并做了一次系列讲座。施温格的讲座，在石溪是当时的一大盛事。

还有美国科学界的奇才、以开玩笑著名并与施温格同时获诺贝尔物理学奖的费曼，也曾多次到石溪分校来参加会议或者做访问学者。

除了这几位重要的物理学家到石溪分校来访问或者演讲以外，还有许多其他物理学家、数学家来这儿演讲。由于这些重量级人物的到来，石溪分校的地位无形中得到提高。

石溪分校的首任校长托尔在纪念杨振宁七十寿诞时写了一篇文章《杨振宁在一所大学发展中的关键作用》，文中他写道："……不少文章介绍杨振宁教授在理论物理学方面做出的巨大贡献，这些闻名于世和令人敬佩的科学成就无疑对科学进步具有广泛而深远的意义。然而，在他70岁生日之际，我们还应该认识他伟大事业中的另一些重要方面。"

接着他写道：

本文将综述杨教授在一所著名大学发展历程中所做的巨大贡献。据我判断，1965年他决定到纽约州立大学（SUNY）石溪分校工作，以后他把他的卓越才能贡献给了这所大学，这是纽大石溪分校发展的头等大事。从那时起，杨教授完成的每件事都具有双重意义。因为他的许多贡献不仅对科学和社会具有重要意义，而且对他所服务的、正在发展中的石溪分校形成的特色起着关键作用。

……在搬到石溪以后的20年里，物理系拥有东海岸公立大学中最好的研究生课程。能够取得如此地位的关键，是在学校搬到石溪两年后，杨振宁教授的到来，以及他所具有的吸引力。[1，980—981]

杨振宁到石溪后，给理论物理研究所的组建制定了非常严格的标准，请来的同事都是非常有才能的人，初期有李昭辉（Benjamin W. Lee，1935—1977）、杰拉德·布朗（Gerald E. Brown，1926—2013）等。由此，这个研究所有很浓厚的学术气氛，成为石溪分校其他部门的学习榜样。

除此以外，杨振宁不希望研究所成为他的独立王国，他希望有与学生们及物理系其他教师接触交流的机会，因此他同意把研究所作为物理系的组成部分，和其他教师一起承担研究生和本科生的教学，参加系里的一切活动。杨振宁还十分注意与其他学科尤其是数学的密切联系。整体微分几何奠基人陈省身教授就多次来过石溪访问。

杨振宁还非常乐意帮助学校做一切他能做到的事。托尔曾讲到一件十分令人感动的事件。在美国大学生非常关注越南战争和其他一些敏感问题的那段时期里，学生中发生了一些动乱。在愤怒中，学生们要求学校领导和教职员工在校门口的警卫室值班，并无端地向杨振宁施压。托尔知道之后，“愤怒至极”。因为在托尔心目中，杨振宁的时间太宝贵了，所以作为校领导他平时很小心地尽量不浪费杨振宁的时间，而现在学生们居然要杨振宁去门卫值班室值班，实在可恶！但“一件特别的事发生了”，在托尔设法阻止学生的无理要求之前，杨振宁已经答应学生在门卫值班室值一夜的班。结果，杨振宁竟然利用值班时间，为学生举办了一整夜的讨论会，讨论了科学、社会、国际关系和其他一些学生关心的问题。后来，学校的各种刊物和其他媒体对这件事做了广泛的报道和宣传，对缓解这一时期紧张的冲突起了积极的作用。

托尔在前面提到的那篇文章结尾处写道：“石溪已经成为纽约州立大学系统里最活跃的研究中心。这种学术界的领导地位可以从多方面得到认可……许多人为此做出了贡献，但就我看来，杨振宁教授的榜样、卓越的

陈省身与杨振宁，摄于石溪。

领导为石溪成为学习、教学、科研的美好学府，定下了基调。”[1, 986]

接替托尔成为石溪分校校长的马伯格（J. H. Marburg）也指出：杨振宁教授来到石溪，是石溪在发展成为一个优秀的研究学术机构过程中的突破，使石溪成为一个优秀的科学中心。

优秀的科学中心，除了有著名科学家来访以外，还应该有优秀青年学者来做研究。杨振宁显然在十分重视前者的同时，也非常关注后者，因为他经常强调：在每一个学科里，最生气蓬勃、能够决定科学前途和方向的，是年轻人。

最早跟随杨振宁到石溪分校的，是韩裔物理学家李昭辉。1960 年秋天，李昭辉到普林斯顿高等研究所做博士后，他们两人相识。多次接触后，李昭辉的独立思考能力给杨振宁留下了很深的印象；在以后几年的共同研讨中，杨振宁更加确信他是一位卓越的物理学家。李昭辉也非常钦佩和欣赏杨振宁的科学成就和科学风格，所以当杨振宁邀请李昭辉一同去石溪分校时，他欣然同意。李昭辉的同意使杨振宁十分高兴。从1966年到1977年，李昭辉在基本粒子、量子场论等方面做出了极其重要的研究成就，他和其他人各自独立地证明：弱相互作用与电磁相互作用的统一场论能够重整化。1972年，他预言了“重轻子”的存在。1973年，李昭辉到费米国家加速器实验室任理论部主任，但一直都保持着与石溪的密切联系。

1977年10月，李昭辉原计划在费米研究所组织一次国际物理学会议，讨论宇称不守恒、规范理论等重大内容，但谁也没有料到的是6月中旬传来噩耗：李昭辉在一起车祸中不幸丧生。结果，10月份的国际物理学会议改名为“纪念李昭辉国际会议”。在会上，杨振宁沉痛地说：

> 李昭辉生于1935年，今年年初逝世，终年42岁。他一生发表了100多篇理论物理的研究论文。……因为自然界是微妙的复杂的，对于理论物理的追求需要勇气和热忱，要敢于涉足到混沌朦胧的新现象里。因为所运用的概念是优美的深奥的，对于理论物理的追求需要鉴

杨振宁在石溪理论物理研究所研讨室，摄于20世纪80年代。

李昭辉。

赏力与洞察力，要能总体地了解与掌握理论结构。李昭辉的研究工作表明，他在这两个方面都有高超的能力。……昭辉的夭逝是他的家人和朋友巨大的损失，是费米实验室的巨大损失，也是物理学的巨大损失。[1，225]

随杨振宁到石溪的还有杰拉德·布朗。杨振宁认为布朗有很好的物理直觉，就邀请布朗与他一起在石溪做研究。布朗本人曾回忆过他到石溪的经过。他说，当杨振宁于1967年回普林斯顿做一次短期访问时，有一天杨振宁来到布朗在普林斯顿的办公室，请他到室外树林子里散步。那时布朗在普林斯顿已经建立起世界上最好的核物理学理论研究小组，而石溪在核物理学方面才刚刚起步。但布朗一来非常敬仰杨振宁，二来被杨振宁的科学视野所吸引，于是同意了杨振宁的邀请，于1968年辞去了普林斯顿的工作，来到石溪分校。布朗后来说："这是我一生中许多好的决定中最好的一个。"[17，48]杨振宁也欣慰地说，让布朗加盟石溪分校理论物理研究所，是他对石溪分校的发展所做的又一贡献。

在《杨振宁对我的生活和研究工作的影响》一文中，布朗说："对杨振宁在普林斯顿邀我'到树林子里去走一走'，从而使我下决心加盟石溪，我将永怀感激之情。同杨振宁一起，我们在石溪创建了那些可以让我们感到骄傲的事物。基于杨振宁创立的杨—米尔斯理论，我们对核物理可以有更好的理解，而核物理本身在概念上则是深奥和内容丰富的。当然，核物理只是受到杨—米尔斯理论深深影响的领域之一。它是我进行研究的领域，同时，也是一个兴味无穷的领域。"[17，50—51]

杨振宁到石溪后，受到他的影响的年轻物理学家很多，下面介绍几位。

邹祖德来自中国台湾，在爱荷华大学得到博士学位，于1966年春天来到石溪做博士后。他想向杨振宁请教，可是又有些担心，因为他听说过许多著名科学大师对待年轻人很粗暴的故事，例如瓦里（K. C. Wali）写的《钱德拉塞卡传》（*Chandra*：*A Biography of S. Chandrasekhar*，1991）

一书中就写了有关钱德拉塞卡的传言故事，说当学生们知道钱德拉塞卡在办公室里的时候，都情愿绕更远的路走，而不走经过他的办公室的那条近路。但邹祖德的担心是多余的，第一次见面，杨振宁不仅没有一点架子，还十分热情、真诚地接待了他。邹祖德说："我的担心一下子全没了。"他还说，杨振宁"建议我不要雄心勃勃地去搞大的时髦问题，也不要盲目地跟着别人的脚印走。人们应当从简单的可以做的，与物理现象有密切关系的问题着手。他还告诫我在进行理论工作之前，务必去熟悉实验事实"。[1，922]

邹祖德和杨振宁的真正合作是从1966年底开始的，合作领域是高能碰撞中的散射。邹祖德后来成为美国佐治亚大学物理系教授，他们的合作一直坚持到1997年，最后的一篇文章是《钴60分子振动问题的精确解》。他一直非常敬仰杨振宁的学识和品格，没有忘记杨振宁给他的帮助和关怀。

邹祖德和杨振宁在讨论着什么。邹祖德从1966年底到1997年与杨振宁合作写出论文30多篇，是杨振宁合写文章最多的一位合作者。

在纪念杨振宁七十寿辰时他讲道：“杨振宁是一位伟大的物理学家，也是一位伟大的人物。他高雅、诚实、和谐、慎思。他是一位正直的完人，具有中国文化传统的君子和学者风范。作为世界上的著名人物，他一直十分谦虚，令人可亲。不管他的工作日程何等繁忙，凡是向他寻求帮助和征求意见的人，特别是正在为他们的事业奋斗的年轻人，总是可以得到和他接近的机会。他会毫不迟疑地做坦率的评论，给予鼓励和建议，使你自由地分享他的智慧。他的慷慨是出名的。”[17，63—64]

邹祖德还讲到一件有趣的“争论”。从这些鲜为人知的小事，可以看出杨振宁的一些宝贵品格。邹祖德在抗战期间曾经在西北重镇兰州住过四年，对那儿比较熟悉。1977 年，杨振宁打电话告诉邹祖德，说他回国期间到过兰州。杨振宁知道邹祖德曾在兰州生活过，所以比较详细地介绍了老城区的现状。邹祖德发现杨振宁的描述大部分都与他的记忆相符，但是有两处不一致。邹祖德说：“他对老城区的描述，大部分都同我童年的记忆相吻合。事实上，我们可以肯定，他下榻的宾馆就在我儿时的住所附近。但是，在两点上我们意见相左，这使我感到困惑。首先，他没有见到那座形状为梯形、装饰得很雅致的木桥，这座桥至少已有两百年历史；另外，他没有见到兰州市郊风景名胜地兴隆山上成吉思汗的金灵柩和其他文物古董。”

邹祖德表示了自己的看法。哪知两星期后，邹祖德收到杨振宁寄来的一帧照片，上面正是他记忆中的那座桥，是从瑞典探险家斯文·赫定（Swen Hedin，1865—1952）20 世纪初出版的一本书中复印下来的。除照片外，还附有一个便条：“你说的是不是这座桥？它已不复存在。成吉思汗的古董，已在 1954 年归还蒙古了。”

看了杨振宁的便条，邹祖德感慨地说：“虽则物理和数学是他的第一爱好，但他的知识和兴趣绝不止于此。举凡艺术、中国古典诗词、古典文学、历史乃至于中国的政治和事务，他都十分关心。在专业之外的这些领

域，他也会像做学问那样打破砂锅问到底。”[72，63]

杨振宁常说他不是“帝国的建造者”（empire builder），“没有很多好题目给研究生做”。在普林斯顿，他没有带研究生，到了石溪以后，他也没有招收很多研究生，跟他做博士论文的总共十人。这为数不多的博士生，现在大多已经成为物理学界的重要人物。其中赵午现在是斯坦福大学SLAC实验室有名的专家，也是杨振宁非常看重的人。杨振宁曾经说，赵午能力很强。

从中国台湾清华大学到美国留学的赵午，在1973年成为杨振宁指导的一名高能物理学的研究生。赵午后来回忆，他1971年到石溪——那是他第一次离开中国台湾。他选择到石溪读研究生的理由很简单，那就是杨振宁在石溪。杨振宁的名字激励了大陆和台湾整整一代的年轻学生们。以前他倒未必梦想过做杨振宁的学生，但的确是因为杨振宁他才到石溪去的。“如果杨在那里，那它一定是个值得去的地方。”后来赵午发现，他从杨和石溪那里收获的比预想的还要多。

1971年，中美关系正在解冻，杨振宁不久前刚从他具有历史意义的第一次回中国访问后归来。世界正处在巨变之中。赵午到石溪后不久，杨振宁正准备对全校就新中国做一场大报告。包括赵午在内的所有学生都去听了演讲。石溪处在这样一种巨变潮流的前沿，杨振宁则是一个引领者。那是些激动人心的日子。对一个刚从中国台湾过来的年轻学生赵午来说，的确非常令人震撼。

赵午在开始一段时间并没有机会单独面见杨振宁。直到一年之后，他通过了资格考试，才鼓起勇气到杨振宁的办公室，向他做自我介绍。当时赵午肯定有些局促不安，但杨振宁的耐心和鼓励使他很快进入轻松的交谈之中。不久之后，杨振宁接收赵午作为他的博士研究生。赵午后来回忆：“35年后的今天，我认为自己依然是他的一名学生，不仅跟着他学习物理学，而且向他学习关于社会、人、政治、文学以及艺术的丰富的知识。

杨振宁对学生很好，非常关心他们。作为他的学生，常常会得到他的令人惊喜的建议或安排。比如 1973 年，他安排我整个暑假到当时新建不久的费米实验室访问。那次访问成了我的蜜月，因为我正好刚刚结婚。1973 年他给我的另一个重大惊喜是，他要求我去跟库朗（Ernest Courant）教授学习加速器理论这门研究生课程。当时我还不知道这将成为我事业道路选择的开端。在没有完全领会他的深层次意图的情况下，我欣然听从了建议。而结果发现，我非常喜欢这门课程。在此之前，我从没想到加速器理论竟然如此丰富，如此有趣。它简直太迷人了。”[72，513]

当 1974 年赵午面临毕业的时候，他对自己未来从事哪一方面的研究有些犹豫。杨振宁劝赵午把加速器物理学研究作为终生的选择。这可是一件人生的大事，不可不慎。当赵午有些犹疑时，杨振宁再次和他谈话。杨振宁后来回忆：“我说高能理论这一行里粥少僧多，每年每人能做出有意义的结果很少。相反地，加速器原理里面有很多问题，可是年轻人都不晓得这一行，不知道其中粥多僧少。”

经过一番争论，赵午几乎是在不太情愿的情况下接受了杨振宁的忠告，转到了加速器的领域。后来，赵午果然在加速器领域大放异彩，闻名于世，成了他那一行里的耀眼明星。

赵午后来说：“今天回过头来看，我觉得很荣幸的是，在我选择研究方向的关键时刻，有机会接受一个如此有远见的建议。我，以及其他像我一样的石溪学生，都应该深深地感谢杨教授。”[72，516]

比尔·萨瑟兰（Bill Sutherland）是杨振宁的第一个博士生，曾任美国盐湖城大学的物理学教授。现已退休。萨瑟兰是 1963 年跟随庞德教授一起到石溪分校来做研究生的。1965 年春天，石溪分校物理系的气氛十分令人兴奋，原因是大家听说杨振宁要离开普林斯顿高等研究所，准备接受石溪分校爱因斯坦讲座教授的席位。后来，当杨振宁果然来到石溪后，萨瑟兰成了杨振宁的第一个博士研究生。他原先想做高能物理方面的研究，但杨振宁建议他研究统计力学。“因为这方面的贡献会更持久，虽然眼下不是大家关注的热门课题。”萨瑟兰接受了杨振宁的建议。

在接触杨振宁以后，萨瑟兰发觉杨振宁“非常和蔼，一点也不觉得可怕（他似乎一直是那个样子）”。他在回忆中说：“三年里我一直和杨振宁教授在一起。他似乎有无限的时间花在我身上。”萨瑟兰常常很早赶到学校去，想请杨振宁抽几分钟时间与他一起讨论在研究中碰到的问题。每遇到这样的请求，杨振宁总是“非常和蔼”地邀请萨瑟兰进入他的办公室。萨瑟兰回忆：“这是一个令人愉快、诱人工作的地方。我们开始讨论，很快各自进入工作状态。……午餐期间以及饭后，我们总是不停地讨论，研究和比较结果，一直坚持到傍晚，我已是筋疲力尽了。就这样日复一日，从来没有如此努力工作，也从来没有如此感到快活。办公室的气氛非常温馨、安静，连空气也充满着智力的亢奋。很多出色的工作得益于那种讨论

杨振宁在石溪的办公室。这是杨振宁到石溪最开始时的办公室。因为校方重视，给了他很大一间，也就是萨瑟兰说的办公室。后来研究所搬到物理系大楼，杨振宁选了稍小的一间。

的氛围，而且，说真的，那种气氛一直到今天仍是出成果的源泉。我要感谢杨振宁离开普林斯顿高等研究所这座象牙塔，走进一个更广阔的天地。我想这是他一生中非常勇敢的行动。我衷心感谢他给予我比单纯教育和友谊更多的东西。”[1, 974]

还有许多年轻的学者，仰慕杨振宁的大名到石溪向他求教，与他讨论他们共同关心的问题。其中有郑洪、朱经武、黄克孙、李炳安、聂华桐、吴大峻、葛墨林、马中骐和张首晟等人，他们都先后从杨振宁那儿获得了宝贵的帮助，从而启迪了他们的智慧。

郑洪原来是中国台湾大学的一个学生，在得知杨振宁和李政道获得诺贝尔奖之后，就希望有一天能见到杨振宁，并能向他求教。1963 年，郑洪的第一个愿望实现了：在普林斯顿大学中国学生组织的圣诞聚会上，杨振宁和他的夫人到会，与大家共度佳节。在接下来的晚会上，杨振宁夫妇跳起了十分优雅的华尔兹，那真是技压群芳！郑洪回忆：“我从来没见过任何理论物理学家跳华尔兹能跳得这么好。”[1, 917]

到了 1968 年，郑洪和吴大峻合作研究高能散射时，常常开车去石溪，向杨振宁报告他们在研究中的最新结果，并和他进行“极富激励性的讨论”。后来郑洪回忆：“我非常钦羡他的直率、他的真诚、愿意倾听不合常规的意见，以及无私地让我们分享他的睿智。我们能够在面对众多的反对意见的情况下，终于得出全截面散射会随能量增加而无限发散的结论，杨先生的鼓励和支持乃是一个主要的原因。”[1, 917]

郑洪高度评价了杨振宁的同情心、宽容和真诚正直，并将宋朝范仲淹《严先生祠堂记》中的四句诗献给杨振宁，以表达他的敬意：

云山苍苍，江水泱泱。
先生之风，山高水长。

吴大峻是哈佛大学应用物理系 Gordon McKay 教授和物理系教授。他在 1956 年获得博士学位后，到布鲁克海文国家实验室过暑假时见到杨振宁。吴大峻向杨振宁求教，那时杨振宁正忙于和李政道研究宇称不守恒的问题，日程安排得非常满，但他仍然在百忙之中抽出时间，和吴大峻谈如何研究物理学的问题。吴大峻本来是电机工程/应用数学的博士，因为成绩优秀获得哈佛大学初级研究员（Junior Fellow）的位置，这样，他有三年时间“可以不必承担各种任务而自由研究”。在读大学期间，他听过杨振宁在哈佛大学做的令人激动的演讲，因此对物理学一直有着特别的兴趣，他决定利用这段“自由研究”的时间为学习物理打下坚实的基础。杨振宁给他定了一个八年计划：两年把基础打扎实，两年学习统计物理，再两年学习量子场论，最后两年学统计物理。此后几年，在杨振宁的指导下，吴大峻发表了一些很有水平的文章。吴大峻在回忆中写道：“虽然杨教授……的贡献比我多，但是他拒绝在论文上署名，以对我的事业表示支持。这种事情发生过好几回。直到五年之后的1964年，我们才联合署名发表第一篇论文《K^0和$\bar{K}^0$衰变中CP不守恒的唯象分析》［见《物理评论》13，380（1964）］。……因为那时我已经获得这终身职位（tenure），所以杨教授才终于同意和我联名发表文章。就是现在，这篇文章还在频频引用。”[17，109—110]

1975年，吴大峻与杨振宁合作写了一篇非常重要的文章《不可积相位因子的概念和规范场的整体表示》。这篇文章和杨振宁1974年写的《规范场积分形式》一起成为物理学和数学史上的里程碑事件。对于这一合作，吴大峻在回忆中写道：

> 在我和杨先生合作完成的论文中，我特别引以骄傲的（我想杨先生一定也是如此）论文，是有关不可积相因子和规范场的整体公式——《物理评论》，D12，3845（1975）。他许多次对我阐述，可是只是在完成这篇论文之后，我才真正欣赏到数学和物理学之间的神奇而美丽的深刻联系，这就是纤维丛和规范场。……
>
> 在私人交情方面，当我和秀兰在1967年决定结婚时，她的父母

1984年夏，吴大峻（左）在荷兰与杨振宁合影。那时杨振宁在荷兰莱顿大学任洛伦兹教授。

没能够来美国。杨先生来到剑桥参加我们的婚礼，代表她的父母把新娘交到我的手里。到现在，我还没有像杨师母教我的那样学会跳舞，不过我希望最后会成功地弥补我的这一缺陷。[1, 994]

朱经武是国际著名的物理学家，1987 年他因为发现转变温度为 96K 的高温超导体，成为这一领域非常活跃的人物，曾任香港科技大学校长及物理学教授，以及美国休斯敦大学讲座教授及得克萨斯超导中心创始主任。朱经武在成长过程中受益于杨振宁的教诲多多。

朱经武和许多年轻人一样，是在 1957 年由于杨振宁和李政道获得诺贝尔奖而得知杨振宁其人的。那时朱经武还只有 16 岁，在中国台湾中部一所闭塞小镇的中学读书。那时他大约没有想到自己有机会与杨振宁这样的大师见面和讨教。但是杨振宁、李政道获奖，却使得这个偏远小镇的中学生下决心把物理学作为自己终生追求的事业！朱经武在回忆中写道："事隔多年，我已记不起具体日期了。那是 1957 年 10 月一个阳光普照的刮风天，消息传来，两位年轻的中国物理学家刚刚赢得诺贝尔奖。这是一个划时代的事件。它使中国人恢复了自信心；由于中国一次又一次地惨败于科技优越的西方，致使中国人开始怀疑起自己的科技能力来。对我这一代以及今后几代人来说，这一事件使许多中国人觉得物理学有了那么一种传奇的色彩。……平时我就喜欢电啊、磁啊这类玩意，所以，这个消息自然促使我不费踌躇地选择了物理专业。”[17, 65]

朱经武在中国台湾成功大学物理系毕业以后到美国留学。1968 年，27 岁的朱经武获得加州大学圣地亚哥分校博士学位。第二年，他终于有机会在石溪分校见到仰慕已久的杨振宁教授，从此有了向杨振宁讨教的机会。后来在杨振宁七十大寿的学术研讨会上，朱经武道出了自己心中久已想表达的感激之情：

> 1969 年我在石溪见到了杨教授，对于我，他既是一位给人以鼓舞的物理学家，也是一位世交(通过我同陈省身教授女儿陈璞的婚姻)。生活里有许多意想不到的事。在这之前，我一直认为世界上只有两种类型的科学家：一种人专谈自己在做什么，另一种人则专问别人在做什么。我发现杨振宁教授属于为数极少的第三类：他常常慷慨地把自己那些令人激动的研究成果拿出来与人共享，同时，对不论哪一行科学家的工作都有一种令人惊异的好奇心。他静心仔细聆听别人的述说，给别人提出有用的建议从而使同他交谈的人获得鼓舞并增强自信心。他是文艺复兴时代的那种人：无论科学、文学、历史和艺术知识都非常渊博。
>
> 杨教授不但是一位物理学家，同时也是一位富有同情心的人。他所做的一切，已经对物理学（尤其对中国血统的物理学家）和中国科学的发展产生了与日俱增的深远影响。当初我向陈璞小姐求婚，杨教授就曾经把我已故导师 Bernd Matthias 教授对我的好评转达给陈省身教授（有时杨教授主动说，或者陈教授问到时讲）。他的这些作为决

定性地改变了我的生活。在这欢乐的时刻，我愿意把关于高温超导的一些想法敬献给杨教授。[17，66]

加州大学戴维斯分校物理系教授乔玲丽，1969 年到 1986 年在布鲁克海文国家实验室工作。那时，从她的住处到石溪分校杨振宁的研究所，比到她工作的实验室更近，因此只要有机会她就参加杨振宁组织的研讨会。杨振宁除了欢迎她参加讨论会以及和所里来自世界各地的访问学者们交流之外，还慷慨地允许乔玲丽直接向他学习物理。

乔玲丽在一篇有趣的回忆文章《杨振宁金字塔里遗忘的珠宝》中写道："他不介意花上数小时在他那整洁雅致的办公室里和我讨论物理：回答我的问题或者给予指导。让我感到奇怪的是他总能找到我正需要的文献、书或者论文。从他的研究所里，我收获的是加深和拓展了自己对物理学及相关数学的理解与欣赏。事实上，不止我一个人有这样的收获。其他许多科学家也有类似的经历。他的研究所所提供的氛围真的是前沿物理学界独一无二的。至今我仍没弄明白他是如何做到这一点的。"[127，79]

石溪分校理论物理研究所长期从事理论物理学研究的荣休教授聂华桐，曾经长期与杨振宁合作。聂华桐出生于武汉市，祖籍应山县（现在划为广水市）关庙镇聂家店。少时曾就读于汉口市立十四小学、武昌文华中学。1949 年初，年仅 13 岁正在读初中二年级的聂华桐，随着母亲、哥哥和姐姐一家五口，从武汉取道广州离开大陆去了台湾，在台湾师范大学附属中学就读。1957 年，聂华桐获台湾大学物理系理学学士学位。以后赴美留学，1966 年获哈佛大学哲学博士学位，导师是杨振宁十分钦佩的著名物理学家施温格，以后就一直在石溪分校与杨振宁一起工作。改革开放以后，聂华桐曾任国务院国外智力引进办公室顾问、中美人才交流基金会理事等职，也曾任清华大学高等研究中心主任。

聂华桐跟杨振宁相识近 40 年，所以对杨振宁做人和做学问的态度有相当深刻的了解。他曾经在一次演讲中详细谈到杨振宁的成就和治学方法："杨先生的成就是很大的，不夸张地说，近几十年来在科学里有这么大成就的人为数不是很多的。但如果说这是由于他是个天才，我看就流于浮面了。我认为他今天能有这么大的成就，是他的个性与才智融为一体的结果。当然，杨先生的才智很高。但是为什么世界上许多聪明的人没有做出贡献而他做出了贡献呢？我个人认为，这是因为他性格中的很多成分不是许多其他人所具有的。"

聂华桐教授认为，杨振宁具有一些一般人不能同时具有的性格，正是这些性格使他能够取得如此重大的成就。据聂华桐的归纳，一共有五个方面。[1，965—969]

一是非常实在，扎扎实实地工作，从来不做虚功和表面文章。聂华桐说：通常一个非常实在的人往往容易缺乏想象力；同样，一个想象力丰富的人又不容易很实在，往往容易变得想入非非，想些不切实际的事情。可是杨先生一方面很实在，另一方面又有十分丰富的想象力，这是他很重要的一个特点。

二是兴趣非常广泛。接触过杨振宁的人都有这样的感触：虽然数学和物理是杨振宁的第一爱好，但他的知识和兴趣遍及许多学科，从艺术、中国古典学术、中国历史，以至中国政治事务，甚至在从事业余爱好时，他也像做科学研究那样深入钻研。乔玲丽也说过：

> 回顾所有这些发展，我认为，要表述杨振宁对物理学的影响，最好的办法是把它比做一座金字塔，在物理学这座金字塔的基础上挖得越深，它的基座就越宽广。杨教授喜爱唐诗宋词。他曾经把心爱的杜甫（712—770，唐代）诗句"文章千古事，得失寸心知"翻译成下面的英文：
>
> *A piece of literature is meant for the millennium,*
>
> *But its ups and downs are known in the author's heart.*
>
> 还把陆放翁（1125—1209，宋代）的诗句"形骸已与流年老，诗

句犹争造化工”翻译为：

My body creaks under the weight of passing years,
My poems aim still to rival the perfection of nature.[17, 53—54]

1978年，在飞越西藏那木卓巴尔瓦山时，飞机下“深邃凝静”、“玲珑晶莹”的景致触动了杨振宁的诗情，他乘兴写下了《时间与空间》一诗：[128, 10]

玲珑晶莹态万千，雪铸峻岭冰刻川。
皑皑逼目无边际，深邃凝静亿万年。
尘寰动荡二百代，云水风雷变幻急。
若问那山未来事，物竞天存争朝夕。

新加坡学者潘国驹先生对此也有深刻的体会。有一年他与杨振宁一起在日本做研究，一次空闲时游览奈良，杨振宁突然触景生情，居然一字不漏地将李商隐的长诗念下来；还有一次他们一同参观巴黎的蓬皮杜博物馆内的现代画廊，在两个钟头的参观过程中，杨振宁能很具体、很系统地介绍现代画的不同人物、不同派系，甚至他们的特点。潘国驹先生说，像这些例子还有很多。[30, 133]

还可以举一个例子。1995年，杨振宁在香港为中国美院（浙江美院）油画展剪彩，看到油画系教授秦大虎（1938—　）所作《汉唐风范》，他指着画中马问：这马的造型是不是以西安的昭陵六骏[1]为依据？这使秦大虎吃惊不已，说：“许多记者来采访我这幅创作，都说不出出处，而一个科学家居然能对中国文化如此通晓……”[128, 9]

---

〔1〕昭陵是唐朝第二代皇帝唐太宗李世民的陵墓，是陕西关中“唐十八陵”中规模最大的一座，位于陕西省礼泉县城东北22.5公里的九嵕山上，距西安市70公里。昭陵“六骏”是原置于昭陵唐太宗北麓祭坛两侧庑廊的六幅战马的浮雕石刻，它们分别为飒露紫、拳毛騧、白蹄乌、特勒骠、青骓、什伐赤。浮雕以简洁的线条、准确的造型，生动传神地表现出战马的体态、性格和战阵中身冒箭矢、驰骋疆场的情景。每幅浮雕都告诉人们一段惊心动魄的历史故事。

多方面的兴趣使杨振宁随时都在吸收新的东西；而与此同时，他又能坐下来做很深入的研究工作。一般说来，兴趣太广的人往往难以收心深入钻研一件工作。但正如聂华桐所说：“杨先生令人惊讶的一点就是：他对多方面的事情深感兴趣，而同时又能坐下来就很多问题进行深入研究，并且做出重要的贡献。”

三是诚实。这种品质对学术研究至关紧要，是做学问的基本要求。那些容易自我欣赏、自鸣得意，甚至自欺欺人的人，很难在研究中抓到真实的东西。聂华桐认为：一个人只有对自己非常诚实，总是对自己怀有疑问，常常更正自己的见解和观点，常常老老实实地去思考自己在这件事情上做的是对的还是错的，力求抓住事情的本质，才能真的抓到事情的本质，而不仅仅是抓住一些表面的虚像。而杨振宁正是具备这种品质的人。他偶尔也会做出一些与事实不相符合的评语或者论点，但是当他知道自己的观点不正确的时候，他总是很快就公开承认。如果他认为自己是正确的，那他就会不管自己一时如何被孤立，也一定会坚持到底绝不妥协。

四是非常容易受到激发，在新的物理现象出现时充满激情。这种特点是大多数人不常具备的。一方面很实在，另一方面又能够对新现象有激情和灵感，这也是杨先生又一个难得的特征。聂华桐的这一感受十分真实。例如在“θ-τ 之谜”出现时，有些物理学家非常实在，对一些事实拼命进行认真、努力的分析，却像戴森所说的那样：产生不了一丁点灵感，更没有勇气打破旧框框，提出突破性的解决办法。但杨振宁和李政道却由这个谜想到了对传统物理思想不可思议的一种解决困惑的新思路。这种新的物理现象出现时迸发出的满腔激情，在规范场理论产生的过程中，也同样非常突出。当物理学家们热衷于对量子电动力学进行重整化的时候，他却独自思考：为什么不能把同位旋守恒的性质，也像电磁学中的电荷守恒那样，变成一个规范场理论呢？事实上，杨振宁在读大学的时候就在思考这个问题了，这种激情从来没有消失，并且让他“走火入魔”。1954 年他终于取得成功，与米尔斯一起提出了现在人们熟识的非阿贝尔规范场理论。

五是谦虚好学和独立思考的完美结合。我们常常可以看到，许多杰出的科学家如伦琴（Wilhelm Röentgen，1845—1923，1901 年获得诺贝尔物理学奖）、拉曼（Chandrasekhara Raman，1888—1970，1930 年获得诺贝尔物理学奖）等人，很善于独立思考但又往往走向极端，独立到不愿了解别人在想什么，不愿读别人写的东西，更不看重自己学生的某些闪耀火花的新思想，只顾自己一味地“独立思考”。这样的独立思考往往限制了自己的能力。好的做法应该是既能吸引别人的好思想，又保持独立思考的能力和习惯。杨振宁可以说是这种完美结合的典范。聂华桐说：“他今年 60 岁了，而且得了这么大成就，普通人也许不会去听年轻人的意见了，但他却不然。我们每个星期有两三次讨论会，对于有兴趣的讨论会发言，他都把它记下来，而且不懂就问。他不了解的，讨论会完了之后他也会找着去问，一直到今天他还保持着谦虚好学的态度。但在另一方面，他对每件事情又都有自己的判断和自己的见解，这种结合也是使他具备了取得成果的又一要素。”[17，101]

从复旦大学到美国留学的张首晟（1963—2018），是凝聚态领域顶尖水平的物理学家，30 岁就成为斯坦福大学终身教授。他在考进复旦大学一个学期之后就获得了一份宝贵的本科生奖学金，去柏林自由大学学习。1983 年张首晟获得本科学位，当时柏林自由大学的孟大中教授（杨振宁的老朋友），以及他的论文指导老师施拉德（Schrader）教授，都力劝他到石溪去接受研究生教育，说那儿有杨振宁主持一个研究所。张首晟高兴地接受了他们的建议，因为他曾经说过：“自从我作为一个学生第一次接触物理学以来，杨振宁一直都是我的偶像。”当他收到石溪的录取通知时，他高兴地说：“我的梦想终于成真了！”

到了石溪以后，张首晟找到杨振宁，尽管杨振宁很忙，还是抽出时间和新来的研究生谈话。在第一次见面的时候，杨振宁问张首晟的兴趣是什

正在演讲的张首晟教授，摄于1999年。

么。张首晟回答："理论物理的最高目标是追逐爱因斯坦的梦想，将引力和其他力统一起来，而我的兴趣也正在于此。"

使张首晟大为惊讶的是，杨振宁不但不赞成他追求这样一种目标，甚至不赞成他去从事通常意义上的高能物理研究。他颇有说服力地指出，物理学是一门范围十分宽广的学科，随处可以找到有趣的问题。这不由得使当时还心高气傲的张首晟有一些失望。

后来张首晟回忆："我在困惑与矛盾中离开了杨教授的办公室。幸运的是，他给研究生新生开设了一门叫作'理论物理问题选'的课程。在这门课程里，他根本不涉及我所认为的物理学'前沿问题'，而是讨论诸如Bohm-Aharonov效应、伊辛模型的对偶性（duality of the Ising model）、超导体磁通量的量子化、位相和全息术、非对角长程序、规范场概念以及磁单极子等之类的问题。在这门课程中，我最大的收获是课题的选择。这些课题反映出他在物理学方面的个人兴趣，而这是不容易从书本上学到的。

通过这些问题，我明白了自然的复杂性可以统一于理论的美与简洁之中。而理论物理学的意义正在于此。”[72，19]

杨振宁还对张首晟说，我们这儿的研究生，有权自由地选择自己的研究方向，他还建议张首晟尽快拿到博士学位。这个建议符合张首晟的设想，但是他没有完全接受杨振宁的建议，还是跟纽温惠曾（Peter van Nieuwenhuizen）教授研究超引力。不过他很快完成了几篇论文，1987年在石溪获得博士学位。后来，一方面由于杨振宁的建议，另一方面也因为基维尔森（S. Kivelson）教授颇有感染力的热情，他离开了超引力研究，越来越着迷于凝聚态物理。1987—1989年他成为加州大学圣芭芭拉分校（UCSB）理论物理研究所的一名博士后，在施里弗（J. R. Schrieffer，1931—2019，1972年获得诺贝尔物理学奖）教授研究小组开始了他的研究生涯。最终张首晟完全转向凝聚态物理，在凝聚态物理等研究方向上取得了大量国际一流的原创性成果：提出了基于超导与反铁磁相SO（5）对称性的统一理论、室温下无耗散的量子自旋流、四维量子霍尔效应和拓扑绝缘体等理论。

在1999年杨振宁退休研讨会上，张首晟发表了题为“高温超导：对称与反射”的演说。在谈到自己如何受益于杨振宁时，他说：

> 能够在庆祝杨振宁教授退休的“对称性与反射”讨论会上发言，我感到非常荣幸。要在台下众多为这半个世纪物理学做出巨大贡献的先辈面前介绍我本人的工作，实在很不合适。因此，我更愿意借此机会回顾一下我和杨教授之间的个人交往，以及他对我科学生涯的巨大影响。自从我作为一个学生第一次接触物理学以来，他一直是我的偶像。今天，长岛这一可爱的春日，使我生动地回忆起我到石溪读研究生的第一天的情形。自那天以来，他不但在课堂上教给我物理学，也在私人谈话的场合向我传授物理学知识。他会给我提出丰富多彩的建议，给我讲一些鼓舞人心的事例。但最最重要的是，他教导我，物理

学是美的，而且他的研究经历也告诉我们大家，对美、品位、风格的主观判断，往往可以导致理论物理学上的重大发现。[127, 74]

当我开始上学的时候，中国尚处在混乱的“文化大革命”时期。然而，尽管那时我们在学校学不到多少科学知识，每个学生却是都熟知杨振宁和李政道的名字，以及他们对科学所做出的巨大贡献。科学家居然能够“证明”大自然的“左手性”，我对此大为震撼，并立即决定将我所有课余时间都用来学习物理学。……我在科学之美中找到了慰藉。这说起来要归功于杨教授在中国所产生的影响，对此我永远都感激不尽。

在演讲结束时，张首晟动情地说：

我开始将SO（5）作为一种统一AF和SC序的有效的对称，来建构高温超导理论。这一理论不仅将两个形式看似不同的序统一起来，并能解释它们在高临界温度系统中极为相近的表现，而且还做出了一系列惊人的实验预言。现在，该理论正在接受数值模拟和实验的检验，它有希望最终揭开高温超导之谜。杨教授曾经将20世纪发展的物理学基本定律总结为一个简洁的口号“对称性决定相互作用”。如果SO（5）理论被证明在凝聚态物理中是成功的，那么它将成为“对称性决定相图”的一个例子。毋庸置疑，依靠这样一个较高级的组织原理，绝对能够引导我们去探索和组织各种各样的物质以及它们的相。

我希望借此机会对杨教授深表感谢，谢谢他对我所从事的事业的重要影响，并祝他退休愉快。他的精神和建议将永远伴随着我探索物理学之美和真理。[72, 22—23]

三、统计力学中的辉煌

杨振宁除了在粒子物理学中做出了杰出贡献以外，在统计力学领域里也做出了非常重要的贡献，尤其是在到石溪以后不久提出的杨—巴克斯特方程（Yang-Baxter Equation，YBE），更是统计力学中的一朵奇葩。20 世纪末，理论物理学家和数学家对杨—巴克斯特方程进行了广泛而深入的研究，取得了重大的突破。为求解杨—巴克斯特方程建立起来的量子包络代数理论，本身就是数学理论的重大发展。1985 年德林费尔德（Vladimir G. Drinfeld，1954— ）建立了霍普夫（Hopf）代数与杨—巴克斯特方程之间的基本关系，为了纪念杨振宁教授在该研究领域的重大贡献，还将这种代数称为 Yangian。Yangian 属于数学上的霍普夫代数，从物理学的角度看，它描述了完全量子可积问题中一类非线性相互作用模型所特有的新型对称性。冯恩·琼斯（Vaughan F. R. Jones，1952— ）和德林费尔德因在这一领域的突出贡献而荣获 1990 年数学最高奖——菲尔兹奖（Fields Prize）。

数学大师陈省身曾经说："这种代数结构在理论物理这么多领域的可解性方面起着如此根本的作用，真是不禁令人啧啧称奇！杨—米尔斯方程和杨—巴克斯特方程引起了这么大的数学兴趣，我想，在未来的岁月里，还会有许多数学家争相研究它们呢！"[17, 15]

1. 统计力学中两项开创性研究

我们知道，在 19 世纪末，经典物理学获得了空前的成功，形成了以经典力学、电磁理论和经典统计力学为三大支柱的理论体系。这一理论体系，可以说达到了相当完整、系统和成熟的地步，因而有一种乐观主义的情绪认为，物理学家已经充分掌握了理解整个自然界的原理和方法，除了以太理论尚留下一点需要解决的问题以外，剩下的工作只需将物理常数的测量在小数点后面增加一点数值。

可是到了 1900 年 4 月 27 日，英国科学家开尔文勋爵（Lord Kelvin，即 William Thomson，1824—1907）在英国皇家学会中承认，有两朵"乌云"使物理理论的优美性和明晰性"黯然失色"了。第一朵"乌云"涉及的是

英国物理学家开尔文勋爵。

经典力学和电磁理论中最基本的物理思想，第二朵“乌云”涉及的是统计力学。

统计力学在英国物理学家麦克斯韦的研究之后有了重大进展。麦克斯韦充分认识到统计方法的重要性，统计方法的研究对象不是个体，而是物体在每一组内的概率数。他十分清楚，描述分子运动，除了力学定律以外，还必须应用统计规律，而且后者更重要。后来，玻尔兹曼进一步利用概率的思想和方法来解决热力学中不可逆的困惑，于是统计力学逐步建成。经典统计力学的最终建成，有赖于美国物理学家吉布斯（Josiah Willard Gibbs，1839—1903）。

到了20世纪初，德国物理学家普朗克在研究黑体辐射时得到了一个与实验很符合的黑体辐射公式，但他用到了不同于经典统计力学的方法。到了20世纪20年代以后，由于量子力学的发展，又出现了玻色—爱因斯坦统计（Bose-Einstein statistics）和费米—狄拉克统计（Fermi-Dirac statistics），这已经属于量子统计力学了。

前面我们已经讲过，杨振宁在西南联大读本科时，由于王竹溪老师做了关于相变的一系列讲座，统计力学第一次引起了他的注意。虽然当时他没有完全听懂王竹溪老师讲什么，但他却知道了相变理论的重要性，这对他此后的科学历程“有决定性的影响”[41，129]。

1942 年杨振宁毕业于西南联大之后，在王竹溪指导下做硕士研究生的时候，开始研究统计力学。他的研究生论文是《超晶格统计理论中准化学方法的推广》。当杨振宁 1983 年出版他的《论文选集》时，他选的第一篇文章就是他的硕士论文的一部分。

在杨振宁当研究生期间，有一天王竹溪向他讲起挪威裔美国科学家拉尔斯·昂萨格（Lars Onsager，1903—1976，1968 年获得诺贝尔化学奖）已经得到了二维伊辛模型的一个严格解。杨振宁许多年以后回忆，王先生是一个沉静而内向的人，很少兴奋和激动，但那天王先生显然十分兴奋，

挪威出生的美国化学家昂萨格，1968年获得诺贝尔化学奖。

语气之中不时透露钦羡和激奋之情。半个世纪过去了，王先生的激动和兴奋之情，杨振宁一直没有忘记，依然历历在目。

昂萨格是挪威出生的化学家，1935 年获美国耶鲁大学哲学博士学位，后来一直在耶鲁大学任理论化学教授。1968 年他因为不可逆过程热力学的研究，获得诺贝尔化学奖。王竹溪先生提到的“伊辛模型”是瑞典物理学家伊辛（G. A. Ising，1883—1960）提出的一个模拟铁磁物质结构的简单粗略模型，它可以用来研究在居里点附近铁磁体随温度而变化时产生的一种相变现象。我们都知道，铁、镍等铁磁性物质在低于某一临界温度（即居里点）时，原子内部电子的自旋会部分排列有序，形成自发的极化。由于这种自发的极化的结果，在磁体外部就会产生一个磁场；当磁体被加热温度逐渐升高时，到了居里点，原子中电子自旋的自发极化现象会突然消失，其外部产生的磁场也会随之消失。在这一过程中，铁磁体经历了一个铁磁质到非铁磁质的“相变”过程，即“从有序到无序”的相变过程，变成了普通的没有磁性的物质。当温度从上、下两个方向趋近居里点时，物质会有什么样的表现？伊辛模型就是研究这一现象的统计力学中一个著名的数学模型，也是统计力学中一个最基本的模型。

1944 年，昂萨格做出了令人激动的突破，即将伊辛的一维问题推广到了二维问题上，而且严格解决了这个问题。在西南联大时，王竹溪非常激动地告诉杨振宁的就是这件事。那时杨振宁虽然对这个问题很有兴趣，并且后来认为“这可真是一件令人叫绝的杰作”，但是当时并不懂得其中的奥妙。

1947 年在芝加哥大学时，杨振宁试图深入研究昂萨格的论文，“但始终未弄懂其方法”。据杨振宁说其中原因是昂萨格“所使用的方法极为复杂，内中变了许多代数‘戏法’”[1, 21]。1949 年在一次国际学术会议的讨论中，昂萨格在黑板上写下了长程序与温度的关系。但是昂萨格是怎么得出这一结果的，却成了一个永久的谜。所有这一切深深吸引着杨振宁，但是在芝加哥大学时他始终不得要领，入不了门。

1949 年 11 月初的某一天，在往返于普林斯顿大学和普林斯顿高等研究所之间的专用小巴士上，鲁丁格告诉杨振宁，昂萨格的一个叫布鲁妮娅·考夫曼（Bruria Kaufman）的女学生最近发表了一篇文章，大大简化了昂萨格的代数运算方法。回到研究所以后，杨振宁立即研究了考夫曼的方法，这才理解了昂萨格的方法。杨振宁十分高兴，几年来悬在心中的一个问题终于化解。他由此想把昂萨格和考夫曼的方法进一步推广到“三角形晶体”，并邀请鲁丁格一起研究，但鲁丁格觉得这个问题还不够过瘾，于是杨振宁放弃了这个打算。

虽然暂时放弃了，杨振宁却一直舍弃不下这个想法，不时思索它。1951 年 1 月开始，经过长达六个多月断断续续的研究，终于结出了硕果。杨振宁说，在这几个月里，他做了他物理生涯中“最长的一个计算”，在计算过程中碰到许许多多的困难，但都一一克服。到 6 月下旬，他终于利用微扰法把整个计算完成了，得到了一个伊辛模型的自发磁化强度的解析表达式。1952 年，这项研究以《二维伊辛模型的自发磁化》为题发表于《物理评论》上。这是一篇很有名的文章，在文章的开始，杨振宁写道：

> 这篇文章的目的是计算铁磁体二维伊辛模型的自发磁化（也就是在没有外场情形下的磁化强度）。范德瓦尔登（Van der Waerdeng）、阿斯金（Ashkin）和兰姆（Lamb）对自发磁化得到一系列自发磁化展开式，它们在低温时迅速收敛。但是在临界温度附近时他们的系列展开式失去了作用。在这篇文章里我将利用蒙特洛尔（Montroll）、克拉莫斯（Kramers）和万尼尔（Wannier）在二维伊辛模型统计问题中引入的矩阵方法，得到一个闭合的展开式。昂萨格在 1944 年对这个矩阵给出了一个严格解。他的方法后来被考夫曼大大简化，这个结果被用来计算晶体的短程序。
>
> 这篇文章里将利用矩阵问题的昂萨格—考夫曼解来计算自发磁

化。……[40, 142]〔1〕

30年后的1982年，杨振宁仍然十分欣慰地说：

> 整个过程充满了局部战术上的技巧，计算进行得迂回曲折，有许多障碍，但总是几天后找到了一个新的技巧，指出一条新的途径。麻烦的是，我很快感到像进入了迷宫，并且不能肯定在经过这么多曲折之后，是否确定在某种程度上比开始时更靠近目标。这种战略上的总的估价非常令人沮丧，有几次我几乎要放弃了，但每一次总有某种事情又把我拉回来，通常是一个新的战术上的技巧使情况变得有希望，即便仅仅是局部的。最后经过六个月断断续续的工作，所有部分突然都相互一致，导致了奇迹般的相消，我瞪眼看着令人惊奇的简单的最后结果。[40, 12]

这一段回忆十分珍贵。它生动而具体地反映了科学家的执着、困惑和由于坚持不懈的努力所带来的“奇迹般”的“最后结果”，这是科学家研究过程最真实的叙述，亲切可信而又极富启发性。

杨振宁得到的是一个伊辛模型自发磁化强度的解析表达式。由此，二维伊辛模型严格解的第一个详尽推导，成为杨振宁的一个重要贡献。这是杨振宁在严格的统计力学方面的第一项工作。完成这项工作后不久的1951年6月28日，杨振宁的长子杨光诺出生。真是双喜临门！

有意思的是杨振宁的朋友戴森当时觉得，杨振宁研究伊辛铁磁模型这么简单的玩意儿实在不可理解。戴森在40年后回忆：

> 40年前，杨振宁发表了一篇论文，准确地计算了二维伊辛铁磁模型的自发磁化。他的计算结果以其美丽的简洁使我们啧啧称奇；他的计算本身则以其漂亮的复杂使我们震惊。这项计算是一位巨匠所做的雅可比椭圆函数的一种练习。而得到的结果则是一个简单的代数表

---

〔1〕 即长程序。

达式，完全看不到椭圆函数的任何痕迹。读完这一令人惊愕的五光十色的数学炫耀之后，我感到有点失望：杨振宁为何要选择这么一个不重要的问题来浪费自己的才能？当时，由于少不更事，我竟口出狂言：如果杨振宁能选择一个非常重要的课题并做出同样漂亮的工作，那么，他就真的有点像一位科学家了。这以后，我有幸注视着杨振宁如何比自己高出一头，成为一个世界水平科学家的经过。仅仅两年之后，他就找到了一个与他的天赋相称的重要问题并将之解决。他以1954年发现的非阿贝尔规范场理论奠定了一个坚实的基础，经过许多常常以失败告终的相互竞争的尝试之后，终于在这个基础之上建立了粒子相互作用成功的统一理论。通过规范场和粒子对称性的工作，他向我们展示了，把对自然界的深层次了解同美丽的数学技巧结合起来是可能的。[17, 25]

戴森当时的看法也有一定的道理，因为杨振宁自己也曾经说过：

伊辛模型是一个不断地使人感到诧异的问题。从物理方面来说，20世纪50年代有些人认为它不过是一种有趣的数学游戏，不值得太过于认真地对待。20世纪60年代，情况发生了戏剧性的变化。人们发现，伊辛模型不仅对铁磁性研究极其重要，对其他许多种相变问题也同样重要。到了20世纪70年代，人们逐渐弄清楚，这个模型同场论也有非常密切的关系。从数学方面来说，提出了攻克这个问题并求得多点关联函数的各种新的巧妙方法。巴克斯特还找到了八顶角模型问题的解答，而这个八顶角模型把伊辛模型作为一个极限情形包含在内了。[1, 22—23]

以后人们将逐渐发现，杨振宁经常研究一些在开始看来的确是不显山不露水的物理问题，但是过了10年或者20年（乃至三四十年）之后，他的研究会突然成为极其重要的研究课题。这种情形是因为他具有与众不同的品味、风格，对物理学欣赏的角度不大相同。

1951年秋天，因为李政道在加州大学伯克利分校一年的工作中有些不愉快的遭遇，所以杨振宁向奥本海默推荐李政道，于是李政道也来到了普林斯顿高等研究所，由此开始了两个人卓有成效的合作。到1952年夏天，两人合写了一篇关于统计力学的论文《状态方程和相变的统计理论》，它分成上下两篇发表：Ⅰ凝结理论，Ⅱ格气和伊辛模型。在这篇文章里，他们提出的相变理论被称为“杨—李相变理论”。

在上篇的前言中，他们写道：

> 这一篇和后一篇文章涉及的将是状态方程和相变的统计理论问题。这个问题一直使得物理学家颇为关心，其原因有两个方面，一是实践方面的，希望寻找一个切实可行的物质性质的理论（如一个液体的理论）；另一是比较学术方面的原因，希望了解热力学函数中相变不连续性的发生。[40，151]

第一篇文章提出了两个定理，第二篇文章提出了非常重要的“单位圆定理”（theorem of unit circle）。单位圆定理主要是杨振宁研究出来的，这是杨振宁在统计力学中第二个有价值的工作。杨振宁曾经特地谈到过“单位圆定理”产生的过程：

> 这两篇文章讨论了相变，其中有一个非常妙的定理，叫作“单位圆定理”，这个定理是说统计力学计算中产生的许多多项式（polynomials）的根（roots）都在单位圆上。后来有许多人问我，统计力学一直都在用这些多项式，没有人去研究它们的根，你们为什么要找出它们的解？而且由此就有很妙的结果。
>
> 我想了一下，知道其中的缘由。我父亲在我小的时候对我说过，代数中有一个重要的定理，他说这是代数中的“第一定理”，我不知道这个名称是他发明的还是在什么地方有。什么是代数第一定理呢？他说，任何一个n次多项式一定有n个根。这是极为重要的定理。我不知道这是谁发现的，可能是高斯。李政道和我一起，整天研究多项

式的时候，我小时候知道的这件事就发生了作用。我告诉李政道说，我们把所有多项式的根找一下，这一找奇怪的事就发生了，不同的模型有不同的多项式，我们先做简单的多项式，只有2、3次的多项式，可以很容易地解出来，结果发现这些解都在单位圆上。我猜这是一个普遍的情况。结果奋斗了两三个月以后，证明所有的多项式的根都在单位圆上，这是很重要的一个定理。这个定理证明以后，我非常得意。这里有一个故事，我弟弟振平，那时他还是一个大学生，到我那儿，我对他说，这可能是我一生最重要的工作。说明我那时非常得意。这是一个非常重要的定理，现在还有人做，已经推广到很广的范围。不过很多人问我为什么研究这些根，因为我父亲再三告诉我，根的重要性，根和多项式有极为重要的关系。我想，我小的时候学习四则的故事，以及狄拉克的故事和这个多项式的故事，这些都告诉我，每一个人他所喜爱的东西不一样，如果一个人能够发现自己喜爱的东西，就像吴清源早年下围棋一样，那就迟早会有结果的。〔1〕

杨振宁和李政道的工作引起了爱因斯坦的注意，因此他让助手布鲁妮娅·考夫曼来请他们两人去他那儿面谈一下。这次见面，杨振宁的回忆在前面已经写到过，他说是他一人去见爱因斯坦的，而且没有听清楚爱因斯坦说些什么，但是李政道的回忆与杨振宁的不同。李政道回忆：

在高等研究所的伟人中，爱因斯坦超越一切其他人。年轻人看到

〔1〕 2009年7月6日上午在清华大学高等研究院杨振宁办公室采访杨振宁时的录音资料。文中谈到四则问题，解释于下：杨振宁小的时候从父亲那儿学习算术中的四则问题，过了一年父亲问他的时候，他还记得清清楚楚，一点都没有忘记；但是后来杨振宁给他的儿子讲四则问题，第二年再问他们，他们忘得干干净净。狄拉克的故事是说狄拉克在一次傍晚散步时思考海森伯最开始提出的不对易公式，突然想到这个公式应该与以前学过的泊松括号有关，后来发现果然如他所想，于是他得到了量子力学一个极为重要的公式。杨振宁用这些例子说明，一个人喜爱的东西，常常是他可能成功的地方。

他都十分敬畏，他经常和哥德尔（K. Gödel）一起走着去办公室。我们所有的人都过分腼腆不敢同他谈话。1952 年的一天，爱因斯坦叫他的助手考夫曼来问，他是不是能同杨和我谈谈。我们立刻回答："当然可以！"我本想把我的一本《相对论的意义》带去请爱因斯坦签名，但是我没有做，我一直为此感到遗憾。

我们到了爱因斯坦的办公室。他说他读了我们关于统计力学的两篇文章，给他很深印象。他首先询问我们关于巨正则系统的基础。显然，他对这一方法完全不熟悉。这使我十分吃惊，因为我一直以为，这一套方法是为了推导出玻色—爱因斯坦凝聚而发明的。随后他的问题转向格点气体的物理适用性以及配分函数解的分布的细节。我们的回答使他很高兴。整个谈话涉及的面很广，持续了很长时间。最后他站起来，握着我们的手说："祝你们未来在物理学中获得成功。"我记得他的手较其他人的大而温暖。总之，这是一件非常难忘的事。[50, 236—237]

1952 年这一年，杨振宁已经成为普林斯顿高等研究所的永久成员。9 月，杜致礼带着长子回中国台湾，看望母亲曹秀清。杜致礼已经有五年没有见到母亲和弟妹，能相聚一起，当然十分开心。杜致礼在那儿住了一年时间，还在花莲中学教了一学期的英语。本来，杜致礼没有打算住那么久，想早一些回美国，但是 12 月份到"美国领事馆"去时却拿不到签证。杨振宁得知这一消息后很有一点着急。幸亏在奥本海默的大力帮助下，美国移民局才在每年的 105 个可以获得移民签证的中国名额中挤出了两个名额，但按规定杨振宁必须到美国以外的地方申请签证。

正好 1953 年 9 月，在日本召开日本战后第一次国际物理学会议，杨振宁被邀请参加，于是他决定和妻子到日本的美国领事馆去申请美国签证。当杨振宁在日本东京成田机场见到从中国台湾飞来的妻儿时，真是欣喜万分！10 月份三人回到美国后，就直接去了布鲁克海文国家实验室杨振宁事

1953年秋，杜致礼穿日本和服留影。

先选好的公寓里。

杜致礼去中国台湾的一年，感情丰富细腻的杨振宁，由于思念妻儿，加上为办签证有不少杂事，在物理研究中竟然没有多大进展。一家团聚后，杨振宁心中才踏实多了，研究工作也更加起劲。

接下去，杨振宁做出了他一生最辉煌的研究：规范场理论和宇称不守恒。这在前面已经讲过，下面我们接着讲的是他在统计力学中最重要的研究成就，也是杨振宁在物理学里做出的第三个杰出的贡献——杨—巴克斯特方程。这一研究成果的获得，也是经历了四五年持续努力的结晶。

2. 杨—巴克斯特方程

事情要从1961年讲起。这一年夏天杨振宁到斯坦福大学访问几个月。这一次访问使得杨振宁对超导中的统计力学问题发生了兴趣。在研究气氛活跃的斯坦福大学，他发现费尔班克（W. M. Fairbank）和第弗尔（B. S. Deaver）正在做超导体中是否存在磁束量子化的实验。这种实验非常困难，杨振宁以前也从来没有想过这个问题，因此当有人问他："假如我们发现有磁束量子化，这是一个新的、物理的、原则性的现象，还是由原有的物理学就可以推演出来的？"杨振宁自然无法回答。但是这个问题却引起了他的兴趣。于是他和伯厄斯（N. Byers）开始研究这个问题，并且写了一篇文章《在圆柱形超导体中磁束量子化的一些理论思考》。通过研究他们发现："磁束量子化不是一个新的原则，用经典的统计力学加上量子力学再加上麦克斯韦方程就可以推导出来。"[1，661]

杨振宁对这一发现说：

> 这个事情就引导了我对这类问题发生兴趣，大家也许知道量子霍尔效应（quantum Hall effect），跟这一类工作有很密切的关系。阿哈罗诺夫—博姆（Aharonov-Bohm）实验也是跟这个有很密切的关系的。所以在1961年，从我自己的立场讲起来，在斯坦福大学的访问对我后来的工作也有很大的影响，因为它使得我走到了一个新的领域。[1，661]

这一件事还引起了杨振宁对另外一个问题的思考。他说：

> 从第弗尔和费尔班克获得开创性的结果这件事，使我再次认识到，某一领域内专门家的确能觉察一些未受过训练的外行人所不能觉察的事物。可是我还相信布洛赫、伯厄斯和我所采取的怀疑态度是一种健康的态度。不随波逐流对我们这个学科取得进展来说是极端重要的。当然，反过来也对（或者对一些）：实验物理学家绝不能被理论物理学家所吓倒。[1，106—107]

汉斯·贝特。

1962 年，杨振宁写了一篇文章《非对角长程序的概念和液氦和超导体的量子位相》。在这篇文章中，杨振宁引入了一个重要的新名词“非对角长程序”（off-diagonal long-range order，ODLRO）。杨振宁认为这是一篇“非常重要的文章”，1987 年在南开大学做“我对统计力学和多体问题的研究经验”演讲时说：

> 我觉得这篇文章的重要性今天还没有完全发挥出来。最近发现了高温超导，所以使得我对超导问题重新发生兴趣，证实了我当时的想法。[1，661]

也是 1962 年，杨振宁和二弟杨振平、吴大峻开始合作研究与超导有关的现象，此后，他的注意力被吸引到“贝特近似”上来。

“贝特近似”是德国著名物理学家汉斯·贝特（后加入美国籍）在 20 世纪 30 年代提出的一个想法，想用来解决一维空间严格自旋波（spin wave）碰撞散射的问题；他还认为这个设想可以推广到二维和三维空间。但贝特本人此后没有在这个方向上做后续研究。没想到，这个想法却被远在亚洲战乱中西南联大的一个中国学生杨振宁盯上了，并且成了他研究生涯中持续最长、发表论文最多的一个研究方向。在芝加哥大学做研究生的时候，杨振宁就试图在贝特近似中做一点突破性研究，但没有成功。1962年杨振宁与杨振平、吴大峻的合作研究虽然没有取得什么进展，但是杨振宁的目光却在这一次合作中再次被吸引到贝特近似上。

20年来，这个问题在杨振宁心头挥之不去，也多次做过认真研究，但是一直没有什么进展。在杨振宁和杨振平做这些研究的时候，大多数人已经不再讨论贝特近似，因为从它提出来之时已经过去了30多年，人们已经把它忘却了。但是杨振宁不这样认为，他认为贝特的这个想法是一个重要的观念，于是在1966年与杨振平合写的一篇文章里，他特别把它命名为“贝特假定”（Bethe Ansatz，缩写为B-A）。现在，贝特假定已经在统计力学中深深扎下根来，成为一个重要的研究领域。杨振宁曾经在回忆中谈到自己在这一漫长的过程中的一些思考。这些思考很有价值，尤其是对于年轻的物理学家，更是难得的经验之谈。他写道：

> 从1962年我所要做的一件事情，就是能不能找一个简化的模型，使得在这个模型里我可以严格地证明，它的基态波函数有ODLRO。
>
> 这个问题我弄了好几年，中间跟我的弟弟杨振平合作，跟吴大峻合作。我们找出了一些模型，很多工作并没有发表，我对它们不太满意，因为这些模型都有点太牵强，使我觉得不容易跟实际发生关系。不过这一类工作搞来搞去，就把我的注意力重新吸引到贝特假定（B-A）上。因为我对B-A有了些了解，提出模型的时候，就很自然地用到了B-A，不同程度地用。所以1965年开始，我又重新注意B-A，而且注意一个问题，用B-A解出来的模型有没有ODLRO。那个时候，离我在芝加哥讨论B-A已经有十六七年了。
>
> 当时文章多得像牛毛一样，我跟我弟弟看的时候有些苦恼。这个我也许可以和年轻的研究工作者谈一谈。我想你们刚走到一个领域是

会很苦恼的，不过你们不要害怕，因为多半的文章都是没有什么价值的，最重要的是你得抓住问题在什么地方，然后你有自己的想法。那么你就发现多数的文章不必去看它。我刚才讲过有人在30年代写了一些关于B-A的文章，这些文章越来越复杂。一个很基本的问题，也是我在芝加哥大学不了解的，不知这些有反三角函数的方程式的解是实数还是虚数。[1，662—663]

20世纪60年代的一天，当杨振宁再次和杨振平讨论时，他们还是老老实实地从头做起。这一次功夫不负有心人，他们发现以前多次研究过程中失败的地方，竟然利用一个简单得不能再简单的方法取得了突破性进展。直到1987年，杨振宁在回忆中仍然十分激动地谈到这一发现：

60年代的某一天跟杨振平讨论时，我忽然发现一个非常简单的道理，就是在以前写的文章中，用了反余切，我们觉得这不好。把反余切换成反正切就非常好。当然，大家会想反余切和反正切是密切相关的，这简直是一个微不足道的进步。其实不然，因为反余切有些不连续的地方，这些不连续处，正是最关键的地方。如果你把它换成反正切的话，那么它在最关键的地方就没有这个困难了。所以，一引进这个，一切东西都变得非常清楚了。我们就连续写了很多的文章，指出这个贝特假定是非常之妙的。而且在什么情形下有一个实数的解，我们比较地有了一个控制。[1，663]

紧接着，杨振宁在1967年又发现，利用贝特假定再加上他十分熟悉的群论方法，得到了一组非常有用的矩阵方程：

$$A(u)\,B(u+v)\,A(v)=B(v)\,A(u+v)\,B(u)$$

如果贝特假定是对的，那么这个新发现的方程就有非常重要的价值。杨振宁说：“这个方程通俗地讲起来就是ABA=BAB这样一个方程。”方程中的A和B都是算子，所以计算起来还是十分复杂的。

这个方程可以用来解决统计力学中非常广泛而重要的问题。五年之后

巴克斯特。

的 1972 年，被杨振宁誉为昂萨格之后做精密解的第二高手、澳大利亚物理学家巴克斯特（Rodney James Baxter），在研究统计力学中的一个二维空间经典统计力学的问题时建立了一个新的模型，也推出了一组方程。这组方程从一个与杨振宁研究完全不同的问题推出来，也十分有价值。到了 80 年代初，苏联著名数学家法捷耶夫（L. D. Fadeev）和他的学生在研究中发现，杨振宁得出的方程与巴克斯特的方程是一回事，只不过表达形式有些不同而已。于是，他们便把这组方程在 1981 年定名为“杨—巴克斯特方程”。

杨—巴克斯特方程和杨—米尔斯方程一样，都是非常基本的数学结构，对此后数学的发展起了重要作用，许多数学分支都离不开这个基本数学结构，如拓扑学、量子群、微分方程、算子理论和代数等。它的重要性只举一个例子就可以明白：1990 年 8 月在日本京都举行的国际数学大会上，四位获菲尔兹奖的数学家中，有三位的研究与杨—巴克斯特方程有关。

时至今日，杨—巴克斯特方程所导致的研究成果和方向，正以迅猛的势头在扩大。人们现在能看到的，恐怕还只是冰山一角。杨振宁自己也认为，有些物理学家目前对杨—巴克斯特方程的态度，势必随着研究的进展而发生改变。杨振宁还认为，无论是哪位物理学家，无论喜欢不喜欢，在许多问题上最终非用到这个方程不可。他还特别举了物理学历史上一个有趣的例子。

20 世纪 30 年代，当维格纳用数学中的群论解决原子光谱问题时，许多物理学家厌恶群论。但是不久之后所有学习物理的人都学习“祸害的”群论，连泡利也不例外。再过若干年后，杨振宁在西南联大也学习了群论，不过那时再没有人称群论为“群祸”了。

从当今发展趋势来看，杨振宁的预言是不错的。1999 年，美国物理学会把拉尔斯·昂萨格奖授予了杨振宁。从 1997 年开始颁发这个奖以来，他是第三个获得此奖的人。这个奖是专门授给在理论统计物理研究领域做出杰出贡献的科学家的，是物理学家所能获得的最高荣誉之一。杨振宁能够获得这一殊荣，充分表明他在统计力学中所做出的基础性贡献已经得到了举世公认。

杨振宁在统计力学方面的研究历程，给予我们的教益非常之多，除了其贡献本身之外，在科学方法和科学精神方面也有许多教益。杨—巴克斯特方程和杨—米尔斯方程一样，由于它们都是最基础的理论，是非常基本的数学结构，所以刚公布于世的时候，往往被认为虽然很美丽，但对物理学没有意义，不会对物理学有什么实际作用；而且这些非常基础的东西，其研究的历程往往非常艰难和曲折。在研究伊辛模型时，杨振宁甚至被人讥为“得了伊辛病”。在这个过程中，如何正确对待科学精神和正确使用科学方法，就十分关键。杨振宁在 1982 年曾经写道：

> 建立贝特假定的严格性这时得到了回报。它使我们对这个问题的量子数 I_1，I_2……有更好的理解。由这种理解而产生的“安全感”使我们能够在后来迈出更大的一步，从而解决了有限温度的问题。这项

> 研究当时在某种意义上为后续研究工作的起飞构筑了一个牢靠的平台。
>
> 究竟在什么时候以及如何发生下一次飞跃，是一个常会提出的重要问题。这过程所涉及的心理因素，诸如魄力、冲动、气质、鉴赏力和信心等，全都起着重要作用，或许就像技巧一样重要。我们所做的这项研究的经历正好表明，牢固的基础十分有用。但是，过分注意基础的牢固可能会压抑冒险精神，而这种精神同样也是重要的。[1, 173]

这些经验之谈，对愿意为科学事业奉献终生的人，无疑都是宝贵的资源。

杨振宁在统计力学的研究中，还有一个重要的成就——“李—黄—杨修正”，它与当今热火朝天的冷原子（cold atom）研究有重要关联。为了本书整体结构，这方面的研究留待第六章第四节再讲。

2010 年，杨振宁曾经对自己在统计力学方面的研究做了一个小结：

> 整体而言，统计力学向来是我的主要研究领域之一……从 1944 到 1952 年，我单独在此领域发表过五篇文章，其中关于二维晶格系统自发磁化的文章是此领域的一个突破。1962 年……之后，我在此领域继续工作，发表了很多文章，其中 1967 年与 1969 年有关一维系统的两篇都具有开创性意义。1999 年我获颁 Onsager（昂萨格）奖，那是此领域最重要的奖项。近年我重新回到此领域，在 2008 至 2009 年间又已经发表了六篇文章。[125, Ⅲ]

四、杨振宁与现代数学

谈到规范场和数学里的纤维丛（fibre bundle）之间关系的发现，不仅故事令人惊诧、曲折有趣，而且还让杨振宁悟出了一个极其重要的事实：数学与物理学的分与合，并且就这个主题写了一篇文章《20 世纪数学与物理学的分与合》。[44]

事情发生在1969年，那时杨振宁在纽约州立大学石溪分校。有一天在上课讲广义相对论的时候，他在黑板上写下了广义相对论里著名的黎曼张量公式。当时杨振宁忽然有一种突如其来的直觉：这个公式有一些像他和米尔斯发现的规范场理论中的一个公式。当时不能仔细思考，下课以后他把两个公式写到一起：

规范场理论中的一个公式：

$$F_{\mu}^{\nu}=\frac{\partial B_{\mu}}{\partial x_{\nu}}-\frac{\partial B_{\nu}}{\partial x_{\mu}}+i\varepsilon\ (B_{\mu}B_{\nu}-B_{\nu}B_{\mu}) \qquad (1)$$

广义相对论中的黎曼张量公式：

$$R^{l}{}_{ijk}=\frac{\partial}{\partial x^{j}}\begin{Bmatrix} l \\ ik \end{Bmatrix}-\frac{\partial}{\partial x^{k}}\begin{Bmatrix} l \\ ij \end{Bmatrix}+\begin{Bmatrix} m \\ ik \end{Bmatrix}\begin{Bmatrix} l \\ mj \end{Bmatrix}-\begin{Bmatrix} m \\ ij \end{Bmatrix}\begin{Bmatrix} l \\ mk \end{Bmatrix} \qquad (2)$$

仔细比较以后，杨振宁发现这两个公式不仅仅是相像，而且结构完全相同！杨振宁大吃一惊："原来规范场理论与广义相对论的数学结构如此相似！"他的直觉告诉他，这里面一定大有文章。他在《我钦佩数学的美的力量——〈规范场的积分形式〉（1974）一文之后记》中写道：

> 这两个公式之所以相似，皆因式（2）是式（1）的一个特例！理解到这一点，我喜不自胜，得意忘形之状实难用笔墨形容。我因而明白了，从数学的观点看来，规范场在根本意义上是一种几何的概念。我也搞清楚了，上述公式（1）与薛定谔1932年论文中的公式之间的相似性（泡利在1954年已觉察到这一点）不是偶然的巧合。[1, 212—213]

而在杨振宁和米尔斯1954年研究规范场理论的时候，他们两人虽然推广了麦克斯韦理论，却没有明白麦克斯韦理论的几何意义，因此就没有从几何观点来审视规范场理论。杨振宁说：

> 这个发现使我震惊……我立刻到楼下数学系去找系主任吉姆·赛蒙斯（Jim Simons）。他是我的好朋友，可是那以前我们从来没有讨论过数学。那天他告诉我，不稀奇，二者都是不同的"纤维丛"，那

是20世纪40年代以来数学界的热门新发展！[44, 19]

赛蒙斯（1938— ）还告诉杨振宁："规范场一定同纤维丛上的联络（connection on fibre bundles）有关系。"杨振宁大受启发，立即开始学习纤维丛这一新的数学理论，他找来美国数学家斯廷罗德（Norman Earl Steenrod，1910—1971）的《纤维丛的拓扑》（*The Topology of Fibre Bundles*）一类的书来看，但是看不懂，杨振宁说："我……什么也没有学到。对一个物理学家来说，现代数学语言显得太冷漠了。"

虽然"什么也没有学到"，但是杨振宁明白了：研究场论的物理学家必须学习纤维丛的数学概念，这一点越来越清楚。因此，在1970年初杨振宁请赛蒙斯教授到物理系，为包括他在内的几位物理学家，在一系列的"午餐报告"中，专门讲授纤维丛理论。讲了两个星期以后，杨振宁这才弄清楚了物理学的规范场正是微分流行纤维丛上的联络。他后来感慨地说：

客观宇宙的奥秘与基于纯粹逻辑和追求优美而发展起来的数学概

杨振宁与赛蒙斯的合影。

念竟然完全吻合，那真是令人悚然。[126，95]

杨振宁永远不会忘记赛蒙斯给他的帮助，所以在1999年荣休晚宴上还特别提到这件事情：

> 对在座各位，我与你们几乎每一个人都有非常愉快的共同回忆，特别是吉姆·赛蒙斯。他既然提到了我对他是怎么慷慨，我也要告诉大家他对我又是如何慷慨。他不仅最先把“纤维丛上的联络”这一专门术语介绍给我，而且他所做的比介绍这名词要多得多了。1970年年初我们在理论物理研究所的同事都认为应该弄懂“纤维丛上的联络”这个数学观念，所以请了吉姆来给我们上一系列的午餐讨论课。他慷慨地答应了，从此牺牲了大概两个星期的午餐时间给我们。讨论会结束时，我们全学会了那个观念是什么，它跟A-B效应〔1〕的关系又是如何。而那也就是后来我与吴大峻合写的论文的来源。这篇论文包括了这次会议中屡次提到的那个字典。[41，294]

1974年和1975年，杨振宁在《规范场的积分形式》和《不可积相位因子的概念和规范场的整体表示》（与吴大峻合写）两文中，进一步发展了规范场的整体表述。在1974年的文章中，杨振宁还并没有理解在规范场理论中必须做整体考虑（global consideration），到1975年与吴大峻合作的文章中，他才明白了规范场具有整体性的几何内涵（global geometrical connotations），这种内涵可以自然而然地用纤维丛表示。因此，这个内涵不能与物理学家的整体相位因子混为一谈，必须把非阿贝尔规范场理论建立在严格的数学基础上。由此人们才知道，规范场理论的数学结构就是拓扑学纤维丛理论。这种数学和物理学有历史意义的结合，使得从大范围、整体和拓扑的视野来研究物理现象成为20世纪80年代的潮流。在

〔1〕　A-B效应为阿哈罗诺夫—玻姆效应（Aharonov-Bohm effect）的简称。这一效应说明，在量子力学里，电磁势（electromagnetic potentials）是一个比电场和磁场更基本的物理量。详见参考书目41，第63—86页。

物理学和数学史上，这是一次伟大的事件！对此，杨振宁曾经写道：[44, 19]

学到了纤维丛的数学意义以后，我们知道它是很广很美的理论，而电磁学中的许多物理概念原来都与纤维丛理论有关联。于是1975年吴大峻和我合作写了一篇文章，用物理学的语言，解释电磁学与数学家们的纤维丛理论关系。文章中我们列出了一个表，是一个“字典”。表中左边是电磁学（即规范场理论）名词，右边是对应的纤维丛理论的名词：

规范场术语	**纤维丛术语**
规范或整体规范	主坐标丛
规范类	主纤维丛
规范势	主纤维丛上的联络
S	变换函数
相因子	平行移动
场强	曲率
源（电）	?
电磁作用	U（1）丛上的联络
同位旋规范场	SU（2）丛上的联络
狄拉克的磁单极量子化	按照第一陈类将U（1）丛分类
无磁单极的电磁作用	平凡U（1）丛上的联络
有磁单极的电磁作用	非平凡U（1）丛上的联络

表格中的“源”的右边没有对应术语，这是因为赛蒙斯说，在纤维丛理论里没有这个概念，所以出现了一个问号。有意思的是，正是这个问号又引出一段故事。这个故事的起因是美国麻省理工学院的数学家伊萨多·辛格（Isadore Singer，1924—　）来纽约州立大学石溪分校访问，杨振宁和他谈了规范场里的“源”在纤维丛理论里没有对应项的事。辛格随后去了

英国牛津大学，他把杨振宁和吴大峻合写的文章带去，给英国著名数学家迈克尔·阿蒂亚（Michael Atiyah，1929—2019，1966 年获得菲尔兹奖）[1]和牛津大学数学教授奈杰尔·希钦（Nigel Hitchin，1946— ）看，后来他们合写了一篇关于无“源”的文章。

阿蒂亚与辛格、希钦 1978 年合写的这篇文章的标题是《四维黎曼几何中的自对偶性》。这篇文章还没有发表，它的预印本在 1977 年 5 月前后就在业内广泛传开了。在这篇文章里，阿蒂亚和辛格把“指标定理”（index theorem）[2]用于杨—米尔斯方程，结果竟然得到了该方程的自对偶解。因为他们三人尤其是阿蒂亚在数学界的名望，规范场与纤维丛的密切关系很快即被数学界人士重视。1977 年阿蒂亚出版了一本专题文集《杨—米尔斯场的几何学》（*Geometry of Yang-Mills Fields*），由此更加引起众多数学家对规范场的重视。诚如杨振宁所说：

> 阿蒂亚和辛格是当代数学大家，他们建立的指标定理，沟通了几何学与分析学的联系，是当代数学发展的一个里程碑。恰巧指标定理可用于杨—米尔斯方程的自对偶解个数的确定，这一结果及其他数学成就对物理学研究当然有很多帮助。[43，261]

而且由于这一系列的研究，还迎来了以后物理学与数学重新合作的高潮。阿蒂亚后来在他的《论文选集》第五卷用“规范场理论”作为标题。在这一卷的前言中，他写道：“从 1977 年开始，我的兴趣转向规范场理论以及几何学和物理学间的关系。一直以来，我对理论物理的兴趣不大，大多数的冲激都是来自跟麦凯（Mackey）的冗长讨论。1977 年的动因来

---

〔1〕 阿蒂亚曾任英国伦敦数学学会主席，英国皇家学会会长，并被英国女王册封为爵士，是当今世界上屈指可数的顶尖数学家之一。

〔2〕 1963 年，阿蒂亚和辛格证明了指标定理，这一定理被认为是 20 世纪数学最重要的成就之一，它把微分方程、微分几何、代数几何和拓扑学等几个不同的数学分支中的一些“经典不变量”联系起来，因而对整个现代数学的发展产生了深远的影响。详见参考书目 126，第 95—96 页。

自两方面：一是辛格告诉我，由于杨振宁的影响，杨—米尔斯方程刚刚开始向数学界渗透。当他在1977年初访问牛津时，辛格、希钦和我周密地考察了杨—米尔斯方程的自对偶性，我们发现简单应用指标定理，就可得出关于‘瞬子’（instanon）参数个数的公式……另一个动因则来自彭罗斯（Roger Penrose）和他的小组。”[1，733]

这本书出版以后，阿蒂亚签名送给杨振宁一本，以表示对杨振宁的尊敬和钦佩。

我国数学史家张奠宙先生在他的《20世纪数学经纬》一书中专门列出“杨振宁与当代数学”一节，在这一节里他写道：“杨振宁—辛格—阿蒂亚，这条物理学影响数学的历史通道，肯定是20世纪科学史上的一段佳话。关于杨—米尔斯理论在当代数学中的作用，在美国国家科学研究委员会数学科学组的一份报告里这样写道：‘杨—米尔斯方程的自对偶解具有像柯西—黎曼方程的解那样的基本重要性。它对代数、几何、拓扑、分析都将是重要的……在任何情况下，杨—米尔斯理论都是现代理论物理学和核心数学的所有子学科间紧密联系的漂亮的范例，杨—米尔斯理论乃是吸引未来越来越多数学家的一门年轻的学科。’”[43，261]

对于数学和物理学的这种沟通、结合，连杨振宁都觉得实在太神奇和不可思议。他说：

> 非阿贝尔规范场在概念上等同于纤维丛，纤维丛这一漂亮的理论是在与物理学界无关的情况下由数学家发展起来的，这对我来说是十分令人惊叹的事。在1975年我与陈省身讨论我的感觉时，我说：“这真是令人震惊和迷惑不解，因为不知道你们数学家从什么地方凭空想象出这些概念。”他立刻抗议：“不，不，这些概念不是凭空想象出来的，它们是自然而真实的。”[1，242]

后来陈省身教授有感于杨振宁对物理学和数学的贡献，写了一首诗：

> 爱翁初启几何门，杨子始开大道深。

物理几何是一家，炎黄子孙跻西贤。

诗后作者还特意做了注释：爱因斯坦的广义相对论将物理释为几何。规范场论作成大道，令人鼓舞。[16, 8]

1992 年 7 月 9—10 日，中国台湾新竹清华大学为杨振宁校友七十寿辰举行学术会议。据顾毓琇教授回忆：在会上，陈省身教授盛赞杨振宁可与牛顿、麦克斯韦、爱因斯坦并列为四大物理学者。丁肇中博士从日内瓦来，报告十年以来高能实验证明杨氏学说之正确。[64, 284]

陈省身给予杨振宁极高的赞誉，有深刻的数学缘由。1986 年和 1990 年的菲尔兹奖（被誉为数学界的诺贝尔奖）的颁发，就可以清楚地看到这一点。

1986 年，菲尔兹奖颁发给了英国数学家唐纳森（Simon Donaldson，1957—　）。在介绍唐纳森的贡献时，文告上是这样写的：

> 唐纳森所采用的是全新的方法，这些方法来自理论物理学，是以杨—米尔斯方程的形式出现的，这些方程基本上是电磁理论中的麦克斯韦方程的非线性推广，并且是一个自然的几何泛函的相伴变分方程。微分几何学者们研究纤维丛上的联络与曲率，而杨—米尔斯泛函正是曲率的 L^2 范数。……唐纳森的高明之处在于用瞬子作为一般四维流形上的一种新的几何工具。他发现了全新的现象并证明了杨—米尔斯方程可以完美地用来研究与探索四维拓扑的结构。……唐纳森的成功取决于他对杨—米尔斯方程的分析学有透彻的了解。[97, 168—169]

1990 年的国际数学家大会有四位菲尔兹奖获得者：德林费尔德、琼斯、森重文（Mori Shiefumi，1951—　）、威滕（Edward Witten，1951—　）。他们四人的工作，除了森重文以外，都和杨—米尔斯或杨—巴克斯特方程有关。

德林费尔德所做的先驱性工作，实际上是杨—米尔斯方程的解；此后他在物理学上的兴趣，保持在杨—巴克斯特方程的研究上。

左起：陈省身、拉比、戈德伯格、杨振宁，摄于1963年11月。

冯恩·琼斯的研究与杨—巴克斯特方程的解有关。

美国物理学家爱德华·威滕的研究与杨—米尔斯方程和杨—巴克斯特方程有密切关系。早在 1978 年，威滕就对杨—米尔斯方程做出过先驱性的研究，写出《经典杨—米尔斯理论的一个解释》（“An Interpretation of Classical Yang-Mills Theory”），刊登在《物理快讯》（*Physics Letters*）上。在 2005 年纪念杨—米尔斯理论诞生 50 周年时，威滕写了一篇文章《在弱耦合中规范 / 弦的对偶性》，他写道：“我们在这篇文章中综述了微扰的杨—米尔斯理论的意料不到的简化，由此激起一个想法——利用一个靶空间（target space）是瞬子空间的弦理论来解释这种简化。微扰的杨—米尔斯理论散射振幅起因于这个弦理论的一种瞬子展开（instanton expansion）。”[39，459]

由此可见，即使在当今最抽象、最前沿的弦理论中，杨—米尔斯理论也有不可忽视的价值。

这种数学和物理学相互沟通、关联的局面在19世纪以前是比较容易看清楚的，也为众多物理学家和数学家认可。但是19世纪末以后的半个多世纪的时间里，却出现了另一种景象：数学变得越来越抽象。美国著名数学家哈维·马歇尔·斯通（Harvey Marshall Stone，1903—1989）是研究拓扑学和泛函分析的，杨振宁在芝加哥大学读书的时候，他正好是数学系的教授。斯通在1961年写了一篇比较通俗的文章，文章写道："1900年起数学跟我们对于数学的一些观念，出现了非常重要的变化，其中最富革命性的发展是原来数学完全不涉及物理世界。……数学与物理世界完全没有关联。"[44，16]

杨振宁指出，斯通说的"数学……出现了非常重要的变化"指的就是"越来越抽象"，他还补充说：

> 他讲的这个话确实是当时数学发展的整个趋势。当时数学发展就是要研究一些数学结构之间互相的、非常美的、非常妙的关系，这是当时数学思想的主流。所以在20世纪的中叶，数学跟物理是完全分家了。[44，16]

从物理学的历史上看，数学和物理学是同源的。两者之间关系紧密，相互之间一起发展，一起前进。无论是牛顿，还是麦克斯韦和爱因斯坦，都在发展自己的物理学理论的同时受益于数学的支持，而物理学的发展，也使得数学受益匪浅。但是19世纪末叶以来，数学变得越来越抽象。

杨振宁是当代物理学家中特别偏爱数学而且大量应用数学的少数物理学家之一，他曾经说过：

> 我的大多数物理学同事都对数学采取一种功利主义的态度。或许因为受父亲的影响，我比较欣赏数学。我欣赏数学的价值观念，我钦佩数学的美和力量；在谋略上，它充满了巧妙和纷杂；而在战略战役上则充满惊人的曲折。除此之外，最令人不可思议的是，数学的某些

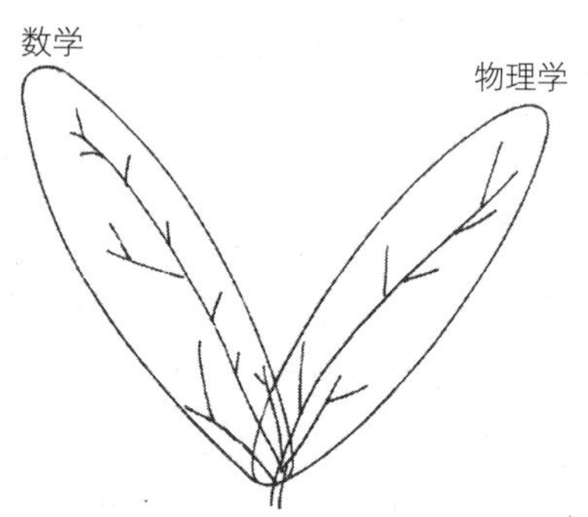

杨振宁提出的数学和物理学“双叶理论”示意图。

概念原来竟规定了统治物理世界的那些基本结构。[1, 214]

但是就连这样一位欣赏、钦佩数学的物理学家杨振宁，在 20 世纪 60 年代对当代数学也感到无法理解了。有一次杨振宁在韩国的首尔做物理学演讲的时候说：“有两种数学书：第一种是你看了第一页就不想看了，第二种是看了第一句话就不想看了。”当时在座的物理学家听了哄堂大笑。

杨振宁这样说也是事出有因。事情起因于当他得知规范场理论与数学上的纤维丛理论有关联时，他就打算自学这个数学理论，上面提到过，他找来斯廷罗德的《纤维丛的拓扑》来读，但是看不懂，上面从头到尾都是定义、定理和抽象的演绎，使人丈二和尚摸不着头脑，完全看不到活泼动人的实际背景。

杨振宁的笑话本是即兴之谈，却不料被一份数学杂志登了出来。数学界肯定会有人不高兴，认为数学本来就是抽象而又抽象的，否则什么是数学？杨振宁得知数学界一些人的反对意见以后并不以为然，说：“我相信还有许多数学家支持我，因为数学毕竟要让更多的人来欣赏，才会产生更大的效果。”

还有一个杨振宁讲的笑话，美国数学家乌拉姆（S. M. Ulam，1909—

1984）在他的自传《一位数学家的遭遇》里有记载：

> 诺贝尔奖获得者杨振宁讲过一个故事，说明了现在数学家和物理学家在认知方面的关系。
>
> 一群人一天晚上来到某城，因为有衣服要洗，就上街去找洗衣店，找到一个橱窗里有“此处接受需洗衣物”招牌的地方，其中一个人就问：“把我们的衣服给你们行吗？”店主说：“不，我们这里不洗衣服。”客人问：“怎么，你们橱窗里的招牌上不是写着吗？”回答是：“这里是造招牌的。”这就有点像数学家的情形，数学家是制作招牌或者说记号的，并且希望自己制作的记号能适合一切可能发生的情况。不过，物理学家也创立过许多数学思想。[98，258—259]

乌拉姆还问道：“我常常迷惑不解的是，数学家为什么不把狭义相对论推广为多种不同类型的‘特殊相对论’（不是如现在熟知的广义相对论）。”

这种“老死不相往来”的隔离局面，在杨—米尔斯规范场理论和杨—巴克斯特方程出现以后，有了巨大的改观，引起了物理学与数学重新合作的新高潮。

现在数学家基本上一致认为：杨—米尔斯理论和杨—巴克斯特方程，都是现实世界所提出的非常基本的数学结构。俄罗斯数学家德林费尔德已经证明，由杨—巴克斯特方程可以导致霍普夫代数，进而衍生出其他数学分支。杨振宁甚至后悔自己以前没有足够重视杨—巴克斯特方程。[43，264]

由以上所述，可以知道杨振宁在现代数学上的地位了。这儿引用张奠宙教授在《20世纪数学经纬》中说的一段话，作为本小节的结束语：“荣获诺贝尔奖的杨振宁是当代的大物理学家之一。20世纪的物理学史上，将会用大字写上杨振宁的名字。与此同时，杨振宁对20世纪数学的发展，亦有非凡的贡献。特别是1980年代以来，导源于杨振宁的两个数学研究分支：杨—米尔斯理论和杨—巴克斯特方程，先后进入当代数学发展的主流，引起文献爆炸，形成了少见的全球性研究热潮。仅以四年一度的世界数学最高奖——菲尔兹奖来说，1990年在日本京都授予四位数学家，其中竟有三人的工作和杨振宁的名字密切相关。人们认为，在对数学有重大贡献的物理学家中，继牛顿之后有傅里叶、麦克斯韦、爱因斯坦和狄拉克，及于当代则无疑是杨振宁。”[43，252]

五、另一个研究领域——物理学史

1962年，普林斯顿大学出版社出版了杨振宁的一本小册子《基本粒子发现简史》。在这本书的前言中，杨振宁写道：

> 我试图通过采用简单的词句来叙述发现基本粒子过程中所包含的种种概念，描绘过去60年来在探索物质结构方面的研究工作的概况。……我希望类似本书这样一种叙述性的历史，即使不能对主题做适当的讨论，却可以稍稍表达出物理学家在探讨这种问题时所具有的精神和所处的气氛。[23，前言]

《基本粒子发现简史》是杨振宁首次在物理学史领域小试牛刀。开始它还只是1959年在普林斯顿大学“凡纽兴讲座”（Vanuxem Lecture）演讲时的讲稿，后来于1961年修订成一本小册子，1962年正式出版，供大学物理系师生和物理工作者阅读。哪知到了石溪分校以后，物理学史乃至一般科学史，竟然成了杨振宁十分关注的一个领域了，他在物理学史方面写的文章逐渐增多，而且也受到人们的关注和好评。

杨振宁的各种演讲和文章经常从历史角度开始。这样的例子可以说举不胜举，我们这儿信手拈来几个精彩的例子。

在1992年写的《关于理论物理发展的若干反思》一文中，杨振宁花了不少笔墨讲述历史：

> 1936年，在英国有一次拍卖，其中拍卖了牛顿的许多论文，这是牛顿在离开三一学院赴伦敦时放在一只箱子中的。伟大的经济学家

凯恩斯……

这种开场，几乎像侦探小说一样把读者深深吸引住了；然后，杨振宁讲述了凯恩斯写的文章《牛顿其人》，凯恩斯曾写道："18 世纪以来，牛顿曾被认为是近代第一个最伟大的科学家，一个理性主义者，一个教导我们按照客观的和不加色彩的理智来思考问题的人。我却不用这种眼光来看待他。……牛顿不是理性时代的第一个人。他是最后的一位巫师，最后一个巴比伦人和苏美尔人，最后一位伟大的智者，他看待周围世界和智识世界，和几千年开始建立我们知识遗产的那些人的眼光一样。"[1，769]

引用了这句话之后，杨振宁惊叹地写道：

> 牛顿深深沉浸在神秘与奥秘之中。在如此大的干扰下，他能够集中进行清晰的数学思维，写出他的巨著《自然哲学的数学原理》，这必须被看成是伟大的历史奇迹之一。[1，770]

接下去，杨振宁又讲了法拉第和麦克斯韦的故事，最后得出一个具有哲学气质的结论：

> 自然界似乎倾向于用数学中漂亮的基本结构去组织物理的宇宙。我们可以不明白为什么这样，但我个人坚信，在下一个世纪，[物理和数学] 交叠区域将继续扩大，这对两门学科都会有益处。[1，780]

在 1990 年写的《对称与物理学》一文中，杨振宁更是以饱蘸激情之墨，挥毫于人类艺术史、认识史和物理学史之间，让读者不仅知道了丰富的历史知识和现代科学知识，而且他的激情会让读者长时间心情激荡，为人类文明的进展而骄傲，也会激励读者为此更加努力去奋斗，解开对称之谜。杨振宁一开始就写道：

> 对称概念像人类的文明一样古老。它是如何诞生的，也许是一个永恒的秘密。但是，生物世界和物理世界中的令人惊奇的对称结构，必定会给先民们留下深刻的印象。[1，687]

接下去，杨振宁举苏东坡的回文诗和巴赫的小提琴二重奏为例写道：

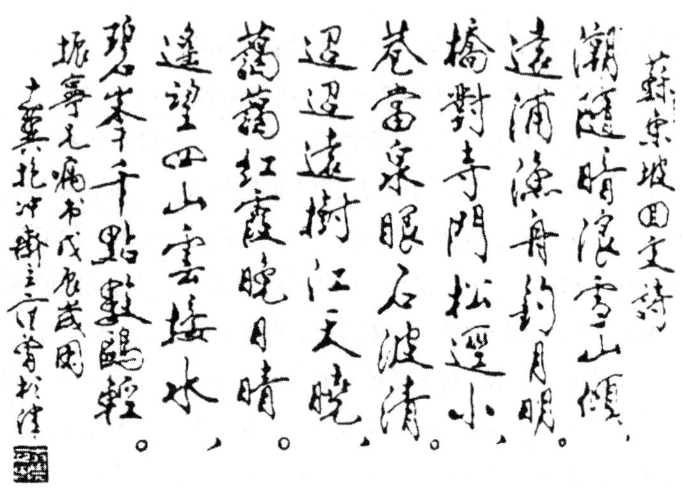

苏东坡的回文诗，范曾书写。

> 可以肯定的是，二者都起因于艺术家对于对称概念的感染力的深刻鉴赏。[1, 687]

然后，杨振宁讲到了对称概念在古希腊时期如何进入科学，讲到了开普勒，讲到了许多数学家和物理学家对于科学中引入对称性概念所做的贡献。到了文章的结尾，杨振宁如椽大笔一挥，指向了“21 世纪：对称的新方面？”：

> 分析物理学中对称概念在许多世纪中的演进，我们不能不为下述诸事实而得到不可磨灭的印象：古希腊哲学家的直觉概念确是在正确的方向上，这个概念在数学和物理学中的演变导致在两个学科中的深远发展，而现在依然悬而未解的基本物理的最深奥的秘密与这个概念好像全都纠缠在一起，等待未来的进一步的发展。在理解物理世界的过程中，下一个世纪会目睹对称概念的新方面吗？我的回答是，十分可能。[1, 703]

由此，我们可以充分看出，杨振宁研究物理学史不仅仅是为了发现有趣的问题，而且试图从历史的发展对未来的发展做出预言。

古罗马政治家、作家西塞罗说得好：“如若你不了解在你出生以前发生的事情，你始终只能是个孩子。”美国第三任总统杰斐逊说：“历史告诉人们什么是过去，并帮助他们预测未来。”杨振宁正是站在这样的高度对待物理学历史的。对于像杨振宁这样一位“几乎有了爱因斯坦地位”[1]的顶尖物理学家来说，他有责任对物理学的未来说明他的意见。为了做好这一点，他不能不对物理学、科学和文明人类史有相当深入的了解和独特的研究。

1961 年，在 4 月 8 日美国麻省理工学院 100 周年庆祝会的小组座谈会上，杨振宁发表了题为“物理学的未来”的简短讲话。讲话虽短，却表达了他对现代科学发展的透彻看法，和在哲学和文化方面的思考。即使在 40 多年后的今天看来，仍然具有现实的指导意义。在这次会议上，由于物理学在 20 世纪前 60 年所取得的辉煌成就（“恰如一首英雄诗”），因而整个氛围充满了对过去获得的成就的自豪和对未来发展前景的信心。杨振宁却认为，“在这充满着激情的气氛中插入一些不和谐的旋律也许并非完全不合适”。他提出四点意见，其基本精神是告诫同行们不要过于自信，不要盲目乐观：在物理学今后的进展中，由于“研究的内容与人类直接感觉的经验已经相距很遥远……这种遥远性肯定还会增加”，因此“实践时困难越来越大”，而物理学家与数学家和艺术家不同，“物理学家不能凭自由的想象去创新新概念、构造新的理论”。而且，“由于实验的复杂性和间接性，出现了这样的情况：人们没有认识自己所做实验的选择性质。选择是建立在概念上的，而这个概念也许是不合适的”。杨振宁据此种种限制认为：

相信人类智力的威力是无限的信念也是不正确的。一个重要的必

〔1〕 意大利著名理论物理学家图里奥·雷杰（Tullio Regge）语，见参考书目 16，第 239 页。

须考虑的事实是，每个人的创造力的生理局限性和社会局限性可能比自然的局限性更为严重。[1, 112]

杨振宁这些预言，显然是基于他对物理学、科学发展历史背景的深入了解。中国宋代王安石有诗云：“不畏浮云遮望眼，只缘身在最高层。”这是说要想看得远、看得清，必须站得高；而想站得高，必须有深厚的历史资源为后盾，正所谓明察历史，方可通幽洞微、料远若近也！

在2009年一次接受采访的时候，杨振宁再次提到1961年的这篇文章。他对记者说道：

我很喜欢爱因斯坦的一句话，就是“这个宇宙有一个秩序，我们有能力去发现出来”。我在1961年曾经发表过一个《物理学的未来》的文章，我对于爱因斯坦说的前一点是同意的，对于第二点我认为是对的，但有一个极限。[110, 57]

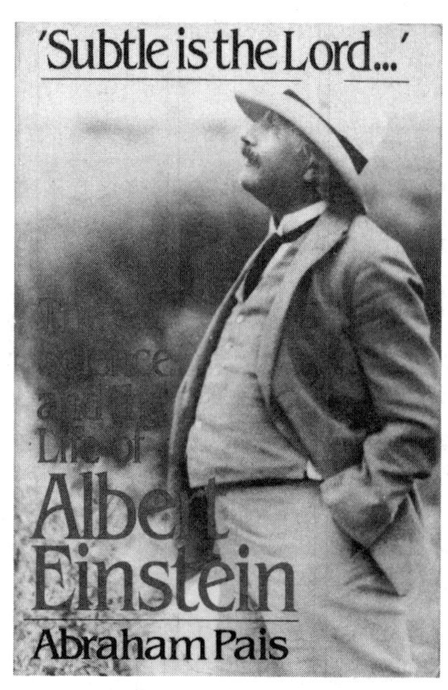

派斯写的《上帝是微妙的——爱因斯坦的科学与生平》原书封面。

杨振宁曾多次建议中国的物理学家们读一读物理学史方面的书，他介绍了三本，两本是亚伯拉罕·派斯写的：《上帝是微妙的——爱因斯坦的科学与生平》和《基本粒子物理学史》〔1〕，还有一本是克里斯和曼恩合写的：《第二次创生——二十世纪物理学革命的缔造者》[74]。对派斯的第一本书，杨振宁在1986年的演讲中说道：

我介绍大家去看派斯在四年以前所写的爱因斯坦的一个科学传记。以前虽然有过很多爱因斯坦的传记，但都不是真正深入做理论物理的学者所写的。这却是第一次，所以立刻就成了一本非常重要的书。书名取了爱因斯坦的一句名言。意思是说上帝十分微妙，可并不狠毒。上帝创造了自然，自然的规律是很妙的，但并不会故意引你入歧途，使你不懂。只要你弄对了，你就可以懂。派斯就拿它做了书的名字。[3, 230]

关于《基本粒子物理学史》，杨振宁介绍：

派斯以其深厚的历史感，洞悉了悠久的物理学发展史。同时，他还引入一种新的科学史叙述风格，呈现出史诗般的人类探索自然奥秘的英雄时代。这将是一部不朽的著作。[22, 封4]

除了以上所说的三本书以外，杨振宁还多次推荐年轻人看美国生理学家詹姆斯·沃森（James Watson，1928—　）写的《双螺旋——发现DNA结构的故事》（*The Double Helix*：*A Personal Account of the Discovery of the Structure of DNA*）。1983年2月，杨振宁在香港对香港中学生有一次演讲，题目是"关于怎样学科学的一些意见"，演讲中杨振宁提到这本书：

在下面我想给你们写下这样一句话："初生之犊不畏虎。"也许很难将这译成英语，可以直译成：A young calf does not know enough to fear the tiger。这是个非常重要的概念，我之所以在此特别强调这一点，

〔1〕 此书有关洪、杨建邺等译的中译本，英文书名为 *Inward Bound, of Matter and Force in the Physical World*，中译本书名改为《基本粒子物理学史》，武汉出版社，2002年。

是因为我认为传统的中国文化不提倡这一点。我认为沃森写的《双螺旋》是一本真正优秀的通俗读物。沃森和克里克（Crick）在20世纪50年代初对遗传物质DNA的结构有了深刻的发现。他们考察了富兰克林（Franklin）小姐几张X光照片之后，率先提出了DNA分子是双螺旋链式结构的设想。我无须强调这个发现的重要性。我相信若干年之后人们会把它看成是20世纪生物学最重要的发现。在60年代沃森写了这本通俗读物，描述了他与克里克的经历。这本书很精彩，非常生动地阐述了（虽然没有直接这样说）那些知识虽不太丰富，但有强烈热情、无所畏惧、敢于涉足新领域而不被束缚的年轻人是搞科学的好材料。事实上他在书里所讲的一些事吓坏了许多因循守旧的人。[3，320—321]

以史为鉴，杨振宁建议年轻人尤其是中国年轻人应该看看这本书。

从这本书里我们可以吸取一个教训，而且这个教训对于一个中国血统的听众来说也许尤其重要。因为正如我所说的，中国的传统观念太倾向于崇拜权威，而不鼓励年轻人开创出新路子。[3，321]

11年之后，杨振宁再次对记者提到沃森和他的《双螺旋》。[110，58]

杨振宁除了写了许多与物理学发展史有关的文章以外，还写下了数量不少的介绍物理学家功绩和他们治学方法的文章。例如：1961年写过《忆费米》，1962年写了《悼念马仕俊博士》，1964年写了《贺奥本海默六十寿辰》，1965年发表《汤川秀树的贡献》，等等；到了石溪以后，这方面的文章写得就更加多，而且介绍得也更加详细，例如1967年写了《奥本海默的悲剧》，1979年写了《爱因斯坦对理论物理学的影响》，1980年写了《爱因斯坦和现代物理学》，1985年写了《外尔对物理学的贡献》和《对汤川秀树1935年的论文的评价》，1986年发表《几位物理学家的故事》，等等。在《几位物理学家的故事》一文中，杨振宁生动地介绍了费米、特勒、奥本海默、爱因斯坦、泡利、海森伯、狄拉克和昂萨格八位

杨振宁和他的博士论文指导老师特勒，一直保持着很好的情谊。

20 世纪重量级物理学家的成就和治学方法、态度，让读者在生动有趣的故事中领略物理学的风采，真有“倜傥指挥天下事，才华驱使古今书”的气概和“江山代有才人出，各领风骚数百年”的豪情，让人看了不免心潮澎湃，豪情激增；而且还使人明白，大师也是普通的人，他们也会犯下普通人常犯的错误，不能把大师当作高不可及的偶像供奉。

例如谈到被誉为“上帝的良心”和“上帝的鞭子”的泡利，杨振宁认为他的确是令人信服的物理学家，但缺点是对别人很不客气，讲话常过于刻薄（奥本海默也有这个毛病，最后为此大倒其霉）。杨振宁也碰过泡利的钉子，有时杨振宁甚至设法避开他。到了晚年，泡利对自己年轻时自负气盛的做法颇有悔意，说：“有时候我自己认为是当时最好的理论物理学家，是一个革命者，大问题来了，我将是解决它的人。但当大问题来了以后，却由别人解决，我只是一个学者，不是革命者。”[105]

谈到他的老师特勒，杨振宁说特勒对于对称原理和群论都很在行，当杨振宁想成为他的研究生时，特勒只问了一个很基础的问题就收杨振宁为学生。特勒不怕说错话，往往十句中只有一两句是对的，有人指出他说错了，他就会和批评他的人一起讨论，然后写一篇文章。但他后来在一次听证会上不明智地说了一些不利于奥本海默的话。当奥本海默最终受到美国政府不公正的对待时，许多科学家对特勒的行为公开表示鄙视，甚至见到他就赶快转身避开，表示对他的轻蔑，这让他非常伤心。

在研究物理学史方面，对于中国物理学和科学的发展，杨振宁也倾注了相当的精力。1991 年他曾经说：

> 我觉得我自己有责任做一点中国现代的物理学史研究，介绍和评论一些当代中国物理学者的贡献。说起来，这还是受日本学者的启发。日本人对本国学者的贡献研究得很透彻，而且“寸土必争”，著文论述。……相比之下，我们在这方面做得不够。……对本国学者取得的科研成就确实应该认真对待。中国前辈科学家在艰苦条件下取得的成果更应该珍视。正是在这种刺激下，我开始做一些工作。[3, 87]

1986 年，杨振宁与李炳安合作写了《王淦昌先生与中微子的发现》、《赵忠尧与电子对产生和电子对湮灭》；1987 年写了《一个真的故事》，讲述了中国物理学家谢玉铭先生的重要贡献；1995 年在访谈中又写了《华人科学家在世界上的学术地位》一文。在这些文章中，杨振宁以确凿的事实为根据，实事求是地介绍了中国科学家对科学和物理学发展过程中做出的重要的甚至是卓越的贡献。这些文章不仅对物理学是重要的文献，而且对于中国读者来说，更能深刻感受到杨振宁的拳拳之心。

在《王淦昌先生与中微子的发现》一文中，作者开门见山地写道：

> 在粒子物理的历史中，中微子是“基本”粒子家庭中特别神奇的一员，自从 1930 年泡利提出中微子可能存在的假说……以后，一

杨振宁在王淦昌家中畅谈，摄于1996年。

个中心问题是如何直接验证它的存在。关于这个问题，从 1934 年到 1941 年间文章很多，可是都没有找到问题的关键，这是因为中微子不带电荷，而且几乎完全不与其他物质碰撞（譬如，可以自由地穿过地球），不易直接用探测器发现。[1, 560—571]

正在这时，王淦昌从贵州湄潭（抗日战争时期浙江大学避难地）的穷山沟里给美国《物理评论》寄去一篇论文，提出了寻找中微子的一个建议。根据这个建议，只需要测量某种反应后元素的反冲能量和动量，就很容易测出中微子的质量和能量。这对于当时物理学家们在验证中微子质量无所适从的情况来说，真是在“山重水复疑无路”的困境下，带来了“柳暗花明又一村”的境界！杨振宁对王淦昌测量中微子的质量和能量的论文给予了高度的评价，他说：

在确认中微子存在的物理工作中，是王淦昌先生一语道破了问题的关键。这是一篇极有创建性的文章，此后的十余年间，陆续有实验物理学者按照这一建议做了许多实验，终于在50年代初成功地证实了中微子的存在。[1，560]

王淦昌的文章发表后几个月，物理学家艾伦（J. S. Allen）就按王淦昌的建议做了实验，可惜因为精度不够，未能完全实现王淦昌的建议。当时正处于第二次世界大战期间，实验条件不理想，王淦昌的建议只是在战后1952年才完成。如果艾伦在1942年完成，肯定会在当时物理学界产生巨大的冲击。1952年，一位叫戴维斯（R. Davis，Jr.）的物理学家，终于在王淦昌提出建议十年之后，找到了中微子存在的证据。让杨振宁感到不平和不安的是："现在人们提到中微子的存在实验时，往往只有戴维斯的工作，却把王淦昌的原始构想忽略了。"因此，杨振宁和李炳安合作写了一篇文章，"以期引起世人的注意"。

杨振宁还指出过："整理和评价当代中国学者的科学贡献，应当是中国科技史研究的重点之一。特别是一些重要的历史性的贡献，应当恢复其历史本来面目，不可马虎。"为此，他和李炳安又写了一篇《赵忠尧与电子对产生和电子对湮灭》[1，572—585]的文章，为赵忠尧在1930年做的极重要的贡献伸张名誉，恢复其历史真面目。

文章开门见山地写道：

> 本文分析了赵忠尧1930年所做的实验，在促使物理学家于1933—1934年间接受QED（量子电动力学）理论的过程中所做的贡献。文章指出布莱克特（P. M. S. Blackett）和奥克里尼（G. P. S. Occhialini）〔1〕在1933年提出的关于空穴理论的关键性的建议是建

〔1〕 布莱克特（P. M. S. Blackett，1897—1974），英国物理学家，1948年获得诺贝尔物理学奖。奥克里尼（G. Occhialini，1907—1993），意大利物理学家。1933年，布莱克特和奥克里尼发现宇宙射线中的电子和正电子簇射，以及由γ射线形成的电子—正电子对的现象。

立在这样一个基础上，即确认赵忠尧的“额外散射射线”是来自电子对湮灭。[1，572]

本来是赵忠尧最先由实验发现电子对产生和湮灭过程的一种“异常吸收”值（约 0.5MeV），却被冠以国外科学家的名字，而且在文献中把最先、最精确的实验论文排到最后，还把论文发表日期由 1930 年误写为 1931 年。杨振宁对此严正地说：

> 调查一下（电子）对产生和（电子）对湮灭的发现史，我们对于赵忠尧的实验印象很深，这些实验探究了重要的问题，并且这些实验难度很大，从他的对手在反常吸收实验和额外散射实验中所陷入的困境可以看出实验的难度。这些实验具有古典美——简单、可靠且经得起时间的考验，很不幸由于布莱克特和奥克里尼文章中对参考文献粗心的引用和由其他实验引起的混乱和争论，赵的文章没有得到应有的重视。[1，582—583]

后来，瑞典皇家科学院院士、诺贝尔物理学奖评选委员会前主任埃克斯朋说，“疏漏”了赵忠尧的这一历史功绩，是一桩“十分令人不安的、无法弥补的疏漏”。想必埃克斯朋是看了杨振宁和李炳安发表的文章以后，才发现了这一“无法弥补的疏漏”。由此可以想见，中国科学史工作的责任实在不轻！

杨振宁还在《一个真的故事》[1，651—653]一文中，讲了一个他偶然发现的有关中国一位物理学家的贡献的故事。1986 年 3 月，杨振宁买到一本新书《第二次创生》，书中下面的句子引起了杨振宁的好奇和关注：

> A second Caltech team，William Valentine Houston and a visitor from China，Y. M. Hsieh，also examined the fine structure of hydrogen. They，too，found that some of the fine structure lines were about 3 percent off the predictions of the theory. The discrepancy was “large”，they said. It was caused by “a deficiency in the theory”.[74，112]

这段话的意思是说，加州理工学院的豪斯顿和来自中国的访问学者谢（Y. M. Hsieh）对氢原子光谱的精细结构做了非常准确的测定，发现实验结果与当时的量子理论预言有 3% 的误差，这个误差“太大”，只能说明当时的量子理论有问题。1939 年 9 月，他们写了一篇长文投到《物理评论》，五个月之后文章发表了。《第二次创生》一书的作者指出，这篇文章中有一个“从现在看来是惊人的提议”，即他们二位认为这是因为现行的理论“在计算频率的时候忽略了辐射场和原子（即自能）之间的相互作用”。[74，113]

这篇文章的实验结果和由此提出的建议，实际上都惊人地正确，如果不是因为当时其他一些不同实验结果的干扰，这篇文章本应引起很大的震惊，导出重大的发展。杨振宁以前没听说过豪斯顿和谢的文章，当看到《第二次创生》叙述这件事的时候，立即想到书中提到的“Y. M. Hsieh”也许正是当时中国复旦大学校长谢希德的父亲谢玉铭先生。

谢玉铭出生于 1895 年，四岁时父亲去世，幸好母亲非常疼爱他，弥补了过早失去父亲的不幸。小学毕业后，进入福建泉州私立教会中学培元中学，他靠自己画地图卖给外国人，不仅还清了家中债务，还可以付出自己的学费。后来谢玉铭考入北平协和大学（后与其他几所教会大学合并改名为燕京大学）。1923 年，谢玉铭得到洛克菲勒基金会的奖学金，到美国留学，先在哥伦比亚大学获得物理学硕士学位，后在芝加哥大学获得博士学位。在芝加哥大学期间，与杨武之交往颇深。

回国后，谢玉铭在燕京大学物理系执教。这时由于燕京大学与清华大学相距很近，所以他与杨武之常有来往。那时，杨振宁的聪明好学给谢玉铭很深的印象，常以“杨武之之子”的好学精神教导女儿谢希德和她的弟弟们。这是谢希德最早得到有关杨振宁的印象。1932 年，谢玉铭趁休假之际，到美国加州理工学院做访问研究。在这期间，谢玉铭与豪斯顿合作，发现他们对氢原子光谱的精细结构所做的准确的测定，与当时量子力学理论不

谢玉铭全家在厦门大学时的合影。后排中间站立者是曾任复旦大学校长的谢希德。

符，因此他们两人发表了一篇论文，预言这种不符可能是电磁辐射场起了重要作用。杨振宁 1986 年在《第二次创生》上看到的“惊人的提议”（an astonishing suggestion），指的就是这篇文章中提出的预言。

后来谢玉铭回国，1946 年前后在厦门大学任教，由于内战爆发，通货膨胀，他的收入难以维持生活，就应朋友之约到菲律宾谋职，后来在马尼拉的东方大学任教。原打算安顿好之后，将全家接到菲律宾，哪知世事变迁出人意料，全家从此未能再聚。后来，谢希德在美国完成学业后写信给父亲，说她想回到中国，谢玉铭回信说“感到很不安”，不赞成她回国。

杨振宁看到在《第二次创生》一书中提到“谢”，就立即想到谢玉铭，这本身就有点让人感到惊讶，毕竟他对谢玉铭并不十分熟悉。接下去，杨振宁就写下了《一个真的故事》。这篇短文充分显示了杨振宁的文章“风格典雅、言辞简洁而意境深远”，诚如熊秉明先生所说：“杨振宁的这一篇文章，有俄国文学家契诃夫小说的风格。”[16, 436]下面是这篇短文的后一半：

> 豪斯顿和谢的工作我从来没有听说过。看了《第二次创生》中对他们工作的推崇以后，我想谢也许是现任复旦大学校长谢希德的父亲谢玉铭教授。可是一时不能证实。非常凑巧，几天以后谢希德从美国西岸打电话来讨论学术交流的事情，我趁机会问她谢玉铭教授是否曾于30年代初在加州理工学院访问，并曾与豪斯顿合作。她说：
>
> “是的。你为什么要问？”
>
> 我兴奋地告诉了她书中的故事，并且问：“你知不知道你父亲那时的工作很好，比兰姆（W. E. Lamb, Jr.）的有名的工作〔1〕早了十几年，而且兰姆的结果证明你父亲的实验是正确的？”
>
> “我从来不知道。当时他只告诉我，在从事很重要的实验。”
>
> “你们父女都是研究物理的，兰姆1946—1947年的工作引起震惊的时候你已经是物理学工作者了，他怎么没有和你说起他自己在30年代的工作呢？”
>
> 电话那端沉默了一会儿：“说来话长。我们没有机会。家父于解放前去了菲律宾，他写信要我留在美国或英国。我于1952年回国。

〔1〕 兰姆“因为有关氢光谱方面的发现（即兰姆位移）”获得1955年诺贝尔物理学奖。

回国后曾多次给他老人家写信，都没有收到回信。我猜他对我不听他的话很不高兴。所以我们始终没有机会讨论他早年的工作。”

我本来知道谢希德在50年代培养中国半导体研究人才的功劳，也知道她在“文革”时期所受到的灾难，和“文革”以后对复旦大学的贡献，却不知道她和她父亲之间的这一段历史。一时我不知应说什么好。谢希德停顿了一下，接着说下去：

“前几天，我刚自上海来到美国西岸，到芝加哥时突然接到消息，家父于3月20日在台湾去世了。他大约是十多年前自菲律宾退休以后搬去中国台湾的。”

又停顿了一下。

“我们父女40年没有见面了。他一定很伤心。我也很伤心，因为我知道他一直特别喜欢我。”〔1，652—653〕

就是经过杨振宁的这番努力，谢玉铭的重大贡献才再次为科学界人士所知，这对于中国物理学史无疑是一份重要的贡献。

还有一件事情，也可以见到杨振宁对中国科学家贡献的重视。在《我对统计力学和多体问题的研究经验》一文中讲述自己的研究历程时，他特别提到一位中国物理学家的贡献：

我现在应该补充一下，在1951年我写出了Ising模型的方晶格的磁化以后，过了一年我到西雅图华盛顿州立大学去访问，那时在那里有个研究生，即张承修〔1〕教授，现在武汉。我对他说，你也许可以把我年前的工作推广到一个长方形的晶格做同一计算，这个计算也很复杂，不过方晶格计算用过的方法都可以搬来，只是要改一改。

这样他计算了几个月，把结果得出来，写了一篇文章。非常有意

〔1〕 张承修，理论物理学家，江西临川人。1943年毕业于武汉大学电机系，1954年获美国华盛顿大学哲学博士学位，1955年回国。历任武汉大学教授，中国科学院武汉物理研究所研究员、副所长、所长。

> 思的是，在他的文章的尾巴上加了一段话，指出在二维空间中方晶格和长方形晶格得出同一β值的结果，都是1/8，也许具有普适性，我相信这是历史上第一次在文章上有这样的观念。[1, 659]

由这一段话可以想见，杨振宁对于凡是中国科学家的贡献，都非常关注，绝不马虎。杨振宁曾经说过，他一生最大的贡献是帮助“恢复了中国人在科学上的自信”，因此有人曾经问杨振宁：“您和李政道于1957年获得诺贝尔奖是‘中国人恢复科学自信’的主要标志吗？”杨振宁不同意这种意见，他的回答是：“诺贝尔奖是可遇而不可求的事。‘恢复中国人的科学自信’，是中国几代科学家的努力，不是我一个人能办到的，我只是尽了我的一份力量。”

在这“我只是尽了我的一份力量”中，包括杨振宁重视和发掘中国科学家被湮没了的卓越贡献。所以，杨振宁多次期望中国科学史工作者重视这方面的研究。但是，与此同时，杨振宁又时时刻刻提醒国内的学人注意，不要毫无根据地把一些并不存在的荣誉强加给中国科学家，自造一些科学术语，这样既不严肃也不能得到国际普遍的认同。这些提醒，也正是杨振宁“恢复中国人的科学自信”的一个重要的方面。

六、退休

在1982年60岁时，杨振宁对老同学沃芬斯坦（L. Wolfenstein）说他最近有一个重要的发现，沃芬斯坦以为杨振宁在物理学上又有了什么新的创建，结果杨振宁说，他发现了“人生是有限的”。[16, 472]

1992年七十寿辰时，好几个地方为杨振宁举行生日庆祝会，在各个庆祝会上他一再引用陆游的诗句“形骸已与流年老，诗句犹争造化工”来表明自己“老骥伏枥，志在千里；烈士暮年，壮心不已”的雄心壮志。

但1997年的一场大病，终于使杨振宁改变了想法。那年11月8日，杨振宁在家中突然感到胸闷，检查的结果是心脏大血管有七处堵塞，医生建议他立即手术搭桥。

11 月 17 日，杨振宁在石溪分校医院做了搭桥手术，而且搭了四条。手术十分成功，他醒来的第一个动作是在空中画了一个长长的“∫”形，向亲人和自己表示自己很清醒，连微积分都还可以做嘛！三个月以后，杨振宁又回到了办公室工作。虽然他还想做许多事情，但毕竟岁月不饶人，于是他决定退休。

1999 年 1 月，在石溪理论物理研究所上完最后一节课后，杨振宁就正式退休了。5 月，长岛遍地山茱萸盛开，正是普林斯顿的美景让人流连的时候，石溪理论物理研究所特地为杨振宁举办了一个退休研讨会。许多多年不见面的老朋友在研讨会上见了面，让杨振宁十分感动和兴奋。特别值得一提的是身患癌症的米尔斯也抱病来参加研讨会。五个月以后的 10

1999年5月，杨振宁在自己的退休研讨会上讲话。

月 27 日，米尔斯去世。

在退休研讨会上，接任研究所所长的纽温惠曾说：“杨—米尔斯理论在 20 世纪物理科学上的地位，就好像麦克斯韦理论在 19 世纪物理科学的地位一样。”

戴森在 22 日的晚宴上做了热情洋溢的讲话。他说杨振宁在 1983 年为庆祝 60 岁生日出版的《论文选集》是他最喜爱的一本书，他认为这是一本经典之著。戴森还说：“没有美国，杨振宁不会成为世界一流的科学家；离开了中国和他的父亲，将成为无根之树。”戴森说，他喜欢杨振宁在《论文选集》前言中引用的杜甫的诗句：“文章千古事，得失寸心知。”他还推崇杨振宁是继爱因斯坦和狄拉克之后为 20 世纪物理科学树立风格的一

1999年5月，纽约州立大学石溪分校理论物理研究所为杨振宁举行盛大的退休仪式。

代大师。他称赞杨振宁是一个知道节制的“保守的革命者”。

晚宴上，石溪分校校长肯妮（S. Kenny）正式宣布：石溪分校的“理论物理研究所”，即日改名为“杨振宁理论物理研究所”。

杨振宁最后上台讲话。[16，487—488]他说自己到美国已经50多年，经历了芝加哥、普林斯顿和石溪三个研究所，他感谢美国给予他的发展机会，也感谢在座的太太杜致礼49年来给他的支持。他的讲词是他一生简单扼要的总结：

> 我平时不怎么怕说话，但前面各位所讲的却使我真的说不出话来了。我一向知道也非常钦慕戴森的滔滔而辩的风采；但是我却不知道我的同事斯特曼也有一种潜在的侃侃而谈的口才。〔1〕
>
> ……
>
> 去年我的同事告诉我他们想为我办这个研讨会，我告诉他们不要办。我说办研讨会工作太多，而且也不知道办不办得成；但他们不听我的，径自去筹划起来；而且就办成了。现在看起来，在5月这两个灿烂的日子里，我们有一个有声有色的会议。对我来说，它给我机会看见这么多老朋友，有些我已是多年不见了。对我们大家来说，它给我们机会认识许多重要而又令人感到兴奋的新发展；而这些在未来几年无疑会更显出其重要性来。
>
> 除此之外，这次研讨会重新肯定了我们的信念，就是：我们所爱的物理是异彩纷呈而又是整体不可分的；研讨会同时也为我们强调了：这世界上研究物理的人所形成的是一个变幻不止却又紧密相连的大家庭。
>
> 我自己是在54年前来到美国的。那是一个阴郁的11月天，我在

---

〔1〕　戴森是研讨会上第一个演讲的人，乔治·斯特曼（Jeorge Sterman）是最后一个演讲者。

纽约沿着赫德逊河的一个码头下了船。说准确些，我记得是1945年11月24日。我当时的计划是在美国拿博士学位，然后回到中国去教书，就像我父亲以前做的那样。而事情发展的结果却是：我没有回去；我留下来了。我很感谢美国容我在这一新环境中得以生发与成长，也很感谢三个与我关系密切的学术机构：芝加哥大学、普林斯顿高等研究所，以及纽约州立大学石溪分校。我非常幸运：我似乎生逢其时，总是在事业转折之际，走入了合适的单位。回想这些，我发觉命运待我真是非常非常仁厚。

我要谢谢你们每一位老远来参加这个会议，也谢谢各位待我的深厚友情。但是今晚有一位特别的人，我要致以特殊的谢意，就是我的妻子。致礼是我来美前1944—1945年我教的班上的学生，但我那时与她还不大熟识。1949年圣诞节前后，我同鲁丁格当时都是单身汉，二人一起到普林斯顿的维特史朗街上新开的“茶园”餐厅去吃饭，就在那里我与致礼不期而遇了。那天究竟是我先认出她来？还是她先认出我来？自那时起在我们家就成了一个争论不已的话题。我们结婚已经49年了，49年来她一直给我最大的支持，我愿意在此向她公开致谢。

1982年，我60岁那一年，我认为自己有一很大的发现，也可以说很深的觉悟，即：生命是有限的。好像这种想法在我60岁以前从来没有在我的脑海里出现过。而今，我76岁了，在过去一年半中我与致礼经历了四次手术，所幸每一次手术都很顺利。但我知道：一个人逐渐老去时，他的哲学观点也必然会随之改变。于此，我想起大约一千一百年以前，唐代大诗人李商隐写下的不朽的诗句：

夕阳无限好，只是近黄昏。

本世纪初，另一大作家朱自清，他是我父亲的朋友，把那两句诗改写成这样：

但得夕阳无限好，何须惆怅近黄昏。[41，294—296]

七、香港中文大学

杨振宁与香港，尤其是香港中文大学，有深厚的渊源，写杨振宁的传记，不能不写他与香港和香港中文大学的交往。

杨振宁在1971年首次访问中国内地，然而早在60年代他就多次在香港访问和讲学，1964年底还与父母弟妹在香港相聚。1986年，杨振宁被授予香港中文大学的博文讲座教授，此后他更加关注这所大学。2003年底杜致礼去世后，他就在香港中文大学和清华大学轮流居住。

香港中文大学成立于1963年，它是以一大批中国著名学者和一批工商业界有志之士经过十多年的奋斗，在原有的崇基学院、联合书院和新亚书院三所大专院校的基础上联合组成的。这是香港第一所非殖民属性的大学。在此之前，香港只有一所大学——香港大学，这是一所标准的殖民属性的大学，基本宗旨是为香港培养政府官员，而不重视研究。[99，11—36]

香港中文大学在成立之初就决心打破香港大学一贯的办学模式，办成一所研究型的综合大学。首任校长李卓敏教授以“结合传统与现代，融会中国与西方”为创校的使命，一方面强调中文大学以中文教学，另一方面则坚持大学不能没有科学研究。香港中文大学的校训是“博文约礼”，这四个字来自《论语》：“博我以文，约我以礼。”由校训的这四个字就可以看出香港中文大学的办学宗旨和所承担的使命。这所大学的第三任校长是高锟（任期为1987—1996年），高锟素有“光纤之父”的美誉，选他担任校长就可以看出香港中文大学高瞻远瞩的气势。当2009年10月初香港中文大学得知他们的前任校长高锟获得诺贝尔物理学奖的时候，全校师生为之欢呼雀跃，在香港中文大学科学馆的主楼高锟楼的一侧悬挂了很大的庆贺画幅。

香港中文大学的师生来自世界各地，到2008年底，本科生和研究生共达2万之数，其中约3000人来自中国香港以外的45个不同国家和地区。

高锟获得2009年诺贝尔物理学奖以后，香港中文大学在高锟楼一侧挂出庆贺高锟获奖的大幅画像（杨振宁在香港中文大学的办公室恰好就在高锟楼三楼）。

目前，香港中文大学有教职员 630 多人。

杨振宁与香港中文大学的交往开始于 1964 年。这一年杨振宁动了一个念头，此前虽然与父母在日内瓦见过面，但是一来到日内瓦为父母办理护照很麻烦，而且旅程太远、颇费周折，父母年龄大了，尤其是父亲身体不好，来往不便；再加之他一直牵挂怀念的弟弟妹妹还没有见到，因此他想找机会在香港与内地全家亲人见面。他把自己的想法告诉李卓敏校长，并且希望李卓敏帮助他弄到亲人们的签证。但是这可不是一件简单的事情，涉及英国、美国、中国台湾等方方面面。李卓敏为此事专门找过当时的港督戴麟趾爵士（任期为 1964—1971 年），后来总算在李卓敏穿针引线的努力后，以邀请杨振宁来港讲学为名，使杨振宁全家得以在香港会聚。

12 月 19 日，杨振宁的父母和振汉、振玉从深圳乘火车过罗湖桥来到香港尖沙咀火车站，早些时候到达香港的杨振宁早就日夜思念的亲人，终于见到了！这一次最激动的是杨振宁和弟弟妹妹，他们1945年昆明一别，到这年足足19年之久！那时弟妹还是小孩子，现在都成了大人。

杨振宁来港的事情虽然保密，但是还是被媒体知道了，于是媒体开始大量报道杨振宁全家来港的事情。一家报纸上分期连载著名记者赵浩生与杨振宁的访谈录《与杨振宁畅谈·诺贝尔物理学奖获得者》。12月30日，《星岛日报》刊登大标题文章：《杨振宁父亲证实抵港·中共秘密进行游说杨返大陆·但杨博士却暂无意回去·今在专题演讲将有保安人员护卫》。

12月30日下午4时，杨振宁在刚建成不久的香港最大的香港大会堂音乐厅做了题为“近代高能物理学之认识”的报告。这一次报告从一开始就引起香港巨大的轰动。12月31日香港《大公报》的报道是：“中国物理学家杨振宁昨公开演讲，大会堂内空前拥挤，场外有千余听众轮候无法入场。”记者叶中敏后来在她写的《人情物理杨振宁》里描述了当时的盛况：“杨振宁此次来港的目的，是应邀为中文大学进行一次学术演讲，题目是‘近代高能物理学之认识’。演讲会在当时全港最大的香港大会堂音乐厅举行，大约有一千多个位子。演讲会在下午4时开始，但2时未到，排队的人龙已经从大会堂花园一直排列出外面行人路上，绕了大会堂一个圈，不少中学生、大学生、教师来了，还有不少文员、职工以至老年人士也来了，他们不一定听得懂杨振宁要讲的内容，但是，他们都要来亲眼看看这位第一位获得诺贝尔奖、为中国人增光争气的青年科学家，要分享一下这份中国人所共有的喜悦和光荣。结果，有千多人不得其门而入。”[57, 116—117]

这一次杨振宁在香港的演讲，对很多香港学生产生了深远的影响，不少中学生、大学生从此爱上了科学，选择了物理学。2010年1月6日，我在采访香港中文大学副校长、物理系讲座教授杨纲凯的时候谈到这一次演讲，他仍然非常激动地说，那时他还是高二的学生，听了杨振宁教授的演讲后，就决定以物理学为自己终生的追求方向。后来杨纲凯果真成为加州理工学院物理系著名物理学家和诺贝尔物理学奖得主盖尔曼的研究生，获得博士学位。还有 2001—2009 年任香港科技大学校长、高温超导专家的朱经武教授也曾经说过，他当年正是因为听了杨振宁的演讲才大受鼓舞，后来到美国进大学就选择了物理系，1968 年在加州大学圣地亚哥分校获得博士学位。

1976 年 3 月，杨振宁在回中国内地探亲途经香港时，应香港中文大学物理系的邀请在该校做报告。在采访杨纲凯教授的时候，他特地提到这一天。那时他已经是物理系的年轻教师，系里让他负责接待杨振宁教授。恰好那天他的太太在上午 9 时临产，报告将于下午 4 时开始，他家住得离学校又很远，结果这一天他真是里里外外忙得不亦乐乎。但他却由此永远记住了这一天，因为是“双喜临门”呀！

杨振宁下午 1 时半到达香港，4 时就在中文大学做了题为“磁单极子量子化”的学术报告。这个报告主要介绍他最近和吴大峻合作研究磁单极子量子化所取得的最新成果，在这一成果中，他们发现规范场与纤维丛有密切的关系，这使得他们大为惊诧。

这次演讲，香港大专院校有 100 多名教师前来听讲，课堂里座无虚席，就连过道上都坐满了学生。杨振宁生动有趣和深奥的演讲，引起听众极大的兴趣，受到大家热烈的欢迎。系主任徐培深教授最后代表大学和物理系以及听众向杨振宁致以谢意。演讲完毕以后，杨振宁还与香港大专学生联会的代表座谈。

1982 年 1 月 21 日，杨振宁在香港中文大学做了名为“对称与 20 世纪物理学”的演讲。在这次演讲中，杨振宁谈到对称性在自然界、物理学中种种为人熟知的对称性现象，然后对这种古已有之的重要认识如何发展成“对称性支配相互作用”做了生动的介绍。在演讲结束时，杨振宁说：

> 从十分复杂的实验中所引导出的一些对称性，有高度的单纯与美丽。这些发展给了物理工作者鼓励与启示。他们渐渐了解到了自然现

象有着美妙的规律，而且是他们可以希望了解的规律。[1，365]

1983 年 3 月 2 日，香港中文大学为建校 20 周年举办了纪念活动，杨振宁在纪念讲座上做了"读书教学四十年"的著名演讲。演讲一开始，杨振宁首先就谈到他对香港中文大学的感受和自豪：

> 这次有机会在风光旖旎的中文大学校园里停留三个月的时间，我觉得非常高兴。在天气晴朗的时候，中文大学是非常漂亮的。在天气阴雨的时候，如果你看的方向对的话，中文大学也是非常富有诗意的。
>
> 我尤其高兴有机会参与中文大学二十周年校庆的学术活动。中文大学成立至今才二十年，是一个很短的时间。可是，这二十年中间，中文大学已经在很多方面取得了了不起的成就。这毫无疑问是香港社会人士和中大校董会、校长、行政人员、教师和学生共同努力的结果。中国古语说"十年树木，百年树人"。"树人"是一件很困难的工作。但中大在二十年期间已经培养了不少人才。这是值得自豪的。[24，110]

当时香港很多人对香港的未来有一些担忧，于是杨振宁在讲话结束时说：

> ［1971 年］7 月我在巴黎中国大使馆拿到签证，自巴黎乘法航飞到了上海。在中国的期间，我去了上海、合肥、北京和大寨。中国的天翻地覆的变化给了我深刻的印象。个人情感上的感受绝不是三言两语可以描述的。
>
> 在北京的时候，我很荣幸会见了周总理。他问了我许多关于美国的问题。回到美国以后我想我对于中国、美国都有一些认识，而且都有深厚的感情。在这两个大国初步接近的形势下，我认识到我有一个做桥梁的责任。我应该帮助建立两国之间的了解跟友谊。所以从那年以后，我差不多每年都到中国去访问。这些访问引导出我与中国好几个大学、研究所和研究院的学术合作，引导出石溪和中国几所大学的学术交流合同。[24，122]

20世纪80年代，俯瞰美丽的香港中文大学。

由于杨振宁对香港中文大学的持续关注，中文大学希望与他有一个长期和稳定的关系，而他本人也希望香港成为他与内地联系的纽带，所以1986年杨振宁接受香港中文大学的聘请，成为这所大学的“博文讲座教授”。博文讲座教授是中大首创的、特设的大学讲席，这样，中文大学就成为全港唯一一所拥有诺贝尔奖得主任教的大学。

在接受聘请时所做的演讲中，杨振宁表示：在香港面临回归祖国的历史性转变的关键时期，他愿意为建设更加安定繁荣的新香港、为提高中文大学的学术研究与教学水平、为加强中文大学与海外的联系尽力。此后，他每一年都要在香港居住三个月左右的时间，为大学举办讲座等。

关于“博文讲座教授”还有一段小小的故事。开始我见到聘请杨振宁为 Distinguished Professor at Large，觉得这英文的意思与“博文讲座教授”

对不上号，但是估计就是这个称号。后来在采访陈方正教授的时候，他才道出其中的奥妙。他说，Distinguished Professor at Large 这个称号在西方早就有了，意思是这种教授不属于大学任何一个系和研究所，直属大学，就好像欧美各国的“无定所大使”（或者“巡回大使”）是 An Ambassador at Large 一样。[1] 因此陈方正建议授予杨振宁这一称号。这一建议得到了认可。但是又如何翻译成中文呢？后来教育学院的杜祖贻教授用中大校训“博文约礼”的意思，把这个讲座教授中文名称定为“博文讲座教授”。

后来，除杨振宁以外，还有四位博文讲座教授，他们分别为：1996年诺贝尔经济学奖得主米尔利斯（James Mirrlees），唯一的华人菲尔兹数

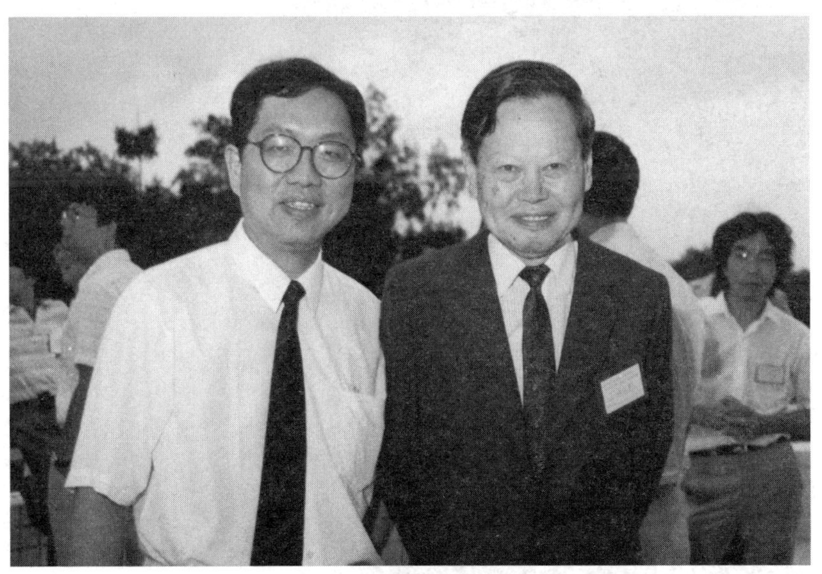

丘成桐与杨振宁，1992年7月摄于新竹清华大学。

〔1〕 1986 年 3 月 26 日《华侨日报》刊登消息说：“周五杨振宁告诉《虎报》记者说，他已接受香港中文大学邀请，在该校担任‘巡回杰出教授’。他将在 5 月就职。”

学奖得主、中大数学科学研究所所长丘成桐，1999 年获得诺贝尔经济学奖的“欧元之父”蒙代尔（Robert Mundell），以及首位获得有“计算机界诺贝尔奖”之称的图灵奖（Turing Award）的华人计算机科学家姚期智。

有了这个职位以后，香港中文大学为杨振宁配置了一个环境安静优雅的住宿单元，这样，杨振宁就可以不时将母亲接到香港来住，享受晚年天伦之乐。在母子相聚的日子里，杨振宁时常带着母亲到沙田火车站的一个商场买这买那，于是当地市民有机会看到这位著名的物理学家与他的妈妈

杨振宁母子在香港沙田一家照相馆拍的照片。

行走在街上的情景，那种无微不至的关怀老人的亲热现象，让当地老人好生羡慕！有一次，杨振宁母子经过一家照相馆的时候，杨振宁突然想到他们母子好久没有在一起照一张合影，因此他们就走进这家照相馆。店主热情招待这对母子，后来在交谈中店主得知面前的顾客居然是鼎鼎大名的诺贝尔奖得主杨振宁，这下可真是高兴极了，决心给他们母子拍下一张最好的合影。这张照片果然拍得非常好，杨妈妈非常高兴。从照片上可以看出，杨妈妈似乎有一点紧张，但是杨振宁的表情实在可圈可点，那是一副非常幸福、非常满足的表情，能够在这个时候与从小一起生活 23 年的老母再次生活在一起，合拍一张让老母高兴的照片，人间还有比这更加幸福的事情吗？老母的高兴就是他最大的幸福！据说后来这家照相馆把这张引人羡慕的照片放大，放在显眼的地方，一时轰动，生意红火了一阵。

1987 年，香港中文大学设立“杨振宁阅览室”。这是香港著名企业家查济民、刘永龄先生捐款 120 万元港币资助的，款项中的一部分用来整修和添置必需的设备，大部分用来购买大量的图书。在阅览室紫红色的木板墙上，镶嵌着一块大理石牌子，上面有著名国学大师饶宗颐先生撰写的文字：“香港中文大学杨振宁阅览室”。

杨振宁阅览室揭幕那一天，吴大猷先生亲临现场，杨振宁对老师的出席十分感动：“中文大学和我都很感激吴教授特别来港主持开幕典礼。”

数学大师陈省身也亲自撰文祝贺，文章题目是《我与杨家两代的因缘》。文章一开头就进入主题：“中文大学杨振宁阅览室开幕，不可无祝。记与杨武之先生、振宁两代半世纪的关系，以代祝贺。”[59, 78]

在文章结束时，陈省身写道：

我同杨氏父子的关系，有几点值得特别提出的：第一，武之先生促成我的婚姻，使我有一幸福的家庭。第二，振宁在规范场的工作同我在纤维丛的工作，有一共同出发点。我们走了不同的方向，在物理和在数学上都成为一项重要的发展。这在历史上当是佳话。第三，他们每人送我一首诗。社会对我的认识，这两首诗的作用很大。1962年夏天武之先生及杨师母在瑞士日内瓦小住，我专程去看他们，相聚数日。杨先生送我以下的诗：

冲破乌烟阔壮游，果然捷足占鳌头。
昔贤今圣遑多让，独步遥登百丈楼。
汉堡巴黎访大师，艺林学海植深基。
蒲城身手传高奇，畴史新添一健儿。

振宁在一篇文章中为我作了下诗：

天衣岂无缝，匠心剪接成。
浑然归一体，广邃妙绝伦。
造化爱几何，四力纤维能。

1992年，香港中文大学庆贺杨振宁七十寿诞。台上讲话的人是香港实业家、中大董事冼为坚。坐者左起：吴大猷、杨振宁和香港银行家利国伟。

千古寸心事，欧高黎嘉陈。〔1〕

最后一句不敢当，姑妄听之而已。[12，79—80]

1992年是杨振宁七十大寿之年。这年10月，清华大学和香港中文大学都为杨振宁七十大寿举行了隆重的庆贺典礼。在香港中文大学的庆典上，杨振宁的老师吴大猷也应邀出席。照片中台上两边的对联很有意思："对称见宇宙恒律，涵盖如湖海泰山"，横幅是"与天地兮比寿"。

1997年，香港中文大学授予杨振宁名誉博士学位。但是那一年年底，杨振宁在石溪分校医院做心脏搭桥手术，所以颁奖典礼改在1998年5月举行。谈到这个名誉博士，有一个小的故事也许很能说明杨振宁为人处世的性格。在香港回归之前，中文大学早就有意授予杨振宁这一名誉学位，但是杨振宁一直不同意。为什么呢？在采访陈方正教授时，陈教授说那是因为香港回归之前，中文大学的校监是英国人，这个荣誉学位要从校监手里接受；而且接受仪式上有一个英国传统，接受荣誉的人要走到校监面前鞠躬，校监还要拿一根小棍子在接受者头上敲一下，就像英国封爵位一样，这一敲等于你得到正式承认。杨振宁不愿意接受这一敲，就不接受这个荣誉。但是，香港一回归，校监是中国人了，他立即接受了中文大学的名誉博士学位。〔2〕

由于杨振宁和香港中文大学关系日益加深，杨振宁在1999年宣布，把他的全部奖章（包括诺贝尔奖章）、论文、手稿和书信等，统统捐给香港中文大学。这一决定当然使得香港中文大学非常兴奋，杨纲凯教授为此写道："大学因此决定成立杨振宁学术资料馆，以妥善保存和利用这批珍

〔1〕　"欧高黎嘉陈"中的"欧高黎嘉"指四位世界最著名的数学家欧几里得、高斯、黎曼和嘉当，"陈"指陈省身。欧几里得（Euclid，前330—前275）是古希腊数学家，高斯（Carl F. Gauss，1777—1855）是德国数学家，黎曼（George F. B. Riemann，1826—1866）是德国数学家，嘉当（Elie Joseph Cartan，1869—1951）是法国数学家。

〔2〕　2010年1月6日采访陈方正的录音记录。

杨振宁学术资料馆。

贵藏品。除展出部分藏品外，资料馆日后将会将所有资料整理编目，以供科学史家研究，为撰写杨教授的学术传记、出版《杨振宁全集》等工作做准备。我们非常高兴，本校校董会副主席、新鸿基集团副主席郭炳联先生对这一构想十分支持，慷慨捐资，协助资料馆的设立与运作，使这一计划能够迅速实现。”[57，序二3]

1999年12月3日，香港中文大学新亚书院成立50周年之时，举行了纪念活动，杨振宁在纪念会的“金禧讲座”上做了题为“中国文化和科学”的演讲。

杨振宁在香港中文大学还与杨纲凯教授合作为物理系高年级学生、研究生开过“理论物理主旋律”的课程。第一次大约讲了三次课。有意思的是，杨纲凯听了杨振宁的几节课以后，发现他讲的内容过于偏重哲学和物理学历史，这样的讲法学生当然很愿意听，但是作为物理系学生的一门正规课程，这样的讲法当作开场白还可以，老是这样讲下去恐怕对学生的物理学习不妥。因此，杨纲凯决定自己来“狗尾续貂”，按照正规的物理学课程的讲法训练学生。[1]这件事杨纲凯教授讲得生动风趣，不由使我想起温伯格在《物理学的最终定律》一文中说到狄拉克的一件事：“狄拉克在一次演讲中对大部分是由学生组成的听众讲：‘学物理的人用不着对物理方程的意义太操心，只要关心物理方程的美。’在场的系里的教授都对我们的学生会去模仿狄拉克表示担心而窃窃私语。”[55, 68]

显然，狄拉克对学生过于哲学化的演讲，让大学老师担心；杨纲凯也有同样的担心。

在香港，杨振宁不仅仅是在香港中文大学做演讲，还在其他一些场合做过重要的演讲。例如，1980 年 1 月 3 日做了“爱因斯坦和现代物理学”的演讲，1993 年 4 月 27 日做了“近代科学进入中国的回顾与前瞻”的演讲。

半个世纪以来，杨振宁无数次造访香港，最近四五年来，更是每年都在香港居住半年左右。他与香港和香港中文大学有了深厚、温馨的感情，也感激香港各界对他的支持和帮助。反过来，香港尤其是香港教育界、科技界也因为杨振宁的关心乃至帮助而受益匪浅。许多科技界著名人物先后造访香港，一些高级科学会议先后在香港召开，给香港各大学和科技界带来了巨大的活力，也加速了香港教育界、科技界走向世界的步伐。

在 1999 年 12 月的世纪交接的日子里，杨振宁对媒体记者说，只要香港人共同努力，将能迎头赶上急速发展的世界科技潮流；他还特别瞩目于年轻一代，说年轻人在 21 世纪将扮演重要的角色，只要香港青年能抓住时机，香港的未来一定会更美好的。

2000 年 7 月底至 8 月初，杨振宁在香港参加“第三届全球华人物理

---

〔1〕　这是 2010 年 1 月 6 日下午采访杨纲凯时，他自己开玩笑所说。

学大会”。他再一次对媒体呼吁，香港有发展世界级物理学的良好条件，配合香港人的智慧，吸引科技人才到港工作绝不成问题，但必须及时迅速地招揽各方面的人才，以追赶信息科技的大趋势。

我们有理由相信，香港的未来不仅仅是一个金融贸易的现代化城市，而且不久将成为世界闻名的科学技术之都。

第六章　清华大学高等研究中心（1999—　）

一、落叶归根

退休以后，杨振宁的落叶归根、定居国内的想法，不再只是设想中的事情。这实际上是很自然的，几乎可以说是必然的结果。

杨振宁夫妇，2000年摄于长岛居所前。

1962 年杨武之从日内瓦回国后对家人说："劝你大哥他们在时机成熟时回国来，现在看只能说是时机不成熟吧，这一点恐怕是做不到了，我觉得内疚。"[1，898]

杨振宁是何等敏感的人，他怎么会不知道父亲内心的歉疚呢？所以，他在 1982 年心情沉重地说过："我知道，直到［父亲］临终前，对于我的放弃故国，他在心底里的一角始终没有宽恕过我。"[3，21]

1973 年 5 月 12 日他的父亲去世，5 月 15 日在为他父亲开的追悼会上，杨振宁在悼词里说：

> 近两年来父亲身体日衰。他自己体会到这一点，也就对我们的一切思想和行为想得很多。1971 年、1972 年我来上海探望他，他和我谈了许多话，归结起来他再三要我把眼光放远，看清历史演变的潮流，这个教训两年来在我身上产生了很大的影响。
>
> 父亲于 1973 年 5 月 12 日长辞人世。在他的一生 77 年的时间里，历史有了惊天动地的演变。昨天收到他一位老同学，又是老同事的信，上面说："在青年时代，我们都向往一个繁荣昌盛的新中国。解放以后二十多年来在毛主席和中国共产党的英明领导下，当时我们青年梦寐以求的这个新中国实现了。"我想新中国实现的这个伟大的历史事实以及它对于世界前途的意义，正是父亲要求我们清楚地掌握的。[3，13]

1997 年，杨振宁在《父亲和我》一文中再次提到他父亲的教导：

> 6 岁以前我生活在老家安徽合肥，在一个大家庭里面，每年旧历新年正厅门口都要换上新的春联。上联是"忠厚传家"，下联是"诗书继世"。父亲一生确实贯彻了"忠"与"厚"两个字。另外他喜欢他的名字杨克纯中的"纯"字，也极喜欢朋友间的"信"与"义"。父亲去世以后，我的小学同班同学、挚友熊秉明写信来安慰我，说父亲虽已去世，我的身体还循环着他的血液。[3，13—14]

写到这儿，我相信杨振宁几乎被锥心的痛苦撕裂着，所以他才痛苦地

2002年，在杨振宁八十寿辰的宴会上，可以看到杨振宁与黄昆这两位老友是何等欢快地交谈！

呼唤着："是的，我的身体里循环着的是父亲的血液，是中华文化的血液。"

当年在芝加哥大学读书时，杨振宁的同学戈德伯格在一次吃饭时问他，拿到博士学位以后有什么打算，是不是要留在美国找工作？戈德伯格这样想也不是没有道理，因为当时从国外到美国的留学生几乎都准备留在美国，而杨振宁的学习成绩又那么优秀，留在美国是很有前途的。但是，戈德伯格发现："杨振宁是一心一意地要回中国去。"[16，115]

杨振宁的朋友和同事聂华桐曾经这样说："杨先生是牢记根本的一个人，对于中国有非常深的感情。……杨先生从来没有忘记过自己是中国人，他留在美国，心里一定有很多的矛盾。"[1，963—964]

现在杨振宁退休了，他必然会想到落叶归根，回中国定居。这样，他不仅可以为中国的科学和教育事业更好地尽自己的一份力量，也可以减轻对父亲长久以来的歉疚，让父亲在天之灵感到欣慰。

杨振宁对清华大学有特别深厚的感情，他青少年时期在这儿读书成长，后来在昆明又在清华大学获得硕士学位；所以，一旦决心回国定居，清华大学当然会是他首选的定居之所。

2002 年 5 月，清华大学在胜因院为杨振宁修建了一栋两层楼的别墅，根据杨振宁的意思，别墅取名为“归根居”。[1]这年正好是杨振宁八十大寿的一年，清华大学举行大型研讨会期间，在北京香格里拉酒店举行了宴会。在宴会上，杨振宁在答谢词中说：

> 1961 年赛格雷邀我写一篇文章关于费米在芝加哥大学做教授的经历。我写了一篇短文，其最后一段说：“有人说一个人的生命长短不应用年份来度量，而应历数他所经历的成功事业。……”
>
> 费米的最后一个事业是在芝加哥。他做芝大教授的成功是今晚斯坦伯格和我都可以验证的。
>
> 莎士比亚在 *As you like it*[2]中说人生就像一出七幕戏。其第七幕即最后一幕是：
>
> 返回童年，返回茫然，
>
> 无牙齿，无眼睛，无味觉，无一切。
>
> 假如我的一生是一出戏，那么我实在十分幸运。今天不但我有牙齿，有眼睛，有味觉，有几乎一切。而且我还有机会开始一个新的事业——帮助清华大学发展高等研究中心。清华园是我幼年成长的地方，我一生走了一个大圈。那么我的最后事业也将是我一生中特别有意义

---

〔1〕 清华大学在 2002 年在胜因院盖了三栋“大师邸”，一栋由杨振宁居住，一栋由也是清华大学毕业的世界级数学大师林家翘居住，另一栋由台湾大学毕业的计算机大师姚期智居住。

〔2〕 中译文为《皆大欢喜》。

的一幕。[61，535—536]

但并不是人人都像杨振宁那么幸运。正如许渊冲教授所说："我们几个联大同学参加了这次盛会，有梅校长的儿子祖彦、冯友兰的女儿宗璞、马约翰的儿子启伟、熊庆来的儿子秉明。振宁要秉明为他八十题词，熊写了几遍都不满意，熊夫人开玩笑说，不要写到九十还没写好。不料第二年，秉明、祖彦、启伟、宗璞的丈夫、振宁的夫人都先后去世了。"[47，61]

90年代起，杜致礼开始身体不好，先后罹患血管瘤、痴呆症和帕金森症等疾病。她的最后几年是在一次又一次的手术中度过的。后来不能走路，要坐在轮椅里。后来在一次手术后，神经系统不幸受到了影响，一度疼痛严重，后来不知什么原因疼痛又自动消除。在这期间，她还到北京301医院就诊过。到了2003年上半年，杜致礼的语言表达能力出现了问题，她说的话和现实情景已经对不上号，开始的时候只有杨振宁能懂，后来连杨振宁也听不懂她说些什么。幸运的是，在病情日趋严重的时候，并没有严重的疼痛。在去世前三天，她已经完全处于昏迷之中。杨振宁和他们的儿女都守候在她的身边。2003年10月19日下午1时，杜致礼在完全没有痛苦中离开了人世。杨振宁说："她好像就是睡着了，再没有醒过来。"

共同走过人生53年道路的伴侣撒手人寰，杨振宁的悲痛是可想而知的，但是，心中的至爱在没有痛苦中离去，毕竟给了他一丝安慰。

安排完杜致礼的后事以后，杨振宁在2003年12月25日孤身一人回到归根居，从此他将大部分时间定居国内。

许渊冲教授知道杨振宁落叶归根，定居清华，于是他和夫人照君去他的新居看望老朋友、老同学。他还想，老友见面不容易，就约了几个老同学到北京大学与杨振宁共进午餐。许渊冲在回忆录里写道：

> 由我代表文学院，王传纶代表法学院（他和振宁在联大时都喜欢张景昭，张不幸在"文革"中去世了），朱光亚代表理学院，王希季

范曾先生题写的“归根居”。

> （卫星回收总设计师）代表工学院，沈克琦代表物理系，对他表示欢迎。他谈到我翻译的杜诗“无边落木萧萧下，不尽长江滚滚来”，说是如果拿到美国去讲，可以大受欢迎。我却说这两句诗对称，等于强相互作用下的宇称守恒；不对称的诗句如“夕阳无限好，只是近黄昏”却等于弱相互作用，所以不守恒。我就这样把他打破的宇称守恒定律和我的翻译理论，乱点鸳鸯谱似的结合起来了。他问照君，我得到灵感时，会不会突然叫起来。照君告诉他说，我有时半夜里坐起，打开电灯，把梦里想到的东西写下，生怕第二天忘记了。也许就是这样入迷，才能得到与众不同的妙句吧。[47, 61—62]

2004 年 9 月，作为清华大学教授和清华大学高等研究中心名誉主任的杨振宁，特意为一年级本科生上基础课。能够聆听杨振宁讲大学物理课的学生，何其幸运！这件事情不由使人想起了杨振宁的导师费米，费米在去世前曾经多次对他的朋友们说，他有一个最大的愿望就是给大学低年级

西南联大文法理工学院欢迎杨振宁的聚会留影，摄于北京大学。左起：朱光亚（理）、许渊冲（文）、杨振宁、王传纶（法）、王希季（工）。

的学生讲基础物理学课程。可惜天不假以年，费米 53 岁就过早地去世，没有实现他的愿望。杨振宁有幸，在他 82 岁的时候实现了他的老师的愿望！

2004 年 2 月 6 日下午和 7 日上午，杨振宁先生约见我，谈他对我写的《杨振宁传》的一些意见，这使我和我的妻子吴秋芝有幸能够访问归根居。因此能够在这儿描述一下归根居一楼会客厅的情形，并且提供几张照片，与读者共同分享。

归根居一楼有一间很敞亮的会客厅。我去的时候，一进会客厅有一张长方形的条桌，我和杨先生就在这张桌子边谈话。会客厅右边的墙壁上挂有两幅相框，是熊秉明先生在杨振宁七十和八十寿辰时送的“七十”和“八十”立轴。这两个立轴前面第二章已经介绍过。会客厅正面墙壁的正

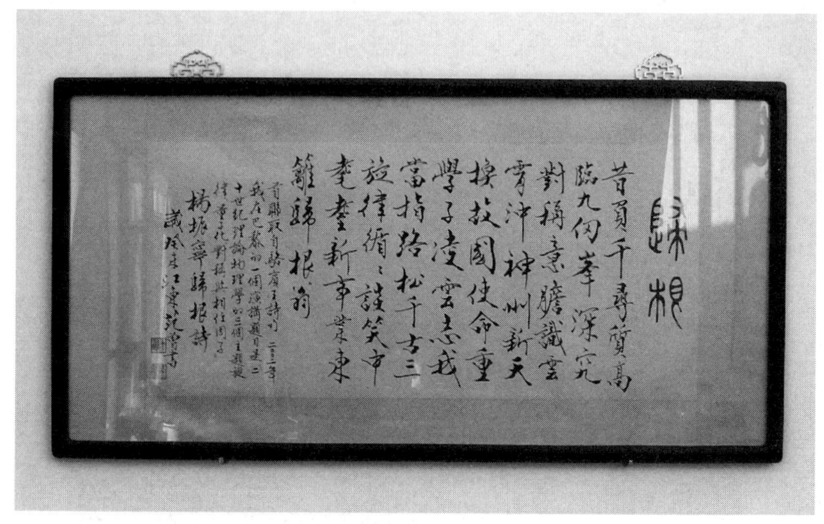

会客厅墙上的横幅《归根》。

中间也挂着一个相框，上面是杨振宁 2003 年 12 月自己写的《归根》，由著名画家和书法家范曾挥毫写就：

昔负千寻质，高临九仞峰。
深究对称意，胆识云霄冲。
神州新天换，故园使命重。
学子凌云志，我当指路松。
千古三旋律，循循谈笑中。
耄耋新事业，东篱归根翁。

首联取自骆宾王诗句　二〇〇二年我在巴黎的一个演讲题目是《二十世纪理论物理学的三个主旋律：量子化，对称与相位因子》

杨振宁归根诗　岁癸未江东范曾书

骆宾王是初唐四杰之一。说起骆宾王，在《讨武曌檄》中他的“一抔之土未干，六尺之孤何托”，让武则天脸色大变；他的“楼观沧海日，门听浙江潮”，更是千古名句。骆宾王有一首诗《浮槎》，这首诗的首联和颔联写道：“昔负千寻质，高临九仞峰。真心凌晚桂，劲节掩寒松。”这四句铿锵有声地表现了骆宾王对自己一生做人最高的抱负和准则——正如此诗“并言”中所说：“非夫禀乾坤之秀气，含宇宙之淳精，孰能负凌云概日之姿，抱积雪封霜之骨。”杨振宁把前面两句用在首联，显然是借以明志。

《归根》诗的后几句，是杨振宁对自己一生工作的总结，以及他对中国深厚的感情，还可以看出杨振宁先生回国后的期盼。

大约过了六七天，杨振宁先生的会客厅的摆设有了新的变化：一进入会客厅不再是一张条桌，而是在一个台架上放着一个《太极》原型缩小的制品。

我们知道，杜致礼非常喜爱雕塑，尤其是喜欢抽象派的，如美国的雕

曾经立在法国一个广场上的《太极》原型。

塑家摩尔·亨利（Moore Henry，1898—1986）、日裔美国雕塑家野口勇（1904—1988）和中国台湾雕塑家朱铭（1938— ）等的雕塑作品。

有一次，杜致礼指着朱铭的《太极》铜雕说："抽象的作品令人百看不厌。"[27，231]《太极》以中国太极拳的一个动作造型，曾立在法国一个广场上，是杜致礼最喜爱的艺术品。后来杨振宁夫妇找到朱铭，买到这座雕塑缩小的原型作品。

现在，杨振宁把它放在客厅最瞩目的地方，这恐怕至少有两层意义：除了以此怀念心中至爱的妻子，让她在天之灵今后仍然日夜陪伴着他，让他们每天仍然像以前那样相互扶携；另一层意义，也许是杨振宁先生想以此向每一个走进客厅的人显示中国文化的博大精深。

当走进客厅的来访者看到这个《太极》的时候，肯定会被那舒展、浑厚、动中有静的形象所吸引，并且一定会浮想联翩：《太极》似乎马上会用那舒展的双手以迅雷不及掩耳的动作，把这个世界扰得"周天寒彻"；也可能在你的耳边回响起古哲的声音："易有太极，是生两仪，两仪生四象，四象生八卦"和"有生于无"……当然，你也可能从《太极》那似乎对称而又不完全对称的动作中恍然大悟地想到杨振宁那预言家似的偈语："在理解世界物理过程中，21世纪会目睹对称概念的新方面吗？我的回答是：十分可能。"[1，703]

100个人，肯定会有100种以上的想象，要不美国著名抽象派艺术家戈尔基（Arsnile Gorky）怎么会说："什么事情一结束，就意味着僵死，是不是？我信奉永恒，我从不结束一幅画。……我们应该做的是：永远开始，绝不结束。"[99，18]这恐怕正是杜致礼喜欢抽象派艺术作品和《太极》的原因。

在这种强烈的艺术氛围和浮想联翩之中，拜访者再与杨振宁谈天说地、讨论问题，那一定会有另外一种意料不到的收获。

杨振宁归来后不久，在"中国科学与人文论坛"做了一个题为"归根反思”的演讲。这也是一篇非常重要的文献。杨振宁是世界性的知名人物，他的一举一动必然会引起人们普遍的关注，因此他总得为自己的归来向世人做一个交代吧。这也许是他做这次演讲的根本原因。

杨振宁在演讲中详细分析了自己的思想历程，毫不隐晦地表明了自己对中国和世界现状与趋势的总看法，从而为自己的“归根”做出了--个有说服力的说明。文章开篇写道：

> 1929年，我父亲就任清华大学算学系教授。我们一家搬入了清华园居住。那时我是七岁。在清华园里我过了八年的童年生活，直到1937年全面抗战开始。关于那八年的生活，我曾在1983年的一篇演讲中这样描述：
>
> > 清华园的八年在我的回忆中是非常美丽、非常幸福的。那时中国社会十分动荡，内忧外患，困难很多。但我们生活在清华园的围墙里头，不大与外界接触。我在这样一个被保护起来的环境里度过了童年。
>
> 今年我即将82岁了。最近搬回清华园居住。我的一生走了一个大圈，在清华园长大，于60多年以后，又回到了故园，有感写了一首五言古诗《归根》……
>
> 回归几个月，感想良多。今天我就和大家谈谈我的几点感触和反思。[41，332—333]

首先，杨振宁广泛地参观了许多城市，从大处看，他发现国内这些年的变化真是迅猛，一派欣欣向荣的情景，让人不得不兴奋。从小处看，有更多细节引起他的关注和深思。在巴金提议修建的中国现代文学馆里，杨振宁感受到的是：“20世纪是中华民族浴火重生的世纪。一百年来的惨痛与悲壮的经历、辛酸与激昂的感情，都深深注入了现代文学中，都将于此馆中永远保存。”[41，303]

中国现代文学馆不仅收藏丰富，而且让他特别关注的是里面的13

2000年，杨振宁参观中国现代文学馆时观看鲁迅头像。

座塑像[1]，尤其是巴金和鲁迅的塑像更是让他赞不绝口。鲁迅那种“横眉冷对千夫指”的精神，和巴金那种忍辱负重但是内心坚守底线的神情，让人不由驻足深思！

鲁迅的头像，一定再次深深震撼着杨振宁。2000年杨振宁曾经参观过一次中国现代文学馆，这是第二次参观。在第一次参观时他曾经久久地站在鲁迅头像旁边，他在想些什么呢？在《中国现代文学馆与鲁迅头像》一文中，他身怀敬意地写出了自己当时的感受：

---

〔1〕 这13座塑像是赵树理、丁玲、郭沫若、艾青、老舍、曹禺、叶圣陶、朱自清、茅盾、冰心、沈从文、巴金和鲁迅。

鲁迅头像是用铁片焊接成的，高二米多，安放在高约三分之二米的一块大石头上面。舒乙馆长说从设计到切割铁片到焊接到最后安装“都是熊（秉明）先生亲自动手的”。

头像立体感十分凸显。许多铁片造成了许多不同的面，一片一片地，一层一层地，用焊接线焊在一起，塑造出一个巍然凝聚着力量的金属立体——鲁迅的头。它给我的总印象是忧郁沉重的气质，敏锐深入的观察力和绝不妥协的精神。

头像面对东南。我可以想象阳光普照的时候，不同的平面当然各自明暗不同。从正面看应有许多粗的线条勾画着头像的脸。想到这里我立刻想到法国画家 Rouault（1871—1958）的富有宗教感的油画。他用粗线条勾画出了悲天悯人的境界。阳光下的鲁迅头像应该也会特别呈现出鲁迅的深沉的内心世界吧。

转到头像后面，看见秉明刻上去的《野草·墓碣文》中的一段：“于浩歌狂热之际中寒；于天上看见深渊。于一切眼中看见无所有，于无所希望中得救……待我成尘时，你将见我的微笑！”

这是读了令人毛骨悚然的几句话，是浓缩了的真正原味的鲁迅。刻在头像上将让后世永远不忘鲁迅所经历的阴暗时代。我以前没有读过这几句话。今天读了不禁想到假如鲁迅复生，有机会观察他死后六十多年中华民族的天翻地覆的变迁，有机会展望下一世纪的未来世界，他将会写怎样的文章呢？[41，304—305]

东二环的保利博物馆让杨振宁感到惊喜。这家博物馆从属于中国保利集团，1999 年 12 月正式对外开放。它是我国首家由大型企业兴办的艺术类博物馆。馆藏以 100 余件青铜器为主，另有石刻、书画等，其中不乏举世罕见的艺术珍品。它以弘扬中华民族优秀传统文化艺术，抢救保护流散在海外的中国珍贵文物，推进企业文化建设为宗旨。杨振宁认为“这是极有远见，极有长远意义的措施”。“乱世国宝流失，盛世国宝归来。”可以看出，在海外生活60来年的杨振宁，对这种能够透出国家兴衰的事情是何等敏感！

杨振宁还观看了北京人艺演出的话剧《李白》和中国国家话剧院在北京师范大学演出的《哥本哈根》。这种不同国家、不同时代、不同思想内容的话剧，给予观众的是不同文化、不同思想、不同领域的事件带来的信息，一定会给观众不同的文化享受和思想认知。这种宽松、多元化的文化活动，是国家自信心强大的一种展示，这让杨振宁感到宽慰。尤其是话剧《哥本哈根》，讲的是第二次世界大战期间科学史上一个至今没有弄清楚的"科学史之谜"，涉及科学家应不应该支持他们国家制造原子弹的重大历史性事件。杨振宁认为："这种学术性的话剧有那么多年轻人与大学生去看，给了我中华民族已迈入文艺复兴时代的感受。"[41，336]

一出话剧，就能够使杨振宁联想到中华民族已经步入文艺复兴时代，这是海外学子宝贵的感悟，于无声处听惊雷的可贵品格和能力。接着杨振宁回忆了几十年前中国被列强瓜分、战乱连绵、国将不国的悲惨情景，以及香港回归时国人扬眉吐气的心情。这种种接踵而来的感受，使他想起英国著名的历史学家汤因比（A. J. Toynbee，1889—1975）在他的著作《审判文化》（*Civilization on Trial*）一书中的一段话，这段话是想说明除了美国和苏联以外还会不会有第三个世界强国。汤因比写道："我们在什么地方可以找到第三个强国？不在欧洲；也不在英联邦；当然也不在中国或印度，因为虽然这两国都有悠久文化、众多人口、广大土地、丰饶资源，但是这两个大国极不可能在未来关键性的历史年代里发展出它们的内在潜力。"[41，339]

但是，杨振宁对汤因比的结论斩钉截铁地回答："汤因比错了。"

在仔细分析了中华民族的传统，与其他民族的文化差异之后，杨振宁的结论是在21世纪"中国变成世界举足轻重的大国也是必然的"。杨振宁知道，中国现在"面临许多问题"，那么他为什么还如此乐观和有信心呢？杨振宁说：

我的回答很简单：虽然我的乐观态度确有感情成分在里面，可是并不是没有根据的：这些众多的问题，比起过去一百年中华民族所已经解决了的问题小得太多了。我们有理由相信，中华文化的特点和中国共产党的组织能力也能够帮助中华民族解决目前这些复杂的问题。［41，342］

我想，正是有了这些冷静深刻的分析，杨振宁为自己的“归根”做出了完整而有说服力的说明。

这年3月中旬，杨振宁去德国乌尔姆——爱因斯坦的出生地——参加爱因斯坦诞辰125周年纪念的为期5天的庆祝活动，而且杨振宁被邀请在14日于乌尔姆大学做特别演讲。这一天正好是爱因斯坦的生日，这对于杨振宁当然是一种殊荣。但是仔细一想，请杨振宁做这一次特别演讲也是很合适的，因为正是杨振宁在爱因斯坦之后把对称性做了最重要的发展，使得除了引力相互作用以外的三种相互作用得到统一，还得到“对称性支配相互作用”的重要结论。香港中文大学杨纲凯教授以前曾经说过：“现在我们知道：物质之间的相互作用可分为四类，即维系原子核的强作用、众所周知的电磁作用、导致粒子衰变的弱作用，以及万有引力。前三者都可以用规范场描述，而且在规范场架构内得以统一；至于万有引力，则必须用爱因斯坦的广义相对论描述。……因此，说杨—米尔斯场论能够和广义相对论分庭抗礼，大致上是可以成立的。”［57，序二5］

杨振宁在乌尔姆的演讲题目是“爱因斯坦对21世纪理论物理学的影响”。开始演讲时，杨振宁感谢给予他这次演讲的机会：

125年前爱因斯坦诞生于乌尔姆。今天我受邀在此城市做关于爱因斯坦的演讲，实感非常荣幸。我很希望我能用德语来讲，可是我知道，如果我这样做，可能因为我的德文用字不当，会使你们听起来很费力。承蒙你们同意，我用英文来讲。

爱因斯坦是20世纪最伟大的物理学家，他和牛顿是迄今为止世界历史上最伟大的两位物理学家。他的工作特点是：深入、广阔、丰富和坚持不懈。20世纪基础物理学三个伟大的概念上的革命，两个归功于他，而对另外一个，他也起了决定性的作用。[111, 101]

2004年11月初，杨振宁得到了在中国的永久居留证。就像他在1971年是第一个回国访问的华裔知名学者一样，他也是首批获得在华永久居留证的外籍人士之一。中央电视台节目主持人王志就这件事与杨振宁有一段对话：

王志：去年杨先生拿到了第一批绿卡中间的一张。

杨振宁：是。

王志：为什么拿这张绿卡呢？您跟所有的领导人都是朋友，在我们看来您用不着拿这张卡，但是您有发自内心的喜欢的真情的流露。

杨振宁：因为我本来就已经有五年的多次往返的签证，所以这个绿卡对于我的作用并不那么大，不过它有一个很重要的象征性的意义，我相信以后用这个绿卡的方法，中国可以吸引很多很多的优秀的人才来。我觉得这是一个明智的举动。

王志：您想用您的行动，来表明您对中国开放的这种支持？

杨振宁：这不是我的目的，不过可能是一个后果。假如我1945年离开的中国是旧中国的话，假如我1971年回来所看见的是新中国的话，那么到了21世纪，这个中国是一个新的新中国。在这个情形之下，我回来的心情是我要加入一个欣欣向荣、正在崛起而有非常好的前途的大的事业，我希望能够在这个大事业里头，做一些我自己所能做的小贡献。[41, 368—369]

这正是：“耄耋新事业，东篱归根翁。”

二、上帝的礼物

2003 年的冬天，正是杨振宁孤独一人从美国回到中国的时间，发生了一件他绝对没有想到的大事：82 岁的杨振宁意外地得到上帝赐给他的一位安琪儿——翁帆女士。

许渊冲教授在 2003 年冬天邀请西南联大老同学为杨振宁定居归根居洗尘时，还心怀欷歔地写道：

> 我们几个老同学聚会时，都有夫人陪同，只有振宁一个人孤零零的。大家觉得像他这样有成就的科学家，应该算是没有年龄的人，最好能够续弦，才好安度晚年。果然，不久得到他的电话，说有个年轻人要研究我的翻译理论，但是我没想到，这个年轻人竟是他的新夫人翁帆。得到喜讯之后，照君立刻给他打电话表示祝贺，还谈到法国大作家雨果和大画家毕加索八十多岁还和十八岁的少女相恋的事，振宁说他和毕加索不一样，毕加索是多次离婚又多次结婚的。他又谈到美国有个八十几岁的诗人娶了二十几岁的女学生，过上了幸福的晚年生活。振宁打算婚后扬帆远航去度蜜月。我就送了他们一首诗，中英文分别是：
>
> 振宁不老松，扬帆为小翁。
> 岁寒情更热，花好驻春风。
> The ageless won't grow old.　（没有年龄的人不会变老）
> You sail with your young bride.　（你和你的新人扬帆远航）
> Love will warm winter cold.　（爱情会使寒冬温暖美好）
> Spring will ever abide.　（青春永远伴随新郎新娘）[47，63—64]

一般人获得这一佳讯，恐怕大都是在 2004 年 12 月台湾的《知识·通讯·评论》杂志上公布《杨振宁在北京订婚》这篇文章以后。这个佳讯迅速被内地、香港乃至全世界华人社会所知晓。这篇文章一开始就写道：“目前常住在北京清华大学的诺贝尔奖得主杨振宁，日前给亲密朋友一封电子邮件，宣布他订婚的消息。”

接着是电子邮件的内容：

这是一封重要的信，向你介绍我的未婚妻。

她的名字叫翁帆，她的朋友叫她帆帆。我现在也这样叫她。我们在 2004 年 11 月 5 日订婚。

翁帆二十八岁，出生在广东省潮州。致礼和我 1995 年夏天到汕头大学参加一项国际物理学家会议时碰到她。那个会议有四位诺贝尔奖得主参加，因此学校挑选学生来做接待向导，当时还是大一学生的翁帆是我们的接待向导。那是一个只有上帝才会做的安排。

致礼和我立刻就喜欢翁帆。她漂亮，活泼，体贴而且没有心机。她是英文系学生，英文说得极好。离开汕头之后，我们和她偶尔的有些联络。

大学毕业后，她结婚了，几年以后离婚。几年以前她进入在广州的广东外语外贸大学，很快要得到翻译系的硕士学位。

有如天意，因为好几年没有联络，她今年二月给我们一封短信。信是寄到纽约石溪，后来转到我所在的香港。也因此我们在过去的几个月中逐渐熟识。

我发现现在已是一个成熟女人的翁帆，依然保有九年前致礼和我特别欣赏她的率真。在我最近写的一首关于她的诗，其中有下面的几句：

没有心机而又体贴人意
勇敢好奇而又轻盈灵巧
生气勃勃而又可爱俏皮
是的，永恒的青春

青春并不只和年纪有关，也和精神有关。翁帆既成熟又青春。我

1995年，杨振宁夫妇参加在汕头大学举办的国际会议时，由大学一年级学生翁帆做接待向导。这张照片是摄影记者蔡惠中偶然拍下的。

深信你们看到她都会喜欢她。

我也知道，虽然在岁数上已经年老，在精神上我还是保持年轻。我知道这也是为什么翁帆觉得我有吸引力的部分原因。

我们当然都清楚地知道，我们有很大的年岁差距。但是我们知道我们都能够也将会以许多不同的方式，奉献给我们的结合。我们的亲人都祝福我们。

请读一下下面的句子，这些句子说明了我对于她在我生命中扮演的以及即将要扮演角色的感觉：

> 噢，甜蜜的天使，你真的就是……
> 上帝恩赐的最后礼物
> 给我的苍老灵魂
> 一个重回青春的欣喜[30，62—64]

杨振宁的第二次婚姻，在西方也许算不上什么大的事件，但是在中国，这样的忘年之恋在大多数人心中绝对是一件非同寻常的事情，他们肯定会对这忘年之恋充满好奇之心，这也一定会引起媒体高度的兴奋和坊间巨大的反应。这一点杨振宁和翁帆已经预知，而且做好了充分的思想和心理上的准备。但是正如杨振宁自己所说，他自己还是没有想到，人们对他的第二段婚姻的关注远远超过了他获得诺贝尔奖的成就。也许更没有让杨振宁想到的是台湾作家平路女士在2006年1月22日的《亚洲周刊》上发表的一篇名为《浪漫不浪漫？》的文章。杨振宁本来希望平静地度过媒体炒作期，一切自然就会复归于平静。但是这篇点名而又说三道四并带有嘲笑和辱骂性的文章让杨振宁夫妇动了气，他们觉得“有必要在《亚洲周刊》上做一回应”。这篇简短的回应文章写得非常感人，录在下面可以让我们更好地认识和钦佩杨振宁夫妇美好的心灵，与为人处世的不卑不亢和有理有节的态度。他们对平路女士的文章写道：

> 在我们看起来，整篇文章缺少的是阳光、是希望、是同情、是爱。
>
> 文章中说：“或许因为快乐而悲伤，或许因为悲伤而快乐……问题是，谁会告诉我们这样的真相呢？”
>
> 平路女士：我们现在就告诉你我们相处的真相：我们没有孤独，只有快乐；与你所描述的或所期望的，完全不同。我们两人都认为我们的婚姻是“天作之合”。（你一定不喜欢这个成语，其实像许多汉语成语一样，它是极富内涵的四个字。）
>
> 不管平路女士怎样解说，在我们读来，她的文章中多处是在咒骂我们。我们是骂不倒的。可是她是否应该反省，应该道歉呢？[41, 398—399]

2006年，杨振宁于7月初到台湾参加吴大猷科普著作奖颁发典礼，还做了“21世纪科学发展”的报告。台湾《联合报》记者对杨振宁夫妇做了采访。这是他们婚后第一次面对报纸记者的采访。在记者采访以后写

2006年夏，杨振宁和翁帆摄于青海湖畔。杨振宁说得不错："翁帆既成熟又青春。我深信你们看到她都会喜欢她。"

的文章中，开篇先对人们关注的杨振宁和翁帆做了一番扼要而又精彩的描述："穿着碎花洋装的翁帆掩不住的青春气息，她是杨振宁的伴侣，也是他的'耳朵'。佩戴助听器五年的杨振宁坦然地说，到了这年纪，听力不行，'你们得大声点儿'；若是不清楚，他只消望妻子一眼，翁帆会握着他的手，用略带潮汕腔的普通话把问题重复一次。"[41，391]

这简短的开场白让读者了解了杨振宁毕竟是84岁的老者，翁帆有"掩不住的青春气息"，但是他们那种相互敬爱和无言而完美的配合，必然会让千千万万关怀他们的人感到欣慰。

记者问："两位结婚快两年了，结婚对你们各自的人生，最大的改变是什么？"

杨振宁的回答是：

我们是不同时代的人，婚后，我们从彼此学习到一些自己以前没经历过的事情。我们年纪差很多，媒体有非常多讨论，不过有一点大家都没注意到：一个人到了八十多岁，不可能不想到他的生命是有限的，跟一个年纪很轻的人结婚，很深刻的感受是，这个婚姻把自己的生命在某种方式上做了延长。

假如我没跟翁帆结婚，我会觉得三四十年后的事跟我没关系；现在我知道，三四十年后的事，透过翁帆的生命，与我有非常密切的关系。下意识里，这个想法对我有很重要的影响。

翁帆的回答是：

振宁讲过："有些事我看不到了，可是再过三四十年，你帮我看。"我们心底难免有点伤感，但大家都晓得这是一个事实，每个人都会经历。对我来说，婚后经常要旅行，参加一些会议和活动，这跟我以前的生活不一样，因为我结婚前还在念书。[41, 392]

采访中，最让人兴奋的是杨振宁透露了一个非常重要的消息：由于有了英语很好的翁帆的帮助，他决定再出一本《杨振宁选集》，而且翁帆正在帮助他整理他以前写的一些文章，翻译成中文。谈起这件事的原因是记者问了一个问题："你对自己的学术成就，总评是什么？有遗憾之处吗？"

杨振宁回答时说出了自己的打算：

科学前沿的研究工作，我想可以比喻为冲锋陷阵。年纪大的人冲锋陷阵的本领不能和年轻人相比，这点和文学完全不一样。比如我的老朋友何炳棣（历史学家），比我大三四岁吧，著作和研究还是在前沿做得很好。我现在基本上渐渐从最前沿退下来，改走到物理学发展的历史，注意的是过去一两百年学术上发展的总趋势。我到各地去演讲，讲题都与这有关。这些年关于这方面，我写了不少文章，现在翁帆帮我整理文章，翻译成中文，打算出一本《杨振宁选集》。1983

年我出过一本英文的 *Selected Papers*（《论文选集》），现在等于出续集，但用中文出版。[41，396]

物理学界的人都知道，杨振宁为庆祝 60 岁生日出版过一本英文的《论文选集》［*Selected Papers (1945—1980) with Commentary*］，现在准备出版的实际上是 1983 年《论文选集》的续集，但是以中文出版。这对于科学界无疑是一件重大的好消息，它对物理学历史和物理学未来的发展，一定会有重要的贡献。

1983 年的《论文选集》出版以后，吴健雄就说过："当晚我即开始从头阅读，越读越有兴趣。一方面，您对近代物理发展的历史，作了明晰有条理的简介，同时……"[41，55]那么杨振宁夫妇正准备出版的《杨振宁选集》一定会对 1981 年至今 20 多年物理学发展的历史（这正是杨—米尔斯规范场理论和杨—巴克斯特方程大发展、累累硕果的时期），有一个"明晰有条理的"分析和历史回顾，以及对未来的预期。

中国台湾的活动结束后，他们又到新加坡出席和主持南洋理工大学的"杨振宁优秀生计划"推展仪式。在新加坡，杨振宁再次出现在媒体面前，新加坡《联合早报》记者潘星华和电视节目《焦点》主持人曾月丽先后采访了杨振宁夫妇。潘星华的采访以《出题玩游戏，改诗乐悠悠——杨振宁夫妇专访》和《世界在腾飞——杨振宁夫妇访谈录》发表在《联合早报》上，曾月丽的电视访谈标题是《赤诚追求所爱——杨振宁》。其中曾月丽开头的一段话说得实在优雅、闲定、精彩、到位和感人："一个人从年轻到老，敢于追求所爱，不管他的所爱是人，是事物，还是真理，他都能够放开胸怀地去拥抱，而且升华成乐观前进的动力，这个人是绝对幸运的。著名的物理学家杨振宁教授可以说是最好的例子。今年 84 岁的杨振宁最近到新加坡访问，再度成为了众人瞩目的焦点。他身旁年轻的妻子翁帆让这股杨振宁旋风增添了不少的柔情蜜意。其实在杨振宁的人生旅途中，有三个重要的女性。一个是他的母亲，一个是他的第一任妻子杜致礼，再一

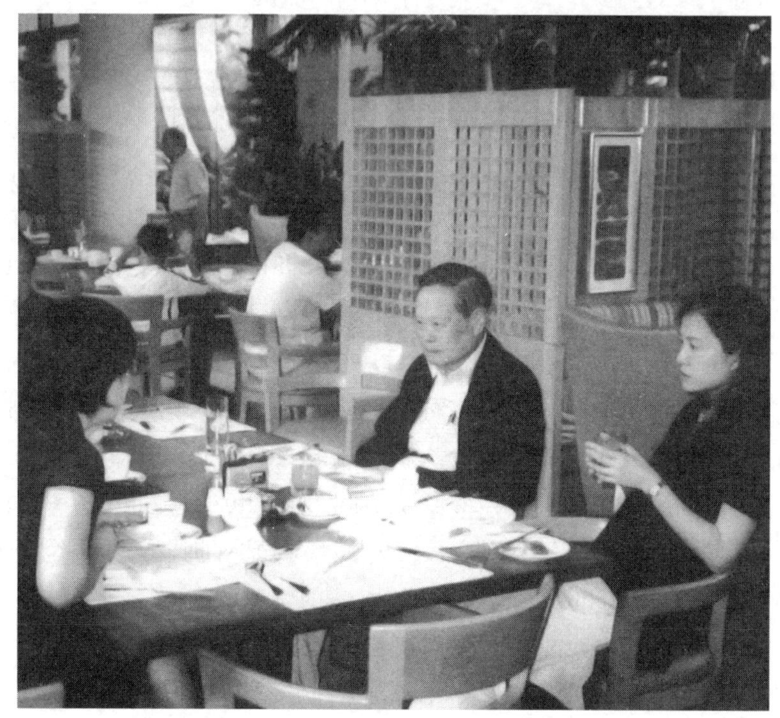

杨振宁夫妇接受媒体采访时自然大方、平实真诚。

个就是翁帆了。”[30, 49]

杨振宁也坦诚地对主持人说：

> 翁帆也给我很多照顾。我跟有些新闻记者说，你们现在见我走得很快了什么的，可我今天跟十年以前走路有一个很大的分别。我现在知道老年人为什么慢下来，慢下来的原因就是他自己知道，假如走得太快，出了问题的时候，他反应会不够快。现在有了翁帆，我跟她走路，拉着她的手，这给我一个很大的安全感。这个当然只是一个，也可以说是一个信号。事实上对于我整个人生观，都因为来了翁帆，有一个转变。[30, 54]

在结束采访时，曾月丽说的一段话更是雍容大度、温文尔雅而很有见解："受访那天，杨振宁穿上了一件粉红色的上衣，精神很好，谈了半个多小时。他坦诚地面对提问，就像他坦然面对他自己的婚姻决定一样。一个敢于推翻科学定律的人，确实是有勇气去突破一切既定的观念，从而获得祝福。"[30, 57]

翁帆面对媒体落落大方、举止娴雅，回答记者的问题真诚朴实、清和平允，而且也不乏机智。当记者潘星华问"很高兴看见你们两位神采飞扬，最近感觉怎么样"时，翁帆回答：

> 我们两人在一起很愉快。我想，要神采奕奕，首先要心情好，感觉快乐。我认为保持心态和心情愉快是很重要的。而且，我们两人有很多话要说，谈的并不是深奥的东西，不一定讲哲学、讲生命，总是什么都谈。振宁的朋友都说他这两年年轻了，每次看见他，都说比上回年轻了。[30, 29]

当记者问"你觉得杨教授怎样"时，她的回答很平实：

> 他是一个很有意思的人，绝不令我沉闷。而且他品德高尚，这是他最好的地方。开始认识他的时候，还会常想着他是大人物，是学者，很尊重他。慢慢接触后，这些已不重要。他很好，常会出些数学题目给我做。说我能回答的话，就算达到什么水平。[30, 31]

当记者对翁帆说"你把青春浇灌在他身上，而他把智慧灌注在你身上，是这样交流吗"，翁帆回答"并非全是这样"的时候，一贯平实谦逊的杨振宁立即插了一句：

> 我觉得你智慧这个词用得不恰当，翁帆只是从我这里得到些经验。如前两天，我去台湾"中研院"开会，看到很多院士。我介绍给她，告诉她这个人做什么，有什么成就，现在在哪里工作，我尝试把这几十年的经验，慢慢传给她。[30, 29—30]

2008年1月，由杨振宁著、翁帆编译的《曙光集》在生活·读书·

新知三联书店出版。翁帆在《曙光集》里写了一个“编前言”，这是她的文字第一次展现在公众面前，所以引起了格外的关注。她写道：

> 振宁和我结婚后一直有出版他的新文集的想法，可是我们总是行程匆匆，没有做成。最近我们才挑选、整理（有些文章曾作少许字句的更改）、翻译了部分他在过去二十几年间所写的文章，包括一些采访，成为今天的《曙光集》。
>
> 关于书名，其实我们有过几个想法。振宁以前的书有《读书教学四十年》和《读书教学再十年》，那我们是不是还沿用《读书教学×××》呢？有一段日子我们一直斟酌着，直到一个早上，振宁很高兴地对我说：“我找到好名字了！就叫《曙光集》。”
>
> 这个名字给我的第一感觉是很“进步”，不过后来我觉得这个名字还不错。振宁在好些文章里，都是以一个勤于思考的人的身份去讨论一些文化及社会问题，他的感触源自于他几十年来所闻所睹的事物。我曾经说他有些思想或语言过于直率，我记得我笑说：“你何苦要写呢？过后又有些人要骂你了。”他回答：“我不怕。我讲的是真话！”编这本文集的时候我明白了一些道理：他看着一个民族与社会经历了许多变化与发展的阶段，而像我这一代人很难有一样深刻的感受，因为在我们懂事的时候，社会已经开始迅速地发展了。我从而也明白了他寄托在书里的热情与希望。《曙光集》也可以说是这二十多年间振宁的心路历程——他走过的，他思考的，他了解的，他关心的，他热爱的，以及他期望的一切。[41，编前言Ⅰ—Ⅱ]

杨振宁在“前言”里写下了他的心声。要想理解翁帆上面最后一段话的真意，就得仔细认真读一读杨振宁的这篇“前言”：

> 1918年钱玄同写信请鲁迅（1881—1936）为《新青年》杂志写稿，鲁迅回答说：
>
> > 假如一间铁屋子，是绝无窗户而万难破毁的，里面有许多熟

睡的人们，不久都要闷死了，然而是从昏睡入死灭，并不感到就死的悲哀。现在你大嚷起来，惊醒了较为清醒的几个人，使这不幸的少数者来受无可挽救的临终的苦楚，你倒以为对得起他们么？

可是后来鲁迅还是写了，写了有名的《狂人日记》，署名“鲁迅”。

那是五四年代，是提倡“赛先生”和“德先生”的年代。我正是出生于那个年代。

1927 年 6 月 2 日上午王国维（1877—1927）离开清华园内西院 18 号住宅，坐人力车到颐和园，在鱼藻轩投水而死。遗嘱说：

五十之年，只欠一死，经此世变，义无再辱。

后来陈寅恪（1890—1969）在《王观堂先生挽词》中说：

凡一种文化值衰落之时，为此文化所化之人必感苦痛，其表现此文化之程量愈宏，则其所受之苦痛亦愈甚；迨既达极深之度，殆非出于自杀无以求一己之心安而义尽也。

1929 年 10 月我随父母亲搬入清华园西院 19 号居住，那时我七岁。后来听到王国维自杀的传闻，记得曾和同班同学熊秉明、郑士京在 18 号门前徘徊；曾到颐和园看水边的石碑：“海宁王静安先生殉国处”；也曾诵读清华园工字厅东南小土坡下的王静安先生纪念碑。

1938 年夏清华、北大及南开三校迁到昆明，成立抗战时期的西南联大。由于校舍未造好，文法学院暂迁蒙自。陈寅恪到蒙自后作了一首诗：

南湖即景

景物居然似旧京，荷花海子忆升平。
桥边鬟影还明灭，楼外歌声杂醉醒。
南渡自应思往事，北归端恐待来生。

黄河难塞黄金尽，日暮人间几万程。

那时我是联大一年级学生。

鲁迅、王国维和陈寅恪的时代是中华民族史上一个长夜。我和联大同学们就成长于此似无止尽的长夜中。

幸运地，中华民族终于走完了这个长夜，看见了曙光。我今年八十五岁，看不到天大亮了。翁帆答应替我看到，会验证冯友兰在《西南联大纪念碑碑文》中的一段话：

> 我国家以世界之古国，居东亚之天府，本应绍汉唐之遗烈，作并世之先进。将来建国完成，必于世界历史，居独特之地位。盖并世列强，虽新而不古；希腊、罗马，有古而无今。惟我国家，亘古亘今，亦新亦旧，斯所谓“周虽旧邦，其命维新”者也。[41, 前言Ⅲ—Ⅴ]

2008年1月6日下午，在北京三联书店韬奋图书中心二楼，举办了杨振宁《曙光集》新书发布会。除了杨振宁、翁帆夫妇和三联书店总经理张伟民、总编辑李昕之外，到会的嘉宾还有中国科协名誉主席周光召、清华大学校长顾秉林、北京大学医学院教授许鹿希、中国科学院自然科学史研究所研究员刘钝、新加坡世界科技出版公司主席兼总编潘国驹、中国出版集团总裁聂震宁。热心的读者和专程前来的首都各家媒体的记者们拥满了会场，气氛十分活跃。

会上除了杨振宁、李昕发言之外，杨振宁的老朋友周光召、顾秉林、许鹿希、潘国驹、聂震宁先后讲了话。

“两弹一星”元勋之一周光召先生说，他在50年代就读了杨先生很多关于物理学的论文，并且由此深刻地体会到大自然物理规律的美。以后，只要是杨振宁写的文章，他都会认真拜读，而且是怀着读一本名著的心情去读、去欣赏。周光召先生还说：“我们在北京、在香港都见过他母亲多

2008年1月6日，《曙光集》新书发布会现场。左起：许鹿希、顾秉林、杨振宁、翁帆、周光召和聂震宁。

次，也看到杨先生和他母亲之间的关系，母慈子孝充满了中国人文精神的美好情愫。”[77, 17]

清华大学校长顾秉林教授说，杨振宁在《曙光集》里显示出了周密而深邃的洞察力和高屋建瓴的气势，再加上很翔实的第一手资料，使读者得到了美的享受。每一次阅读这本书都会使他欲罢不能、不忍释卷。他说：“杨振宁对现代物理学的理论如此举重若轻的把握，使大家增加了对物理学的兴趣。”他还说：“杨先生在清华大学所发挥的作用是无可替代的。清华大学的全体师生对杨先生也充满着崇敬的心情，我们大家都会为中华民族从曙光到伟大的复兴而努力奋斗。”[77, 18]

杨振宁的挚友邓稼先的夫人许鹿希教授也在发布会上讲了话，她说：“邓稼先对杨先生在学术上的造诣十分推崇，他曾经多次对我说，杨振宁应该再获一次诺贝尔奖。他不但影响当代，他的前瞻性是将以世纪来论的。”许鹿希在回顾邓稼先的这些话时，说她更体会到三联书店出版《曙光集》

的重大意义和价值。她还希望翁帆协助杨振宁翻译编辑出版英文的《曙光集》，“把这本好书推向全世界”。[77，19]

最后发言的是中国出版集团总裁聂震宁先生，他从一个文学爱好者的立场表达了对杨振宁文学修养的高度赞赏，同时也述说了一位出版者的前瞻性的想法。他说他是学中文的，但是拿到这本书之后，居然在一天一夜间就看完了。他深情地说：“我觉得我们从事文学创作的人，虽然读过很多书，但像杨先生这样堪称文化精品的著作，可以说胜过了很多虚构的小说和过于矫情的散文集，它太真实、太朴实了，可以说达到了‘非奇非怪，剥落文采，知其妙而不知其所以妙’的‘自然高妙’境界，完完全全非常自然的一本书，可以说左右逢源。”[77，21]

作为出版者，他希望：“通过这样的出版，我们的科学研究活动，特别是我们的科学家们，能够为广大的读者所熟知和了解，使他们存在的意义和创造的业绩在公众那里得到认识上的提升和深化，同时也为我们社会、为我们当代和后世提供更加优秀的楷模。”[77，21]

《曙光集》不仅仅是以前文章的汇集，而且保持了 1983 年选编的英文《论文选集》的风格，在大部分文章中写了一个“后记”，这些“后记”都是一些重要的历史回忆，具有重要的历史价值。例如，在《赵忠尧与电子对产生和电子对湮灭》一文“后记”里写道：

> 赵先生是我 1938—1939 年间在联大读大一物理课上的老师。多年来国内盛传他于 1930 年的工作十分重要，但是没有人仔细研究过 1930 年前后的物理学前沿发展情形，与他的文章为什么没有在当时被大家重视。
>
> 日本学者对日本人的研究工作的重要性一贯做大量研究工作，我曾描述为“寸土必争”。有鉴于此，我约同李炳安花了半年时间写成此文。我们觉得写得不错。对 1930 年前后的情形分析得相当准确而透彻。听说赵先生看了也很赞赏。[41，123]

短短一些文字，表示了一位物理学家的真诚和执着，也道出了中国科学史工作者重任在肩，万万不可懈怠！

2010年，杨振宁教授告诉我，《曙光集》只是他准备出版的《选集》续集的前一半。他正在写它的后一半，书名还没有定下来。除此之外，他还“正在用英文写 *Selected Papers with Commentary Ⅱ*”。

2010年还有一件值得一提的事是，杨振宁和翁帆共同把在广州举行的亚运会主题歌《重逢》翻译成英文：

重逢	Here We Meet Again
词／徐荣凯　曲／捞仔	译文／杨振宁、翁帆
万水千山	Mountains and Seas
相隔多远	Have set us apart
珠江弯弯伸手相牵	By Pearl River again we meet
隔山遥望	Over hills messages fly
跨海相约	Across ocean dreams meet
绿茵赛场难说再见	It’s hard today to bid goodbye
眼睛和眼睛重逢	Eyes blue and brown
黑眼睛蓝眼睛	Skin dark and light
奔跑收获超越	Victory，defeat and glory
把自豪举过头顶	Every essence of pride
Asia 太阳升起的地方	Asia，where the sun has risen
Asia 古文明的殿堂	Asia，where civilizations were born
这里的风光最美	Ah，here is the most beautiful
这里的阳光最亮	Here is the most bright

从这个主题歌的翻译中，人们不难看出，没有美好的心态，没有愉快的心情，没有对美好事物的敏感和憧憬，没有对生活的热爱和感激，他们

是不可能把这首主题歌翻译得如此生动、贴切和激励人心的!

【附录】我的一些记忆

在杨振宁和翁帆婚后，我有三次机会见到他们，其中前两次有很深的感受。第一次是2007年9月6日杨振宁到武汉参加全国科技大会时，我和妻子吴秋芝在武汉市美亚达酒店26层的套房里第一次见到翁帆；第二次是2009年6月30日—7月7日在清华大学归根居采访杨振宁时，再次见到她；第三次是在香港中文大学。

第一次在美亚达酒店见到他们以后，我在《2007年9月6日与杨振宁夫妇会面记》的回忆录里写下了这样一段话："杨先生很精神，似乎比三年半以前显得年轻一些。翁帆女士给我的第一印象是她很美丽，待人亲切，真纯朴实。这时我不由想起了杨先生的话：'我认识她的时候，用guileless（单纯）来形容她，两年后，我觉得她仍然是这个样子，这就是她的特点。'"

当我们到顶楼旋转餐厅吃饭时，一出房门他们两人就牵着手走向电梯。我不由自主地想到：天下有多少伴侣能够这样？在进餐时，我和杨先生谈的多是物理学历史上的一些典故，可能是由于杨先生的影响，翁帆显然也知道一些，她会很适度地插上一两句，使得谈话显得轻松适意，也得体地显示出女主人的角色。但是她绝不抢话头。

第二次在清华大学见面，给我的感受更多。那是2009年6月30日下午5时半，杨振宁夫妇请我们夫妇到清华大学甲所〔1〕吃晚饭。我们一行五人（翁帆的妈妈正好在北京）从归根居后门出发向不远处的甲所走去。

---

〔1〕 1917—1919年建成专供学校高级行政领导人使用的甲、乙、丙所，甲所为校长住宅，乙所为教务长住宅，丙所为秘书长住宅。1981年翻修后，甲所改为"专家招待所"。

翁帆拉着杨振宁的手走得比较快，总走在前面；我们夫妇与翁帆的妈妈在后面跟着边走边谈。翁帆的妈妈说："他们有时还喜欢不走大路走偏道……"

也巧，我们这时正好走到杨振宁以前读过的小学成志学校。学校后面有一个小小的山坡，这时杨振宁兴致很高，说："这是我以前上小学的地方，现在好像是一个什么工会办公的地方。从小山坡上走，可以看到这个学校里面的院子。"翁帆立即回头对我们说："他一定是又要走小路了！"

果然，与翁帆一直握手前行的杨振宁向路边一个小坎子走去，在翁帆的帮助下，他们两人率先跨上小坡，走上山坡上的一条弯弯曲曲的泥土小路，我们后面跟上。到了坡顶，杨先生兴致很高地指着坡下的院子说："这学校不大，但是教学质量很好。以前我们一群学生就喜欢在这坡上玩耍，冲上冲下……"我往下看去，果然这所原来的小学只有一个很小很小的院子。下坡时他们两人的步伐没有减慢。

从小山坡上往下看成志学校。

我心想，杨先生 87 岁了，还跟一个小孩子一样这样有兴致，还喜欢挑偏道走，这心态简直和一个小孩没有多大的分别，真是令人惊讶和羡慕！我还想，这种心态肯定与第二次婚姻给他带来的幸福和喜悦有关。很多人都有这种感受：杨振宁婚后真是越来越年轻了。后来与杨先生连续接触五天，知道杨先生目前正在精力充沛地为正在崛起的“冷原子研究”思考、计算着。他还给我几份他近来发表和预备发表的有关文章。有一天大约是上午 11 时多，我与杨先生交谈结束，等我收拾完东西准备道别时，回头一看，杨先生已经忘记了我，沉浸在思考和计算中。我心里一热，立即想起了亚伯拉罕・派斯的一段回忆，那是他在 1954 年 12 月与爱因斯坦晚年最后的一次见面。事后派斯写道：

我最后一次看见爱因斯坦是在 1954 年 12 月。那时候，他的身体

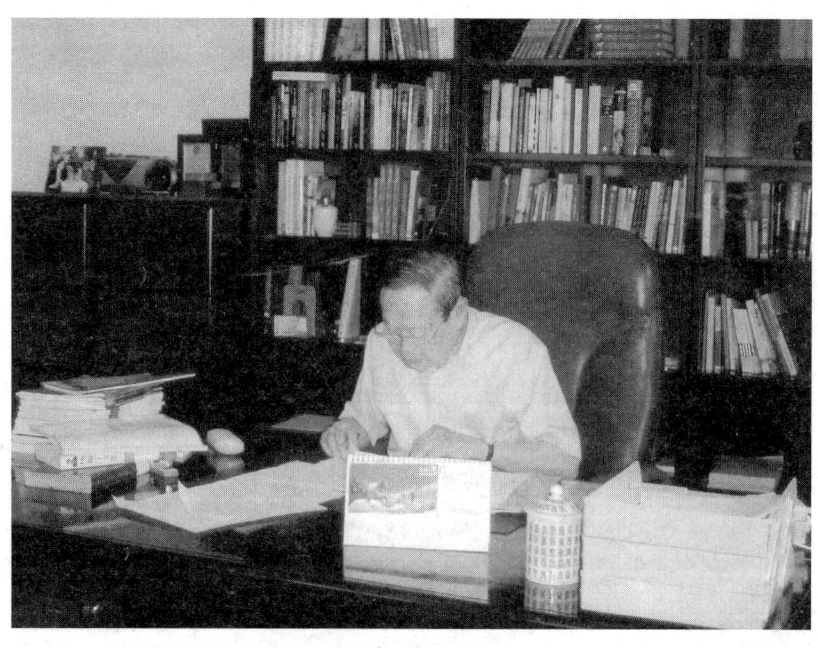

杨振宁在清华大学高等研究中心办公室里。他沉浸在工作中，忘记了周围的一切。

> 已经不太好，有好几个星期没有到研究所去了。以往，爱因斯坦每天上午总要在研究所待上几个小时。我在爱因斯坦家门前见到海伦·杜卡斯，请她向爱因斯坦教授转达我的问候，因为我要离开普林斯顿一学期。她建议我进家里小坐片刻，喝杯茶。我当然很乐意接受了。我进门以后就上楼去，敲了敲爱因斯坦书房的门。“进来”，这是他那温和的声音。我进屋时，他坐在扶手椅里，毯子裹着膝盖，毯子上面放着一个本子：他在工作！他看见我，便立即把本子放在一旁，向我问候。我们在一起愉快地度过了大约半小时；我已经记不起讨论了些什么。然后，我告诉他，我下学期将离开普林斯顿。我们握了握手，然后我说了声再见。走到书房门口，这只不过四五步远。可当我打开门转过身来看他的时候，只见本子又回到他的腿上，手里拿着铅笔，忘记了周围的一切。他又回到工作中去了。[112，479]

可惜的是派斯没有在这一刻拍下爱因斯坦的照片。我比他幸运，照相机就在手边，我立即拍下了杨振宁忘记周围的一切又回到工作中去的那一刹那。

这一次与杨振宁夫妇几天的接触，让我不能不相信杨振宁对他和翁帆的婚姻说的一句话：“三四十年后，大家一定会认为这是罗曼史。”[41，394]

翁帆说得更好：“我也这样觉得。我这样想没有什么特别的理由，只因为我们生活得很好。”

这是2006年他们说的话，三年后的2009年，我亲眼看到他们不仅仅生活得很好，而且生活得十分幸福、十分默契，真让人羡慕！新加坡记者潘星华说：

> 坐在面前的杨振宁和翁帆，给我的感觉是快乐的、是幸福的。与其说他们像夫妻，不如说他们像一对好朋友。正如翁帆说：“我们有谈不完的话题，看到什么就谈什么。”真的，能够这样就够了，有多少夫妻能这样？虽然访问之前，我是带着同事们要求我问他们“闺房

之乐”的使命去的。然而，看着他们一脸的融洽、和谐，还有从心底散发的笑容，可以想象从结婚至今，两人适应得很好，无论在闺房内或在闺房外！

不在乎天长地久，只在乎曾经拥有。

不是吗？[30, 80]

她说的话的确正是我亲身感受到的。

新加坡电视台主持人曾月丽还对杨振宁的一生说过非常具有哲理性的一段话：“一个人从年轻到老，敢于追求所爱，不管他的所爱是人，是事物，还是真理，他都能够放开胸怀地去拥抱，而且升华成乐观前进的动力，这个人是绝对幸运的。”[30, 48]

诚哉斯言！

这天傍晚，还有一件不能忘却的事。吃完晚饭往回走的时候，杨振宁兴致未减，又带我们一行人绕道走到现在的清华大学二门附近第一教室楼北端后小山旁。开始我不太明白他的用意。到了小山坡边，看见那儿竖立着一个纪念碑。走到碑前，正面写的是“海宁王静安先生纪念碑”。啊，原来是我国清末民初的大学者王国维先生的纪念碑。我很快想起杨振宁在他的文章中曾经多次提到王国维先生。

我们转到纪念碑的另一面，杨振宁说：“这碑文是陈寅恪先生写的。”接着他念了开头的一段：“海宁王先生自沉后二年，清华研究院同人咸怀思不能自已。……”

碑上最后一段文字我以前就记得：“先生之著述，或有时而不章；先生之学说，或有时而可商。惟此独立之精神，自由之思想，历千万祀，与天壤而同久，共三光而永光。”

当我们离开王国维纪念碑走到二校门时，那儿有很多人纳凉、散步，有一位中年男子正忙着给亲朋照相。他忽然认出了杨振宁夫妇，脱口说：“这不是杨……”他也够机灵的了，立刻把照相机对准杨振宁夫妇，灯光

清华大学校园里王国维先生的纪念碑正面。

一闪，拍了一张照片。我看到那位男子满脸兴奋的表情，还听到他旁边的一位朋友羡慕地说："你真行呀！"

这种事情也许翁帆经历过不少，她没有受到任何影响地边走边继续和杨振宁低声说着什么，平静得犹如一泓清泉。

他们两人似乎总有说不完的话……

三、清华大学高等研究中心

2002 年是杨振宁八十大寿之年，这年 6 月 17—19 日，在清华园聚集了一批世界顶尖级的科学家，他们是来这里参加清华大学和清华大学高等研究中心共同主办的“前沿科学国际研讨会”的。其中有诺贝尔奖获得者13人（杨振宁是主办方，没有算在里面），如因为发现了穆斯堡尔效应而于1961年获得诺贝尔物理学奖的穆斯堡尔（Rudolf L. Mössbauer，1929—2011），因为制造第一台激光器而获得1964年诺贝尔物理学奖的汤斯（Charles H. Townes，1915—2015），因为提出夸克理论而获得1969年诺贝尔物理学奖的盖尔曼，因为发现了J/φ粒子而获得1976年诺贝尔物理学奖的丁肇中，因为化学过程的动力学而获得1986年诺贝尔化学奖的李远哲等，还有数学菲尔兹奖获得者丘成桐。

在这次研讨会上，许多诺贝尔奖获得者做了精彩的报告。17日上午，汤斯做了题为“激光：它是为何和如何发生”的报告，盖尔曼做了题为“理论物理学的一些路径”的报告；19日下午，2001年获得诺贝尔物理学奖的康奈尔（Eric A. Cornell，1961— ）做了题为“一个超冷原子气体的玻色—爱因斯坦凝聚的实验”的报告，1997年获得诺贝尔物理学奖的法国物理学家科昂-唐努基（Claude Cohen-Tannoudji，1933— ）做了题为“超冷的玻色子和费米子气体”的报告。

这些世界级科学家聚集在清华园，以及他们在清华大学做的精彩的科学前沿报告，使清华师生沐浴在令人激动的气氛和浓浓的学术氛围中。正如高等研究中心的主任聂华桐教授所说：

> 这次举行前沿科学国际研讨会，自然是为了庆祝杨振宁先生八十寿辰，但也是借重杨先生在世界学术界的声望，邀请一批世界上最杰出的科学家来清华演讲，以此提高清华大学学术交流的水平，扩大清华大学高等研究中心的影响，促进学术交流和基础科学的发展。十几位诺贝尔奖获得者，包括世纪级的科学家、激光发明人汤斯先生和夸克倡议人盖尔曼先生，以及一些其他优秀的科学家，能同时来到清华大学，对清华是一件盛事，对整个中国也是一件盛事，对清华的师生

盖尔曼与杨振宁，2002年6月摄于清华大学。

> 更是一个极大的激励。这样的盛会，在中国是首次，在世界任何地方都难得。我们希望通过这次会议，使这批一流科学家对清华大学有所了解，对中国的发展有些亲身的体会。
>
> 和以往不同的是，这次会议除了邀请国内的科学家和清华大学校内的师生参加外，我们还从全国邀请了70多位研究生参加会议。我们希望通过这个会议，使一批中国的青年学子能亲身接触科学大师，领会他们在研究什么、思考什么、是一个什么样的人。或许，对这些愿意献身科学研究的年轻人会产生难以估计的影响。[113]

高等研究中心希望通过这一类会议，让在这些领域最活跃、最有成就的国内外研究人员聚集国内，由此推动国内外研究人员的进一步合作，促进我国在这些领域的研究工作迅速赶上世界先进水平。而这正是当年清华大学校领导们创建高等研究中心的初衷。

1. 筹建缘由

对于清华大学高等研究中心创建的初衷，中心主任聂华桐教授曾经做过简单的介绍。他的大意是：新中国成立以前，清华大学就是中国著名的高等学府之一。现在回过头来看，当时是哪些学科使得清华大学被认为是中国数一数二的大学呢？是文科、理科和工科。当年文科的大师们，以及后来成为中国“两弹一星”元勋的科学家们，正是清华的骄傲。1952年院系调整后，文科和理科被划给北京大学，直到改革开放以后，清华大学才开始恢复理科和重建文科。清华大学的领导层认识到，清华大学要想恢复以往的辉煌，重新成为世界一流的大学，一定要坚持“综合、研究、开放”的方针。

纵观全球，公认的一流大学都是以追求“知识创新”为本位，追求的应该是知识创新的学科，而不仅仅是实用的学科。只有这样，才能真正让一所大学有崇高的学术地位。中国各阶层的领导人也都认识到了这一点，也都逐渐开始注重发展文科和理科，发展综合性的一流大学。清华大学高等研究中心就是在这样一个大的背景下创建的。

1996年，清华大学校长王大中和副校长梁尤能为了发展清华的理科，想借用美国普林斯顿高等研究所的模式，在清华大学也建立一个小型精干的、纯粹进行理论研究工作的中心。本书前面曾比较详细介绍过普林斯顿高等研究所建立的过程和它的特色。可以说，世界上很少有像普林斯顿高等研究所这样的学术机构，把追求知识创新作为自己存在的唯一理由。高等研究所尊崇人类神圣的好奇心，追求对世界和宇宙的探索，追求对自然和人类的认识。

普林斯顿高等研究所，为出于探索未知的好奇心的科学研究提供了无与伦比的组织架构。自20世纪30年代成立以来，高等研究所迅速成为世界的学术圣地。爱因斯坦在这儿度过他生命最后的20多年，他一直执着地研究他的统一场论，虽然有一些年轻的物理学家认为他是一个悲剧式的人物，但是从来没有一位所长干涉他的研究。现在看来，他的研究对现代理论物理学的发展有着极为重要的启示，为以后的理论研究指出了方向，它对基础物理学的影响将深入 21 世纪。

清华大学领导层正是希望借鉴普林斯顿高等研究所的成功经验，建立中国的“普林斯顿高等研究所”。

1996 年，清华大学想请杨振宁来主持清华大学高等研究中心的工作，但杨振宁那时还没有从石溪分校退休，因此觉得自己不能长时间在清华负责中心具体事务，无法接受，希望清华自行物色一名主任人选。后来经周光召先生推荐，同时征得杨振宁同意，清华大学决定请石溪分校的荣休教授聂华桐来担任高等研究中心主任，杨振宁先生担任中心名誉主任。

聂华桐教授 1935 年出生于武汉市，祖籍湖北应山（现划入广水市），中国台湾大学理学学士，美国哈佛大学哲学博士，师从施温格教授。后来在纽约州立大学石溪分校杨振宁所领导的理论物理研究所工作 30 余年，从事教学和理论物理研究，与杨振宁是多年的同事。他和中国科技大学闫沐霖教授合作所得到的 Nieh-Yan class，在引力场理论里被广泛应用，是一个重要的成就。

1997 年 2 月 28 日，聂华桐飞抵北京到清华大学与王大中校长面谈。

2. 中心成立

杨振宁虽然没有答应出任中心的主任之职，但是他一直对中心的创建投入了极大的关注，给予了极大的帮助。

1996 年 6 月 14 日，杨振宁夫妇访问清华。杨振宁于当天下午 2 时半在清华大学中央主楼三楼报告厅，为清华大学师生做了题为“近代科学进入中国的回顾与前瞻”的演讲。

第二天上午 8 时半，杨振宁在清华大学建筑馆报告厅又做了题为“在势阱中原子的玻色—爱因斯坦凝聚”的学术演讲。6 月 16 日杨振宁先生

清华大学高等研究中心名誉主任杨振宁和主任聂华桐。

参观了清华大学核能技术设计研究院后离开北京。

在这次访问清华大学期间，杨振宁与王大中校长、梁尤能副校长和理学院的领导进行了三次座谈。这是杨振宁第一次来清华大学讨论高等研究中心组建事宜。他表示：

> 清华要办高等研究中心，这很好。王大中校长找我，我一定尽力帮忙。不过，不一定作为学术委员会主席或主任，因为自己在国外，任务也很多，还是加上“名誉”为好，我可以在可能的方面帮忙。

他强调：如果从世界上各个办得很成功的机构来看，不管是学校、系还是研究所，最重要的一点当然是得有经费，没有充足的经费是不可能成功的。有了经费以后，最重要的一点是找到几名杰出人才，有人认为有一个就可以，不过至少得有一个，当然最好是有几个关键性人物。他还列举了一些成功研究机构的范例。杨振宁也在物理、数学、化学等学科提出了一些可以聘请的人选，并表示要想办法帮助高等研究中心筹措经费。

半年之后的 1997 年 1 月 29 日，杨振宁第二次来清华谈高等研究中心的筹备工作，同意周光召推荐聂华桐教授为高等研究中心主任，认为聂华桐教授诚恳、认真，有能力。杨振宁还表示，希望能在一段时间内帮助清华大学吸引 10—20 名最有作为的年轻人。他说："找最好的不容易，但找相对好的我可以帮清华游说。今后 5—10 年，希望中心能培养出得到世界承认的人，这是我这辈子最后一件值得做的事情。"

1997 年 2 月 28 日，聂华桐教授抵达北京。3 月 1 日上午和 3 月 3 日下午，聂华桐教授与王大中校长进行了商谈。聂华桐先生表示接受这个职位。聂华桐后来回忆："那时我已年过六十，考虑到科学上的创新工作靠的是年轻人，尤其是在美国，科学研究进展快，自己年纪大了，再做一流工作的可能性越来越小，与其任光阴蹉跎，不如回到中国来尽自己的力量做一点有意义的实事。在这种心情下，我辞去纽约州立大学的职位，到清华来，为清华大学基础科学的发展尽一点微薄之力，把高等研究中心建立起来，希望有朝一日清华大学高等研究中心能在世界上跻身一流。"[113]

在清华大学和杨振宁、聂华桐等人的共同努力下，清华大学高等研究中心于 1997 年 6 月 2 日正式宣告成立。聂华桐被正式任命为中心主任，物理系系主任顾秉林教授（后曾为清华大学校长）兼任常务副主任，理学院常务副院长廖沐真教授任中心副主任。在清华大学高等研究中心成立大会上，杨振宁表示：

> 王校长要我帮助建立高等研究中心，我感到义不容辞，我觉得清华大学高等研究中心在以后 10 年、20 年、50 年之间，有在世界科技领域做出重大贡献的可能。

1997 年 8 月 17 日，杨振宁先生又一次回到国内，出席了 18 日举行的高等研究中心第一届学术委员会第一次会议。

这之后，杨振宁先生对高等研究中心一直非常关心，并建议于 1998 年 5 月 4—22 日面向全国有关大专院校和科研单位举办"加速器理论及自由电子激光讲习班"，聘请中心海外客座教授、美国斯坦福直线加速器中心赵午和美国布鲁克海文国家实验室余理华主讲。

清华大学校报原主编范宝龙曾采访过杨振宁，他在回忆中说："在清华大学高等研究中心筹建过程中，杨振宁先生花费了很大的心血，仅因此事与清华大学的通信、传真及电子邮件就有几十封。"

1997 年 6 月 19 日，经清华大学 1996—1997 学年度第 15 次校务会议决定，1998 年 6 月 14 日，清华大学在主楼接待厅隆重举行"聘请杨振宁先生为清华大学教授"的聘任仪式，王大中校长向杨振宁先生颁发了聘书。杨振宁先生在致辞中说："我从小在清华园中长大，对园中的一草一木都有深厚的感情。我愿在有生之年尽力帮助清华大学发展，尤其是使清华大学的理科重新建立起来。"[114]

1999 年 10 月 2 日，清华大学高等研究中心大楼落成。

中心成立之后，有一些经费可以由大学或者政府提供，但是最感缺少

1997年6月2日，在"清华大学高等研究中心成立大会暨21世纪基础科学的展望研讨会"上，杨振宁做学术报告。前排右起：丁肇中、丘成桐、黄昆、朱经武。

的是运行经费和研究人员的工资。杨振宁深知，这些经费如果不妥善解决，对于中心将是一个致命的威胁。为了解决这方面的费用，由杨振宁先生发起，1998 年 3 月 13 日在香港正式注册了“清华大学高等研究中心基金会有限公司”，杨振宁任基金会董事长，王大中校长任副董事长。杨振宁夫妇还认捐 100 万美元；聂华桐教授不仅自己做了捐献，还让自己在美国的孩子向中心捐了款。

同年，也是在杨振宁的提议和筹组下，在美国成立了“清华北美教育基金会”，为清华大学高等研究中心募集更多的资金。杨振宁期望为清华大学高等研究中心募捐到 1500 万美元以上，计划每一年只动用基金本金的 5%。

有了基金会的得力支持，中心在成立十多年来能够得到稳定和健康的发展。这种做法正是借鉴普林斯顿高等研究所的经验。

如果今天有人问杨振宁：“您现在最大的心愿是什么？”我想，他的回答一定是：期望在他的有生之年使清华大学理科的发展日趋繁荣，走向世界一流。这当然不仅仅是个人的猜想，有杨振宁下面的讲话为证。

2002 年 6 月在清华大学高等研究中心主持召开的庆贺杨振宁八十寿辰以及“前沿科学国际研讨会”结束时，杨振宁在感谢答词中非常动情地说：

> 首先让我向来参加此会议的朋友们致谢意。自这么多国家来了这么多朋友确实是“不亦乐乎”。
>
> 我也要谢谢清华大学的教职员们花大量精神和时间来组织这么成功的研讨会。几天来我们重温了半世纪以来物理学历史中一些极令人振奋的工作，听到了今后二三十年科学前沿中一些极令人振奋的新发展。
>
> 这么成功的研讨会今天在这个国家召开也许不是完全偶然。八十年前在我出生的时候，这个国家的近代科学是零，绝对的零。今天它在全力追赶，而且速度惊人。

目前的清华大学高等研究中心的外貌，它原是清华大学科学馆，古朴宁静。

数个月前，布什总统访问了清华大学，并且就在我们开会的大楼中做了一个演讲。他提到二十五年以前他曾到过北京（那时他的父亲是美国驻北京联络处的主任）。第二天布什总统登上了长城。他坚持要超过1972年尼克松总统曾走到的最高处。记者们问他有何感想。他停了一下，然后说：

“一样的长城，不一样的国家。”

我相信在座的各位都会有同感。

……

而且我还有机会开始一个新的事业——帮助清华大学发展高等研究中心。清华园是我幼年成长的地方，我一生走了一个大圈。那么我的最后事业也将是我一生中特别有意义的一幕。[61，535—536]

杨振宁的晚年生活已经与清华大学高等研究中心密不可分，它将伴随杨振宁走过他晚年的人生之路。“雄关漫道真如铁，而今迈步从头越。”杨振宁学术的一生，从西南联大开始，经过在芝加哥大学、普林斯顿高等研究所、纽约州立大学石溪分校，最后来到清华大学高等研究中心。这儿是杨振宁学术人生最后一站，这一站将使他整个人生显得更加灿烂辉煌！

2005年12月，杨振宁与两个孙女Alexa（左）和Mecaela（右）摄于清华园家中。幸福之情洋溢在杨振宁的脸上，两个孙女也非常喜欢和蔼可亲的爷爷。

3. 可喜的开端

十分熟悉普林斯顿高等研究所的聂华桐教授，当然知道一个具有强大生命力的高等研究中心的创建是非常困难的，不经过一番缜密的计划和努力的拼搏是很难达到目的的。聂华桐教授在接受主任之职时面临的困难，恐怕比当年弗莱克斯纳和奥本海默接任普林斯顿高等研究所所长职位时更加困难和严峻。这毕竟是在各个方面才刚刚开始与国际接轨的中国啊！

当时，他有一个忧虑；当然，也有一个希望。

忧虑的是，当时中国国内存在着一些阻碍基础科学发展的因素。发展基础科学，最要紧的是培养一批有才华而又一心投身科学、以献身科学为荣为乐的人。近十多年来，由于中国政府推行“科教兴国”的大战略方针，对科技的投入大幅增加，学术性的科学研究也开始受到重视，为基础科学的发展带来了无限生机。聂华桐教授深知，基础科学的重要任务是探索未知领域的知识。正是由于它们的未知性，所以它不可能像工程建设一样“先规划、后验收”。例如爱因斯坦研究广义相对论时，刚开始还不知道进路何在，还不清楚它所需要的数学知识，他只能边研究边改变自己的研究计划，不断学习新的知识，尤其是数学知识。而且爱因斯坦也绝对没有办法为自己的研究制订一个什么进度表。杨振宁研究非阿贝尔规范场理论前后一共用了七八年，而且他也不知道什么时候可以完成这一研究，即便研究出结果来，其命运如何也未为可知。所以探索科学未知领域，是没有办法做出任何保证性规划的，有时候多年也难出成绩，甚至很长一段时间根本出不了成绩。如果万一真的要坚持什么计划之类的程序，那恐怕就只有凑篇数和造假一途。聂华桐认为：“过多的规划管制，对于基础科学的发展，恐怕是害多利少。”

希望的是，研究中心必须依照世界一流大学的研究模式，营造出一个宽松自由的学术环境。只有这样才能够吸引一流的人才；有了一流人才，才有可能让研究中心逐渐立于不败之地，建立起自己的信誉。

在这一基本愿望的指导下，中心在行政管理层做了大刀阔斧的改革，把行政人员数量压缩到最低限度。在专业层面，高等研究中心设立的讲座教授是长期职位，研究员和副研究员则是三年一个聘期，两届为止。同时，以“长江学者”讲座教授的方式，聘请了一些现在美国一流大学里工作的杰出华裔青年学者，每年来中心工作 1—2 个月，建立起交流合作的关系，这就为提高研究中心的学术水平提供了良好的机会和条件。

还有非常重要的一点是，中心成立了由国内外著名学者组成的学术委员会，推行国际化的工作评估标准。中心工作人员的工作成绩以及职务晋升，都以学术委员会的各个成员和特聘教授们的评判为依据。

经过十多年的努力和谨慎的经营，清华大学高等研究中心正逐渐营造出一个接近国际惯例的学术环境。从优秀人才流向中心这一至关紧要的方

清华大学高等研究中心学术委员会成员合影，摄于2002年。右起：聂华桐、顾秉林、杨振宁、甘子钊、沈平、李东海、郑绍远、廖沐真、徐湛、张寿武、陈凯先。

面看，可以说有了可喜的结果。

1999 年，在美国得克萨斯州超导研究中心工作的翁征宇教授来清华大学高等研究中心任职。翁征宇 1962 年出生，1978 年考入中国科学技术大学少年班，1987 年在中国科学技术大学获理学博士学位，1986—1987 年，在美国得克萨斯州高温超导中心从事强关联电子系统、超导电性、金属—绝缘体转变和局域化理论、量子霍尔效应等研究工作。截至目前，他在高温超导研究领域已经形成一个理论体系，是被世界著名同行看好的一位颇具发展潜力的青年学者。

杨振宁谈到翁征宇时说：

> 他是高温超导领域里做得最成功的年轻的理论物理学家之一。这不仅是我们自己的判断，也不只是国内几个专家的判断，而是征求了在他所研究领域世界著名的理论物理学家们的意见，根据他们的反映，

> 才提出请翁征宇做杨振宁讲座教授。……翁征宇在美国所做的工作相当好。他如果愿意留在美国的话，是完全没有问题的。[1]

翁征宇为什么愿意回来呢？他自己说过：找一个自己想要的工作环境，过自己想要的生活，这是我最初到清华大学访问的初衷。到清华大学亲自体验之后，他感到这就是自己想要的工作环境，这就是自己想要的生活。他还说他之所以选择来清华大学高等研究中心，其中很重要的一点就是这里的研究环境宽松。翁征宇认为，清华要创建世界一流大学，最需要的就是有一批热衷于埋头搞学术研究的杰出人才，一批最有可能出高水平研究成果的人，在最有可能出研究成果的阶段给他们创造宽松的环境，使他们能醉心于科学研究。

翁征宇教授是高等研究中心第一位被任命为"杨振宁讲座教授"的。"杨振宁讲座教授"由郑家发先生和夫人捐款设立。郑先生在石溪分校获得（实验）物理学博士学位，现为（美国）国泰银行总裁，是一位著名的爱国华人。

第二位被任命为"杨振宁讲座教授"的是王小云教授，时间是 2005 年 6 月。王小云是一位带有传奇色彩的女性，1966 年生于山东诸城，1983 年至 1993 年就读于山东大学数学系，先后获得学士、硕士和博士学位，导师是潘承洞（1934—1997）院士。1993 年毕业后留校任教。

2004 年 8 月，在美国加州圣芭芭拉召开的国际密码大会上，并没有被安排发言的王小云教授拿着自己的研究成果找到会议主席，希望能有机会在会上发言。没想到慧眼识珠的会议主席破例给了她 15 分钟时间，而通常发言人只被允许讲两三分钟。就这样，王小云在国际会议上首次宣布了她及她的研究小组近年来的研究成果——对 MD5、HAVAL-128、MD4 和 RIPEMD 四个著名密码算法的破译结果。在她公布到第三个成果的时候，会场上已经是掌声四起，报告不得不一度中断。报告结束后，所有与会专

---

〔1〕 百度网上的"翁征宇"词条。

家对她和她的研究小组突出的工作报以长时间的掌声，有些学者甚至起立鼓掌以示他们的祝贺和敬佩之情。

王小云教授带领的研究小组于 2005 年又破解了被广泛应用于计算机安全系统的 SHA-1 密码算法，整个国际密码学界为之震惊，密码学领域最权威的两大刊物《欧洲密码》（*Eurocrypto*）与《密码》（*Crypto*）将 2005 年度最佳论文奖授予了这位中国女性。2006 年 6 月 8 日，在中国科学院第十三次院士大会和中国工程院第八次院士大会上，她以《国际通用 Hash 函数的破解》一文获得陈嘉庚科学奖信息技术科学奖。

图灵奖获得者姚期智教授评价王小云说："她具有一种直觉，能够从成千上万的可能性中挑出最好的路径。"〔1〕

在王小云来到中心之前的 2004 年，是杨振宁和聂华桐感到最高兴和多少有一些意外惊喜的一年，因为这一年的 9 月，普林斯顿大学的著名理论计算机教授、计算机最高奖图灵奖获得者姚期智毅然辞去普林斯顿大学的讲座教授职务，正式加盟清华大学高等研究中心，成为清华大学的全职教授。事情缘起于 2003 年冬天，中心请他来清华演讲，聂华桐当时跟他谈起请他到高等研究中心工作的想法。他们两人都是湖北人，又都是台湾大学和哈佛大学的先后同学，所以谈起来自然会比较投机。开始聂华桐对于姚期智来清华并不存太多希望，可是后来谈得愈来愈投机，没有想到的是，他那么痛快，居然很快就说可以考虑，但要和他妻子商量后才做决定。一星期以后，他从西安回到北京，杨振宁刚好也从美国来到清华，杨振宁对于姚期智的学术和为人都极为欣赏。于是他们就一起和姚期智谈他到中心来工作的这件事。他的妻子储枫和他一样干脆，也赞成他来清华，于是来中心的事基本上就这样说定了。

姚期智干事真是干净利落，答应加盟清华以后，2004 年他就迅速把

---

〔1〕　http://news.tsinghua.edu.cn，2005 年 6 月 13 日。

聂华桐、杨振宁和姚期智三人合影。杨振宁和聂华桐对姚期智2004年来到清华大学高等研究中心任职非常高兴。姚期智对于来到清华大学也“有一种满足感”。

在普林斯顿的住房卖掉了，令不少人惊讶不已。他说，我对来清华有信心，没有什么好犹豫的；而且，如果我不辞掉那边的工作，普林斯顿大学计算机系就无法另谋高明，会耽误他们的工作。这种作风，表现出他处世为人的风格：坦诚，明快，敬业，正派。聂华桐教授说：“高研中心的另外一位年轻同事翁征宇也有类似的性格。和他们这样的人相处，很痛快，诚一乐事也。”

姚期智祖籍湖北省孝感市孝昌县，1946 年 12 月出生于上海，1967 年获得中国台湾大学物理学士学位，1972 年获得美国哈佛大学物理博士学位。1975 年，他又得到伊利诺伊大学计算机科学博士学位。1975 年至 1986 年，他先后在美国麻省理工学院数学系、斯坦福大学计算机系、加利福尼亚大学伯克利分校计算机系任助理教授、教授，后来成为普林斯顿大学的 Willian and Edna Macleen 讲座教授。1998 年他被选为美国科学院院士，2000 年获得被称为“信息科学领域的诺贝尔奖”的图灵奖。

多年来，姚期智先生以其敏锐的科学思维，不断向新的学术领域发起冲击，在数据组织、基于复杂性的伪随机数生成理论、密码学、通信复杂性乃至量子通信和计算等多个尖端科研领域，都做出了巨大而具独创性的贡献。他所发表的近百篇学术论文，几乎覆盖了计算复杂性的所有方面。在获得图灵奖之前，他就已经在不同的科研领域屡获殊荣，曾获美国工业与应用数学学会乔治·波利亚奖和以算法设计大师克努特命名的首届克努特奖。他在计算机理论方面是国际上最拔尖的学者、世界级大师。

聂华桐教授兴奋地说："因为他们来，又会带动另外一批人来。如果这样的人来得多了，清华大学的教师队伍状况就会大大地改观，培养出来的年轻人也就不一样了。先是杨振宁、林家翘，现在是姚期智，几位'大师'先后来到了清华，这是个连锁效应。如果效应的力度能愈来愈强，形成趋势，吸引一个又一个'姚期智'来到清华，清华岂不就成了有一群'大师'的大学？一个又一个学科逐渐发展成世界一流，等到清华有十个二十个学系都达到了世界一流，清华不也就自然成了世界一流？"[115]

姚期智来到清华大学高等研究中心一事，引起了台湾学界的注意。2004年11月15日出版的《知识·通讯·评论》杂志上刊登的一篇文章说：

> 去年12月底，姚期智和目前在香港城市大学任教的太太储枫到清华一趟，并很快就做出姚期智到清华长期工作的决定。姚期智决定离开普林斯顿大学，到北京的清华大学，引起普大教授和学校当局讨论。……
>
> ……杨振宁的学术生涯中，有17年时间（1949—1966）是在普林斯顿的高等研究所。他尝自谓那是他研究工作的黄金时代。普林斯顿高等研究所当年邀得爱因斯坦、外尔等一代物理、数学大师的美事，以及在美国学术上造成的重大影响，一直是使杨振宁印象深刻的。
>
> 有人说，北京清华大学的高等研究中心之成立，就有师法普林斯顿高等研究所的意念，现在58岁的姚期智……的加入，似乎使这个

研究中心向杨振宁和聂华桐心中的目标更进了一步。[116，58—59]

谈到在普林斯顿与在清华教学的不同，姚期智说："心理上的满足感会不一样。虽说'科学无国界'，但是在为中国的年轻人讲解知识、看到他们真正吸收了的时候，心里会有特别的感觉，我想是有一种天然的感情联系吧。"

十多年来，由于良好的学习环境和优秀的导师，高等研究中心从1998年到2009年共招收博士生56名，已经毕业的有27位。其中有几位如翟荟、祁晓亮、顾正澄和姜红臣等人，已经引起人们的关注。

高等研究中心从创建到2009年还只是短短的12年。12年对于一个学术机构还是很短的一段时间，要达到初创时希望的目的还得假以时日。但是这短短的12年，已经显示出高等研究中心有了非常良好的开端，取

高等研究中心现在正式挂牌"高等研究院"。

得了初步的成就。这一点成就的取得，是杨振宁、聂华桐、翁征宇、姚期智、王小云和全中心同仁兢兢业业努力工作才得到的。

高等研究中心非常注意与国际学界的交流，差不多每年都有世界一流的科学大师到中心和清华大学研究人员交流最新的进展。除了举办几次重大的国际学术会议以外，中心从2001年起，每年都举办一次或几次“杨振宁讲坛”，每一次邀请一位诺贝尔奖级的学者来中心做大型演讲，并在清华大学访问和交流一周左右。

由于所有这些举措的联合效应，高等研究中心开始越来越受到科学界的关注。

四、冷原子研究

2008年10月，正是北京秋高气爽的好日子，清华大学校园这时显得格外美丽，满地的落叶使得这所学校额外有一份凝重的沉思。正是在这“天高秋日迥”、“高馆落疏桐”的美好季节里，10月20—24日在清华园举办了“简并量子气体前沿”国际会议。清华人在校园的广告牌上可以看到漂亮的会议彩色海报。如果是物理系的学生而且心细，他们从海报上可以数出有四位诺贝尔奖获得者将参加这次会议（杨振宁属主办方，不计在内）。也许有些人还记得2002年由高等研究中心主办的“前沿科学国际研讨会”，那一次有13位诺贝尔奖获得者参加会议。从参加会议的诺贝尔奖获得者的人数看，这一次也许不及2002年的会议，但是这次会议被认为是2008年度世界上该物理学领域里极为重要的一次国际会议。从重要性来说，这次会议绝对不亚于2002年的会议。为什么这样说呢？我们先来看看这四位获奖者的获奖年代和获奖原因。

菲利普斯（William Phillips，1948—　）在1997年因为“在发展原子的激光冷却和捕陷方法上所做出的贡献”获得诺贝尔奖。他是第一次来清华大学访问。

康奈尔和凯特利（Wolfgang Ketterle，1957— ）在2001年因为“在稀薄碱金属原子气体中实现玻色—爱因斯坦凝聚态和对其性质的早期基础性研究”获得诺贝尔奖；这两位在2002年曾应高等研究中心之邀到清华访问过。

莱格特（A. Leggett，1938— ）在2003年因为“超导和超流体现象的理论研究”获得诺贝尔奖；他本来同意为这次会议的组织者之一，但后来因为有事没有参加会议。

除此之外，参加这次会议的还有2008年获得昂萨格奖（Lars Onsager Prize）的何天伦〔1〕、获得2003年麦克阿瑟天才奖（MacArthur Fellowship“genius grant”）和2008年富兰克林奖章的美国物理学家多玻娜·金（Doborah S. Jin，1968— ）等人，他们都是在冷原子研究里取得重要成就的物理学家。

对于这次会议，杨振宁有特别关注理由，因为他和李政道、黄克孙〔2〕、鲁丁格等人在1956年和1957年就对玻色—爱因斯坦凝聚做过仔细的研究，对有关参数做过一些计算，得到一些漂亮的结论，其中最重要的是得到基态能量的第二项，后来这篇文章就被称为“LHY文章”〔3〕。但是那时的技术不能达到他们理论所需要的低温，所以尽管也有人做过后续的研究，却没有办法验证文章中的第二项到底是对还是不对，于是只好像杨—米尔

---

〔1〕 何天伦（1953— ），中国内地出生，不足1岁即到香港定居。香港培英学校毕业后，进香港中文大学物理系，大学毕业后赴美留学。后在美国俄亥俄州大学物理系任教。2008年因为量子气体的玻色—爱因斯坦凝聚的出色研究，获得美国物理学会颁发的昂萨格奖，成为该奖最年轻的得奖者。

〔2〕 黄克孙（1928—2016），广西宁明人，壮族，美籍著名理论物理学家，麻省理工学院讲座教授。

〔3〕 曾有人称LHY计算出的第二项为“LHY修正项”，但杨振宁本人不同意这一提法，他认为不是什么“修正”，只是算出来第二项。

An International Conference sponsored by
Center for Advanced Study and Department of Physics
Tsinghua University

FRONTIERS OF DEGENERATE QUANTUM GASES

Tsinghua University, Beijing, October 20-24, 2008

Organizers:

Immanuel Bloch (University of Mainz)
Tin-Lun Ho (The Ohio-State University)
Deborah S. Jin (University of Colorado and NIST/JILA)
Anthony J. Leggett (University of Illinois)
William D. Phillips (National Institute of Stardards and Technology, USA.)
Chen-Ning Yang (Tsinghua University)

Scientific Secretary: Hui Zhai (UC Berkeley)

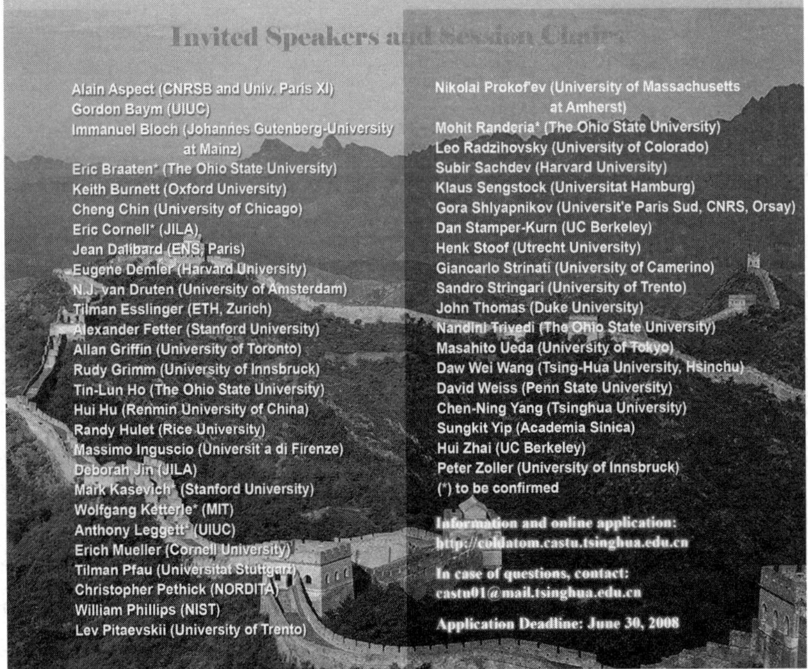

Invited Speakers
Alain Aspect (CNRSB and Univ. Paris XI)
Gordon Baym (UIUC)
Immanuel Bloch (Johannes Gutenberg-University at Mainz)
Eric Braaten* (The Ohio State University)
Keith Burnett (Oxford University)
Cheng Chin (University of Chicago)
Eric Cornell* (JILA)
Jean Dalibard (ENS, Paris)
Eugene Demler (Harvard University)
N.J. van Druten (University of Amsterdam)
Tilman Esslinger (ETH, Zurich)
Alexander Fetter (Stanford University)
Allan Griffin (University of Toronto)
Rudy Grimm (University of Innsbruck)
Tin-Lun Ho (The Ohio State University)
Hui Hu (Renmin University of China)
Randy Hulet (Rice University)
Massimo Inguscio (Universit a di Firenze)
Deborah Jin (JILA)
Mark Kasevich* (Stanford University)
Wolfgang Ketterle* (MIT)
Anthony Leggett* (UIUC)
Erich Mueller (Cornell University)
Tilman Pfau (Universitat Stuttgart)
Christopher Pethick (NORDITA)
William Phillips (NIST)
Lev Pitaevskii (University of Trento)
Nikolai Prokof'ev (University of Massachusetts at Amherst)
Mohit Randeria* (The Ohio State University)
Leo Radzihovsky (University of Colorado)
Subir Sachdev (Harvard University)
Klaus Sengstock (Universitat Hamburg)
Gora Shlyapnikov (Universit'e Paris Sud, CNRS, Orsay)
Dan Stamper-Kurn (UC Berkeley)
Henk Stoof (Utrecht University)
Giancarlo Strinati (University of Camerino)
Sandro Stringari (University of Trento)
John Thomas (Duke University)
Nandini Trivedi (The Ohio State University)
Masahito Ueda (University of Tokyo)
Daw Wei Wang (Tsing-Hua University, Hsinchu)
David Weiss (Penn State University)
Chen-Ning Yang (Tsinghua University)
Sungkit Yip (Academia Sinica)
Hui Zhai (UC Berkeley)
Peter Zoller (University of Innsbruck)
(*) to be confirmed
Information and online application:
http://coldatom.castu.tsinghua.edu.cn
In case of questions, contact:
castu01@mail.tsinghua.edu.cn
Application Deadline: June 30, 2008

张贴在清华大学校园的“简并量子气体前沿”国际会议的海报。

斯理论一样束之高阁，等待有朝一日“时来运转”再说。

2009 年，杨振宁曾经接受《知识·通讯·评论》杂志社记者的采访，其中谈到他们在 1957 年的研究。记者问：“您最近在做玻色—爱因斯坦凝聚方面的研究，之所以会延续 20 世纪 50 年代的工作，有什么特别的道理？”

杨振宁回答：

> 在那时没有很多人做玻色—爱因斯坦凝聚方面研究，那个时候这方面的理论和实验的知识还在比较原始的状态，缘起我们在 20 世纪 50 年代初请当时公认做液态氦方面专家的德波尔（J. de Boer）到普林斯顿高等研究所做了一系列演讲，因而我对当时这方面理论和实验的情形有一个掌握，所以想了解这个问题。起先我和黄克孙，后来，和黄克孙以及鲁丁格，我们三个人写了两篇文章，后来李政道加入了。这个领域当时主要只有我们在搞，到 50 年代后期这个问题就做不下去了。原因是当时理论上能够做的，我们都做得差不多了，而当时还不能做实验。[116，56]

哪里知道到了 1997 年前后，低温技术飞速发展，已经能够达到他们理论所需要的低温，而且还有物理学家用这些低温技术证实了 1924 年由爱因斯坦和玻色（Satyendra Bose，1894—1974）提出的玻色—爱因斯坦凝聚！对此杨振宁肯定十分欣慰和激动：验证 1957 年结论的时候到了！2001 年末，杨振宁在中央电视台的《百家讲坛》上做了一次重要的演讲，题目是“新知识的发现”，其中谈到 1997 年和 2001 年的诺贝尔奖：

> 到了 20 世纪 50 年代和 60 年代……“玻色—爱因斯坦凝聚”这件事情还是没法子做，因为没有那么低的温度，没有那么密的分子。一直到了 20 世纪 80 年代，因为激光的发展，有极妙的激光的工作，用了这个激光种种非常妙的技术，可以把温度从 10^{-3} 开尔文（K），降到 10^{-6} 开尔文，降到 10^{-8} 开尔文。这可以说是妙不可言的一系列

发展。所以到了20世纪90年代初，在这个领域的人都知道，再这样发展下去，“玻色—爱因斯坦凝聚”就要变成现实。

所以那个时候，全世界做这一类实验的人都在抢这个锦标，这里头有很多非常重要的发展。在1996年还是1997年，诺贝尔奖金委员会把诺贝尔奖给了三个人，这三个人并没有达到“玻色—爱因斯坦凝聚”，可是他们每个人对于这个新发明的技巧，都做了关键性的建树。……最先达到“玻色—爱因斯坦凝聚”的三个人，就是……今年得诺贝尔奖金的康奈尔、怀曼和凯特利，凯特利可能现在还没有到50岁，我们希望他们里头几个人，明年能够到北京来访问。［62，31—32］

杨振宁说的“全世界做这一类实验的人都在抢这个锦标”，就是现在人们常说的“冷原子研究”。什么是“冷原子”呢？被冷却到10^{-7}K附近的原子称为冷原子（cold atom）或超冷原子（ultracold atom）。只有将原子冷却到这样的低温以下，才能够实现玻色—爱因斯坦凝聚，得到玻色—爱因斯坦凝聚体这样一个“人造物”。

那么，什么是玻色—爱因斯坦凝聚呢？

1. 玻色—爱因斯坦凝聚和冷原子研究

玻色—爱因斯坦凝聚是印度物理学家玻色与爱因斯坦在1924年前后发现的一种重要的物理现象。它的内容简单地说是：如果系统粒子数守恒，完全没有相互作用，在足够低的温度下系统将发生相变，产生一种液体，它们的行为实质像一个单个的原子。这种现象就称为“玻色—爱因斯坦凝聚”；而这种液体就是今天所谓的“玻色—爱因斯坦凝聚体”，是一种有别于传统的全新物质状态。

爱因斯坦的文章发表以后，他自己对实验中能否观察到这一现象也有一些将信将疑，他还设想把稀薄气体冷却到最低温度来进行观察。由于低温技术的实际困难，这一预言只有在70年之后才能被实验证实。但在1924年大家看了爱因斯坦的文章以后，却一致表示反对。杨振宁曾经谈到为什么大家一致反对：

这篇文章发表出来了以后，大家一致反对，因为当时的想法觉得，为什么一个东西会从气体变成液体呢，因为分子之间互相有吸力，吸引力把它吸到一起，气体的分子相距很远，可是等到距离足够近的时候，就变成了液体。所以从气体变成液体，一个基本的原理是分子之间有吸力，这是天经地义的事情。怎么现在爱因斯坦说是没有任何相互作用，也可以变成液体呢？这一定是错误的。现在看起来，爱因斯坦的基本结论完全是对的，只是他的数学不严谨。[62，30]

到了20世纪五六十年代，物理学家才逐步认识到爱因斯坦的想法可能是正确的。而杨振宁、黄克孙和李政道他们正是在这期间，为了理解像液氦这类量子流体的性质，对玻色—爱因斯坦凝聚做了深入的研究，并在计算玻色—爱因斯坦的一个基态能量公式时计算出第二项。杨振宁曾经说，在他进行计算时，开始总是碰到一个无限大，计算不下去。好像有一层云雾似的大幕，让你看不清楚幕后微妙的（subtle）东西。后来在多般努力之下他忽然看明白了，一下就捅破了这层云雾笼罩的大幕，得到后面的第二项。但是，要想知道他们的计算对不对，只有在玻色—爱因斯坦凝聚实验得到验证以后才能够见分晓。但是在实验上，为了实现玻色—爱因斯坦凝聚，要求原子气体的温度达到纳开（10^{-9}K）的数量级。因此正如杨振宁所说，“到50年代后期这个问题就做不下去了。原因是当时理论上能够做的，我们都做得差不多了，而当时还不能做实验”。

没有想到，20世纪80年代中期，物理学家朱棣文（1948—　）、科昂-唐努基和威廉·菲利普斯利用激光技术发展了捕陷超冷原子的技术，开拓了超低温物理研究的崭新领域，把温度降到10^{-8}K。他们三人的研究成果为超冷原子的研究铺平了道路，也为21世纪高新技术的发展打下了基础。

紧接着，德国物理学家凯特利和美国两位物理学家康奈尔、怀曼（C. E. Wieman，1951—　）运用这个新技术，在实验室成功得到世界上第一批“玻色—爱因斯坦凝聚态”，证实了玻色和爱因斯坦在1924年预言的理论。1996年6月，康奈尔和怀曼首先制造了2000个铷原子的玻色—爱因斯坦凝聚；四个月以后，凯特利在麻省理工学院实验室得到的钠原子凝聚中，原子数目是先前实验的几百倍，而且他还从凝聚体中获得第一束原子激光。他们三位因为这项重大的成就，获得2001年度的诺贝尔物理学奖。

清华大学高等研究中心非常重视这个领域的进展，从1999年起就开展这方面的理论研究，并取得了可喜的创新成果。高等研究中心还与世界上许多国家的物理学家有密切的交流与合作。2006年12月，高等研究中心曾举行“超冷量子气体研究新进展研讨会”，2007年12月举行“冷原子气体中的强关联和自旋物理研讨会”，邀请来自美国、意大利、丹麦等国的著名学者做学术讲座，受到国内有关研究人员和大学师生的热烈欢迎

德国物理学家凯特利，2001年获得诺贝尔物理学奖。

和积极参与。

2008年，高等研究中心希望通过“简并量子气体前沿”研讨会，让该领域最活跃、最有成就的研究人员聚集中国，共同推动国内外研究人员的进一步合作，促进我国在这一领域的研究工作迅速赶上世界先进水平。

在大会上，参加会议的物理学家们做了许多重要的学术报告。第一天上午，凯特利做了题为“费米子强相互作用研究”的报告；下午何天伦做了“如何达到量子晶格气体的强关联状态”的报告。第二天，康奈尔做了题为“在强相互作用中的玻色—爱因斯坦凝聚体的布拉格光谱学”的报告；第三天，菲利普斯做了题为“凝聚物质模型的一些原子模拟：二维物理学和超循环”的演讲；最后一天，杨振宁做了题为“在不同维情形下硬球玻色气体”的演讲，下午5时50分，杨振宁还做了20分钟的会议结束讲话。

2. 1957年的论文是“我得意的工作之一”

非常让人瞩目的是，凯特利在他的“费米子强相互作用研究”报告中指出：

> 我们非常高兴地看到，50多年前，杨振宁、李政道和黄克孙对玻色—爱因斯坦凝聚有关参数进行了修正，最近，他们预言的理论结果已经被分子玻色—爱因斯坦凝聚实验所证实。

凯特利指的杨振宁、李政道和黄克孙的“理论”，见他们1957年写的文章《硬球玻色系统的本征值和本征函数以及其低温性质》。这篇文章现在被简称为LHY文章，文中写道：

> 本文涉及的是稀薄玻色粒子系统在低温时的性质，这些玻色子以硬球模型相互作用。温度虽低但是系统有一定的密度。我们清晰地计算出了基态和低激发态时的能量和波函数。[40，212]

高等研究中心的翟荟博士向我介绍：“在当时稀薄量子气体只是一个理想的多体模型。可是，稀薄气体模型的妙处在于当原子间的距离比相互

美国麻省理工学院讲座教授黄克孙。他的《大自然的基本力——规范场的故事》一书中译本2009年在中国出版。

作用的力程要大很多时，原子间相互作用力的细节就不重要了，只需要用……一个参数就可以描述相互作用。基于这一简化，杨振宁、李政道和黄克孙深入地研究了这个系统的多体理论，得到了很多漂亮的结论，其中最重要的是他们得到了超越‘平均场理论’〔1〕的第二项。”〔2〕

2007年，奥地利因斯布鲁克（Innsbruck）的格瑞姆（R. Grimm）教授领导的研究组在实验中得到的结果，与LHY文章中的结论非常一致。2008年，麻省理工学院的凯特利教授的研究组用另一种实验手段，在分子玻色凝聚体中所得到的系数和LHY文章中的第二项非常一致。

另外一项早年杨振宁的工作是1969年他和杨振平合作研究的一

〔1〕“平均场理论”的基本出发点是用一个“平均了的场”把复杂多体问题近似地化为单体问题。直到20世纪60年代前期，人们都觉得这个理论不错。但是后来精密的实验发现，在大多数情况下这个理论的预言与实验不符。

〔2〕翟荟在2009年12月8日给笔者的电子邮件中介绍了“杨振宁教授的工作和冷原子物理的新进展”。

维玻色气体热力学理论，近年来被称为Y-Y热力学理论（Yang-Yang thermodynamics）。

冷原子系统的发展，也为实验研究Y-Y热力学理论提供了一个平台。2008年，荷兰阿姆斯特丹大学范·德鲁滕（Klaasjan van Druten）教授的实验组利用原子芯片技术，研究了Y-Y模型一维玻色气体在不同温度的性质，结果漂亮地证实了Y-Y热力学理论。

在2008年清华大学举办的国际会议的最后一天上午，德鲁滕做了题为"杨和杨：实验与理论相符"的报告，内容讲的就是Y-Y关于一维玻色气体热力学理论是正确的，为实验所证实。

上面讲的两项成功的工作都是杨振宁在20世纪50年代和60年代做的，2010年杨振宁已经88岁了，还能够在科学研究前沿冲锋陷阵吗？我们也许知道有一些著名科学家曾经谈到科学家的年龄和研究能力的关系。例如，英国著名数学家哈代曾经说："我不知道有哪个数学奇迹是由五十开外的人创造的。……一个数学家到60岁可能仍然很有能力，但希望他有创造性的思想则是徒劳的。"他还说过："一个数学家到30岁已经有点老了。"

英国著名生物学家赫胥黎（T. H. Huxley，1825—1895）也讲过："科学家过了60岁益少害多。"有意思的是当英国物理学家瑞利（J. M. Rayleigh，1842—1919，1904年获得诺贝尔物理学奖）67岁时，他的儿子问他对赫胥黎的话有什么看法，瑞利回答："如果他对年轻人的成就指手画脚，那可能是这样，但如果他一心一意做他自己的事，那就不一定益少害多。"

按照上面这些名人的意见，2009年的杨振宁应该没有什么创造力了，不可能在冷原子研究领域的前沿有什么大的作为，更谈不上冲锋陷阵。但是从2008年到2009年底，他个人以及与他人合作接连发表了近十篇文章，还有好几篇已经写完，等待2010年发表。

在 7 月 7 日的采访中，杨先生曾经特意对我谈到他与马中骐合写的文章，他似乎很兴奋地说："近来和马中骐合作的有几篇文章，我认为解决了很重要的问题。"

我特意问了一句："你们的文章对现在的实验有没有指导作用？"

杨振宁立即回答："当然有。我相信这几篇文章发表出来以后，做实验的人可以用实验来验证我们的计算结果。"

"大家都说一般理论物理学家到四五十岁就做不出什么研究了。您为什么今天还能有效地做研究？"

杨振宁考虑了几分钟，说："第一，我当初很会选题目；第二，当然靠我运气好；第三，我很幸运，长寿，等到了冷原子领域的惊人发展。"

事实上，早在 20 年前，冷原子领域还没有发展起来，李炳安和邓越凡在写杨振宁小传时就曾经触及这个问题："杨振宁的工作最引人注意的

翁帆使杨振宁焕发出了青春的活力，2004年摄于清华园理科楼前。

特征是眼光深远，善于做一二十年以后才为别人注意的题目。1954 年关于规范场的工作，在二十多年以后大家才认识到它的奠基性的价值。1967 年的杨—巴克斯特方程，也几乎二十年以后才被大家认识。并且这两项工作都会在今后几十年内继续发生重大影响。选择做这种工作的秘诀在哪里？本文作者曾以此就教于杨振宁。他说，第一，不要整天跟着时髦的题目转，要有自己的想法。第二，要小题目大题目都做。专做大题目的人不容易成功，而且有得精神病的危险。规范场虽然是大题目，可是 1967 年做的杨—巴克斯特方程却是小题目。那么小题目怎么变大了呢？这就是第三，要找与现象有直接简单关系的题目，或与物理基本结构有直接简单关系的题目。杨—巴克斯特方程之发现，起源于……最简单的、最基本的量子多体问题。研究这种问题，容易得出有基本价值的成果，研究这种问题的方法，容易变成有基本价值的方法。”[1, 948—949]

五、谈治学之道

杨振宁既受过比较多的传统中国教育，又在美国直接受教于现代物理学大师费米和特勒等人，到 1966 年又到纽约州立大学石溪分校任理论物理研究所所长。正因为这种特殊的经历，从单一的研究工作者的角色转变为研究、教育和管理三位一体的角色，所以他对于中国传统教育的优缺点有很深刻的认识。他在无数次归国访问和讲学中经常谈到他的教育理念，对国内教育存在的问题也多次提出自己的意见。

1995 年，杨振宁在上海交通大学做“关于治学之道”的演讲时，先讲了自己的学习经历，然后真切地说：

> 中国现在的教学方法，同我在西南联大时仍是一样的，要求学生样样学，而且教得很多、很细，是一种“填鸭式”的学习方法。这种方法教出来的学生，到美国去，考试时一比较，马上能让美国学生输

得一塌糊涂。但是，这种教法的最大弊病在于，它把一个年轻人维持在小孩子的状态，老师怎么教，他就怎么学。他不能对整个物理学，有更高超的看法。我到北大、清华去，他们告诉我，物理课本有四大厚本，学生喘不过气来。一个喘不过气的学生，今后不可能做得很好。他必须是一个活生生的学生，将来才行。

整个东亚教育的哲学，太使一个人受约束。如果要使每一个人学得有自己的想法，怎么办呢？譬如物理学，美国有一本杂志，头五页是报道各方面的最新动态，我就建议留学生每期都去看看。即使不懂，也要看看。这种学习方法，我叫它为“渗透法”。中国传统的学习方法是一种“透彻法”。懂得透彻很重要，但若对不能透彻了解的东西，就抗拒，这不好。“渗透法”学习的好处，一是可吸收更多的知识；二是对整个的动态，有所掌握。不是在小缝里，一点一点地学习。一个做学问的人，除了学习知识外，还要有taste，这个词不太好翻，有的翻译成品味、喜爱。一个人要有大的成就，就要有相当的taste，就像做文学一样，每个诗人都有自己的风格。我在西南联大七年，对我一生最重要的影响，是我对整个物理学的判断，已有我的taste。[1，839—840]

杨振宁还举了一个切身的经历，说明美国学生在观念上也与他很不相同，以致造成他自己判断上的失误，从而失去了一些本来是很有希望的机会。在普林斯顿高等研究所的时候，所里有一位做博士后研究的学生，叫布吕克纳（Brueckner），这位学生后来成了非常出色的物理学家。他们两人常在一起讨论问题。杨振宁1983年对香港中学生的一次讲话中提到了他们之间的一次讨论，他说：

他提出一个思想而且经常谈论它。我挺感兴趣，就和他详细讨论了几天。三天以后，我肯定他的整个思想是完全错误的，因为他回答不出任何问题。如果你问他一个问题，他第一天这样答，第二天那样答，所以显然他理不出头绪。因此我说这是完全错误的尝试。但是我

国外纪念邮票上的杨振宁。左为圭亚那邮票，右为马尔代夫邮票。

> 错了，因为后来有人考察他的观点，发现在这一片混乱的思想之中，虽然有些是相互矛盾的，但有些想法是极为重要的。那些想法被清理出来并加以证实，这样去伪存真之后，它就成了一项十分重大的成果。美国是很重视这种发展模式的。现在如果我同一群美国中学生讲话，我就会强调“知之为知之，不知为不知”是一条很好的准则，因为许多美国学生不懂得这一点而被弄得晕头转向。但我现在不是同在美国文化背景下成长起来的学生讲话。我想这种观念在传统的中国教育哲学中强调得太多了。考虑怎么样从这个观念的强烈的束缚下解放出来，或许对你们每个人更有好处。[3, 322]

在与中国学生交谈或者写文章时，杨振宁一再强调“渗透式”的学习方法，他用许多例子说明渗透法的优点。有一次演讲时，他劝大学生读书时多听一些讲座，即使一时不能全听懂也没有关系。在 1978 年 8 月的一次演讲中，杨振宁说：

我所在的纽约大学石溪分校物理系，每个星期二下午，利用休息时间，请医学院研究脑神经的医学专家，或者请化学家、经济学家甚至寄生虫学家等各方面的科学研究者，来谈谈各方面的学术研究的情况，我们叫作“非正式讨论会”。这种介绍不是十分专门的，不是专学那一门学科的人一般也能听得懂。有人问，这些报告对你们物理学研究有什么帮助？我说，有启发，可以使我们知道其他学科的发展方向，保持广泛的兴趣，对于沟通各个学科之间的情况，促进科学的发展，是大有好处的。〔1〕

1995年6月9日在华中科技大学名誉教授受聘仪式上的演讲中，杨振宁以自己的一次亲身经历，说明渗透法会带来意想不到的结果：

我在1948年得到博士学位以后，在芝加哥大学留校做了一年博士后，那时候叫教员。在那一年中，我参加系里每周一次的讨论会，参加讨论会的人有费米、泰勒、尤里。尤里是20世纪的大化学家，他是发现重水的人。还有几位别的人，人才济济。在这个讨论会上，整个气氛是探索的气氛。我记得这个讨论会常常没有固定的题目，大家坐着喝咖啡，谈谈有什么心得或新来的消息。我深深地记得我最早的一篇文章就是在这个讨论会受到启发写成的。有次讨论会上特勒说，他听说在伯克利有人发现了不带电荷的π介子，而且这个π介子会湮灭成两个光子；他又说，这一发现表明这个不带电的π介子自旋是零，而且他可以证明这一点。于是在座的人就问他怎么证明，他就在黑板上写出一个证明。但这个证明很快就被我们打倒了。大家指出他的证明没有想清楚，太简陋，经不起推敲。可是当天晚上回去后，我想他这个证明虽然不完全，可是却走了第一步，再走两步不仅可以得到他所讲的结论，而且可以得到一些更新的结论。所以过了几天，我找到

〔1〕　上海《文汇报》，1978年8月7日。

美国生物学家沃森（左）和英国物理学家克里克。

了正确的选择定则，写出了一篇文章：《一个粒子湮灭成两个光子的选择定则》。

杨振宁还举过一个绝佳的例子。这个例子是 DNA 结构的发现。DNA 学名叫“脱氧核糖核酸”，它是含有遗传信息的物质，把遗传信息一代一代地传下去。在研究 DNA 结构这个极为艰难复杂的问题时，两位年轻的科学家做出了卓越的贡献，他们是英国的物理学家克里克（F. H. Crick, 1916—2004）和美国的生物学家沃森。克里克是学习物理的，对 X 射线的种种实验技术相当清楚，但对于生物学则基本上是一个门外汉；沃森是学动物学的，后来决定研究遗传学，对于物理学尤其是 X 射线实验技术恐怕一窍不通。1951 年，这两个有雄心而且对科学有万分热情的人，在剑桥大学相识了，并由此揭开了现代生物学史上最激动人心的一幕。这时，克里克 35 岁，由于他后来想改行研究遗传学，所以还没拿到博士学位；

沃森年轻，只有 23 岁，一年以前已经获得美国印第安纳大学动物学博士学位。

他们相遇以后，决心联手研究当时最热门、最难突破的 DNA 结构问题。想研究 DNA 结构，正好需要物理学 X 射线实验技术和生物学两方面的知识，因为 DNA 是生物高分子，用普通显微镜根本看不到它的结构，必须用 X 射线实验技术来帮忙。后来他们果然弄清了，原来 DNA 分子是一种螺旋结构，而且是双层的，就像一个旋转楼梯，旋转而上，两边扶手是两个螺旋，中间有许多横线连接。后来实验多次验证，这种结构与实验结果完全吻合。DNA 结构之谜从此解开，遗传之谜也由此逐渐大白于天下。1962 年，克里克和沃森获得了诺贝尔生理学 / 医学奖。后来，沃森写了一本回忆这一发现的书《双螺旋——发现 DNA 结构的故事》，杨振宁专门向中国读者推荐这本“真正优秀的通俗读物”。

杨振宁为什么极力将这本书推荐给中国学生呢？因为中国的教育传统过于强调按部就班、循序渐进的方法学习知识，而且中国传统观念中又太倾向于崇拜权威，而不怎么鼓励年轻人开创新路子，所以中国学生在接受中国传统教育之后就容易胆小，瞻前顾后，谨小慎微，当断不断。而在《双螺旋》一书里，沃森强调的是尽管他和克里克的知识各有很严重的缺陷，沃森不懂 X 射线实验技术，克里克对遗传学的知识也相当不全面，但他们两人可以相互补充，相互进行知识上的渗透；而且关键的是，他们有巨大的热情，敢于冒险，无所畏惧，初生牛犊不怕虎，敢于深入钻研非常复杂的事物，结果他们在两门学科结合的交界处做出了重大的科学发现。杨振宁非常赞赏这种“初生牛犊不怕虎”的精神，他说：“这是一个非常重要的概念，我之所以特别强调这一点，是因为我认为传统的中国文化不提倡这一点。”[3，320]

中国学生缺乏勇敢和创新精神除了与上面说的种种传统观念有关系以外，还与我国学习方法上过分强调演绎法有关。杨振宁曾经说过：

> 美国学物理的方法与中国学物理的方法不一样。中国学物理的方法是演绎法，先有许多定理，然后进行推演；美国对物理的理解是从现象出发，倒过来的，物理定理是从现象中归纳出来的，是归纳法。演绎法是学考试的人用的办法；归纳法是做学问的办法。做学问的人从自己的具体工作分析中抽象出来，这样所注意的就是那些与现象接近的东西。[118]

杨振宁先生在这儿涉及的是一个非常重要的、有关教育的基本方向问题，即我们的教育从古到今基本上是让学生学会如何在考试中取得好的成绩，其方法必然只能强调演绎法。我们都知道，在逻辑思维中，演绎法固然非常重要，却是最缺少创造性的，不幸中的学生几乎从小到大，从本科到博士，掌握得极其娴熟的就是演绎法。正因为如此，我们培养出来的学生总是可以在各种奥林匹克竞赛中取得让媒体激动和大肆炒作的骄人成绩，但一到发现、发明和创造上，就明显差国外学生一大截，尤其是在获取诺贝尔奖上，中国本土科学家多年无缘登上奖台。〔1〕我想，这并不奇怪，现在中国的教育几乎是全方位向应试教育偏转，一个孩子几乎从幼儿园、小学低年级就开始应付各种“培优”，其实就是应付各种各样的考试，直到中考、高考、研究生考试、托福、GRE……一直考到25岁左右读博士，也许考试才终于停止。可是，从心理学上来说，这时他已经形成“思维定式”了，已经习惯缺乏创造性地演绎一切，哪儿还有胆量去归纳、类比和想象啊！杨振宁先生常说中国学生胆小（即不敢提出问题和质疑权威），其原因与中国学生受教育的方法有重要关系。杨振宁先生虽然很早就提出了这个极其重要的问题，而且一再提醒国内教育界要特别注意这个缺陷，但应付考试的学习方法在当前不仅没有得到遏止，反而愈演愈烈。现在高

〔1〕 2015年屠呦呦为中国科学家争得诺贝尔生理学/医学奖，中国也由此进入本土科学家获得诺贝尔奖的国家之中。

中学生普遍在前两年学完三年的课程，到三年级用整整一年的时间来应付各种各样的试题。这种课程安排的方式恐怕在全世界是绝无仅有的吧？

每一个学生花很多时间做各种习题，参加各种各样的模拟考试，结果，音乐课、体育课减少了，美术课没有了，睡眠的时间减少了，接着，好奇心与创造力也一起都消失了。也就是说在这种考试第一的制度下，我们只不过是努力“训练”他们成为解决考卷上问题的“技工”。除此以外，岂有他哉！

1986年获诺贝尔化学奖的李远哲先生说得好：“一个学生在学校受教育，做习题，上课，而没有时间深深思考的话，三五年过去了，毕业的时候，只不过像是个机械加工厂里加工出来的人。”［32，58—59］

难怪爱因斯坦嘲讽地说：“人们为了考试，不论愿意与否，都得把所有这些废物塞进自己的脑袋……这种教学方法，竟然还没有把研究问题的好奇心完全扼杀掉，真可以说是奇迹……认为用强制和责任感就能增进观察和探索的乐趣，那是一种严重的错误。”［60，8］

当然，西方教育方法也不是没有缺点的，杨振宁曾经说，美国的教育对于成绩在前面10%的人有利，而中国的教育对后面40%的学生来说比较好。西方尤其是美国的教育比较放任，非常聪明的孩子如果给他机会他能很快地成长，而中国的办法是对孩子们约束太多，不能让他们海阔天空地发展。所以杨振宁的结论是：

> 美国的教育比较重视启发式，中国的教育比较重视灌输式，这个名词也许不太好，不过实质是这样的。这各有短长。比如为什么现在国内出去的大学研究生，到美国各个大学考试都考得特别好？就是因为他们从中学开始，就好好地做习题，好好地听老师讲，老师也通常很负责任。所以他们的知识肯定是比一般美国学生丰富。可是缺点呢，就是不够广，而且越念胆子越小。所以，对于每个学生，要教导他，使他了解自己知识面的宽广程度，尽可能想法子弥补他过去所受的教

學無止境
楊振寧

Knowledge is infinite
C. N. Yang

1988年杨振宁为南开大学物理系师生写的题词。

育的缺点。……对于大多数美国的孩子，我认为美国的教育政策是太放任了。太放任的后果呢，最大的坏处是他们不能吸收上一辈的经验。他从小就要自己搞，老师讲话、家长讲话他们都不愿听，而且甚至于有时候是拼命地反着来：你要他做一件事情，他就非不做这件事情；你如果不讲这件事情，他也许还可以做。那么这就常常引起悲剧。因为大人跟他讲的话，常常是有几十年甚至几百年的经验，可是美国的小孩不愿意吸收。在中国这儿呢，是相反，吸收得太厉害。所以我想你要问哪个好哪个坏呢？这是一个复杂的事情，应该还是取长补短最好。[3，341—342]

杨振宁曾经非常形象地用“木板”和“箱子”来比喻中国和美国的学生：中国学生像一块木板，很踏实，但厚度和触面太小，动手能力差，在创造性领域中缺乏活力，有些死板；而美国学生则像一口箱子，有厚度，而且接触广泛（体积大），但掌握的知识不那么实在，内容有些空泛。

另外，中国传统教育习惯于让学生虚心地向权威、老师和书本学习，学生从小就训练得习惯于听从教师和父辈的教诲，在这种教育理念支配下培养出来的学生通常训练有素、守规矩、进取心强，而且学习成绩比较好；但是这种教育方式的不足之处，是学生太胆怯，缺乏自信，在老师、权威、书本面前不敢提出挑战。他们习惯于接受已经设定的问题，以拥有知识而自豪，而不习惯或没有勇气去怀疑和考证，更缺乏勇气去自觉地发现问题。在他们的潜意识中，遵从这些已设定的规则就是他们的终极任务。这种习惯和认识，与科学活动中的怀疑、创造精神是完全背道而驰的，使他们缺少翱翔于陈规旧律之外的个性精神和创造性的勇气，这就理所当然地难以做出创造性的贡献。

而西方的教育制度，特别是美国的教育制度，强调宽松、活泼，倡导自由式的教育，在这种教育理念的支配下，美国“学生常常是在乱七八糟之中把知识学了进去，你只要稍微与他们交谈一下就会发现，许多很优秀的学生，其知识体系中的漏洞是非常之多的，而且正确和谬误常常纠缠在一起”[2，168]。

因此杨振宁说，要辩证地看待中国和美国的教育方法上的优缺点。对于一个美国学生，应该鼓励他多做一些有规则的训练；对于一个中国学生，就要多鼓励他向权威、老师和书本挑战，以免他永远太胆怯。杨振宁常常说，他本人能够成功，在很大程度上得益于他幸运地吸取了两者中最优秀的部分。

2012年1月，中国《物理》杂志发表了杨振宁的一篇文章《我的学习与研究经历》，这是一篇对学习和研究物理学的学生或者学者都非常有价值的文章，这儿特地把其中最重要的结论性文字转载于下：[1]

（1）一方面直觉非常重要，可是另一方面又要能及时吸取新的

〔1〕　该文的英文版以 My Experience as Student and Researcher 为题发表在 *Int. J. Mod. Phys.* A 27（2012）上，此处收录的文字转引自英文文章及相应的中译文，与《物理》杂志发表的文字略有不同。

观念修正自己的直觉。

（On the one hand our intuitions are extremely important. But on the other hand one must constantly absorb new concepts to revise one's intuitions.）

（2）与同学讨论提供了深入学习的极好机会。

（Discussions with classmates offer opportunities for deep understanding.）

（3）博士生为寻找他 / 她的论文题目感到沮丧是极普遍的现象。

（It is very common for a graduate student to feel discouraged in looking for a good problem for his / her thesis work.）

（4）最好在一个正在发展的领域刚开始时进入该领域。

（It is best to enter a research area when it is new and developing.）

（5）兴趣→准备工作→突破口。

（Interest → Preparation → Breakthrough.）

（6）物理中的难题，往往不可能一举完全解决。

（It is often not possible to solve at once all aspects of a difficult problem.）

（7）和别人讨论往往是十分有成效的研究方法。

（Discussions with colleagues is oftentimes a very fruitful method of research.）

（8）永远不要把所谓“不验自明”的定律视为是必然的。

（Never believe in laws which are considered self-evident requiring no experimental proof.）

（9）把问题扩大往往是一个好的策略。

（Putting a problem in a generalized context is often a good strategy.）

（10）基础物理学奠基于美丽的数学之上。

（Fundamental physics is based on beautiful mathematics.）

（11）但是不是所有的美丽的数学都能进入物理学。

（But not all beautiful mathematics find their way into physics.）

（12）一个研究生最好不要进入粥少僧多的领域。

（A graduate student had better not choose a field which is becoming overcrowded.）

第七章 “有生应感国恩宏”

一、与祖国的联系

杨振宁像留学的众多中国学者一样，原准备在美国学成以后即回国工作，报效祖国。但是由于朝鲜战争爆发，美国总统下令，所有获得博士学位以上的华裔理工博士一律不准返回中国大陆，于是杨振宁的回国问题就一时无法实现。到了后来，由于研究工作的深入，他逐渐适应了美国的生活，加之娶妻生子，就有了把家安在美国的想法。但对于加入美国籍，他的内心一直痛苦地斗争着，不愿轻易做出这个决定。

虽然杨振宁的归意逐渐隐去，但他和家庭的关系仍是非常紧密的。他曾经对传记作家江才健说，他从小成长在一个非常稳定而有着丰富感情的家庭环境里，这对于他的人生观，对于他做人的态度，都产生了积极正面而深远的影响。他认为，自己深受中国传统人伦观念影响，而这种中国文化传统中最好的一部分，对于他后来面对不同文化和环境的挑战，也带来一个强大的稳定作用。[16，382]

1949年5月25日，在中华人民共和国诞生前五个月，上海解放了，这时杨振宁还在芝加哥大学，正是想到普林斯顿高等研究所去的时候，这时他当然十分挂牵上海的家人。犹豫了好几天之后，他终于认为自己有权和父母取得联系并探询他们的近况，于是给父母发了一封问平安的电报。

使他万分惊喜的是第二天他就收到了父母的回电，回电只有“平安”两个字。这给杨振宁带来了极大的欣慰。他后来在回忆中写道：“这个经历鼓舞着我……在随后的岁月中对我起了决定性的影响，包括在中美和解的迹象一经显露我就当机立断决定访问中国这件事。”[1，16—17]

此后由于冷战延续，中美完全隔绝。在这期间，杨振宁还算比较幸运，能经常和家中有信息往来。但是不能亲自回家看望日渐衰老的父母，总是他心头巨大的隐痛。

1957 年夏天，杨振宁要到日内瓦工作几个月，这时他虽然还没有得到诺贝尔奖，但已经成了非常有名的物理学家，而且获奖呼声很高。杨振

1957年，杨武之在日内瓦和杨振宁夫妇及长孙杨光诺合影。

宁抱着试探的心情，给上海家中发了一封电报，说他将会带着妻子和长子杨光诺到日内瓦，希望父亲能够到日内瓦来团聚，见见从未谋面的媳妇和孙子。幸运的是，杨武之很快就获准到日内瓦团聚。杨武之还到北京德胜门外功德林一号看望了还在服刑且从未见过面的亲家杜聿明先生。杜聿明给女儿杜致礼写了一封家书，托杨武之带去。6月中旬，杨武之到达日内瓦。

这一次团聚，给父子两人带来了极大的欢悦。在共同生活的两个半月中，杨武之开始因为身体不好，有一个星期住在医院里。他的身体从西南联大后期就一直不大好，不过这一次倒是很快就痊愈出院了。在这期间，祖父带着小孙子常常到美丽如画的公园散步，其心情之舒畅可想而知。而且那时，虽然国内正开始大规模的政治运动，但国家总体上欣欣向荣、生机勃勃，所以只要有空闲时间，杨武之就会向杨振宁介绍新中国成立以后的新气象和新事物，还带着杨振宁到日内瓦中国领事馆看新闻纪录影片《厦门大桥》，看到了建造这座大桥时所克服的不能想象的困难。

后来杨振玉在回忆中写道："欢聚的时刻就要过去了，大哥买了一盆终年盛开的非洲紫罗兰，专门照了相，并在相本上写上'永开的花是团圆的象征'。父亲临别时写了两句话给大哥、致礼留念：'每饭勿忘亲爱永，有生应感国恩宏。'"[1, 911]

8月底，杨武之返回上海。

1960年春天，杨武之和妻子一起，经苏联、捷克到日内瓦再度同杨振宁见面，这次杨振平也从美国赶到日内瓦。当时中国正在"大跃进"、"大炼钢铁"、"人民公社化"的高潮中，全国经济几乎处于崩溃边缘。在这种情况下，杨武之处于很尴尬的境地。他回国后曾对国内的几个孩子说："我现在很矛盾，国内各方面有些失序，我怎能劝说振宁回国来呢？他回国来怎么还能继续做研究？但是他老是留在美国，美国政府又老是以中国为敌，我们又都在国内，长此以往，如何是好？而且，我写信给周总

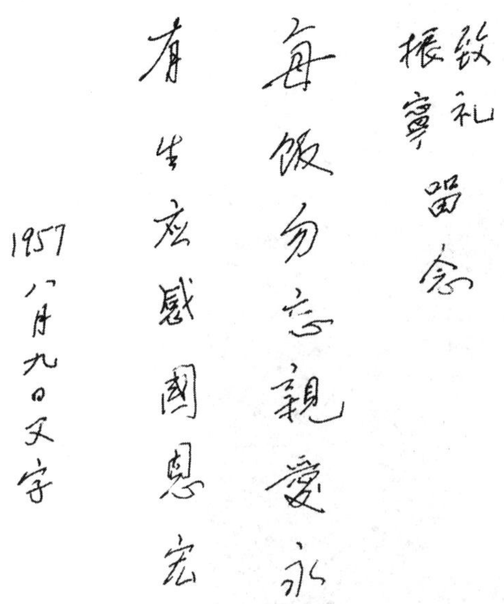

1957年，杨武之写给杨振宁夫妇的字。

理时，曾写过我要介绍新中国的情形给振宁，希望他们毅然回国，可现在中国的研究环境比美国差太多，生活环境也不行，我很难启齿。”[1, 897]

杨振宁的母亲是一位家庭妇女，她不像杨武之那样复杂多虑，她直截了当地把近几年买菜买粮食等的实际情况告诉杨振宁，说上海的生活水准比以前差远了。杨武之听了，回到上海给孩子们说：“我听了你母亲介绍上海的社会生活给你们大哥听，我非常矛盾，一来你母亲接触的是实际生活，她说的都是事实，但你们母亲没有从长远看问题，二来可惜的是我不能把我对中国前途的预测完整地说给振宁，并且说服他同我看法一致。”[1, 897]

1962 年，杨武之夫妇再次到日内瓦与杨振宁、杨振平相聚。这次，数学大师陈省身也专程到日内瓦看望昔日的老师和师母。这时，国内正处

1962年5月21日，杨振宁在日内瓦机场迎接父亲和母亲。

于所谓“自然灾害”余波的后患之中，食用品糟糕得无以复加，到处宣传什么“瓜菜代”、“人造肉”和用什么特别烹饪的方法能够使同样多的米多出饭……营养不良的浮肿病全国泛滥，日常用品如钉子、肥皂、火柴都有如稀世珍宝。杨振宁的母亲主持家务，一天三顿饭得由她操办，她的痛苦感受当然比杨武之更强烈而具体入微。再一看日内瓦人民的生活，真让人如在梦中，岂止是天壤之别！因此罗孟华反对杨振宁回国，她说，振宁回国别说得不到诺贝尔奖，恐怕还会受到政治上的冲击。杨武之面对当时国内的现实，不能不认为罗孟华说的有道理，但他又想到对周总理的承诺，一是劝杨振宁不要去中国台湾（这点看来可以做到），二是劝他在时机成熟时回到中国大陆（这一点恐怕很难实现了），因此心中甚感内疚。

陈省身（左）和杨武之，1962年夏摄于日内瓦。

杨振宁后来回忆：

1962 年父亲、母亲和我在日内瓦会面，父亲向我介绍了新中国的建设和新中国的思想。他的话许多地方我能了解，也有许多地方我不能了解，这样，就产生了多次的辩论。有一晚我们辩论了很久，最后我说：“您现在所说的和您几十年以前教我的不一样。”他说：“你怎么还没有了解，我正是要告诉你，今天我们要否定许多我从前以为是对的，而实际是错误的价值标准。”这一句话给了我很深的印象。［1，208—209］

1997 年，杨振宁的父母都已去世，他又一次回忆起在日内瓦三次与父亲、两次与母亲见面的情景：

和父亲、母亲在日内瓦三次见面，对我影响极大。那些年代在美国对中国的实际情形很少知道。三次见面使我体会到了父亲和母亲对新中国的看法。记得 1962 年我们住在弗洛瑞莎路，有一个晚上，父亲说新中国使中国人真正站起来了；从前不会做一根针，今天可以制造汽车和飞机（那时还没有制成原子弹，父亲也不知道中国已在研制原子弹）。从前常常有水灾旱灾，动辄死去几百万人，今天完全没有了。从前文盲遍野，今天至少城里面所有小孩都能上学。从前……今天……正说得高兴，母亲打断了他的话说："你不要专讲这些。我摸黑起来去买豆腐，排队站了三个钟头，还只能买到两块不整齐的，有什么好？"父亲很生气，说她专门扯他的后腿，给儿子错误的印象，气得走进卧室，"砰"的一声关上了门。我知道，他们二位的话都有道理，而且二者并不矛盾：国家的诞生好比婴儿的诞生，只是会有更多的困难，会有更大的痛苦。[3, 12]

杨振平两次都到日内瓦与父亲和母亲见了面，当然也参与了父亲、母亲与哥哥的交谈，他后来在回忆中谈起了这些谈话的情形。他写道："当时中国需要科学人才，父亲希望能争取已经在物理学界成名的大哥回国。大哥虽然非常愿意替中国服务，可是觉得中国当时的情况不利于他的个人的学术进展。回去之后，科研工作很可能有停滞现象。他才40岁，如果继续在美国做研究，将来对中国的作用和增进中美科学界的关系恐怕会更有效。父亲对儿子的看法也觉得有道理。因此他心理上有矛盾，他和大哥曾经有多次辩论。终于父亲没能说服大哥。"[1, 886—887]

1964年底，杨振宁又一次到香港讲学，他写信到上海，希望和家人在香港团聚。这时，杨振宁已经加入了美国籍；关于这件事，在下面一节我们还会专门讲到。这一次团聚，是真正的大团聚，不仅父母亲来了，而且20多年没见面的弟弟振汉和妹妹振玉也都到香港来了。这真是一次欢快的团聚。

我们也许会记得，那一年的10月16日，中国成功地试爆了一颗原子弹，因此国际上政治气氛颇有几分紧张。在杨振宁他们住的百乐酒店房间隔壁，就住着两个英国的保安人员，说是保护杨振宁，实则是怕杨振宁回到中国。在家人团聚于香港期间，美国驻香港总领事曾经多次打电话给杨振宁，说如果他的双亲和弟妹们要到美国去，领事馆可以立即为他们办理好一切手续，然而，杨振宁总是一口拒绝，并且告诉他们：父母亲和弟妹们都要回上海去。

1966 年，中国的“文化大革命”爆发了，杨振宁随即和上海的家人失去了联系；从 10 月份开始，杨武之的工资被复旦大学造反派冻结封存，不准领取，全家仅靠三弟振汉一个人在上海柴油机厂微薄的工资度日，其艰难可想而知。再加上老五振复生病住院，更使得一家生活“屋漏更遭连阴雨”。杨武之只好隔一个月或两三个月到外滩的中国银行上海分行开支

杨振宁与父母、弟妹和朋友，1964年底摄于香港。左起：杨振汉、杨振玉、杨振宁、罗孟华、黄克孙、伍美德、黄月眉、杨武之（伍美德和黄月眉是黄克孙的母亲和妹妹）。

票，从杨振宁在瑞士一家银行的存款中取出一些钱，帮助家中渡过难关。而杨振宁也只能通过父亲在支票上的签字，知道父亲仍然健在。

1970 年国庆节，有一件不同寻常的事情发生在天安门：毛泽东邀请著名美国记者斯诺夫妇一起上天安门观看检阅。当时斯诺夫妇正在中国访问。当天的《人民日报》在头版刊登了毛泽东与这位经历丰富的记者及其夫人在一起的照片。对斯诺照片的说明文字是“美国友好人士”，在报纸第一版右上角毛泽东语录的专用长方形的方框里，是一条醒目的语录：“全世界人民，包括美国人民，都是我们的朋友。”

后来，毛泽东与这位美国左翼记者在中南海共进早餐的时候对斯诺说：尼克松先生无论是以总统的身份还是以旅游者的身份到中国来，都会受到欢迎。此后，毛泽东立即着手准备接待美国当时的国务卿亨利·基辛格。

左起：杨振玉、杨振宁、杨振汉、杨振平，2007年8月摄于清华园。

这些背后的运作，杨武之当然不十分清楚，但从《人民日报》上刊登的消息，他仍然感到了一丝暖意。恰好这年夏天，杨振宁给家人写了一封信，杨武之居然收到了。信中杨振宁说他在12月将到香港中文大学讲学，希望父母和弟妹都来香港团聚，重温1964年那次美好的日子。那时中国国内正是“文化大革命”期间，申办护照的困难非今日所能想象。最后虽然批准他们全家到香港去，但杨武之本来身体就一直不好，经过一番为办护照的劳累，竟病倒进了医院，无法成行。最后是老三振汉与母亲到香港与杨振宁一起度过了春节，老二振平也从美国赶来一起欢聚。杨武之只好在上海由女儿振玉陪伴；后来杨武之在医院里病情好转，杨振宁得知后心中十分欣慰。更令杨振宁欣慰的是，他发现美国的政治气氛已经在发生变化，上台不久的尼克松总统已经开始调整美国对中国的政策，美国对中国隔离封锁的政策有了松动。杨武之和杨振宁心中都为这种可喜的变化感到欣慰，杨振宁更相信，不久他也许可以实现他的回国省亲梦了。

二、痛苦的决定

1964年春天，杨振宁终于决定加入美国籍，这是十多年痛苦思考后做的一个痛苦的决定。1982年，在加入美国籍已经18年之后，杨振宁仍然心情沉重地写道：

> 从1945年至1964年，我在美国已经生活了19年，包括了我成年的大部分时光。然而，决定申请入美国籍并不容易。我猜想，从大多数国家来的许多移民也有同类的问题。但是对一个在中国传统文化里成长的人，做这样的决定尤其不容易。一方面，传统的中国文化根本就没有长期离开中国移居他国的观念。迁居别国曾一度被认为是彻底的背叛。另一方面中国有过辉煌灿烂的文化。她近一百多年来蒙受的屈辱和剥削，在每一个中国人的心灵中都留下了极深的烙印。任何

一个中国人都难以忘却这一百多年的历史。我父亲在1973年故去，之前一直在北京和上海当数学教授。他曾在芝加哥大学获得博士学位。他游历甚广。但我知道，直到临终前，对于我的放弃故国，他在心底里的一角始终没有宽恕过我。[3, 21]

每念及此，杨振宁就会感到心痛，所以他在1997年写的《父亲和我》一文中写到当他父亲去世后，他的挚友熊秉明写信安慰他说："虽然你的父亲已经过世，但你的身体还循环着父亲的血液。"杨振宁接着写道："是的，我的身体循环着的是父亲的血液，是中华文化的血液。"[3, 13—14]

这几乎是一种痛苦的呼唤，向已经故去父亲在天之灵的呼唤！这呼唤表达了沉聚在内心深处无法消除的悲痛。

杨振宁的同事和好友戴森非常理解杨振宁内心的痛苦，因为戴森也是一个移民，他来自也有古老文化传统的英国，所以他能体会杨振宁对于美国爱恨交织的复杂感情。在1999年5月杨振宁的退休研讨会举行的晚宴上，戴森第一个讲话。在讲话中，戴森特别提到杨振宁在《父亲和我》一文中表述的对父亲和中国的感情。他说，对于杨振宁来说，他个人的离开父亲，以及政治上的离开中国，是同一个悲剧的两部分。戴森还特别提到杨振宁在《父亲和我》一文结尾时写到亲眼看到香港回归时的激动心情。[41, 290—291] 杨振宁在这篇文章结尾处写道：

1997年7月1日清晨零时，我有幸在香港会议展览中心参加了回归盛典。看着中华人民共和国国旗在"起来，不愿做奴隶的人们"的音乐声中冉冉上升，想到父亲如果能目睹这历史性的，象征中华民族复兴的仪式，一定比我还要激动。他出生于1896年——101年前，马关条约、庚子赔款的年代，在残破贫穷，被列强欺侮，实质上已被瓜分了的祖国。他们那一辈的中国知识分子，目睹洋人在祖国的专横，忍受了二十一条款、五卅惨案、九一八事变、南京大屠杀等说不完的外人欺凌，出国后尝到了种族歧视的滋味，他们是多么盼望有一天能够看到站了起来的富强的祖国，能看到“大英帝国”落旗退兵，能看到中国国旗骄傲地向世界宣称：这是中国的土地。这一天，1997 年 7 月 1 日，正是他们一生梦寐以求的一天。

父亲对这一天终会到来始终是乐观的。可是直到 1973 年去世的时候，他却完全没有想到他的儿子会躬逢这一天的历史性的盛典。否则他恐怕会改吟陆放翁的名句吧：

国耻尽雪欢庆日，家祭毋忘告乃翁。[3, 14—15]

杨振宁是一个真正的中国传统意义上的知识分子，有“天下兴亡，匹夫有责”的中国知识分子的传统意识，有“先天下之忧而忧，后天下之乐而乐”的儒家传统心态。对于这样一位有儒家风范的知识分子，决定加入美国籍，一定是经过了一场极其痛苦的思想斗争和心灵上的艰难搏斗。

杨振宁到美国留学时已经是第二次世界大战结束以后，在第二次世界大战前夕，欧洲有大量的科学家移民到美国，例如爱因斯坦，他的老师费米、特勒，他的好友派斯、戴森，还有他熟识的塞格雷、贝特，等等，都是由不同的国家先后移民到美国，美国也由于这批移民而获得了科学技术

1997年7月1日的香港回归盛典。

上巨大的好处，世界科学的中心也因为他们的到来而转移到美国。因此，至少美国科学界对移民科学家并没有歧视的态度，即使在日常生活中，歧视中国人的事情也比他父亲留学的时代少多了。这种相对宽容的环境，无疑会让杨振宁感到安心和宽慰。

但不愉快的事情总还是避免不了的。杨振宁也碰到过这种让人痛苦的事情。1954 年，杨振宁夫妇准备在普林斯顿附近一个新开发的地段买一栋房子，他还事先预付了几百美元的定金。但是过了几个星期，房产开发商却告知杨振宁夫妇，他必须将他们的定金退还给他们。杨振宁问为什么，开发商说因为他们是中国人，他担心由于他们而影响房屋的销售。

这样的事情不止杨振宁一个人遇见过。但是，对于心灵十分敏感的“性情中人”杨振宁来说，这简直是奇耻大辱，无法容忍。他请来一位律师，愤怒地说要上法院告那个有明显种族歧视的开发商。但律师听完他的倾诉后，立即劝他不要起诉，认为即便起诉了也不大可能胜诉。

随着在美国生活时间的增多，他更进一步了解到像他父亲和他这样获得过高学位的知识分子，在美国的遭遇还是不错的。但他曾经遇到过一件让他永远无法忘却的事情：

> 1960 年代初的一个晚上，我从纽约市坐火车经派索格到布鲁克海文，夜很深很沉。摇摇晃晃的车厢几乎是空的。我后面坐着一位老人，我跟他聊起来。他约莫是 1890 年生在浙江，在美国住了 50 年了，替人洗衣服、洗碗，［工作］不固定。他没结过婚，一向孤零零住一间房间。他脸上总是挂着笑容；难道他心中真的毫无怨气？我不明白。我看着他蹒跚穿过车厢里灯光暗淡的通道在湾滨站下车，老年背驼，有点颤巍巍的，我的心中悲愤交集。[40，56—57]

1970 年 10 月 3 日，杨振宁曾在纽约香港学生联谊会上做过一次演讲，其中有两段话如下：

> 几年以前，我看到一篇文章提到中国人过去在旧金山所受到的歧

视。作者最后说：“事实上你听到、读到愈多关于中国人在加州的经验，你就会愈有倾向做出以下的总结：在美国各民族中，除了印第安人以外，没有别的少数民族曾受到中国人所遭遇到的无理性的迫害。也没有另外一个少数民族今天能像中国人一样少有这些迫害所产生的心理损伤。”

他这两句的前一句我想没有人会不同意，但我们同意他最后一句话？在美国的中国人果然没有“心理损伤”吗？中国人，今天的中国人，对历史所给我们的教训有正确的认识吗？对自己的经历有健全的心理反应吗？我以为这些都颇有商讨之余地。[1，186]

可以想见，杨振宁心中的痛苦是深沉的：美国对华人的歧视让他悲愤。父亲几次劝告他回国看看，内心深处是希望他回来报效祖国，但也担心回国后会阻滞杨振宁的学术发展。杨振宁深知父亲的内心愿望，但在痛苦的思量后他没有贸然回国，却在1964年春天做出了一个重大的决定：加入美国籍。杨振宁做出这个决定，其内心经历的痛苦思考，在他的一篇回忆中写得非常生动感人。任何他人的叙述，都无法与他的文字相比较，因此，如果想了解他的心路历程和悲剧意识，就必须看1982年杨振宁写下的感人回忆：

1964年春，我入了美国籍。

从1945年至1964年，我在美国已经生活了19年，包括了我成年的大部分时光。然而，决定申请入美国籍并不容易。我猜想，从大多数国家来的许多移民也都有同类问题。但是对一个在中国传统文化里成长的人，做出这样的决定尤其不容易。……

不仅如此，我渐渐知道了华人在美国的早期经历。那是**我们**的历史，是浸透了难以用语言形容的偏见、迫害和杀戮的历史。贝蒂·李·

宋（Betty Lee Sung）[1]将这一段历史归纳如下：

> 1878 年，特拉基（Truckee）镇的中国人全部被集中起来，赶出了镇。
>
> 1885 年，28 名华人在怀俄明州石泉（Rock Springs）镇被无耻屠杀。还有许多人受伤，数以百计的人被驱离家园。
>
> 1886 年，俄勒冈州的木屋（Log Cabin）镇又发生一起野蛮的屠杀。

玛丽·柯立芝（Mary Coolidge）教授写道："在克尔尼主义（Kearneyism）年代美国居然还有华人活着，这真是个奇迹。"

接着，又产生了 1892 年的吉芮（Geary）法和 1904、1911、1912、1924 年的排华法。这些法律使得在美国的华人社区变成畸形的、与美国社会隔离的、受鄙视的、被剥削的独身男子劳工队伍。我 1945 年来到美国的时候，情形依然如此。

……

［后来］歧视虽然不似早年那样猖獗，但时至今日仍然存在。

……

诚然，有不少因素使我裹足不前。可是我也知道，美国社会对我很宽待。我来美国时是根基很好的学生，是这个社会给了我发挥潜力的机会，我知道世界上没有别的国家对移民如此宽待。我也认识到，我在这儿的根几乎在不知不觉之中就已经往深处扎下了。

1961 年元月，我在电视里观看肯尼迪就职典礼。罗伯特·弗罗

---

〔1〕 Betty Lee Sung 的中文名字是宋李瑞芳，1924 年 10 月出生于美国一个穷苦的移民家庭，后来全靠自己的奋斗成为作家、教授。她曾经担任纽约城市大学亚洲系系主任和教授。她的第一部著作《金山》（*Mountain of Gold*，1967）是一部中国人在美国的编年史，也是一部开拓性的著作。

美国诗人罗伯特·弗罗斯特。

斯特（Robert Frost）[1]应肯尼迪的邀请上台朗诵他的一首诗。他选了《没有保留的奉献》。当我听到：

拥有我们尚未拥有的，
被我们已不再拥有的所拥有。
我们的有所保留使我们软弱，

---

〔1〕弗罗斯特（1874—1963），美国现代诗人，他的诗富于象征和哲理，同时又有浓厚的乡土气息。有意思的是，1976年诺贝尔经济学奖获得者米尔顿·弗里德曼，在其自传里谈到他在大学毕业时选择经济学为自己今后的研究方向时，也引用了弗罗斯特的诗句：

双岔道自黄树林中分岔，
遗憾我不能同时走两条路。
……
我选择人迹较少的一条，
自此面对截然不同的前途。

见米尔顿·弗里德曼：《两个幸运的人——弗里德曼回忆录》，中信出版社，2004年，第44页。

1996年，杨振宁在华中科技大学做学术报告。

> 直到发现原来正是我们自己，
> 我们拒绝给予我们生活之地，
> 而在屈服中获得了新生。
>
> 似乎有什么东西一直触到了我的心灵。后来在一本集子里我找到了弗罗斯特的这首诗。它确实很美，很有力量。它在我申请入美国籍的决心里起了一些作用。[3，21—23]

杨振宁虽然加入了美国籍，但他深知他父亲的心底始终不会原谅他。这使他此后内心总有一份内疚和苦痛。有一件事我至今仍然记得十分清楚：1996 年杨振宁到我任职的华中科技大学演讲，当主持人介绍杨振宁于 1957 年获诺贝尔物理学奖时，他立即插了一句：“那时我持的是中国护照！”那意思分明是说，在获诺贝尔奖时他是中国人，这是他永远感到自豪的地方；同时他也殷切希望人们千万不能忘记这件事。当时在场的学生、教师立即报以经久不息的掌声。

本来那次我想送一本我主编的《诺贝尔奖获奖者辞典》给杨振宁，但是因为他的这句话我不敢送了，因为在附录“获奖者国籍统计”一栏中，我将杨振宁教授放到美国栏中了。

三、1971年的壮举

1971年3月28日，第31届世界乒乓球锦标赛在日本名古屋市举行。中国这次决定派代表团参加比赛。这是中国自“文化大革命”以来第一次派体育代表团参加世界性比赛。周恩来总理还特别关照代表团，应该把这次参加比赛，作为恢复1966年“文化大革命”开始以来遭到彻底破坏的对外联系和争取友谊的一次良好机会，并亲自规定了万一与美国乒乓球代表队接触应该采取什么样的态度和坚持什么样的原则。3月21日下午，中国乒乓球代表团起程，新中国外交史上的创举——“乒乓外交”的序幕由此拉开。

不出周恩来所料，参加比赛的美国乒乓球队主动和中国乒乓球队接触，表示愿意访华。中国乒乓球队迅速将这一情形报告国内，经毛泽东批准，4月7日，中国方面正式向美国乒乓球队发出邀请。邀请的对象不仅包括美国乒乓球队的全体运动员，还包括球队的领队和随团的记者。冻结了20多年的中美关系，就这样首先以民间交往的形式迈出了关键的一大步。

美国总统尼克松在惊喜之余感叹地说：“我从来没有料到对华的主动行动会以乒乓球队访问的形式得以实现。”[26, 332]华盛顿高层决策者立即意识到：中国对美国乒乓球队的邀请，是对美国政策制定者一个充满深长意味的微妙表示，是盼望已久的重大外交进程的良好开端。

4月14日，尼克松宣布结束20多年来对两国贸易的禁令，放宽对中华人民共和国的货币和航运管制。同一天，周恩来在北京人民大会堂东大厅欢迎美国乒乓球代表团，发表了热情洋溢的讲话："中美两国人民过去往来是很频繁的，以后中断了一个很长的时间。你们这次应邀来访，打开了两国人民友好往来的大门。我们相信中美两国人民的友好往来将会得到两国人民大多数的赞成和支持。"[26，334]

美国代表团成员也即席发言，感谢中国政府和人民的热情好客，并邀请中国乒乓球队回访美国，美国方面的请求立即得到了周恩来总理的同意。

杨振宁正是在这种有利的环境下，迅速抓住时机，终于圆了他 26 年来想回中国探视的心愿。1971 年 4 月的一天，杨振宁在看报的时候，忽然在报纸上一处很不显眼的地方看到美国政府发布了一个告示，在原来美国公民不可任意去的国家（包括越南民主共和国、古巴、中国和朝鲜）中，把中国取消了。杨振宁在此前已经感到中美因共同战略上的需要而愿意彼此接触，现在忽然看到这个告示，心情大为振奋，立即决定抓住这个说不定瞬间又会失去的机会，迅速行动起来，回国探视；何况这时他的父亲又旧病重犯，住进了医院。此时不回国，更待何时？机不可失，时不我待！

但说起来容易，真正行动起来可不像想象中那么简单！杨振宁为此行曾做了多年的准备，例如他在此前 20 多年中，绝对不与核武器研制的相关部门有任何瓜葛，第二次世界大战时期制造原子弹的洛斯阿拉莫斯实验室，他绝对不去。尽管杨振宁事先为他的回国探视做了长远的准备，但像他这样世界知名的物理学家，真要申请到中国去，那可又是政治上极其敏感的事情，搁在谁身上都得仔细掂量。杨振宁将自己回中国探亲的决定通知了美国政府以后，白宫的科学顾问给他的回答是：欢迎杨振宁到中国去探亲，但不能帮助他拿到签证。

幸好中国国务院已经从杨武之那儿得知杨振宁想回国探亲，立即请杨武之转告杨振宁，他可以到加拿大或法国的中国大使馆去拿签证。那时除

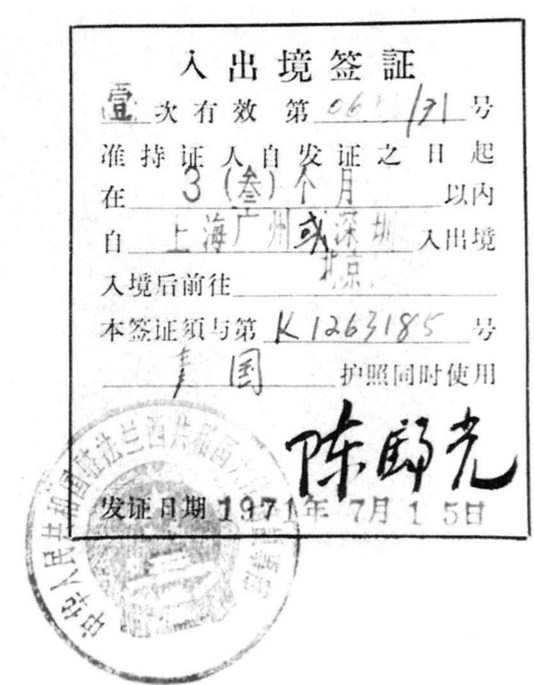

入出境签証

壹 次有效 第 06 /71 号

准持证人自发证之日起

在 3（叁）个月 以内

自 上海广州或深圳 入出境

入境后前往 北京

本签证须与第 K 1263185 号

美国 护照同时使用

陈辉光

发证日期 1971年 7月 15日

1971年，中国驻法国大使馆给杨振宁签发的《入出境签证》。

了苏联有班机到中国之外，只有法国航空公司每个星期有一班飞机从巴黎飞到上海，因此杨振宁决定到巴黎的中国大使馆去拿签证。

1971 年 7 月 15 日，杨振宁由纽约飞到巴黎，顺利地得到了赴中国的签证。四天以后，即 7 月 19 日，杨振宁终于登上了飞往上海的飞机，踏上了 26 年来魂牵梦萦、镂骨铭心的返乡之旅。这时杨振宁激动的心情是无法用笔墨形容的。在巴黎机场候机室里，杨振宁实在无法抑制自己激动的心情，就给他的好友、麻省理工学院的黄克孙写了一张明信片。

杨振宁的信让祖籍广西宁明的黄克孙教授也激动万分，后来他在《回忆在普林斯顿的岁月》一文中写道：

> 1971 年我正在汉堡的 DESY 访问。一天晚上，当我走出一家餐

杨振宁和黄克孙。

馆时，在一个报摊上看到了一则标题新闻：基辛格从北京返回，完成了历史性的秘密访问。稍后，我就收到了杨振宁用中文写的一封信。“我此时此刻正在飞往上海的飞机上。”对我来说，那真是一个激动人心的时刻。[1，932]

那一时刻，恐怕不只是杨振宁、黄克孙两个人十分激动，知道这次飞行的全世界华人都因此激动不已。杨振宁不畏一切困难和亲友们的担心，率先回到中国，的确是一件惊天动地的壮举，全世界华人都关注着杨振宁归国后的一举一动。他们完全不了解中国这么多年来到底发生了什么事情，都希望从杨振宁的中国之行来决定他们今后的选择。

杨振宁乘坐的飞机，一路经过雅典、开罗、卡拉奇、仰光等地，然后从缅甸向东飞，进入中国云南直飞上海。杨振宁在回忆中写道：

1971 年夏天我回到了阔别 26 年的祖国。那天乘法航自缅甸东飞，进入云南上空时，驾驶员说：“我们已进入中国领空！”当时我的激动的心情是无法描述的。

傍晚时分，到达上海。母亲和弟妹们在机场接我。我们一同去华山医院看望父亲。父亲住院已经半年。上一次我们见面是1964年底在香港，那时他68岁，还很健康。六年半间，受了一些隔离审查的苦，老了，瘦了许多，已不能自己站立行走。见到我当然十分激动。[3，12—13]

杨武之见到儿子终于回到中国，他在病榻上十分欣慰地说：“我们的家风：一生为人清白。我们家的家教：你母亲勤俭持家、一生奉献给丈夫和子女。你大哥在清华园所受的教育，在北平崇德中学念书，在西南联大念书，还有你们四位弟妹，还有你大哥的同学和朋友很多都在国内。凡此种种，都是你大哥一定会克服障碍回国探望的基础。”[1，902—903]

在上海，除了看望父母以外，他还访问了复旦大学、中国科学院生物化学研究所及生理研究所等单位，还回到了他出生的城市合肥。在合肥，他住在专门接待外宾的稻香楼宾馆。

回国最后一站是北京，这儿是他重点访问的地方。在北京，他看到了自己青少年时代的好友邓稼先、西南联大的同窗黄昆，拜访了他敬重的老师吴有训、周培源、王竹溪、张文裕；还第一次见到了岳父杜聿明先生，再次见到了岳母曹秀清女士。

在他住的北京饭店房间里，墙上有毛泽东写的诗句“为有牺牲多壮志，敢教日月换新天”，这使他心灵受到震动，感到新中国成立后20多年的确有了巨大的变化，可是自己并没有像邓稼先、黄昆和许多老师那样为国出力，心中不免有负疚之感。

在北京，杨振宁还访问了许多地方，如北京大学、清华大学、中国科学院原子能研究所，还参观了中学时读过书的崇德学校（现改名为北京市第三十一中学）。

7月28日，周恩来总理在人民大会堂设宴招待杨振宁。会见前后周

2

石溪通訊

為有犧牲多壯志
敢教日月換新天

楊振寧先生講中華人民共和國之行印象中譯全文

清华大学高等研究院杨振宁办公室里至今还有1971年10月22日的《石溪通讯》，上面通排的大字是：“为有牺牲多壮志　敢教日月换新天”。

杨振宁在母校崇德学校门前。

恩来与杨振宁谈了几乎五个小时，周恩来希望更多地了解美国，而杨振宁也尽可能客观、详尽地谈了自己的看法。

8月4日，杨振宁登上了八达岭长城。“岭断云飞迥，关长鸟度迟”，“长城古堞俯沧瀛，百二河山拥上京”……古今文人墨客，该有多少雄奇瑰丽的诗句惊叹长城的险峻奇丽！仰视雄伟关城的古老建筑，远望宛如长龙的城墙，加上这些雄奇瑰丽的诗句，怎会不引起心灵极其敏感的杨振宁澎湃的情感？后来在一次演讲中，杨振宁提到了这次在长城参观时的心情：

> 在此行看到的景色中，令我感触最深的就是长城了。长城是令人叹为观止的。它简单而坚强。它优美地蜿蜒上下，缓慢而稳定地随着

1971年8月4日上午，杨振宁登上长城。

山峦起伏。有时消失于远处山谷中，那不过是暂时的，终于又坚毅地攀登了下一个高峰。查看它的每一块砖石，我们会体会到在它的复杂的历史中，真不知凝聚了多少人的血和汗。可是只有看到它的整体结构，看到它的力量和气魄以后，我们才会体会到它的真正意义。它是悠长的，它是坚韧的。它有战术上的灵活，有战略上的坚定。它的长远的一统的目的，使它成为自太空接近地球的访客所最先辨认的人类的创作。

长城象征着中国的历史。它象征着中国历史的悠久，它象征着中国文化的坚韧。它表现出几千年来无数中国人民的胼手胝足，以及他们的辛劳为人类所做出的优异贡献。它象征着历史上中国一统的观念：尽管中国历经盛衰兴亡，尽管中国有过多次内战和朝代的更换，但是，贯穿历史的只有一个中国。在世界人民心目中只有一个中国，

在中国人民的心目中只有一个中国：合则盛，分则衰。[24，扉页]

长城历来是中国的象征，历代文人墨客都把长城看成是中国历史的缩影。杨振宁的激情和赞美，当然是可以完全理解的。由上面这段内心表白，我们也可以充分看出他对中国的热爱和希望中国两岸统一的赤子之心。

在历时一个多月的参观和访问中，他看到中国人民站起来后独立自主的形象和科学技术上巨大的进步，虽然不理想的地方还很多，但巨大的成就仍然让杨振宁心潮澎湃、兴奋不已。所以，当他回到美国以后，先后四次公开发表演讲，介绍新中国的成就，进一步推动中国和美国之间的了解和相互交流。1971 年 11 月，美国《今日物理》杂志编辑卢伯金（G. Lubkin）采访了杨振宁，在这次采访中，杨振宁介绍了中国科学发展的情况。后来这次采访以《对中华人民共和国的物理的印象》为题发表在《今日物理》上。文中有一节标题是“中国的精神”，其中写道：

> 杨注意到，中国仍是个物质财富贫乏的国家，尽管和他生活在那里的时候相比已有天壤之别了。然而，中国具备一种美国所缺少的精神和纪律。尼克松总统宣布新经济政策时，要求美国人民做出自我牺牲，厉行自持，克勤克俭。在中国，杨说，这种精神理所当然地被人们作为社会的基本信条来奉行。……为人类做贡献的态度是支持高能物理这样深奥的领域的理由之一。杨注意到，另外一个理由是科学发展能够给技术带来好处。杨举出生物化学研究所的例子，他在该所会见了几位 1965 年参加合成胰岛素工作的科学家。
>
> 50 年代末他们开始这项工作的时候，中国一无经验，二无需要的基本化合物。但是他们感到，除非中国动手干起来，否则将毫无希望。凭着这一条经验，现在中国正在生产许多化合物，特别是酶，这是中国原先所没有掌握的技术。[1，193—194]

杨振宁利用各种机会，不只在美国，还在欧洲、南美洲、亚洲其他各国，不失时机地介绍新中国的情况，极力促进各国与中国的沟通。

自从杨振宁 1971 年 7 月首次破冰之旅以后，加上他回到美国之后多次公开演讲，大批华裔学人逐渐消除了顾虑，接着一批一批学者开始到中国探亲、访问、旅游，其中最值得一提的是以林家翘为团长，包括任之恭、何炳棣等 20 多人组成第一个华裔学者访问团来到中国，受到毛泽东和周恩来的接见。他们返回美国以后，像波浪一样产生了更大的影响。林家翘博士在接受记者访问时表示：他们都是受了杨振宁回国的启示和鼓舞，才决定到新中国去的。对此，周培源教授说："杨振宁是美籍华裔科学家访问中国的第一人，也是架设起中美之间科学家友谊和交流桥梁的第一人。光是这方面的贡献，杨振宁的成就就是无人能及的。"

在石溪分校物理系任教的美籍华裔物理学家聂华桐教授曾经说：

> 1971 年，中美关系稍有松动，他马上就决定回中国看一看。回到美国以后，他对中国的情形做了很多报告，由于他的名望和地位，他的作风和为人，他的演讲和报道在美国社会起了很大的作用。在当时中美关系还没有解冻的情况下，他这样做是担了相当大的风险的，但他认为正面报道中国在各方面的许多发展是他的义务。由于他在学术上的地位，他经常到欧洲、南美洲、东南亚、日本等地去讲学或访问，大家往往都要求他做关于中国情况的报告，他在这些地方的报告，尤其对当地的华侨产生了很大的影响。许多美国人，尤其是科学家对中国持友好的态度，愿意同中国亲近，杨先生的功劳是非常之大的。[1，964]

80 年代中期担任美国国务院亚太事务助理国务卿的李洁明（James Ulley）在一次演讲中特别提到了杨振宁教授："诺贝尔物理学奖得主杨振宁博士当年到中国，对中国的现代化有促进作用，而美国目前的政策也是支持及愿意协助中国进行现代化的，杨振宁可说是首开其端。"[57，154]

1972 年 2 月 20 日，在尼克松总统访华的时候，杨振宁写了一篇非常具有政治眼光的文章，这篇文章的题目是《戴高乐式的访问》。在文章中杨振宁写道：

昨天晚上，尼克松总统到达中华人民共和国，将与毛泽东主席和周恩来总理举行会谈。这次会谈可能取得什么成果？几个月来人们对此有种种猜测，但甚少一致意见。

从历史的观点来看，我相信这次会谈对国际形势将产生深远的影响。显然，这种看法是安排这次访问的两国领导人都同意的，但美国大众对此点似乎认识不足。一些新闻分析专家甚至倾向于认为，整个事件只不过是大选年玩的把戏。这种说法我们只能认为是缺乏历史观的表现。

我去年曾访问中国，于7月20日到达上海。那时正当尼克松的访问计划公布几天之后，消息轰动了全中国，人们到处在谈论这件事。有人告诉我，戴高乐将军原计划访问中国，但在预定日期前逝世了。大家似乎都高度赞赏戴高乐将军的远见卓识。好几次我听说，他逝世时，毛主席给戴高乐夫人发了唁电：“谨对他，反法西斯侵略和维护法兰西民族独立的不屈战士，表示诚挚的悼念和敬意。”很清楚，中国人民佩服戴高乐。而且他们佩服毛对戴高乐的历史贡献所做的高瞻远瞩的评价。我发现，在中国所听到的有关尼克松未来访华的谈话，表面虽是强硬的，里面却暗含着对他的见识的赞佩。

……

将进行的会谈中双方长远观点的讨论无疑是关系重大的。因为在高层制定政策，正如人类其他创造活动一样，是长远观点来最后决定整个事业的发展和成绩。

……

5年、10年或15年以后，美国、中国和苏联之间的关系在世界上将显得愈来愈重要。在我看来，美中之间长远利益的冲突比美苏或中苏间的冲突要少。尼克松总统即将做的北京和莫斯科之行，也许不会立刻给国际紧张局势带来非常了不起的缓和，但肯定会使三国领导人更加互相了解对方的问题和愿望。仅仅这一点，就值得努力安排这两次旅行。

最近访问过中国的人几乎都认为，了解新中国是激动人心的经历。我毫不怀疑，尼克松总统和夫人以及他们的随行人员一定会有同样的感受。中国仍然贫穷，缺乏物质财富，工业技术也十分落后。但前往访问的人将为其精神所感动。他们会发现，她是最简单，而又最复杂；最年轻，而又最古老的国家。

我的看法也许不对，但我相信，杜勒斯式的神话一旦破灭，一个知道美国历史上的清教式的生活的人，一个知道美国向来同情勤劳和有自立精神的人，一个正面对美国当今存在的巨大的社会问题的人，

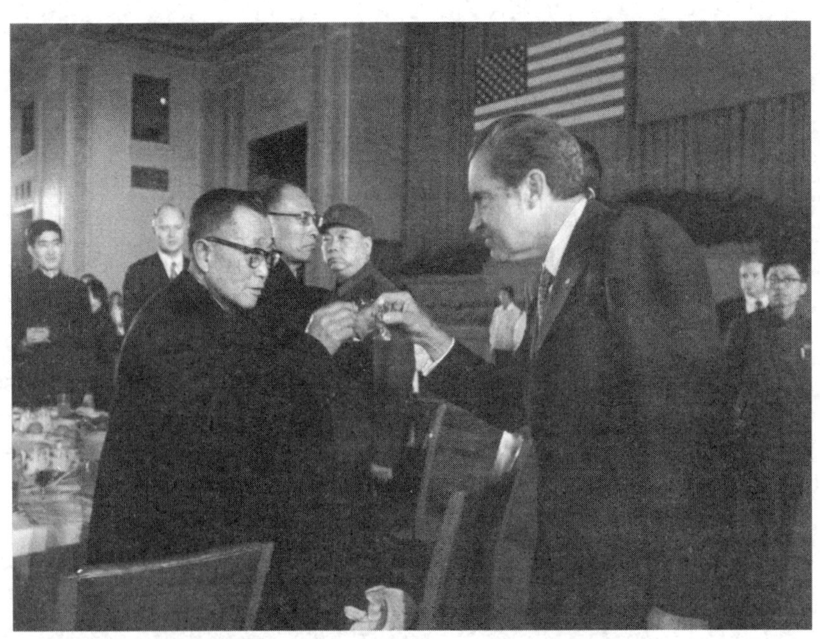

1972年2月，在北京人民大会堂，杜聿明与尼克松碰杯。

对于中国的新精神便会产生尊重、同情和佩服之情。这也许正是台北和莫斯科对尼克松北京之行在上意识和下意识里所存在的最深的忧虑。[1, 196—198]

30年过去了，我们可以看到，那时杨振宁的预言，都成了现实。而且，在当时对中国普遍存有误解和完全不了解的情形下，杨振宁就以大无畏的、实事求是的精神告诉美国人中国的困难和追求进步的精神。

当然，杨振宁毕竟只是一个物理学家，对于政治当然也会有看错了的时候。但是当他得知自己的确有错的时候，他会坦然承认，光明磊落，是非分明。第一次访问中国时，由于中国被封锁、围堵了20多年，包括杨振宁在内绝大多数人并不太了解中国到底发生了什么；而且中国官方那时也刻意封闭了许多内幕，作为物理学家的杨振宁，恐怕也一时难以明辨是非，更何况他处于与父母、弟妹、老师、同学久别重逢的高度兴奋和喜悦中，也不大可能对“文化大革命”产生的严重后果有充分的认识。这样，他说了一些与事实严重不符的话，并不是什么不可理解的事情。在他第一次访问中国十多年以后，有记者问他：你今天怎么评价你那时的一些讲话呢？杨振宁立即坦然地回答：“我那时没有了解‘文革’的真相，我承认我是蹩脚的新闻记者。可是请注意我不是以一个新闻记者的身份或心情去中国的。”

以后，杨振宁每年都要访问一次中国，有时一年还不止一次。

1972年6月16日，杨振宁第二次回国。在上海探望了父母、弟妹以后，先后到北京、南京、沙石峪、西安、延安和广州等地访问，前后历时五周。6月27日到7月5日，杨振宁在北京与科学界的朋友举行了共十次演讲和座谈。座谈的内容十分广泛，有理论介绍，如规范场理论、统计力学的严格解（主要内容为杨—巴克斯特方程）等，有与北京大学物理系工农兵大学生座谈等。其中7月4日下午在北京饭店第二次就“高能物理的发展与展望”座谈时，杨振宁的意见与中国物理学家的意见发生了分歧。这次会议的主持人是他当年的老师张文裕教授。当时中国物理学家对于中国高能物理处于闭塞停滞状态非常担忧，希望能够迅速发展建造大的加速器，赶上世界先进水平，并以此培养高能物理学人才。这种急切的愿望当然可以理解，但是，当时中国正在“文化大革命”中，经济处于崩溃边缘，大学六年没有（通过高考）招生，工农兵大学生也只是刚开始招收，各种各样的科学人才都处于极端缺乏状态。考虑到这种情况，杨振宁对于一些人建议用巨额经费来建造大型加速器持坚决反对态度。无论参加座谈的物理学家用什么样的理由反驳杨振宁，他都坚持当时绝对不能建造大型加速器。他的观点是：“拿几千万美元的投资来发展高能加速器，从中国工业发展来看，我很难投票赞成。”当时有一位物理学家生气地说：那我们就一直保持与国外的这个很大的差距？杨振宁回答：

我不是说永远保持这个距离。中国去年的钢产量是2100万吨，可以等这个数字增加三倍以后再来讨论。这个数字是美国和苏联的六分之一，但美国和苏联的人口是中国的三分之二。中国有很多别的事情要做，中国应当对人类有较大的贡献，但我不觉得应当就是在高能加速器方面。[119，4]

杨振宁这样说可能基于几个方面的原因，一是中国当时的经济处于崩溃状态，奢谈大型加速器实在不现实；二是杨振宁更加担忧的是当时中国的高等教育几乎完全处于停滞状态，各门学科都处于严重缺乏后继人才的状况。所以他几乎是非常着急地说：

在物理方面，中国急需大量物理人才。由于“文化大革命”，教育中断了，空缺要弥补，各方面的人才都要培养。普遍现象是业务隔离，各人只管一小方面，彼此不发生兴趣，而科学发展要求彼此发生兴趣。要多开学术讨论会，多鼓励青年人参加学术讨论会，这是必要的。目前的教育制度是否与要求培养更多的科学人才有矛盾，我对中国的情况不太了解。经过“文化大革命”，教育有新的哲学，怎样在

这个哲学中把这些矛盾都解决。讨论这个问题比讨论十年后造大加速器重要得多！[119, 18]

这一次座谈会，尽管杨振宁急切地表示了自己的想法，但是由于他直言不讳的为人风格一时没有被人理解，因而引起了一些人的误解和不满意。但是，杨振宁还是想办法把自己的这层担忧告知了他能够接触到的人。

周恩来总理十分诚恳地请杨振宁对中国当时的教育和科研提出意见和建议。杨振宁在两次回国后了解到当时中国政府把大批知识分子、科学家下放到工厂、农村，作为改造对象而从事他们几乎力所不能及的沉重而又简单的体力劳动，心中十分痛心，认为这种不重视知识和严重浪费人才的现象应该迅速遏止。杨振宁直言不讳地提出：

中国在教学科研中重视理论和实践的结合，这是很好的，在经济比较落后的条件下，这也是必需的。但是目前中国理工科大学不重视基础教学和理论研究，这是目光短浅的表现，应引起重视。在科研机关里，也存在着不重视基础理论的倾向。[120, 15]

杨振宁还提出在中国科研经费匮乏的情况下，应发展不要花大钱的科目，如拓扑学的研究等。他还建议要注意落实知识分子的政策，如果大学只招收工农兵家庭的子女，这不利于团结知识分子。杨振宁特地提到了他的老师张文裕、王承书夫妇的独子张哲，张哲因为出身知识分子家庭而不能报考大学，杨振宁认为这是很不合理的事情。

杨振宁的意见引起了周恩来总理的高度关切。在7月2日（第二次“高能物理的发展与展望”座谈会的前两天）会见杨振宁的时候，周总理对杨振宁说：“杨先生说我们的理论太贫乏了，而且我们也不跟人家交流，恐怕这话有道理，你看到了我们的毛病了。”

7月14日，周总理在会见由林家翘、任之恭率领的美籍华人学者参观团和美籍华人学者访问团全体成员时，在谈话中再次称赞杨振宁提出的重要意见，并对陪同会见的中国科学技术协会副主席、北京大学革委会副

1973年，周恩来与杨振宁。

主任周培源说："你回去把北大理科办好，把基础理论水平提高。这是我交给你的任务。有什么障碍要扫除，有什么钉子要拔掉。……今天向周博士将一军，请他提倡一下理论。"

周培源深知周总理一向都重视基础理论的研究，但是在"文化大革命"时期教育事业受到严重的破坏，正常的教育秩序被打乱，高校基础理论的教学和研究实际上处于停顿状态，大学多年不招生使得后继人才严重匮缺的时刻，周培源听到周总理交代的任务备受鼓舞，并且立即行动起来。7月 20 日，他向周总理提交了《关于加强基础理论和科学研究的建议》。

后来由于"四人帮"的疯狂阻挠，周总理的指示和周培源的《建议》都没有贯彻下去。但是杨振宁的意见和建议像一股春风，吹暖了寒冬中中国知识分子的心田，他们看到了大地将要回春的前景。在"文化大革命"

左起：邓稼先、王承书、杨振宁、张文裕，1971年摄于北京友谊宾馆。

结束以后，《建议》立刻得到充分的贯彻和执行。

1973年5月4日，杨振宁第三次回国，探望病危的父亲。5月12日，杨武之病重去世。5月15日，在复旦大学为杨武之举行的追悼会上，杨振宁在讲话中说道：

> 父亲为人纯真谦虚，力争上游，是接触过他的人都有的印象。
>
> 父亲给我们子女们的影响很大。从我自己来讲：我小时候受到他的影响而早年对数学发生浓厚的兴趣，这对我后来进入物理学工作有决定性的影响。
>
> ……近两年来父亲身体日衰。他自己体会到这一点，也就对我们的一切思想和行为想得很多。1971年、1972年我来上海探望他，他和我谈了许多话，归结起来他再三要我把眼光放远，看清历史演变的潮流，这个教训两年来在我身上产生了很大的影响。
>
> 父亲于1973年5月12日长辞人世。在他的一生77年的时间里，历史有了惊天动地的演变。昨天收到他一位老同学，又是老同事的信，

上面说："在青年时代，我们都向往一个繁荣昌盛的新中国。解放以后二十多年来在毛主席和中国共产党的英明领导下，当时我们青年梦寐以求的这个新中国实现了。"我想新中国实现的这个伟大的历史事实以及它对于世界前途的意义，正是父亲要求我们清楚地掌握的。[1, 208—209]

同年7月12日，杨振宁第四次到北京访问，夫人杜致礼也陪他一起来了。这一次，他提出希望拜会毛泽东主席。这一愿望实现了。7月17日，杨振宁在周培源的陪同下，到中南海毛泽东那有名的书房里见到了毛泽东主席。陪同会见的还有周恩来总理。最初，杨振宁听不懂毛泽东讲的湖南话，周恩来便在一旁做些解释。毛泽东谈话喜欢谈大问题，比较带有哲学性质的问题；当然，他也和杨振宁谈与科学有关的哲学问题。

周恩来很希望利用杨振宁拜见毛泽东这难得的机会，让杨振宁谈谈他有什么好办法，来激励中国科学的发展。杨振宁立即建议说："尤其值得做的事也许是把 *Scientific American*（《科学美国人》）译成中文……"后来这个建议果然得到实现，由中国科学技术情报所重庆分所负责出版这份刊物，至今没有中断。〔1〕

他们谈了一个半小时。谈话结束以后，杨振宁快走到书房门口时，毛泽东和他握了握手，并且说，他年轻的时候也希望在科学上能够有所贡献，不过自己没有做到；他还说，杨振宁能够对人类科学有所贡献，他很高兴。杨振宁后来说，毛泽东说的这个话，显然是真心的，不是什么客气话。

由于这次是毛泽东第一次会见华裔科学家，因此引起了国内外广泛的关注，以致杨振宁不论走到世界哪儿，都有不少记者追逐采访他，想尽量挖出一点毛泽东与杨振宁到底谈了些什么的资料。而对于杨振宁来说，与

---

〔1〕 2006年1月，这份刊物改名为《环球科学》，但是仍有70%的文章来自《科学美国人》英文版，这是一份高品质的科普读物。

1973年7月17日，毛泽东在他那有名的书房里接见了杨振宁。左起：周恩来、周培源、毛泽东和杨振宁。

毛泽东会见当然会给他留下深刻难忘的印象。毛泽东的雄才大略和极度自信，是杨振宁无法忘怀的；至于毛泽东的诗词，杨振宁则认为不但写得好，而且其气魄之大，不能不让人为之震撼。

1973 年 7 月 27 日，香港《大公报》转载日本《读卖新闻》刊登的日本教授中村诚太郎与杨振宁的谈话，标题是《杨振宁谈四访中国》，文中写道：

> 中村：与毛主席的会见，情况如何？
>
> 杨：毛主席精神非常之好，跟我谈上下古今极有意义的话，甚至幽默的话。
>
> 中村：主席有没有提到对中国科学的指导概念呢？
>
> 杨：主席没有提到这一点，不过对于科学非常注意。作为一个

大国的首脑当然如此。不过，其中也有个人的关心。在我临离开向毛主席告别的时候，毛主席说他很高兴我在科学方面对世界有一些贡献。他又说，他自己也希望能给世界有一些（科学）贡献，不过他未能做到。

中村：科学文献等等，主席也过目吗？

杨：主席造诣非常之深〔1〕，对于我在1956年的研究还记得很清楚。不仅询问了宇称的守恒、非守恒的问题，而且问到了光子的性质和质子的可分与不可分性。

中村：那不是学者之间最新讨论要解决的问题吗？

杨：可不是！如果可分，可分之后又有什么变化，这是我们还弄不清的难题。

中村：简单来说，主席对于中国科学的想法是怎样的？

杨：我只能凭印象来说。总而言之，主席对于中国出生的我，能对世界物理学做出贡献，很是高兴。而且，在主席的影响之下，中国按照理想主义来处理科学，希望它的成果能对全人类做出贡献。

过了不到两个月，香港《文汇报》在1973年9月11日转载了留美中国学生刊物《星报》上的一篇文章，标题是《杨振宁三谈毛主席会见》。文章开始是杨振宁做了一点有关会见的缘起等方面的介绍：

情形是这样的，我到了国内，便提出要求说，不知可否见到毛主席。接着便自以为不妥，怕毛主席太忙。接待的同志倒不以为有什么不妥，每个人都想见毛主席，没有什么奇怪。

那天是由周培源先生陪我去中南海的。到了毛主席书房，周总理出来迎接我们，随后陪我们进去，把我介绍给毛主席。最初是周培源

---

〔1〕 翻译有误，这句话原文是“very interested and has profound knowledge”，译成中文是“他对物理颇有兴趣，也具有深度的认识”。

先生和我坐在毛主席两旁，由于我最初听不懂湖南话的成语，周总理就和周培源先生换了位置，靠近主席坐着，以便给我们解释。

接着回答记者问题。

问：主席书房大么？陈设如何？

答：相当大，我见到了三进，第一进小一点；第二进特别大，可以接见许多人；第三进是我们见到毛主席的地方，大概有七八百平方英尺（约六七十平方米）吧。陈设情形，说实在话，当时都无心留意，倒要回来看看相片才想得起来。只觉得墙上有些字画，地上有没有地毯都记不清了。

问：您和中村的对话中，您说毛主席的物理造诣很深，您是这么说的么？

答：这话是经过英文译日文、日文译中文走了样。我当时是用英文，是 very interested and has profound knowledge。

问：这个结论是怎么得出来的呢？

答：这是一个总的印象，从和主席谈话一个半小时得到的。

问：主席也问起宇称守恒定律了么？

答：是，主席说，宇称也可以是守恒，也可以说是不守恒，对么？这显示他在这方面有很正确的看法。

问：您会不会觉得，在接见您之前，主席读了一些这方面的书，或者和什么人讨论过这方面的事情？

答：我完全不这么想，我的印象是主席一向对这方面十分关切。平时就读过许多，谈来如数家珍、毫不生硬。总之，主席在这方面的了解，至少是 *Scientific American* 的水平。

问：周总理也谈物理么？

答：不太一样，总理和主席不一样。

问：怎么说呢？

答：比如说，主席问我在物理中，理论和思想的关系与哲学中的用法有什么不同，在我思索时，周培源先生替我答复，周总理也谈了话。

问：这么说来，周总理也很懂物理么？

答：也不是，周总理是从日常生活中理论和思想的关系谈起的。主席给我的印象，则是一位喜欢从大处、远处着想的人，这在我没有见到他以前从他的选集和诗词中已经很有体会了。而且，除非是平常对用字观察很细致，推敲要求精确的人，不然不会留意这样的问题。

问：您觉得主席接见您的意义何在呢？

答：哈！这方面的猜测已经太多了，右派、“左”派各有解释。在我看来，一方面是主席对科学工作者的重视，另一方面是主席对海外中国人的关切。

到了1977年，中国和美国交往增多，中美关系受到越来越多海外华人的注意。这年夏天，杨振宁正在新疆乌鲁木齐飞机场等候飞机的时候，恰好何炳棣也在乌鲁木齐，还知道杨振宁在飞机场候机，于是他特地找到杨振宁商议，很多美国华人希望在美国建立一个“全美华人协会”，希望杨振宁关注这一大事。后来这个协会建成了，而且在众多朋友和有关人士的极力劝说下，杨振宁最后同意担任全美华人协会会长，何炳棣先生任副会长。从此，他为中美之间的交流、沟通做了更多的工作；虽然困难重重甚至还遭到美国联邦调查局的刁难，但他宁愿忍受种种非议，也绝不动摇他的这种扩大中美沟通渠道、增进理解的活动。

1979年中美正式建交以后，1月30日，在华盛顿特区希尔顿酒店为欢迎邓小平副总理访美举行的盛大欢迎会上，杨振宁作为全美华人协会会长致欢迎词。杨振宁热情洋溢、感人至深的欢迎词如下：

邓总理、邓夫人、各位贵宾：

我代表全美华人协会和全美各界华人热烈欢迎你们光临这个宴会！

为了写今天这个短短的讲词，我花了很多的时间，稿纸一张一张

左起：熊向晖、邓颖超、罗孟华、杨振宁，摄于1976年。

地都被送到字纸篓里面去。这使我想起40多年前的一个类似的经验。那时候我在北京崇德中学初中念书。为了参加中山公园里面的初中生演讲竞赛，记得我非常紧张，好几个晚上不能睡觉。我的讲题是“中学生的责任”——那是一二·九、一二·一六的时代。

中美建交和邓副总理的访问是近代史上的分水岭性的发展。国际关系从今开始了新纪元。美中两国的学术、文化和商业旅游等一切交流都将大大扩展。我们全美华人家庭团聚的机会也将大大增加。

为了庆祝中美建交，为了庆祝邓副总理和各位贵宾的访问，我们和美中友好协会合办了今天的宴会。我们特别要感谢邓副总理接受了我们的邀请。邓副总理，你的光临使得在座的500位主人每人都感到他自己也在中美建交这个划时代的历史事件中尽了少许的力量，也在美中两大民族间的友谊桥梁的建筑工程中放上了几块小小的基石！

杨振宁用下面的话结束了自己的发言：

我们深深知道因为我们同时扎根于中美两大民族的文化，我们对增进两国间的友好和了解肩负着特别的责任。在今天这个场合，全美华人协会和全美各界华人重申我们将继续为建造两大民族间的友谊桥梁尽我们每一个人的责任。我们知道没有这座桥梁，世界不可能有真正的和平与安定。[1，279—280]

左起：杨振宁、杜致礼、邓小平，1979年1月30日摄于华盛顿特区希尔顿酒店。

四、致力中国科学的发展

1993 年 4 月 27 日，杨振宁在香港大学做题为“近代科学进入中国的回顾与前瞻”的演讲时说，中国在 20 世纪经历了许许多多、大大小小的危机，但是都先后被克服化解了，因此他大胆预言：

> 这些危机没有一个阻止得了中国在这个世纪科技上的卓越飞跃。为什么？因为做科学工作其实并不困难。必要的条件只是上面所讲的四项，可以概括为才干、纪律、决心与经济支援。中国在这个世纪已经具备了前三项条件，到了下一个世纪将四者俱备。
>
> 所以我的结论是，到了 21 世纪中叶，中国极可能成为一个世界级的科技强国。[1，795]

杨振宁不仅仅是这么说，而且还为实现他和一代中国人的这个梦想，踏踏实实、呕心沥血地为祖国贡献他所有的力量。一方面他多次向中国政府提出建设性的意见，另一方面他利用自己特殊的身份和诸多良好的社会关系，请来一些一流学者到中国各个大学做学术演讲和学术交流，此外，还费尽心血地筹集规模大小各不相同的基金和设立各种各样的奖金。

从 1980 年开始，在杨振宁的直接发起和倡导下，先后设立了“与中国教育交流委员会”、“中山大学高等学术研究中心基金会”、“清华大学高等研究中心基金会有限公司”、“北美清华教育基金会”，以及帮助和促进“邵逸夫奖”、“何梁何利基金”、“求是科技基金”等的建立。

1. 与中国教育交流委员会

1973 年，国际高能碰撞会议在石溪召开，杨振宁亲自给中国有关方面发了邀请函，中国派出了三位年轻的教授汪容、高崇寿和李炳安。这是新中国第一次派往美国的学者，意义非同小可。杨振宁也知道其中包含的深刻意义，所以亲自开车到机场接待这三位学者。

1974年，在访问上海的时候，杨振宁与复旦大学数学家谷超豪有一段密切的合作，这对于一直处于封闭环境的谷超豪来说，无疑是一次绝好的与世界接轨的时机。对此，谷超豪教授有过一段亲切的回忆：

> 1974年，杨先生访问上海，提出和复旦大学有关数学方面的老师（特别是微分几何）合作搞研究，复旦方面成立了一个由数学、物理两方面的教师组成的小组，由我负责，开始和杨先生合作。在近十天的时间里，我们几乎每天见面。他向我们介绍规范场，提出若干问题；我们也对规范场的纤维丛联络的关系做了若干说明。杨先生很高兴，当时就形成了若干应该研究的问题，并就这些问题取得了成果。杨先生当时认为，这些成果可以发表，并建议我去石溪分校工作一段时间。当时后一个问题是无法实现的（即去石溪分校工作），但共同成果整理成为论文，在《复旦学报》和《中国科学》上发表。
>
> 在合作讨论过程中，杨先生不断向我们介绍了理论物理和数学上的新方向。十年动乱期间，我国对外联系很少，理论研究处于被批判状态，杨先生的到来给我们带来了许多重要信息。就数学方面来说，除了规范场的数学问题之外，他还向我们介绍了孤粒子理论等重要研究方向。他关于合作研究的倡议和行动，使我们的理论研究得以恢复，并为我们提供了重要的研究方向，影响是很深远的。[57, 161—163]

1979年，杨振宁邀请谷超豪到石溪分校做一年多的工作访问；以后谷超豪曾多次去石溪访问。1980年，杨振宁被复旦大学聘为名誉教授。这是复旦大学最早的一位名誉教授。在杨振宁的建议下，复旦大学与纽约州立大学签订了交流协议。

谷超豪颇有成效的访问，只是中国学者与纽约州立大学石溪分校交往的一个例子，交往更多的是杨振宁启动了资助更多中国学者到石溪访问的CEEC计划。

1980年，杨振宁在他所任职的纽约州立大学石溪分校发起组织“与中国教育交流委员会”（Committee on Education Exchange with China，CEEC），它的目的是资助中国学者作为访问学者到石溪分校研究、讲演。资金由杨振宁在中国香港、美国等地募捐筹集而来，其中包括利氏奖金、应行久夫人奖金、葛任门奖金、方树泉奖金、杨志云奖金、冯景禧奖金、何善衡奖金、吕宁荣奖金、梁銶琚奖金、查济民奖金、刘永龄奖金和旭日集团奖金共12个奖金。每一个奖金每一年为访问学者提供12000美元，每一位访问学者得到哪一个奖金就被称为哪个奖金的学者。例如杨福家先生拿的是应行久夫人奖金，那么他就是应行久夫人奖金学者。每一位访问学者原来的机构，按照规定还应该为他们支付另一半薪水12000美元。

从1981年开始到1992年的12年里，12个奖金为80多位学者提供了访问学者的资助，其中利氏奖金提供了19位学者的资助，梁銶琚奖金13位，葛任门奖金10位，何善衡奖金9位，应行久夫人奖金7位，吕宁荣奖金6位，杨志云奖金、查济民奖金和旭日集团奖金各4位，方树泉奖金3位，刘永龄奖金和冯景禧奖金各2位。

来自中国复旦大学、上海交通大学、北京大学、中国科学技术大学、兰州大学、南开大学、中央艺术学院等不同高校，和中国高能所、社会学所、西藏博物馆、上海脑研究所以及中国电影学会等研究机构的学者，先后在石溪分校访问约10个月的时间里，自由地从事自己的研究；研究的范围非常广泛，包括人类学、社会科学以及工程、自然科学等，没有任何限制。

为了能够及时募集到足够的资金，杨振宁要花费很多心血。例如，1986年在51位访问学者得到资助来到石溪以后，杨振宁在这年的12月9日，又给所有CEEC的捐赠人写了一封信：

> CEEC一直得到捐助者慷慨的资助。在过去的五年里有超过50位访问学者在CEEC计划中的科学、技术和人文科学等领域里继续进行研究。我在附信里列出他们的名单。
>
> 大部分访问学者发表了论文，并在论文里感谢捐助者和CEEC。

我相信你们中有些人已收到这些文章的预印本。

在与中国政府领导人和行政人员的谈话中，我得知他们非常感谢你们慷慨地支持这个计划。

我呼吁你们继续支持1987—1988年度的计划，并希望你们能够继续帮助一个或更多的访问学者。每一个人需要12000美元。这些捐赠在美国是免税的。〔1〕

一旦资金到位，杨振宁对于这些中国来的学者又会一一做好安排，并且仔细过问他们的研究方向和进展。这80多位学者在完成进修和学术交流以后，绝大部分回国了，其中相当大的一部分此后做出了出色的工作。例如谷超豪（1979年及以后多次访问石溪）、杨福家（1981年9月—1982年1月）、陈佳洱（1982年9月—1983年1月）、葛墨林（1983年9月—1984年1月）、王元（1992年11月—1993年3月）和孙昌璞（1992年10月—1993年6月）等学者，后来都因为学术上的造诣而先后成为中国科学院院士。

1982年6月20日，杨振宁在石溪对中国来的访问学者和研究生做了一次演讲。在演讲中杨振宁说：

对大家做学问的方法我有几点建议。第一个建议是随时尽量把自己的知识面变广一些。比如说随时到图书馆去浏览一下，“开卷有益”这句话不是没有道理的。是不是一个人会被研究工作跟生活压迫得透不过气来，不能够花时间到图书馆去走走看看呢？我想这当然也是因人而异。不过一般讲起来，不管多么忙，抽空去使自己知识宽广化最后总是有好处的。……

第二个建议是不要钻牛角尖。假如你做一件事情做得很苦，我想

〔1〕 香港中文大学杨振宁学术资料馆，“C. N. Yang to Contributors of CEEC Fellowship”，December 9，1986。

也许值得考虑不要做这个东西了，去另外想想别的东西。一个学问的前线的方向是很多的，有许多有生气的方向。最好走向这些有生气的方向。牛角尖不是绝对不可以钻，但是必须保持主动性，保持有见机而退的能力与勇气。

第三点建议其实跟刚才所讲的第一点有很密切的关系。我觉得学习有两个办法。一个办法是按部就班的；一个办法是渗透性的。……

最后我有一点也希望给大家讲的，就是做研究工作到最后必须要做自己所做的东西，不是在那儿跟着别人跑。老跟人跑的研究工作，不大可能是有真正重要的建树的。这当然并不是说一开始就非要独创一家不可，那是不可能的。学问是累积起来的，所以必须要先学习别人所做的东西，然后才可能有自己的见解。不过，在学习过了一个相当程度以后，必须要发展自己的见解。不能老跟着当时“权威性”的看法跑。[1，381—382]

北京高能研究所退休的教授马中骐，亲身感受到杨振宁的建议对中国学者来说非常中肯。他是 1984 年 9 月—1985 年 6 月到石溪分校的一位访问学者。

马中骐 1956 年考取兰州大学物理系，“文化大革命”前夕成为物理学家胡宁院士的研究生。可惜“文化大革命”的爆发中断了他的学业，他像许许多多研究生一样，在蹉跎岁月中浪费了近十年的青春年华。“文化大革命”结束后，他再次报考研究生，重新在胡宁院士的指导下完成学业，成为新中国自己培养的第一批博士，他的博士证书号码是第一号。1984 年 9 月底，他来到石溪分校。

刚到石溪分校的第一天，马中骐就立即去拜见杨振宁先生，汇报工作计划。因为过去他做过磁单极方面的研究，因此想继续做这方面的工作，同时也想开展有关莱文森定理（Levinson theorem）的研究。杨先生听完后说：“磁单极的工作可以做，但这只是跟着别人后面做。而莱文森定理的

马中骐和杨振宁，1985年元旦摄于石溪。

研究就不一样，这是基础性的工作，是将来可以留得下来的工作。……什么是重要的工作？基本的工作就是重要的工作。”还说他最近发现用斯图姆—刘维尔定理（Sturm-Liouville theorem）研究磁单极问题很有效，相信对莱文森定理的研究也会很有效。因此建议马中骐用斯图姆—刘维尔定理来研究莱文森定理，并给了他一篇已经发表的短文，这是他在一个会议上的报告。马中骐后来回忆：“刚过一个星期，他就来我的办公室检查工作。我说那篇文章太简略了，看不懂。杨先生立即带我去他的办公室，找出他准备那个报告时的计算手稿，有一百多页，让我学习，我在了解杨先生的方法以后，把它应用到狄拉克方程式的莱文森定理，果然见了成效。我完成工作后，他还亲自为我审阅文章初稿，提出修改意见。在杨先生的指引下，直到今天，我一直关注带基本性的工作。”〔1〕

回国后，马中骐又做出了一些有原创性的重要研究。2001 年 8 月和

〔1〕 2004 年 3 月 18 日采访马中骐的记录。

2004年2月，杨振宁两次约见马中骐，继续关注马中骐的研究，对他的一些想法和结果给予肯定、鼓励和指导。2009年，杨振宁与马中骐合作在新的冷原子领域做研究，已经写出了几篇重要的文章。

2009年，谷超豪（与孙家栋）获得2009年度国家最高科学技术奖。在告示中有这样一段话：

> 杨振宁和R.米尔斯提出的规范场理论是物理学中一项极为重要的成果。1974年，谷超豪在与杨振宁合作时，他最早得到经典规范场初始值问题解的存在性，对经典规范场的数学理论做出了突出贡献。后来谷超豪又给出了所有可能的球对称的规范场的表示；首次将纤维丛上的和李群的理论应用于闭环路位相因子的研究，揭示了规范场的数学本质，并应邀在著名数学物理杂志《物理学报告》上发表专辑。

2. 中山大学高等学术研究中心基金会

1982年春天，在香港中文大学科学馆杨振宁教授办公室里，杨振宁与香港中文大学的陈耀华和广州中山大学李华钟两位教授聊天。他们认为香港的工商界富豪对社会的捐赠一向热心，尤其对于大学教育十分乐意捐赠资助；而当时内地在“文革”后，拨乱反正，百废待兴，大学经费很少。因此他们建议考虑在香港成立一个基金会，请工商界人士捐资，用于资助和支持中山大学一些基础研究项目。

做了初步接触商议以后，筹备工作在1982年下半年开始了。首先是中山大学校友、香港商人王文钧赞助了筹备事务的必需开支；接着，由中山大学人类学教授梁钊滔教授引介，香港恒生银行董事长梁銶琚先生成为第一位捐资人。此后，香港商界知名人士杨志云、冼为坚、郑裕彤、于元平、曾宪梓等先生的捐赠为基金会奠定了基础。

1983年8月，中山大学高等学术研究中心基金会在香港作为非牟利机构注册成立。基金会的董事会选举杨振宁教授为主席，冼为坚先生为副主席；董事会里有香港高等教育知名人士、香港中文大学前校长马临教授和杨纲凯教授、陈耀华教授，还有中山大学的李华钟教授。与此同时，杨振宁作为基金会董事会主席与中山大学校长黄焕秋正式商谈，在中山大学相应成立了中山大学高等学术研究中心，接受基金会对中山大学的基础研究项目资助。从此，基金会对中山大学基础研究开始了连续 24 年（1983—2008）的资助。

资助正式启用之前，杨振宁教授为基金会的运作拟订了详细的建议和细则，董事会下述的各种决定都是基于杨振宁教授的建议和理念，经过 20 多年的实践证明可行和有效。

1983 年，基金会筹得了第一笔基金后，面临着三个抉择：第一个抉择，是否按当时内地流行的做法，先建一座大楼。董事会认为建楼不是一种好的做法，他们决定先资助研究项目，开展实际的研究。第二个抉择，是否按照当时的普遍认识，资助有经济效益的研究课题。但董事会决定资助学术性较强、在中山大学里基础较好但无经济效益的方向。这些研究当时缺乏经费，难以为继，对它们的资助是雪中送炭。董事会基于这些考虑和量力而为的财政能力，决定资助的研究领域是人类学、古文字学、民族学、民俗学、考古学、数学和理论物理学等，基金会的资助使这些领域在它们最困难的时期得以继续，以后在 90 年代有较好的发展。第三个抉择，是评审评估一个申请课题是以学术评估为主导，还是以当时通行的行政为主导。董事会决定，申请项目是否批准必须基于纯粹的学术评估，行政不参与、不干预申请的评估，为此董事会设立学术委员会，以香港中文大学物理系杨纲凯教授为主席，实行公平公正的评审。

董事会明确认识到，资助必须落实到第一线工作的实践者，而不是一些只挂名领衔的“科研老板”和科学社会活动家。鉴于当时大学教师科研人员工资收入普遍较低，董事会决定给予项目参与人员生活津贴。

此后，基金会得到足够的捐助，于 1989 年底在中山大学建成被命名为“冼为坚堂”的研究中心大楼。与此同时，董事会决定在大楼里竖立杨振宁教授半身铜像，由著名雕塑家潘鹤先生（1925— ）塑造。这是全国也可能是全世界第一座杨振宁雕像。后来杨振宁提出他实在是太忙，请求辞去基金会主席一职。经过多次讨论，董事会接纳了这个提议：2004 年 3 月 1 日，基金会主席由冼为坚担任。

2007 年 3 月，董事会决议基金会结束，按照基金会成立之时的章程，将财产全部无偿无条件移交赠送给中山大学。基金会结束不是由于缺乏资源，当时基金会还有人民币 1000 多万元，基金会认为它的历史任务已经完成。2007 年 5 月，基金会将全部财产，包括现金 1100 万元及冼为坚堂等移交中山大学；基金会也同时正式撤销。基金会历年资助中山大学高等学术研究中心共约 3500 万元（其中港币 1110 万元，人民币 1226 万元，现存现金人民币 1100 万元），资助了上百个研究项目，建立冼为坚堂一座。

回顾这不平凡的 24 年历程，基金会在杨振宁的精心关怀和具体领导下取得了圆满的成功。这些看起来似乎简易但执行起来十分困难的规则，

中山大学冼为坚堂里的杨振宁塑像。

是维持基金会24年的基本经验，它们对于国内许多研究机构和团体有一定的借鉴作用。董事会全体成员全部是义务服务，不谋私利、同心同德，这也是这个基金会圆满成功的基本原因之一。

3. 南开大学数学所的理论物理研究室

1986年6月6日，杨振宁受聘为南开大学名誉教授。在受聘仪式上，杨振宁做了题为“重视科学传统”的演说：

> 我非常高兴今天成为这个学术风气非常深厚的、学术传统很长久的学校的名誉教授。而且，我跟南开大学的关系，跟南开大学学术传统的关系，还不止于此。因为我是西南联大毕业的，所以，也是南开的校友。因为我一生研究工作有两个最主要的方面：统计力学和对称原理，基本粒子的对称原理。规范场，是一个新的、非常大的一个对称。宇称不守恒，当然更与对称性有直接的关系。而我对于对称性发生关系是起源于我的学士论文，这论文是跟吴大猷先生做的。大家知道，吴大猷先生是南开毕业生，他对于南开有深厚的感情。所以，可以说，我是南开大学学生的学生。今天做了名誉教授当然很高兴。[2, 165—166]

6月7日，杨振宁在与南开大学物理系部分教师座谈时说：

> 中国要努力发展物理学。不过，这是非常困难的一件事。……可是，物理学中有一部分，就是基本的理论物理这一部分，它的发展，在一定程度内……恐怕应是中国最先发展、容易成功的方向。
>
> 我跟很多人说到过，比方说苏联，苏联在基本物理学方面最大的成就是在理论方面，常常是与数学有非常密切联系的一些理论方面。我想以后这现象还要更加厉害。因为实验物理越来越复杂，不只是高能物理，就是技术物理也越来越复杂。在这个情形下，各个国家，尤其是苏联，将来的基本物理最容易占先的，还是只动脑筋的方面。这

杨振宁接受南开大学校长母国光教授授予的名誉教授聘书。

个现象，再过20年、30年更会有增无已。这不是一个人、两个人甚至一个国家所能左右的方向。这是一个事实。

前几年，我就提出来是不是可以研究成立一个组，联合中国各个方面各个地方的人才，来研究一个题目，叫作可积系统和凝聚态物理中的一维、二维模型。做这个方面工作的人非常多，从抽象方面搞到规范场，具体方面与固体物理有密切的关系，与实验固体物理也有密切的关系。我们原来想的是很空洞的方向，需要把它凝集到具体方向。我想，假如在南开数学所有一个组，向这个方向发展，这是非常有利，可能做出很多事情的方向。[2，167]

杨振宁的这项建议很快得到重视，在陈省身领导的南开数学所，成立了由杨振宁领导的理论物理研究室。在杨振宁的建议下，兰州大学的葛墨林教授被调到数学所工作。杨振宁还建议："尽快把青年科学工作者引导到科研前沿领域的方法之一，是把国际上已活跃的前沿领域的有成就的科学家请来做系统讲座，在国内逐渐建立起自己的科研基地。我打算每年为南开数学所理论物理研究室，邀请两三位专家来讲学。这样，将有更多的国内科学工作者能及时接触到当前的研究动态，进入前沿领域。"[128，186—187]

理论物理研究室建立一年后的1987年8月，杨振宁邀请美国加州大学戴维斯分校的乔玲丽教授来南开大学，举办了"可积动力系统"及"重夸克衰变、混合及CP破坏"等十场专题学术报告会，系统地介绍及评价了这两个方向的研究工作。同年10月，苏联科学院院士法捷耶夫应邀来南开大学讲学，对"量子反散射理论"做了系统深入的报告。杨振宁教授还邀请美国芝加哥大学弗芮丹教授和日本名古屋大学河野博士来南开大学，围绕当时国际上数学与理论物理前沿交叉研究领域中的热点"共形场论及辫子群"，做了一系列的精彩报告。这些讲座对国内物理学家和年轻的研究生有不少启发。

由于这个物理研究室坚持了杨振宁建议的研究方向，几十年来已取得丰硕成果，并在国际该领域占有一席之地。有的分支如辫子群（Braid Group）、纽结理论（Knot Theory）等已形成特色，具有国际领先地位，这个研究室正在成为亚洲太平洋地区小型理论物理基地与交流中心。

杨先生十分重视促进南开的对外学术交流，多次促成或主持在南开举行高层次的国际学术会议，介绍有杰出成就的国外学者来南开访问、交流。1987年，在南开大学授予当代国际数学物理大师、苏联科学院院士法捷耶夫名誉教授仪式上，杨先生说：

> 我个人非常高兴今天参加南开大学授予法捷耶夫院士名誉教授的典礼，因为邀请法捷耶夫教授到南开大学来进行学术访问这件事情是我最早提出的。我希望，通过中国与苏联科学院的互相交流访问能够

促进中国和苏联两大民族的友谊关系。[2，198]

1992年，陈省身辞去数学所所长职务，担任名誉所长，葛墨林被任命为副所长之一。这一年，理论物理研究室召开了盛大的“理论物理与微分几何”会议，会议后由杨振宁和葛墨林主编的《辫子群、纽结理论与统计力学Ⅱ》（*Braid Group*，*Knot Theory*，*and Statistical Mechanics*，*Ⅱ*，Aspen Publishers，2001）一书，在国内外影响很大。

2004年，理论物理研究室改为理论物理研究中心，由杨振宁主持，葛墨林处理日常事务。这个研究室到研究中心在成立以后20多年来，已经培养出一些很优秀的理论物理学家，如薛康、孙昌璞等人，他们在国内外已经有了一定的知名度。2009年，孙昌璞被选为中科院院士，是最年轻的院士之一。

4. 香港求是科技基金会

1994年，香港查济民先生及其家族捐款在香港创立香港求是科技基金会，目的是推动中国的科技研究工作，奖励在科技领域有成就的学者，协助中国的著名高校培养一流的人才。基金会邀请到陈省身、杨振宁、周光召、李远哲、简悦威、何大一等国际知名资深教授为顾问。杨振宁除了担任顾问以外，还是基金会的执行委员。这个基金会的奖，评选范围比较广，不固定在什么领域。

1994年的“杰出科学家奖”有10位科学家获奖，每人获得奖金100万元人民币。他们是：中科院数学所的数学家吴文俊，从事原子弹、火箭事业的邓稼先（已故）、于敏、任新民、梁守槃、屠守锷、黄纬禄等7位物理学家，中科院化学所的化学家钱人元，上海医科大学中山医院的医学家陈中伟。

在首次颁奖典礼前，杨振宁在记者招待会上做了发言：

今年，1994年，是中华人民共和国成立四十五周年，今天，八月廿二日，是国策总策划人邓小平先生的九十寿辰。求是科技基金会选择在这个时候颁发“杰出科学家奖”给十位有巨大贡献的科学家是有好几重意义的。[121]

接着杨振宁回顾了近100年中国的历史，他说：

今天我们集合在这典礼中所要表扬的科学家。他们的贡献改变了中华民族的地位，改变了中国人民的自我观与世界观。他们是“民族之光”。

求是科技基金会也希望透过表扬这十位科学家的贡献，鼓励今天的年轻人走向科技道路，为国家民族的前途努力。[121]

杨振宁在讲话结束前，特意念了查济民先生的诗《借放翁句告儿孙》（1988年）：

死去原知万事空，但悲十亿尚寒穷；
期增品德树威信，兼树谦勤笃实风。
曲巷千家齐奋发，华都百业皆圆鸿；
神州经技飞腾日，家祭毋忘告乃翁！

杨振宁说：“这首诗描述了查先生的殷切期望，也描述了求是科技基金会创建的目的。”

从1994年到2009年，基金会累计有385位科学家和数千名研究生、本科生获得不同类型的求是奖助。

2009年，求是“杰出科技成就集体奖”给予了在超导研究中做出突出贡献的八位科研人员，他们是中科院物理所的王楠林、任治安、祝熙宇、闻海虎、赵忠贤，合肥微尺度物质科学国家实验室的吴刚，中国科学技术大学物理系的陈仙辉，以及中国人民大学物理系的陈根富。

5. 邵逸夫奖

邵逸夫奖是由香港著名电影制作人邵逸夫先生于2002年11月创立的。

11 月 15 日正式创立仪式上，邵逸夫宣布：决定以他个人的名义，在香港设立以他的名字命名的“邵逸夫奖”，用以表彰全人类杰出的科学家。邵逸夫奖筹委会郑重宣布邵逸夫奖的颁奖原则是：“不论得奖者的种族、国籍、宗教信仰，而以其在学术及科学研究或应用上获得突破成果，且该成果对人类有意义深远的影响。”

邵逸夫奖基金会每年选出世界上在数学、医学及天文学三方面有成就的科学家，颁授数学奖、天文学奖、生命科学与医学奖三个奖项，每一项奖金 100 万美元。它是一个国际性奖项，形式模仿诺贝尔奖，由邵逸夫奖基金会有限公司管理整个运作。

根据章程，邵逸夫奖基金会（设在香港）由董事会、理事会、评审会和秘书处四个部分组成。评审会负责选出得奖人；其下设三个奖项委员会，各设一名首席评审和四位评审，负责候选人的提名及评选工作。杨振宁出任理事兼评审会总主席，评审人员从世界各地有限期聘任。评审工作从每年 11 月开始，翌年 6 月宣布得奖者名单，9 月或 10 月颁奖。各个奖项除了 100 万美元奖金以外，每位获奖者还将获得一枚金质奖章及一张奖状。〔1〕

邵逸夫奖首届颁奖礼于 2004 年 9 月 7 日在香港举行。第一次获奖的人有：陈省身（数学奖）；詹姆斯皮・布尔斯（天文学奖）；生命科学与医学奖被三位科学家获得，他们是简悦威、史丹利・科恩和赫伯特・布瓦耶。

从 2004 年开始颁奖，到 2009 年共有 30 人获奖。

邵逸夫奖 100 万美元的巨额奖金以及评审之严格、公正，足以媲美被视为国际最高自然科学奖项的诺贝尔奖，因而被称为“21 世纪东方的诺贝尔奖”。2007 年生命科学与医学奖获得者里科维兹（Robert Lefkowitz）在获奖演说时说：

〔1〕 2018 年邵逸夫奖的每个奖项增至 120 万美元。

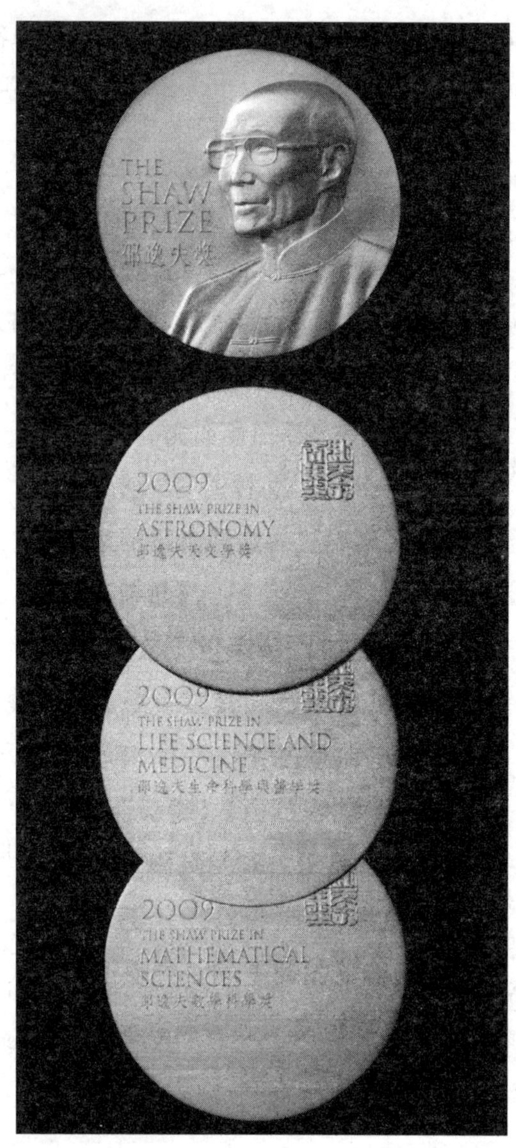

邵逸夫奖奖章。上面为正面；下面三枚为反面，从上到下为：天文学奖、生命科学与医学奖和数学奖的奖章。这三种奖章正面都相同。

我非常荣幸地接受今年邵逸夫奖的生命科学与医学奖。众所周知，在生物医学研究里，有许许多多特殊学科的奖项，如神经生物学、心脏病学、内分泌学以及其他更宽泛研究的学科。但是邵逸夫奖是很特别的，这不仅仅因为它的奖金数额巨大。一个新的奖项设立以后，经常需要很多年以后才能吸引人们的注意，但是邵逸夫奖在颁奖以后只有几年的时间就很快成为最重要的奖项了。其中的原因是在此前获奖者的水平如此之高。我想，当一个科学家得知获得一个奖项时，他的第一个反应就会是想知道在此之前的获奖者是些什么人。当我看到在我之前获奖者名单时，我感到非常吃惊。〔1〕

杨振宁认为，邵逸夫奖是由中国人在中国的大地上设立的，但是奖项面对全世界科学家，海内外学者都可以竞逐奖项，评选则会公平、公正地进行。杨振宁还预期邵逸夫奖的设立对全球、对亚洲、对中国以及对香港的科技发展产生大的推动作用。

6. 何梁何利基金

1993 年 6 月 19 日，香港恒生银行的董事长利国伟先生向时任国务院副总理朱镕基表示，他愿为内地、为国家做点好事，想拿出 1 亿元港币设立一个以教育为主、包括科技方面的奖金，奖励内地教育界和科技界做出突出贡献的人才。利国伟的行为很快起到“抛砖引玉”的效果，后来香港恒生银行的前辈、曾长期担任香港恒生银行董事长的何善衡先生，也愿意捐助港币 1 亿元；再后来恒生银行董事梁铼琚先生、何添先生也乐于捐港币 1 亿元参加基金。这样，基金总数就达到 4 亿港元。

杨振宁受利国伟先生的委托，1993 年 8 月 9 日到北京与时任国务院

〔1〕 http://www.shawprize.org/b5/index.html. Transcription of the beginning part of the speech of Laureate Robert Lefkowitz，at The Shaw Prize Award Presentation Ceremony，September 11，2007.

副秘书长徐志坚等有关人员交换了一些意见和看法。杨振宁说，利国伟先生很欣赏诺贝尔奖金的管理和运行办法，希望能按照诺贝尔奖金的模式设计这个他倡议的基金的管理。杨振宁还提供了整套诺贝尔奖金的组织和运行办法，包括章程、评选委员会和基金的管理运行。后来，杨振宁成为基金会董事、评选委员会副主任。由于基金会管理得法，1999 年投资利率是 26.5%，这是很可观的，所以现在每年的奖金数额已经达到 4000 万元左右。再加上评委会以客观、公正、公平为宗旨，使得这个奖项具有很高的公信力，因此这个奖项已经是国内最重要的奖项之一。徐志坚曾经说：“杨振宁先生对国内的经济建设和科技发展一直很关心。在设立何梁何利基金的过程当中，提出了不少积极的建议，也提供了许多权威性的资料，他作为信托人之一和评选委员会副主任参与了以后基金的管理和评选活动，做出了突出贡献。”

1994 年 5 月 14 日，何梁何利基金会成立典礼在人民大会堂隆重举行。国务院副总理朱镕基会见了利国伟等捐款人，他说，这是迄今为止海内外华人为中国科技界捐献的最大一笔款项，是一件功在千秋的大好事，它将有利于创造一种尊重知识、尊重科学、尊重人才的社会环境。

何梁何利基金设有数学、物理、化学、天文学、气象学、地质学、生理学、医学、技术科学等奖项和其他科技奖，每个奖项分别设立“成就奖”和“进步奖”两种。达到国际最高学术水平的中国科技人员可获“成就奖”，每位将获得 100 万元的奖金。但能获这一奖项的人数，每年不得超过 10 人，且须经评选委员会三分之二成员的同意。

1995 年 1 月 12 日，首届何梁何利基金颁奖大会在人民大会堂隆重举行，钱学森、黄汲清、王淦昌、王大珩四位获得“科学技术成就奖”，陈景润、王元、邹承鲁、袁隆平等 20 位获得“科学技术进步奖”。

此后，从 1996 年到 2008 年共有包括彭桓武、叶笃正、唐敖庆、黄昆、朱光亚、王应睐、钱伟长、苏步青、谷超豪、邹承鲁等 24 位科学家获得何梁何利基金“科学技术成就奖”。

1997年香港回归祖国，在这一重要的历史时刻，何梁何利基金首次在香港举行颁奖典礼，由当时的国务院副总理朱镕基亲临主持。

2000年，鉴于何梁何利基金对社会的重大影响，经国务院科技部通过中国科学院向国际小行星命名委员会申请，以“何梁何利”命名一颗小行星。其后，国际小行星命名委员会于2000年8月批准将国际编号4431小行星命名为“何梁何利星”，并于2000年11月7日在香港举行“何梁何利星”命名证书与铜匾颁授仪式。

2004年11月，在何梁何利奖颁发兼基金会成立十周年庆典时，杨振宁也为庆典写下贺词：

> 十年前由利国伟先生倡议，何善衡、梁銶琚、何添、利国伟四先生捐赠巨款，成立何梁何利基金，是中国科技界的一件大事。值此十周年庆典，谨祝何梁何利基金继续为祖国科技事业做出巨大贡献。

2009年11月10日，是2009年何梁何利奖颁奖大会，又是何梁何利基金会成立15周年的庆典。评委会主任朱丽兰在贺词中说：

> 十五年过去，弹指一挥间。在中央人民政府和香港特区人民政府的关怀和指导下，何梁何利基金已经成为国内外关注的科技大奖。
>
> 光荣属于何梁何利基金创立者！光荣属于全体获奖科学技术工作者！光荣属于所有为何梁何利基金无私奉献的优秀志愿者！
>
> 光荣是对历史的记载。光荣意味着责任。

2009年“科学技术成就奖”授予房建成和番兴明两位；“科学技术进步奖”授予伍小平、郭伯龄、陆埮等55位科学家。

除了以上主要的基金会以外，杨振宁还参加、主持过各种各样的奖项，如“亿利达青少年发明奖”、“吴健雄奖”，等等。

为了实现中国“成为一个科技强国”，只要是能够促进中国科技事业发展的任何活动，杨振宁都会倾注满腔热情，做出无私奉献。他所做的一切，必将对中国科学技术和教育事业的快速发展带来深远的影响。

我们之所以钦佩和崇敬杨振宁，不仅仅是因为他对物理学做出了重大的贡献，还因为他的同情心、他的宽容、他的真诚、他的正直，和他对祖国一片热忱诚挚的爱。总之，是他的整体人格。

五、亲情和师情

杨振宁对于父母亲给他的恩情从来没有淡忘过，我们还记得 1945 年 8 月 28 日离开 23 年朝夕相处的家时，他痛苦难舍的心情在《父亲和我》一文中有令人泪下的描述。我们这儿再引用其中一部分：

> 离家的时候，四个弟妹都依依不舍，母亲却很镇定，记得她没有流泪。到了拓东路父亲讲了些勉励的话，两人都很镇定。[1，863]

后来，杨振宁上了公共汽车，拥挤的人群把父亲挤到了远处。等了一个钟头，汽车还没有走，杨振宁以为父亲早回去了，但他旁边有一个美国人向他做手势，让他向窗外看。杨振宁接着写道：

> 我……骤然间发现父亲原来还在那里等！他瘦削的身材，穿着长袍，额前头发已显斑白。看见他满面焦虑的样子，我忍了一早晨的热泪，一时迸发，不能自已。[1，863]

我不知道别人读到这儿会有什么感受，我是每次读到这儿就会泪眼模糊、鼻酸咽塞。

1973 年 5 月 12 日，他的父亲病逝。杨振宁在父亲病逝以前赶回上海，到上海华山医院探视病危的父亲。父亲去世以后，杨振宁一直感到愧对父亲的期望，到 1982 年他还难过地写道："我父亲在 1973 年故去……但我知道，直到临终前，对于我的放弃故国，他在心底里的一角始终没有宽恕过我。"[24，71]所以，我们不难理解为什么杨振宁那样执着于推进中美的

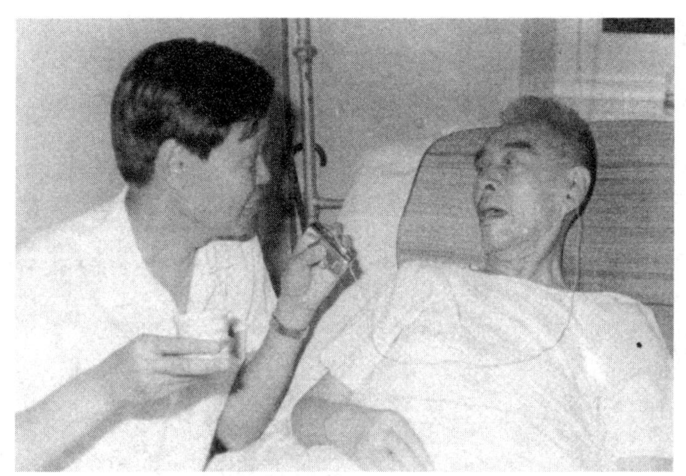

1972年7月，杨振宁到上海华山医院探视卧床不起的父亲。

相互了解和沟通，哪怕受到再多的委屈，他也从没有过一丝犹豫和退缩。他要尽最大的努力减轻心中对父亲的负疚！

杨振宁对于母亲更有特殊的情感。1992 年夏天，在南开大学为杨振宁七十寿辰举行的庆祝会上，他用幻灯片配合讲述自己的生平。当他谈到母亲最后的生活和去世时，忽然悲从心中迸发出来，哽咽得一时讲不下去了。在场的听众无不为之动容。

我们知道，杨振宁在六岁之前，由于父亲出国留学，他一直是由母亲一人带着在那个大家庭里相依度日。所以，杨振宁对母亲的感情会更深一层；而且，不论何时何地，他从来未敢忘却母亲的养育之恩。1973 年父亲去世后，杨振宁对母亲更是孝敬体贴。

1984 年，他的母亲已经 88 岁，但身体还十分健朗。为了让母亲能亲眼看到儿子学习、工作和生活的地方， 杨振宁把母亲接到美国生活了一段时间。几个孙子、孙女对祖母非常亲热，这时杨振宁的母亲是多么欣慰和高兴啊！世间最大的幸福也不过如此了吧？古人所说的“反哺之恩”、

1984年4月，杨振宁陪母亲到布鲁克海文国家实验室，背后的那间办公室是1954年和1956年他写出了一生中最重要的两篇论文的地方。

“菽水承欢”也莫过于此了吧？

杨振宁对母亲的细心，实在让人感动。有一天，他亲自开车陪着他的母亲来到布鲁克海文国家实验室，参观了他 30 多年前工作过的办公室，还告诉母亲，正是在这个福地，他在 1954 年和 1956 年写出了他一生中最重要的两篇文章。而且非常奇巧的是，这两篇文章都发表于阳历 10 月 1 日，而 1922 年 10 月 1 日正是他出生的日子。想必杨振宁会把这件奇巧的事告诉他的母亲。最后，他和母亲在这间办公室的窗外照了一张照片。从照片上我们可以清楚地看到，他的母亲是多么慈祥、多么欣慰啊！从她的目光里可以看出，她不仅自己欣慰，而且希望天下的母亲都能像她一样幸福，愿天下的子女都能像她的儿子那样孝敬双亲。

1987 年初，杨振宁应陈嘉庚基金会的邀请到新加坡讲学，虽然只有一周时间，来去匆匆，杨振宁仍然把 91 岁高龄的母亲带到新加坡玩了一趟。

这件事引起了新加坡媒体的注意，《新加坡新闻》记者专门就此采访了杨振宁。

记者问道：“你这次来新访问，短短一星期行色匆匆，把 91 岁高龄的母亲也带来了。你对母亲的深厚感情流露无遗，请你谈谈你和母亲的关系，她对你的一生有什么影响？”

杨振宁回答：

> 我母亲在一年半前，从上海移居到香港。虽然她已 91 岁，但精神还很好。由于她从来没到过热带，所以这次我带她来新加坡走走。她很喜欢这里，说整个城市就像个大公园一样。我在 1922 年出生于安徽合肥，在十个月大的时候，父亲就到美国留学，前后共五年。所以，在我出生到六岁这段时间，就只有母亲和我两人相依为命，关系非常密切。
>
> 我母亲没有受过新式教育，旧式教育也受得很少，她的中文阅读能力是自学而来的。我头六年对中文字的认识也是母亲教的。她虽然没有真正受过教育，但她的意志非常坚强，个性也比父亲强，家里的一切都是由她决定。抗战期间，我们一家人住在昆明，前后十年，父亲虽是一名大学教授，但收入不多，那时，最小的弟弟还在念初小，一家生活十分困难。父亲抗战前的积蓄，因为通货膨胀的关系，到了 40 年代，都荡然无存，家庭经济条件非常恶劣，全家就靠母亲一人支撑。母亲克勤克俭持家，给我们亲戚朋友留下深刻的印象。
>
> 1945 年春天，当我还在昆明的西南联大念书时，曾经为一群美国军官和士兵教中文。一个星期教三小时，每个月赚到 100 美金，这在当时是一笔很大的数目，对家里的经济很有帮助。
>
> 就在那一年，我到美国留学。1948 年，父母亲全家搬到上海住，三十多年来，母亲一直保持她一贯刻苦勤俭的作风，为一家大小操劳。她是到了八十多岁以后，因为精力比较不够才休息下来，真是八十年

左起（不分前后排）：谭茀芸（杨振汉夫人）、范世藩（杨振玉丈夫）、杨振玉、杨振汉、杜致礼、杨振宁、史美（杨振平夫人）、杨振平，1997年5月摄于石溪杨振宁家门前。

如一日。

我本人的个性和作风，受到父母的影响都很大，也许可以说，明显的影响（如学术知识）是来自父亲，而不明显的影响（如精神气质）是来自母亲。到现在我自己年纪大时，从我和子女的接触中，我才深深体会到，母亲对我的成长所给予的熏陶和影响。母亲的勤俭朴实作风给我很大的影响。到现在，我还在用着一辆用了十多年的老汽车。

我总觉得，中国旧社会里成长起来的妇女，往往比男人意志坚强。也许，这是因为旧社会对妇女施以太多的约束所造成的。在今天的社会里，老太太们比丈夫意志坚强的例子比比皆是。我觉得这种社会现象是很值得研究的。这种特点的形成必定有其社会背景。[1，619—620]

在杨振宁母亲在世的最后一年中，杨振宁经常陪母亲散步、聊天，这使她老人家心中备感欢欣，精神一直很好。但人寿总是有限的，1987 年，

杨振宁和母亲，1987年春节摄于香港。

杨振宁的母亲带着无限的欣慰和满足离开了人世。虽然杨振宁已经尽了孝，但想起母亲劳累的一生，他仍然悲不自已。1988 年初，新加坡《联合早报》为此采访了杨振宁。

记者问：“杨先生的母亲最近不幸在香港逝世，您觉得您母亲对您的为人有哪些方面的影响？”

杨振宁回答：

我母亲与我的关系很深……当我年纪渐渐长大以后来观察与了解她，我觉得她与许许多多旧式的妇女一样，我从她们身上看到了一个共同点。这个共同点使我感受很深。

我想，她们的做人与美国人的做人态度是不一样的，她做任何事情都不是从个人出发，她的一生是从她的父母、她的丈夫、孩子来出发的，而这个观念是绝对的，她从来不怀疑把丈夫与孩子的福利放在第一位。对于她，这是绝对的一件事。我想，人的思想如果把一件事情变成绝对化以后，就变成一种力量，从我母亲身上我看出一些礼教的优点。这个优点并不是一件复杂的事，用在一个家庭或一个人身上是好的；但是，用在整个社会上就不一定是好的。不过，它是有优点的，它的优点就是因为它有力量，这个力量的来源是因为它有个信念，这个信念是绝对的，是不容置疑的，如果你说这是愚忠，我想也不是错误的。不过，愚忠是一种力量，这个力量用在合适的地方，就可以发生很大的效用，所以，你问我母亲对我最大的影响是什么，我想就是这个。我与母亲的关系是单纯的，没有复杂的成分，因为我知道她是怎么想的，她也知道我是怎么想的。[1，673—674]

杨振宁不仅重视和恪尽亲情，他对老师的尊敬和情谊也是有口皆碑的。1954年秋天，当费米病危之际，杨振宁和盖尔曼一起从普林斯顿赶到芝加哥比灵斯医院，看望自己的恩师。1961年，当费米的《论文选集》出版时，杨振宁又饱含深情地写了《忆费米》一文，文章结尾处写道：

1954年秋天，费米病危。那时在哥伦比亚大学的盖尔曼和我到芝加哥比灵斯医院探望他。我们走进病房时，他正在读一本描写凭着坚强意志战胜厄运和巨大自然障碍的故事集。他很瘦，但只略显哀愁。他很镇静地告诉我们他的病情。医生对他说，几天之内即可回家，但没有几个月可以活了。说完他让我们看放在床边的一个笔记本，告诉我们那是他关于核物理的笔记。他计划出院后利用剩下来的两个月时间将它修改出版。盖尔曼和我被他的坚毅精神和对物理学的热诚所感动。有好一会儿我们不敢正眼看他。我们探望后不出三周，费米就去世了。

有人说，人的生命不应以年，而应以成功的事业衡量。费米的多种事业之一是作为芝加哥大学的一名教师。他曾直接或间接地影响了我这一辈的众多物理学家，这是有案可查的。[3, 47—48]

1986年在中国科技大学研究生院演讲时，杨振宁专门讲了几位物理学家的故事，第一个讲的就是费米的故事。在演讲中，杨振宁说：

我在做学生时，受到费米的影响非常之大。其中最重要的是我了解到物理不是形式化的东西。……费米对于“什么是物理，什么不是物理”有一个很清楚的价值观念。他认为太多形式化的东西不是不可能出物理，只是出物理的可能性常常很小，因为它有闭门造车的危险。而跟实际接触的物理才是能够长期站得住脚的物理。我后来对于物理的价值观念是深深受到了费米的影响的。这里，我们不妨做一个比喻。物理学的发展，可以比作研究一张非常大的画。对这张画首先要有近距离的了解，因为它画得非常精细，你在每一个不同的地方都可以发现非常奥妙的结构。这个近距离的了解非常必要，如果没有这种了解，就不可能理解物理学的真正的精神。但是，如果一个人只做近距离的了解，他便不能得到最大的成就。把这许许多多近距离的了解加起来还不够，还需要有宏观的了解，为此就需要有能力走远了去看。这时，你会发现一个大的结构。对于一个物理学家，最希望他能做的是，既要对大的结构有了解，又要对细致的结构有了解。只有把这两者结合起来，才能够真正吸取自然界物理现象基本规律的精髓，也才能真正有贡献。费米就是这样一个两方面都做到的人。[3, 215—217]

杨振宁后来之所以能够在物理研究上取得重大的研究成果，成为20世纪后半叶的带头人物之一，的确是“深深受到了费米的影响的”。例如杨—米尔斯方程和杨—巴克斯特方程的创建，基本上都是因为杨振宁能够从远近两个层面来深入研究物理对象。杨振宁在取得成就以后没有忘记自己的老师费米。

普林斯顿高等研究所所长奥本海默虽然与杨振宁没有师生之谊，但是在普林斯顿高等研究所的年月里，奥本海默一直是杨振宁的领导；杨振宁也一直没有忘记他。杨振宁在1983年出版的《论文选集》里写了一篇《奥本海默的悲剧》的后记。文中写道：

> ［这篇］论文是1967年2月27日至3月3日在以色列举行的一次会议上报告的。赴会途中，在新加坡短暂停留时，我获悉奥本海默已于2月18日逝世。我在1966年底与他见过最后一面，当时我到普林斯顿做了一次短暂访问。那时，大家都知道他得了癌症。我给他打了电话，并到他的办公室去看望。我原本打算敦促他考虑写一些关于原子弹和人类关系的文字，诸如最后的见证之类。但是，我见他如此憔悴，便没有谈及这个问题。
>
> 世界历史上，像奥本海默那样，生活充满了戏剧性(或者说悲剧性)的人物并不多见。他的同辈人曾认为，奥本海默才气横溢，却没有对物理学做出什么重大贡献，这更增加了他一生的悲剧色彩。这种说法现在已有改变。他同 G. Volkoff、H. Snyder 关于黑洞的开创性的工作，今天被承认是一个伟大的贡献。在未来的岁月里，他的这一工作肯定要在物理学和天文学中起着越来越重要的作用。[1，168]

1986年，杨振宁在中国科技大学演讲时，讲了几位物理学家的故事，其中就有奥本海默。一般人认为奥本海默天赋极高，却没有做出什么像样的成就。杨振宁认为这不大公平，除了多次提到他的黑洞理论以外，这次演讲还提到他另外一个了不起的贡献：

> 奥本海默是在30年代初研究狄拉克方程式的几个重要人物之一。他曾经指出狄拉克空穴理论中的空穴不可能是质子。1930年狄拉克

提出空穴理论时，认为空穴可能就是质子，原因是那时知道的唯一带正电的粒子就是质子。奥本海默指出这是不可能的。因为假如是这样，电子很快就会跳到洞里去。他计算了电子的半衰期，发现只有10^{-10}秒，这是一个正确的结果。奥本海默第一个提出（后来也有别人提出），电子有电子的反粒子，质子有质子的反粒子，它们是完全无关的两种粒子。[1, 544—545]

2005年，83岁的杨振宁仍然怀念以前的“老上司”，专门为翁帆翻译的《纪念奥本海默——老师，伟人》一文做了注释。这篇文章是奥本海默的学生爱德华·杰尔居埃（Edward Gerjuoy）写的。文章中有下面一段话：“美国理论物理学家中只有少数几位有幸于1926年前后在欧洲学习量子力学，又有足够的天分把所学的带回美国。奥匹就是其中之一。”杨振宁在这段话后加了一个重要的注释：

这一段文字所叙述的是美国物理学史上的一件大事。奥本海默在30年代至40年代初在美国所训练出来的几十位研究生与博士后很多于战后成为美国理论物理各专业的带头人。[107, 107]

对于西南联大的老师，杨振宁也从未忘记他们在物理学上给他的启蒙教育。1957年10月，当杨振宁和李政道得知他们获得了诺贝尔物理学奖后，他们两人都给当年西南联大的老师吴大猷写了一封感谢信，那时吴大猷在加拿大国家研究院理论物理组工作。

1986年是吴大猷的八十寿辰，这年7月28日，杨振宁乘飞机赶到台湾为老师祝贺八十大寿。当杨振宁在台北中正机场下飞机时，看到老师也到了机场，他立即快步走到老师身边亲切地说：“老师，您身体还好吧！您去年住院，今年身体还好吧！”

接着，在机场贵宾室，杨振宁接受了记者的采访。

记者问：“请谈谈您这次回来的目的。”

杨振宁说：“第一，吴院长今年八十大寿，我这次是专程回来给他祝寿。第二……”

记者又问：“您跟吴院长的一段师生情谊中，您认为他给您的最大指导是什么？”

杨振宁回答：“我在1938年进西南联大时就认识吴先生，第一次听课是1941年。1942年在西南联大需要写学士论文，我的论文就是吴先生指导的。这篇论文对我一生影响很大，我一直觉得非常受益。也非常感谢吴先生。”[27，226—227]

1987年2月10日，新加坡《联合早报》发表了记者胡菊人的一篇文章《杨振宁碰跌了记者的录音机》。这文章的题目很吸引人，不免使许多读者感兴趣，待读完之后，才知道原来这是一篇尊重师长的感人文章。事情的原委是，这年元月6日，吴大猷和杨振宁在香港举行记者招待会。杨振宁坐在吴大猷的左边。在两个沙发靠手上，记者们放了十来个录音机。第一次，杨振宁动了一下手臂，录音机摇晃了几下；过了十来分钟，杨振宁挪了一下身子，录音机掉了一个在地上；再隔了约一个小时，杨振宁身子向前移动了一下，沙发也跟着动起来，录音机哗啦一下子全部都掉到地上了。记者涌上去抢救不及，幸好没有一个被摔坏。

为什么杨振宁会移动身体而将记者的录音机“碰跌”到地上呢？是杨振宁心不在焉而不小心吗？完全不是！胡菊人写道：“杨振宁是大科学家，头脑当然精细，哪会忘记左手边摆着许多录音机呢；他谦谦恂恂，亦决无不重视记者之理。我从旁观察，发现杨振宁此时似乎天下事什么都不注意了，只关注一件事，就是全心全意照顾着他的恩师吴大猷。他一会儿帮老师端茶，一会儿又接过茶杯，一会儿递纸巾，一会儿代他回答记者某些问题，那样的全神关顾之情，就像对待父亲一样，完全忘记了自己的‘存在’，只有老师是他天下间最关心的。记者们的录音机，只好委屈一下了。但是，从中我们可以看到一种中国传统的‘尊师重道’的美德。”[5，295—296]

1999年10月27日，疾病缠身而住在台大医院的吴大猷，虽然已经不能言语，但看见杨振宁特地来探望他，十分欣慰。2000 年 3 月 4 日，吴大猷去世；杨振宁于 3 月 25 日在吴大猷追悼会上致辞，表示对恩师业绩的钦佩，用幻灯片陈述了吴大猷一生对物理学的贡献。

陈省身教授是杨振宁父亲杨武之的学生，比杨振宁大 11 岁，在西南联大时期是杨振宁的老师。杨振宁在《陈省身和我》一文中曾回忆：

> 陈省身是（西南联大）当时一位极出色和受欢迎的教授，和华罗庚……及其他年轻教授一起，在校园里营造了活跃的数学研究气氛。……我很可能旁听过陈省身的好几门数学课，但据保存至今的成绩单，我只在 1940 年秋天，当我还是三年级大学生时，选修过他的微分几何课程。[3，49]

杨振宁非常钦佩陈省身的数学研究成就，曾在一篇文章中送给陈省身

左起：杨振宁、黄昆和吴大猷，1991年5月摄于美国安娜堡。杨振宁是以多么欢欣、亲切和尊敬的眼光看着他昔日的老师吴大猷先生啊！

一首诗，赞扬他的数学研究水平可与欧几里得、高斯、黎曼和嘉当这些世界级大师相媲美。

尽管杨振宁只“选修”和“旁听”过陈省身的几门数学课，但他对陈省身的尊敬和关照，让人们无不感动。1992 年 6 月 6 日，在南开大学召开第 21 届理论物理中微分几何方法国际会议时，中午用餐时发生了一件十分感人的事。那时，杨振宁正在接受一位中国学者的访问，他一边吃一边回答问题。一个小时过去了，正在这时，杨振宁忽然注意到正在餐厅门口想出门的陈省身夫妇。陈省身在夫人郑士宁的搀扶下正向门口走去，快到门口时，有人把郑士宁请到一边说话，陈省身腿有些行走不便，就只能站在原地不动。这一个细节，被正在谈话、用餐的杨振宁发现了，年届七十的杨振宁立即放下餐具，快步走到门口将老师陈省身搀扶着走向门外。这种事师至敬的风范，实在令人为之动容！[5，296—297]

1983 年，杨振宁在香港讲学时得知王竹溪先生病逝的噩耗，他立即

陈省身和夫人郑士宁，摄于1985年。

赶到北京，吊唁他的硕士论文指导老师，并向师母表示亲切的慰问。这一年，在《读书教学四十年》一文中，杨振宁怀着感激的心情写到王竹溪先生：

王竹溪先生于今年一月底在北京逝世，逝世时71岁，是北京大学副校长、物理系教授。我在1942年西南联大毕业以后，进了西南联大的研究院，又念了两年，得到了硕士学位。为了写硕士论文，我去找王竹溪先生。那时他是很年轻的教授，刚从英国回来不久。在王先生指导之下，我写了一篇论文，是关于统计力学的。这篇论文把我引导到统计力学的领域。以后40年间，吴先生和王先生引导我走的两个方向——对称原理和统计力学——一直是我的主要研究方向。[3, 33]

还有马仕俊先生。杨振宁在西南联大读书的时候，马仕俊是吴大猷最为赏识的青年物理学家。他1946年去了普林斯顿高等研究所，后来又到爱尔兰，最后来到澳大利亚悉尼继续任教和做研究，1962年1月27日在悉尼服药自杀。这件事在香港中文大学任教的童元方教授写的书《一样花开——哈佛十年散记》中有记载。在该书“自序”里，童教授写道：

谈起马仕俊，杨教授惋惜不已。马仕俊是我爸爸在北大物理系时最要好的同学，后来是杨振宁在西南联大读书时的老师，吴大猷最赏识的青年物理学家。大概是1962年的某一天吧，爸爸坐在藤椅上看“中央日报”，我在他的脚前玩耍。爸爸忽然指着报纸说：“这个人一定是马仕俊，什么马士甫，还是译音。与我同岁，又念物理，哪儿还有可能是别人？什么时候跑到悉尼的？又怎么会跑到屋顶上仰药自杀？才49岁啊！”说着流下了眼泪。

杨教授告诉我马仕俊当年不愿意面对美国移民局对东方人敌对，甚至可以说是侮辱的态度，因而接受了悉尼大学的职位。他这段话写在1962年他与李政道致马仕俊的悼词里，悼词投去《自然》（*Nature*）杂志，而杂志编辑竟拒绝刊登，一直到1983年杨振宁出版英文的《论

左起：杨振宁、吴大猷和马仕俊，1949年摄于纽约市。

文选集》时才发表出来。[122，自序20—21]

杨振宁在悼念文章里写道：

马仕俊博士于1962年1月27日在澳大利亚悉尼逝世。他过早地离开人间的噩耗对他的同事和朋友是一大的打击。深知他的为人的朋友们，更感到无限悲痛。……

1949至1951年和1951至1953年，马先生分别在芝加哥大学和加拿大渥太华的国立研究所工作。1953年美国好几个单位向他发出邀请。虽然他的妻子是美国人，他却全拒绝了，主要因为他不愿意面对美国移民局对待东方人所采取的敌视的、有时甚至带侮辱性的态度。他接受了澳大利亚悉尼大学的职位。在随后数年里，美国的大学一再邀请他，但他都因为同样的理由拒绝了。

马先生一直从事场论的研究，总共发表了约40篇论文。他的论著简洁明了，实实在在，没有半点矫揉造作，从中可以洞悉他的人格和他的一生。[1，120—121]

六、与邓稼先的永恒友谊

杨振宁不仅重视亲情、师情，而且也是一位非常看重朋友情谊的人，他与邓稼先的友谊，谱写出了一篇感人至深的故事。李白有诗：“桃花潭水深千尺，不及汪伦送我情。”古往今来，都用这两句诗来形容友谊之深，但就杨振宁与邓稼先的友谊历程观之，又比李汪之情深了许多层。

邓稼先比杨振宁小两岁，儿时他个子较小，有时会受到别人欺负。由于他对人憨厚善良，他在那时就有了一个外号叫“老憨”。有一天下午，风雨大作，他家院子里的老槐树被大风吹得剧烈地晃动，树丫上有一个鸟巢也随着树一起晃动，摇摇欲坠。小稼先看见鸟巢随时有坠落的危险，急得大声喊叫：“讨厌的风啊，你别刮了，鸟宝宝会摔下来的！”最终他担心的事还是发生了，一只鸟宝宝从鸟巢里晃落到地上。小稼先不顾一切地冲到风雨交加的院子里，将鸟宝宝小心翼翼地捧回屋里，用毛巾轻轻拭去鸟宝宝身上的泥水，然后放到自己床上，用东西把它盖好……而杨振宁那时是清华园里一帮小孩的孩子头，常带领一群孩子玩各种古怪的花样。上中学以后杨振宁认识了邓稼先，从此他就特别喜欢与“老憨”一起玩，还常常劝别人不要欺侮邓稼先。

从中学一直到大学，他们几乎总是在一个学校；虽然不同年级，两人却志气相投、笙磬同音。1948年秋，邓稼先受杨武之的嘱托，与杨振宁的弟弟杨振平结伴，乘海轮到美国留学。这年10月，邓稼先进入美国印第安纳州的普渡大学（Purdue University）研究生院读物理。他的导师荷兰人德尔哈尔是研究核物理学的，所以邓稼先也自然而然跟着导师做核物理学方面的研究。他的论文题目是《氘核的光致蜕变》，这在当时是一个很吸引人但又困难的热门研究题目。不到两年时间，1950 年 8 月 20 日邓稼先就获得了博士学位。德尔哈尔教授很重视邓稼先的才干和能力，想带他到英国去做更深入的研究。但邓稼先却归心似箭，他要尽快回到新中国去，为她尽力，为她服务。他有一种直感，觉得自己必须尽快行动，否则夜长梦多，想回国也回不成。所以，他在得到博士学位后的第九天（1950 年 8 月 29 日）就乘船回国了。他的直感没有错，本来与他同船回国的钱学森行李刚搬上船，就被扣下来，而同船的赵忠尧到了日本也被扣下，后来经中国政府交涉，才乘下一班船回国。

以后，邓稼先成了中国著名的“两弹元勋”之一，为发展中国的原子弹和氢弹做出了卓越的贡献。

1971 年 7 月，杨振宁回国探亲时，与邓稼先已经离别了 21 年，他是多么盼望和青少年时期的挚友畅叙别情啊！在北京机场，邓稼先也来迎接杨振宁，两人心情都非常激动，但又无法倾心交谈。杨振宁问他在什么地方工作，邓稼先那时怎么能够向杨振宁公开自己的工作呢，因此含糊地回答：“在京外单位工作。”杨振宁当然是一头雾水，不知所云。回到宾馆问三弟振汉：“什么叫京外单位？”三弟笑答：“哪里有什么京外单位啊，是他不便告诉你。”

杨振宁立即意识到邓稼先有难言之隐。所以，在以后与邓稼先谈话时，他尽可能地避而不谈邓稼先的工作。但是，他心中的疑云却无法散去，因为早在 1964 年 10 月 16 日中国第一颗原子弹爆炸成功的时候，他就从美国报纸上看到了邓稼先的名字。后来经过多次交谈，杨振宁终于知道了一些真相。

杨振宁也许不知道，他和邓稼先的见面使邓稼先的工作条件有了很大的改善。邓稼先的夫人许鹿希说：“杨振宁当然不知道他们这次的会晤对稼先来说有着多么重大的意义，但是我们全家人从心底里深深地感激他！”

1971 年以后，杨振宁每年至少回国一次，两人见面的机会自然也多了起来。有一次两人见面时，杨振宁说：

“稼先，你再到美国去玩玩，一切费用都由老同学招待。”

邓稼先摇头说：“不行，实在没有时间。”

“去三个月，怎么样？”

“不行。”

“一个月？”

“不行。”

“十天？”

“十天也不行。这样吧，老同学，我们祖国有的是名山大川，什么泰山之雄，峨眉之秀，华山之险，黄山之奇……这些我也没有看过。我可以陪你一同转转，怎么样？”

邓稼先颇有些得意，因为他由被动转变为主动了。哪知聪明的杨振宁抓住邓稼先话中的破绽，立即追问：

“老同学，刚才你还讲实在没有时间，怎么又有了时间呢？”

两人不由同时哈哈大笑起来。杨振宁边笑边说：“你不说我也知道。在美国，搞你这一行的也不让出国，只有离开这一行才可以。”

邓稼先不置可否，只能报之以沉默。

事后，邓稼先的夫人许鹿希问道：“你见了杨振宁为什么总是说着就没词儿了？不是支支吾吾，就是默不作声。”

邓稼先无奈地说：“不敢多说呀！杨振宁绝顶聪明，言多有失嘛。”

1985 年 7 月 31 日，从来不把自己的病当回事的邓稼先住进了医院，8 月确诊为直肠癌，但因为癌细胞扩散，虽然做了两次大手术，但仍然不能控制癌细胞的扩散。

1986 年 5 月前后，杨振宁回国访问时两次到医院看望好友邓稼先。第一次探望时，邓稼先精神还可以，两人高兴地谈了许多往事，杨振宁还兴致盎然地向邓稼先介绍了当时国际学术界的一些研究状况，还随手在纸上写出了一些公式和示意图。

分别前，两人在病房外走廊上照了一张相。邓稼先把杨振宁送到病房门口，并请许鹿希代他送杨振宁下楼。在杨振宁上车前，许鹿希告诉他，说稼先病情险恶，可能没有治愈的希望。杨振宁听了，十分难过。

6 月 13 日是杨振宁要离开北京回美国的日子。这时，邓稼先病情进一步恶化，开始大出血。杨振宁在临行前又一次来到医院，给好友带来一大束鲜花，放在好友床头。杨振宁悲伤地望着卧床不起的好友，欲哭不能。他知道，这次见面可能要与好友诀别了。邓稼先吃力地睁开双眼，久久凝视着杨振宁。

临别时，杨振宁俯身轻轻地叮嘱：好好养病，战胜疾病。邓稼先微微地笑了笑。他要让好友欣慰地离别，让好友记得他的微笑。

1986年6月，杨振宁到医院看望病中的邓稼先。

杨振宁走后，邓稼先对许鹿希说：“振宁知道我不行了，所以送来特大束的鲜花……”[1，963—964]

一个多月以后，1986年7月29日，中国的“两弹元勋”邓稼先这颗科学之星陨落了。杨振宁得知噩耗后，立即给邓稼先的夫人发了唁电。

1992年，新华出版社出版《两弹元勋邓稼先》一书时，杨振宁为该书写了代序。序中写道：

稼先为人忠诚纯正，是我最敬爱的挚友。他的无私的精神与巨大的贡献是你的也是我的永恒的骄傲。

邓稼先的一生是有方向、有意识地前进的，没有彷徨，没有矛盾。

是的，如果稼先再次选择他的途径的话，他仍会走他已走过的道路。这是他的性格与品质。能这样估价自己一生的人不多，我们应为稼先庆幸！

稼先去世的消息使我想起了他和我半个世纪的友情，我知道我将永远珍惜这些记忆，希望你在此沉痛的日子里多从长远的历史角度去看稼先和你的一生，只有真正永恒的才是有价值的。

回过头去看，在西南联大的时候或者1948年在美国的时候，你如果当时要问我，邓稼先是不是将来能够变成一个领导中国制作原子弹、氢弹的人哪？我会说，恐怕不能够，他当时也不是像要向这个方面努力的一个人。可是，如果你问我，说是中国现在找到了邓稼先这个人，这个人又做得很成功。你问我他有些什么特点使你觉得他会这么成功？那我觉得很简单：他的一个非常大的特点，在我们做学生的当时就已经很清楚了，就是他在任何场合之下，他会使人觉得，这个人是一个没有私心的人。邓稼先是一个很聪明的人。不过，我想他的最重要的特点是他的诚恳的态度，是他的不懈的精神，以及他对中国的赤诚的要贡献他的一切的这个观念。我想，他受命于中国的政府要造原子弹、氢弹这件事情，根据我对邓稼先的认识，我可以想象到，他就是全力以赴。而且他有一个很重要的特点，这个特点我想是很少有人能做到的，就是他能够使得他手底下的人，百分之百地相信，邓稼先是为着公而不是为他自己。也因为这样，所以他们尊敬他，而且能够仿效他尽量去掉私念，而以整个的中国国防事业为他们最重要的目标。我想，这是邓稼先他的个性和特长的地方。[3, 57—58]

1993 年 6 月，杨振宁又发表《邓稼先》一文，追忆自己“最敬爱的挚友”。这篇文章不仅“凌云健笔意纵横”，而且笔力扛鼎、掷地有声，值得每一个有志于振兴中华的年轻人阅读，它不仅表明了杨振宁对挚友的敬爱，也表白了他对祖国的一片深情。这篇文章曾被选入中学课本。文中写道：

邓稼先是中国几千年传统文化所孕育出来的有最高奉献精神的儿子。

邓稼先是中国共产党的理想党员。

……

1971 年，我第一次访问中华人民共和国。在北京见到阔别了 22 年的稼先。在那以前，于 1964 年中国原子弹试爆以后，美国报刊上就已经再三提到稼先是此事业的重要领导人。与此同时还有一些谣言说，1948 年 3 月去了中国的寒春（中文名字，原名 Joan Hinton）曾参与中国原子弹工程。（寒春曾于 40 年代初在洛斯阿拉莫斯［Los Alamos］武器实验室做费米［Fermi］的助手，参加了美国原子弹的制造，那时她是年轻的研究生。）

1971 年 8 月，我在北京看到稼先时，避免问他的工作地点。他自己说“在外地工作”。我就没有再问。但我曾问他，是不是寒春曾参加中国原子弹工作，像美国谣言所说的那样。他说他觉得没有，他会再去证实一下，然后告诉我。

1971 年 8 月 16 日，在我离开上海经巴黎回美国的前夕，上海市

左起：王淦昌、彭桓武、郭永怀、警卫员、邓稼先、刘柏罗，1967年摄于新疆核试验场区。

领导人在上海大厦请我吃饭。席中有人送了一封信给我，是稼先写的，说他已证实了，中国原子武器工程中除了最早于1959年底以前曾得到苏联的极少“援助”以外，没有任何外国人参加。

此封短短的信给了我极大的感情震荡。一时热泪满眶，不得不起身去洗手间整理仪容。事后我追想为什么会有那样大的感情震荡，为了民族的自豪？为了稼先而感到骄傲？——我始终想不清楚。

……

青海、新疆、神秘的古罗布泊、马革裹尸的战场，不知道稼先有没有想起我们在昆明时一起背诵的《吊古战场文》：

> 浩浩乎！平沙无垠，夐不见人。河水萦带，群山纠纷。黯兮惨悴，风悲日曛。蓬断草枯，凛若霜晨。鸟飞不下，兽铤亡群。亭长告余曰：“此古战场也！常覆三军。往往鬼哭，天阴则闻！”

稼先在蓬断草枯的沙漠中埋葬同事、埋葬下属的时候，不知是什么心情。

“粗估”参数的时候，要有物理直觉；筹划昼夜不断的计算时，要有数学见地；决定方案时，要有勇进的胆识，又要有稳健的判断。可是理论是否够准确永远是一个问题。不知稼先在关键性的方案上签字的时候，手有没有颤抖。

戈壁滩上常常风沙呼啸，气温往往在零下三十多度。核武器试验时大大小小临时的问题必层出不穷。稼先虽有“福将”之称，意外总是不能免的。1982 年，他做了核武器研究院院长以后，一次井下突然有一个信号测不到了，大家十分焦虑，人们劝他回去。他只说了一句话：“我不能走。”[3，62—64]

看了这篇文章，也许有人会问：杨振宁对寒春是否参与中国原子弹研制过程为什么那么在意呢？其实这件事对杨振宁非常重要。寒春原名是琼·辛顿（Joan Hinton），早期在美国读大学时曾经是费米很看重的学生之一。费米在参与美国研制原子弹工程的时候，把寒春带到了洛斯阿拉莫斯基地，她便成为他实验室的助手，也就成为研制原子弹的人员之一。在日本原子弹爆炸引起巨大伤亡的事，使寒春内心受到巨大的冲击，她后悔自己参与到这个研制过程中。“二战”结束后她回到芝加哥大学，想继续完成自己的博士学业。恰好杨振宁这时也来到芝加哥大学，于是他们有了同学之谊。寒春那时非常佩服杨振宁，她和罗森布鲁斯都说，杨振宁的物理知识让人惊讶，他几乎成为许多同学的老师。但是，她永远记得，有一次杨振宁在实验的时候，不知怎么把高压电触到她的手上，后来她手上一直留着一个伤疤。以后她见到杨振宁在实验室就有一些害怕。但是后来谈起这件事的时候，杨振宁一点也记不起来了。[16，111] 令人意外的是，1948 年，在新中国成立之前，她突然“带着一颗无比空虚的心”决定离开美国去中国。她把自己的想法告诉了费米，费米也同意了她的决定。此后她一直感激费米同意她的想法。她离开芝加哥的时候，同学们还为她开了一个惜别会。离开芝加哥那一天，还是杨振宁开车送寒春到机场。后来寒春一直在中国农业领域工作，不再介入核物理学。据她妈妈说，寒春一直热衷于纯科学研究，她决定放弃核物理研究，那对她一定是一件非常艰难的决定，在她心中一定曾经有撕裂般的痛苦。

寒春出走中国，以及朝鲜战争爆发，使美国政府大为紧张，他们唯恐她把制造原子弹的机密透露给中国，于是美国一份名为《真相》的杂志在1953年7月突然刊登一篇文章，指责寒春是“出逃的原子间谍”、“出卖自己的祖国”，等等。1964年中国自己制造的原子弹爆炸以后，说寒春参与中国原子弹研制的谣言甚嚣尘上，某些人企图让世界上的人都知道中国的原子弹绝不是自力更生研制出来的，而是靠出卖祖国的原子间谍寒春才制造出来的。对于这件事，杨振宁可以说是半信半疑。这成为他心中一团抹不去的疑云。

寒春与阳早（Sid Engst），1993年10月摄于北京北郊。

1971 年，杨振宁第一次返回祖国时，意外地在大寨见到了 26 年没有见过的寒春，这真是让杨振宁感到惊喜。杨振宁还问她记不记得是他开车送她离开芝加哥的。但是杨振宁最关心的是她到底有没有参与中国原子弹的研制，寒春回答：“没有，绝对没有。”

但是，杨振宁心中的疑问还是没有最终解开。当他看到邓稼先给他的纸条以后，他内心巨大的震荡实在让他一时承受不了，激动的泪水夺眶而出，不得不到洗手间用水擦去泪痕。在座的大概没有人知道杨振宁内心的震荡。正如叶中敏所说：“在座的人都不知道信上说了些什么，更不知道杨振宁此刻的心情是何等的激动和自豪！他激动和自豪的是：中国的原子弹并没有靠外力，更没有靠美国的帮助，而是靠中国人自己，包括像邓稼先这样优秀的中华儿女，用自己的双手和智慧、用自己的热血和生命制造出来的。他为中国的原子弹感到自豪，更为有邓稼先这样一位挚友而感到骄傲！”[57，145]

参考书目

1. 《杨振宁文集》，张奠宙选编，华东师范大学出版社，1998 年
2. 《杨振宁演讲集》，宁平治等选编，南开大学出版社，1989 年
3. 《杨振宁文录》，杨建邺选编，海南出版社，2002 年
4. 《三十九年心路》，杨振宁著，甘幼玶译，广西科技出版社，1989 年
5. 《走在时代前面的科学家——杨振宁》，高策著，山西科学技术出版社，1999 年
6. 《奇迹的奇迹——杨振宁的科学风采》，余君、方芳著，上海科技教育出版社，2001 年
7. 《国立西南联合大学校史》，西南联合大学北京校友会编，北京大学出版社，1996 年
8. 《西南联大：战火的洗礼》，赵新林、张国龙著，上海教育出版社，2000 年
9. 《两弹元勋邓稼先》，葛康同、邓仲先等著，新华出版社，1992 年
10. 《邓稼先》，祁淑英、魏根发著，河北教育出版社，2001 年
11. 《华罗庚》，王元著，江西教育出版社，1999 年
12. 《陈省身文集》，华东师范大学出版社，2002 年
13. 《回忆》，吴大猷著，中国友谊出版公司，1984 年
14. 《吴大猷文录》，浙江文艺出版社，1999 年
15. 《吴健雄——物理科学的第一夫人》，江才健著，复旦大学出版社，1997 年
16. 《杨振宁传——规范与对称之美》，江才健著，（台北）天下远见出版股份有限公司，2002 年
17. 《杨振宁——20 世纪一位伟大的物理学家》，丘成桐等编，甘幼玶译，广西师范大学出版社，1996 年

18. 《闻一多的故事》，龚成俊等著，中国税务出版社，2002 年
19. 《乱世学人——维格纳自传》，关洪译，上海科技教育出版社，2001 年
20. 《物理学和物理学家》，杨建邺等译，华中科技大学出版社，1987 年
21. 《李政道文录》，浙江文艺出版社，1999 年
22. 《基本粒子物理学史》，A. 派斯著，关洪、杨建邺等译，武汉出版社，2002 年
23. 《基本粒子发现简史》，杨振宁著，上海科技出版社，1979 年
24. 《读书教学四十年》，杨振宁著，香港三联书店，1987 年
25. 《反物质——世界的终极镜像》，戈登 · 弗雷泽著，江向东等译，上海科技教育出版社，2002 年
26. 《百年激荡——记录中国 100 年的图文精典》，吴鸿主编，复旦大学出版社，2001 年
27. 《杨振宁传》，徐胜蓝、孟东明编著，复旦大学出版社，1997 年
28. 《黄昆——声子物理学第一人》，朱邦芬著，上海科技出版社，2002 年
29. 《费米传》，塞格雷著，杨建邺译，上海科技出版社，2004 年
30. 《人间重晚情——杨振宁翁帆访谈录》，潘国驹等编，新加坡：八方文化创作室，2006 年
31. 《美国氢弹之父——特勒》，S. A. 布卢姆戈格、G. 欧斯著，华君铎、赵淑云译，原子能出版社，1991 年
32. 《李远哲的世界》，（台北）牛顿出版社，1987 年
33. 《从 X 射线到夸克——近代物理学家和他们的发现》，塞格雷著，夏孝勇等译，上海科学文献出版社，1984 年
34. 《陈省身传》，张奠宙、王善平著，南开大学出版社，2004 年
35. 《天地有大美——现代科学之伟大方程》，格雷厄姆·法米罗主编，涂泓、吴俊译，上海科技教育出版社，2006 年
36. 《20 世纪场论的概念发展》，曹天予著，吴新忠等译，上海科技教育出版社，2008 年
37. 《读书教学再十年》，杨振宁著，（台北）时报出版社，1995 年
38. 《杨振宁 · 范曾谈美》，杨振宁、范曾著，新加坡：八方文化创作室，2008 年
39. *50 Years of Yang-Mills Theory*，edited by Gerardus't Hooft，Singapore，World Scientific Publishing Co. Pte. Ltd.，2005
40. *Selected Papers（1945—1980）with Commentary*，Chen Ning Yang，2005 edition，

Singapore，World Scientific Publishing Co. Pte. Ltd.，2005

41. 《曙光集》，杨振宁著，翁帆编译，生活・读书・新知三联书店，2008 年
42. 《上帝粒子——假如宇宙是答案，究竟什么是问题？》，莱德曼著，米绪军等译，上海科技教育出版社，2003 年
43. 《20 世纪数学经纬》，张奠宙著，华东师范大学出版社，2002 年
44. 杨振宁 :《20 世纪数学与物理学的分与合》,《环球科学》，2008 年 10 月
45. 《绝代风流——西南联大生活录》，刘宜庆编著，北京航空航天大学出版社，2009 年
46. 《逝水年华》，许渊冲著，生活・读书・新知三联书店，2008 年
47. 《续忆逝水年华》，许渊冲著，湖北人民出版社，2008 年
48. 《严谨与简洁之美：王竹溪一生的物理追求》，王正行著，北京大学出版社，2008 年
49. 《千年难题——七个悬赏 1000000 美元的数学问题》，基思・德夫林著，沈崇圣译，上海科技教育出版社，2006 年
50. 《宇称不守恒发现之争论解谜——李政道答〈科学时报〉记者杨虚杰问及有关资料》，季承、柳怀祖、滕丽编，甘肃科学技术出版社，2004 年
51. *The Genius of Science：A Portrait Gallery of Twentieth-Century Physicists*，Abraham Pais，Oxford University Press，2000
52. 《奇异之美：盖尔曼传》，乔治・约翰逊著，朱允伦、江向东等译，上海科技教育出版社，2002 年
53. *Who Got Einstein's Office? Eccentricity and Genius at the Institute for Advanced Study*，Ed Regis，Addison Wesley，1987
54. 《狄拉克：科学和人生》，赫尔奇・克劳著，肖明等译，湖南科技出版社，2009 年
55. 《从反粒子到最终定律》，理查德・费曼、S. 温伯格著，李培廉译，湖南科技出版社，2003 年
56. 《边缘奇迹：相变和临界现象》，于渌、郝柏林、陈晓松著，科学出版社，2008 年
57. 《人情物理杨振宁》，叶中敏著，译林出版社，2003 年
58. 《杨振宁谈读书与治学》（修订版），杨振东、杨存泉编，暨南大学出版社，2005 年
59. 《杜聿明将军》，郑洞国、侯镜如等著，中国文史出版社，1986 年
60. 《爱因斯坦文集》（第一卷），爱因斯坦著，许良英等译，商务印书馆，1976 年
61. *Proceedings of International Symposium on Frontiers of Science—In Celebration of*

the 80th Birthday of C. N. Yang, ed. Hwa-Tung Nieh, Singapore, World Scientific Publishing Co. Pte. Ltd., 2003

62. 《文明的发动机——科学》，中央电视台《百家讲坛》节目组，中国人民大学出版社，2006 年
63. 《清华园风物志》，黄延复、贾金悦编著，清华大学出版社，2005 年
64. 《一个家庭，两个世界》，顾毓琇著，上海人民出版社，2000 年
65. 《上学记》，何兆武口述，文靖撰写，生活 · 读书 · 新知三联书店，2006 年
66. *American Prometheus*：*The Triumph and Tragedy of J. Robert Oppenheimer*，Kai Bird and Martin J. Sherwin，Vinntage Books，2005
67. 《昔日神童——我的童年和青年时期》，诺伯特·维纳著，雪福译，上海科技出版社，1982 年
68. 《浦薛凤回忆录》（中卷），浦薛凤著，黄山书社，2009 年
69. 《邹承鲁传》，熊卫民、邹宗平著，科学出版社，2008 年
70. 《美丽心灵——纳什传》，西尔维娅 · 娜萨著，王尔山译，上海科技教育出版社，2000 年
71. 戴森：《鸟与青蛙》，《自然杂志》，2009 年第 5 期，第 298—305 页
72. *Symmetry & Modern Physics*：*Yang Retirement Symposium*，ed. A. Goldhaber etc.，Singapore，World Scientific Publishing Co. Pte. Ltd.，2003
73. *Proceedings of Conference in Honor of C. N. Yang's 85th Birthday*，Singapore，World Scientific Publishing Co. Pte. Ltd.，2008
74. *The Second Creation*：*Makers of the Revolution in Twentieth-Century Physics*，Robert P. Crease & Charles C. Mann，Rutgers University Press，1986
75. 《爱因斯坦全集》（第八卷），湖南科技出版社，2009 年
76. 《一星如月 · 散步》，陈之藩著，黄山书社，2009 年
77. 《科学文化评论》，2008 年第 5 卷第 1 期
78. 《朱自清》（自传），中国社会科学出版社，2003 年
79. 《冯·卡门——航空与航天的奇才》，西尔多·冯·卡门、李·爱特生著，曹开成译，上海科技出版社，1991 年
80. 张起钧：《西南联大纪要》，见《学府纪闻：国立西南联合大学》，（台北）南京出版有限公司，1981 年
81. 《西南联大与现代中国知识分子》，谢泳著，福建教育出版社，2009 年

82. 《费米传》，劳拉·费米著，何兆武、何芬奇译，商务印书馆，1998 年
83. *Disturbing the Universe*，Freeman Dyson，Harper & Row Publishers，1979
84. 《旷世奇才巴丁传》，莉莲·霍德森、维基·戴奇著，文慧静、沈衡译，上海科技教育出版社，2007 年
85. 《天才的拓荒者——冯·诺依曼传》，诺曼·麦克雷著，范秀华、朱朝晖译，上海科技教育出版社，2008 年
86. 《诺贝尔奖讲演全集·物理学卷Ⅱ》，福建人民出版社，2003 年
87. 《我的一生：马克斯·玻恩自述》，陆浩等译，上海东方出版中心，1988 年
88. 《孤独的科学之路：钱德拉塞卡传》，卡迈什瓦尔·瓦利著，何妙福、傅承启译，上海科技教育出版社，2006 年
89. 《水流花静：科学与诗的对话》，童元方著，生活·读书·新知三联书店，2005 年
90. 《天体运行论》，尼古拉·哥白尼著，叶式辉译，武汉出版社，1992 年
91. 《莎士比亚、牛顿和贝多芬：不同的创造模式》，S. 钱德拉塞卡著，杨建邺等译，湖南科技出版社，2007 年
92. 《物理学史》，马克斯·冯·劳厄著，范岱年、戴念祖译，商务印书馆，1978 年
93. 《尼尔斯·玻尔传》，派斯著，戈革译，商务印书馆，2001 年
94. 《原子弹之父——罗伯特·奥本海默》，杰克·隆美尔著，潘丽芬译，外文出版社，1999 年
95. *J. Robert Oppenheimer*，*A Life*，Abraham Pais，Oxford University Press，2006
96. 《原子物理学的发展和社会》（书名原文是 *Physics and Beyond*），海森伯著，马名驹等译，中国社会科学出版社，1985 年
97. 《当代数学精英：菲尔兹奖得主及其建树与见解》，李心灿等编，上海科技教育出版社，2003 年
98. 《一个数学家的遭遇》，乌拉姆著，朱水林等译，上海科技出版社，1989 年
99. 《与中大一同成长：香港中文大学与中国文化研究所图史 1949—1997》，陈方正主编，香港中文大学出版社，2000 年
100. 《当代西方美术运动》，爱德华·卢西-史密斯著，殷泓译，湖南美术出版社，1989 年
101. 杨振宁：《我的母亲》，《科学文化评论》，2008 年第 1 期
102. 熊卫民：《自由之精神，独立之人格——访邹承鲁院士》，《科学文化评论》，2004 年第 1 期

103. 埃克斯朋：《关于 X 射线和 γ 射线散射的工作综述》，《科学》，2000 年第 2 期
104. 杨振宁：《科学巨匠，师表流芳》，《人民日报》，1993 年 12 月 3 日
105. 《杨振宁谈笑风生，细数 20 世纪重要物理学家》，《参考消息》，2002 年 11 月 14 日
106. 张扬：《20 世纪物理学的第四次理论判断》，《科学》，1993 年第 4 期
107. 爱德华·杰尔居埃：《纪念奥本海默——老师，伟人》，翁帆译，杨振宁注，《自然杂志》，2005 年第 2 期
108. R. 米尔斯：《规范场》，《自然杂志》，1987 年第 8 期
109. 《大自然有一种异乎寻常的美：杨振宁与莫耶斯的对话》，杨建邺译，《科学文化评论》，2007 年第 4 期
110. 杨振宁：《对亚洲发展持乐观看法》，《科学新闻》，2009 年第 10 期
111. 杨振宁：《爱因斯坦对 21 世纪理论物理学的影响》，《二十一世纪》，2004 年第 6 期
112. "*Subtle is the Lord...*" *The Science and the Life of Albert Einstein*，Abraham Pais，Oxford University Press，1982
113. 聂华桐：《营造有利于基础科学人才成长的环境》，刘冬梅采写，清华新闻网，2002 年 6 月 16 日
114. 刘冬梅：《杨振宁与清华大学》，《新清华》，2002 年 6 月 16 日增刊第 5 版
115. 刘冬梅：《聂华桐眼中的姚期智》，新华新闻网，2004 年 6 月 2 日
116. 《知识·通讯·评论》，2004 年 11 月 15 日
117. 《永远的清华园》，宗璞、熊秉明主编，北京出版社，2000 年
118. 杨振宁：《东西方文化的差异——兼谈科学美学》，《科学学译丛》，1991 年第 5 期
119. 《美籍中国物理学家杨振宁学术活动记录》之八
120. 傅颐：《一篇文章背后的较量》，《百年潮》，2002 年第 12 期
121. 《二十一世纪》，1993 年第 17 期
122. 《一样花开——哈佛十年散记》，童元方著，黄山书社，2009 年
123. *High Energy Nuclear Physics*：*Proceedings of Sixth Annual Rochenster Conference*，Apr.3-7，New York，eds. J. Ballam et al.，New York：Interscience，1956
124. 《李政道传》，季承著，国际文化出版社，2010 年
125. 杨振宁：《关于季承的〈李政道传〉及〈宇称不守恒发现之争论解谜〉》，《中华

读书报》，2010 年 3 月 17 日(5—6 版)

126.《当代数学史话》，张奠宙、王善平编著，大连理工大学出版社，2010 年

127. 张首晟等 :《石溪回忆——杨振宁的学生回忆杨振宁》,《科学文化评论》，2010 年第 7 卷第 1 期

128.《杨振宁谈读书教学和科学研究》，杨振东等编，安徽大学出版社，2011 年

129.《杨振宁在昆明的读书生活》，苏国有著，云南人民出版社，2009 年

130.《晨曦集》，杨振宁、翁帆编著，商务印书馆，2018 年

索　引

B

C

F

G

H

L

R

S

X

Z

第一版后记

记得是1957年的11月份，那时我正在兰州大学物理系读大二。一天，我们看到报纸上报道：中国物理学家杨振宁和李政道获得了诺贝尔物理学奖。当时，这一消息在我们这群物理系的学生中引起了极大的震动。我还清楚地记得，当时由于全国正在“向科学进军”，再加上这样一个振奋人心的消息，我们似乎平添了巨大的学习动力。许多同学把他们两人作为自己学习的榜样。

后来，一次次的政治运动，一次次的批判个人奋斗和“只专不红”，使得这种奋斗目标昙花一现，很快消失。

到了我们能够公开表示自己可以有个人奋斗目标的时候，我们这一代物理系大学生大都已经45岁左右了。想起以前曾经有过的激动，竟然像在梦中一样。但是那种激动毕竟曾经让我热血沸腾过，毕竟在我心中留下了深深的印记。后来，当杨振宁教授的成就越来越受到物理学界瞩目时，我开始对所有有关杨振宁教授的文章和报道尽力搜寻、收藏。在阅读这些文章和报道时，杨振宁教授对祖国那种执着的情感，对父母、老师的敬重、热爱和对朋友的真挚、坦诚，使我一次又一次地热泪盈眶。在“文革”以后，这些人类最宝贵的品格，似乎在我们生活中越来越成为“稀有元素”，于是，我觉得有责任把这些感动过我的东西写出来，作为我们共同的资源来享用。

我开始和杨振宁教授直接联系。1994年12月22日，杨振宁在百忙

Institute for Theoretical Physics
State University of New York
Stony Brook, New York 11794-3840
Telephone: (516) 632-7980
Fax Number: (516) 632-7954
CNYang@sbccmail.sunysb.edu

STONY BROOK

Chen Ning Yang

December 22, 1994

Prof. Jian-ye Yang
Dept. of Physics
Huazhong University of
Science & Technology
Wuhan, Hubei Prov. 430074
People's Republic of China

Dear Prof. Yang:

I am responding to your letter in English by dictation. That saves me time.

My handwriting is poor, and I also have very little time, so I am sorry I have to decline your request for me to write for your encyclopedia.

i enclose my vita which has information about the prizes I have received.
I also enclose a sheet announcing that I will receive the Bower Prize.

As to my publications, Freeman and Company published my *Selected Papers 1945-1980 with Commentary*. That book has now been reprinted in Beijing. If you write to Prof. Hao Bei-Lin, Theory Institute in Beijing, he can tell you how to order it.

I am sorry I do not have a copy of the dance picture that you requested.

Do you know that in Volume 3 of the *Biographies of Modern Chinese Scientists* (Science Publishing House in Beijing, 1992) there is a scientific biography of me (21 printed pages).

Yours sincerely,

C N Yang

Chen Ning Yang

CNY:ct
Att.

杨振宁先生于1994年12月22日寄给笔者的信件。

之中回了信；除了信文以外，他还把他获得鲍尔奖（Bower Prize）的文告寄给了我，还附有他的比较详细的经历和各种获奖、荣誉职位等方面的材料。

信中“I am sorry I have to decline your request for me to write for your encyclopedia”说的“your encyclopedia”，指的是我主编的《诺贝尔奖获奖者辞典（1901—1995）》，我曾经希望杨振宁教授为该书题词。“I am sorry I do not have a copy of the dance picture that you requested”中的“the dance picture”，指的是在诺贝尔奖授奖晚宴后，杨振宁教授和夫人杜致礼跳舞的照片，我在我们学校图书馆的一本书上复制下来，寄了一张给杨振宁教授。后来我在《杨振宁文集》上看到这张照片，感到十分欣慰。

1996年春，我退休了。我决心实现我的想法，写一本杨振宁教授的传记。我把自己的想法写信告诉了杨振宁教授。那时杨振宁教授还在纽约州立大学石溪分校任理论物理研究所所长。1996年9月20日，杨振宁教授又在百忙之中给我回了一封信，认为“现在还不是合适的时候”为他写传记。

正好这年晚秋，杨振宁教授到我任教过的华中科技大学做学术演讲，我才有机会一睹杨振宁教授的风采。我清楚地记得，当主持人介绍杨振宁教授于1957年获得诺贝尔奖时，杨振宁教授立即举手加了一句：“那时我持的是中国护照！”当时全场听众热烈鼓掌，经久不息。那时我已经比较了解杨振宁教授的经历，所以我的心情也许比一般人更加激动。从那以后，想写他的传记的心情更加迫切。

不久，杨振宁教授病了，而且做了搭桥手术；再后来，我从报纸上得知，杨振宁教授于1999年退休。2000年，长春出版社请我写杨振宁教授的传记，我犹豫了好久，没有答应。到2002年，长春出版社再次请我写，我终于没有拒绝。我想，杨振宁教授已经退休五年了，时间又到了21世纪，也许是到了写杨振宁传记“合适的时候”了。

感谢长春出版社的张樱和杜菲两位编辑，是她们的敦促，我才决心写出这本久已想写却一直没有写的书。最后，我热切期望读者和专家们的批评和建议。

杨建邺

于华中科技大学宁泊书斋

2003年5月6日

增订版后记

从第一版面世至今，已经有八个年头了。

因为当时资料不足等原因，第一版《杨振宁传》只写到 1999 年杨振宁先生从普林斯顿高等研究所退休，以后的事情基本上没有涉及。可是从 1999 年到现在已经有 11 个年头，这些年发生在杨先生身上的事情很多。例如，杨先生在清华大学高等研究中心的活动，杨先生最近在冷原子研究中的后继研究，还有杨先生第二次结婚后的生活……这些事情，我想读者是十分希望了解的。

还有，第一版对杨先生的伟大贡献没有全面和充分地进行分析，使读者对杨先生在科学界的重要性认识不充分；对杨先生在 20 世纪 70 年代以后为帮助中国科学事业的发展所做出的巨大努力和重要贡献，也涉及较少。还有，杨先生与李政道先生曾经有过长达十几年的合作，但是后来两人不幸分手。这件事情以前我没有写，这些年公众对这件事十分关心，如果我再避而不写，恐怕就不大合适了。因此我补写了这段历史过程。我把目前我所知道的情况尽量客观地介绍给读者，但没有做判断。原因是，一方面我的能力有限，另一方面我以为目前不是做出判断的恰当时机。

正是以上诸多原因，我在 2009 年决定对原来的《杨振宁传》做一些补充。在这一写作过程中，得到了许多人的热情帮助。

杨振宁在 2009 年 7 月和 2010 年元月两次接受我的采访，他耐心地向我介绍许多物理学史的情况，规范场的历史介绍尤为仔细，让我受益良多。

清华大学高等研究中心的聂华桐主任和吴念乐副主任向我详细介绍了清华大学高等研究中心从建立到今天的发展过程和已经取得的一些成就。

南开大学葛墨林院士向我介绍了陈省身数学研究所理论物理中心的建立和发展过程。他说，整个发展过程，杨先生给予了不可或缺的指导。

香港中文大学杨纲凯教授和陈方正教授在香港热情地接受了我的采访，他们详细介绍了杨先生在香港中文大学的活动，以及杨先生这些活动对香港中文大学的重要意义。他们的热忱使我十分感动。陈方正教授不仅慷慨为本书写了序言，还通读过本书二稿的清样，提出了许多极为宝贵的修改意见。我非常感谢他的热忱和帮助。

中国科学院高能所的马中骐教授向我详细介绍他和杨先生目前正在进行的冷原子合作研究。翟荟博士 2009 年从美国回到高等研究中心，忙得不得了，但是他仍然抽出时间两次向我介绍杨先生和冷原子研究的历史过程，以及现在的一些情况。

杨先生在清华大学高等研究中心办公室的秘书许晨女士和在香港中文大学办公室的秘书黄美芳（Judy）女士，不厌其烦地答复和帮助解决我的许多琐碎问题，帮我复印和邮寄无数资料，有时我自己都觉得太麻烦她们而感到内疚。

没有杨振宁教授和以上所有提到的朋友热情的帮助，我就没有可能写出十多万补充文字。

感谢三联书店接受这本书的增订版，尤其要感谢徐国强编辑的不懈努力和他不厌其烦的修正，以及由他编写的本书文前彩图部分。

我希望我的努力不辜负他们热情的帮助。

杨建邺

于华中科技大学宁泊书斋

2010年2月28日初稿

2010年11月16日二稿

2011年4月4日三稿

最新增订版后记

这本《杨振宁传》是应三联书店编辑徐国强先生之请，在2011年完成的一本传记，至今已有八年。现在商务印书馆希望再版。

从2011年到2019年的八年时间里，杨先生的生活和工作状况一直是国内外许许多多读者期望了解的。幸好杨先生在这期间出了两本书——《曙光集》和《晨曦集》，满足了读者部分迫切的需要，但因为是杨先生本人编写的，所以还不能满足读者殷切的期求。

李昕先生决定再版我写的《杨振宁传》，可能就是希望我的这本书能够满足读者的愿望。但是今年距2011年有八年了，杨先生的工作和生活状况有没有什么新的变化，又成为很多人关心的事情，因此三联书店原总编李昕先生在退休后希望把我写的《杨振宁传》再版，并写一个“再版后记”把杨先生的近况做一个简单的介绍。这当然是一个很好的建议。

但是由于在2011年之后，除了在2016年编译过一本《杨振宁选集》时，与杨先生有过一段不长时间的书面联系以外，我一直没有到北京去过，因此对杨先生的现状只能从各种报道中有些许了解。

我2011年采访杨先生的时候，他89岁（《杨振宁传》文后有我在那时采访他的照片），而今年杨先生已经97岁，但是从他2018年出席《晨曦集》发布会的照片中看，杨先生与我在七年前见到他的时候几乎没有什么变化，这使我感到十分惊讶。我想这与翁帆善于体贴和照顾杨先生，因此杨先生心情很好，肯定有密切的关系。

2018 年，在《晨曦集》的“前言”里，杨振宁先生写道：

> 10 年以前，在《曙光集》的前言里，我这样解释为什么取了这个书名：
>
>> 鲁迅、王国维和陈寅恪的时代是中华民族史上一个长夜。我和联大同学们就成长于此似无止尽的长夜中。
>>
>> 幸运地，中华民族终于走完了这个长夜，看见了曙光。我今年 85 岁，看不到天大亮了。翁帆答应替我看到……
>
> 当时觉得改革开放 30 年，看见了曙光，天大亮恐怕要再过 30 年，我自己看不到了。

2018年，杨振宁和翁帆《晨曦集》发布会照片。

《晨曦集》封面。

> 没想到以后10年间，国内和世界都起了惊人巨变。今天虽然天还没有大亮，但曙光已转为晨曦，所以这本新书取名为《晨曦集》。而且，看样子如果运气好的话，我自己都可能看到天大亮！

从最近杨先生的精神状况看，杨先生真的“可能看到天大亮”了。这正是广大读者所期盼的。

我期望再版的《杨振宁传》，能给杨先生和翁帆女士带来更多的愉快，也期望这本书能够达到李昕先生和读者的部分愿望。

祝福杨先生夫妇身体健康！

杨建邺

于2019年4月26日

2020年11月最后审阅修改